GÖTTINGER ORIENTFORSCHUNGEN
I. REIHE: SYRIACA

Herausgegeben von
Martin Tamcke

Band 69

2024
Harrassowitz Verlag · Wiesbaden

Valentin-Radu Trandafir

Ostsyrische Christologie im Gespräch mit dem Islam

Der Patriarch Timotheos I. (780–823)

2024
Harrassowitz Verlag · Wiesbaden

Bibliografische Information der Deutschen Nationalbibliothek
Die Deutsche Nationalbibliothek verzeichnet diese Publikation in der Deutschen Nationalbibliografie; detaillierte bibliografische Daten sind im Internet über https://dnb.de abrufbar.

Bibliographic information published by the Deutsche Nationalbibliothek
The Deutsche Nationalbibliothek lists this publication in the Deutsche Nationalbibliografie; detailed bibliographic data are available in the internet at https://dnb.de.

Informationen zum Verlagsprogramm finden Sie unter
https://www.harrassowitz-verlag.de

Gedruckt auf alterungsbeständigem Papier.
Druck und Verarbeitung: docupoint GmbH
Printed in Germany

ISSN 0340-6326 eISSN 2749-3288
ISBN 978-3-447-12229-0 eISBN 978-3-447-39545-8

Inhalt

Vorwort IX

I. Einleitung 1
 I.1. Stand der Forschung 3
 I.2. Ziel der Arbeit und Fragestellungen 6
 I.3. Aufbau der Arbeit 7

II. Geschichtlicher Hintergrund für Timotheos' I. Lebzeiten 9
 II.1. Die Lage der Christen unter der Herrschaft der ʿAbbāsiden 10
  II.1.1. Stabilisierung des Kalifats: al-Saffāḥ (750-754) und al-Manṣūr (754-775) 11
  II.1.2. Kampf gegen die Zindīqs: al-Mahdī (775-785) und al-Hādī (785-786) 13
  II.1.3. Blütezeit der ʿAbbāsiden: Hārūn al-Rashīd (786-809) und al-Maʾmūn (813-833) 15
 II.2. Die ʿabbāsidische Übersetzungsbewegung und die Rolle der Christen darin 19
  II.2.1. Vorabbāsidische Übersetzungen 20
  II.2.2. Die ʿabbāsidische Übersetzungsbewegung 25
  II.2.3. Ende der Übersetzungsbewegung 31
 II.3. Die ʿAbbāsiden-Epoche als Zeit der Religionsgespräche 34
  II.3.1. Erste ostsyrische Wahrnehmungen der Muslime 35
  II.3.2. Ostsyrische apologetische Literatur im islamischen Kontext 39
  II.3.3. Entstehung und Entwicklung des ʿilm al-kalām 45

III. Zur Biografie des ostsyrischen Patriarchen Timotheos I. (780-823) 51
 III.1. Die Lebensdaten 52
 III.2. Förderung der theologischen Ausbildung 53
 III.3. Missionarische Politik 56
 III.4. Die Auseinandersetzung mit den Mystikern 60
 III.5. Zwischenresümee: Der Patriarch Timotheos I. am Hof der ʿAbbāsiden ... 63

IV. Gesichtspunkte des Fünfschriftencorpus zur Auseinandersetzung mit dem Islam 67
 IV.1. Brief 59 – Disputation mit dem Kalifen al-Mahdī 67
 IV.2. Brief 40 – Disputation mit einem muslimischen Aristoteliker 70
 IV.3. Die Briefgruppe 34-36 71

V. Christologie des Patriarchen Timotheos I. im Gespräch mit dem Islam 73
V.1. Erklärung der christologischen Hauptbegriffe 73
V.1.1. Kyānā 73
V.1.2. Qnōmā 74
V.1.3. Parṣōpā 75
V.2. Das Gezeugtsein des Sohnes Gottes 75
V.2.1. Die Lehre über das Gezeugtsein des Sohnes vom Vater vor aller Zeit in der ostsyrischen Tradition 76
V.2.2. „Allah hat nicht gezeugt und ist nicht gezeugt worden“: Ablehnung der Gottessohnschaft in der frühislamischen Tradition 77
V.2.3. Das Gezeugtsein des Sohnes im Gespräch mit dem Islam 79
V.3. Jesus – die Rede Gottes 83
V.3.1. Die Rede Gottes in der ostsyrischen Tradition 83
V.3.2. Die Rede Gottes in der frühislamischen Tradition 84
V.3.3. Jesus als Rede Gottes im Gespräch mit dem Islam 85
V.4. Die Geburt Jesu aus Maria: Christologie und Mariologie 87
V.4.1. Maria – Christusgebärerin in der ostsyrischen Tradition 88
V.4.2. Geburt Jesu aus Maria in der frühislamischen Tradition 89
V.4.3. Die Geburt Jesu aus der Jungfrau Maria im Gespräch mit dem Islam 90
V.4.4. Tod Mariens – Ist Jesus schuldig? 92
V.5. Die Inkarnationslehre 93
V.5.1. Die ostsyrische Inkarnationslehre 94
V.5.2. Jesus, Sohn der Maria, im Koran 95
V.5.3. „Es sind nicht zwei Christusse oder Söhne, o König, sondern nur ein Sohn und Christus“: Ostsyrische Inkarnationslehre im Gespräch mit dem Islam 96
V.6. Eine einzige Wirkung und ein einziger Wille in Christus 101
V.6.1. Die ostsyrische Inkarnationslehre und die willentliche Einheit 101
V.6.2. Ein einziger Wille in der frühislamischen Tradition 104
V.6.3. Eine einzige Wirkung und ein einziger Wille im Gespräch mit dem Islam 104
V.7. Christus als Erneuerer des alten Bundes: die Beschneidung im Gespräch mit dem Islam 108
V.7.1. Die Beschneidung in der ostsyrischen Tradition 109
V.7.2. Die Beschneidung in der frühislamischen Tradition 112
V.7.3. Die Beschneidung Jesu im Gespräch mit dem Islam 115
V.8. Jesus, der Diener Gottes 119
V.8.1. Jesus als Diener in der ostsyrischen Tradition 119
V.8.2. Jesus als Diener in der frühislamischen Tradition 120
V.8.3. Jesus als Diener im Gespräch mit dem Islam 121

V.9. Wunder Jesu als Beweis seiner Göttlichkeit 126
V.9.1. Wunder Jesu in der ostsyrischen Tradition 127
V.9.2. Wunder Jesu in der frühislamischen Tradition 128
V.9.3. Wunder Jesu im Gespräch mit dem Islam 130
V.9.4. Wunder und die wahre Religion 133
V.10. Erfüllung der alttestamentlichen Prophezeiungen durch Jesus 136
V.10.1. Die alttestamentlichen Prophezeiungen über den Messias in der ostsyrischen Tradition 137
V.10.2. Die Bedeutung des Messias (al-Masīḥ) und der Prophezeiungen in der frühislamischen Tradition 139
V.10.3. Die alttestamentlichen Prophezeiungen im Gespräch mit dem Islam 140
V.10.4. Der muslimische Vorwurf der Verfälschung (taḥrīf) gegen die Christen 144
V.11. Die Frage des Theopaschitismus 146
V.11.1. Theopaschitismus in der ostsyrischen Tradition 147
V.11.2. Theopaschitismus in der frühislamischen Tradition 148
V.11.3. Leiden des Sohnes Gottes im Gespräch mit dem Islam 148
V.11.4. Konfessionelle Rivalitäten im Gespräch mit dem Islam 152
V.12. Kreuzigung und Tod Jesu 156
V.12.1. Kreuzigung Jesu in der ostsyrischen Tradition 157
V.12.2. Kreuzigung Jesu in der frühislamischen Tradition 157
V.12.3. Kreuzigung Jesu im Gespräch mit dem Islam 159
V.12.4. Haben die Juden Gottes Willen erfüllt? 160
VI. Schluss 163
Literaturverzeichnis 167
Quellen 167
Sekundärliteratur 173
Enzyklopädien und Wörterbücher 195

Vorwort

Die folgende Arbeit wurde im Wintersemester 2023/2024 unter dem Titel „Ostsyrische Christologie im Gespräch mit dem Islam. Der Patriarch Timotheos (780-823)“ von der Theologischen Fakultät der Georg-August-Universität Göttingen als Dissertation angenommen. Für die Drucklegung wurde sie stellenweise leicht überarbeitet.

Das Erscheinen dieses Buches verdanke ich mehreren Personen, die mich in diesen Jahren begleitet und unterstützt haben. An erster Stelle möchte ich meinem Doktorvater, Prof. Dr. Dr. h.c. mult. Martin Tamcke, danken, dessen Hilfe ich in diesen wenigen Zeilen nicht ausreichend würdigen kann. Er hat mich erstmals in die faszinierende Welt der ostsyrischen Tradition eingeführt und mich von Anfang an zu diesem Projekt ermutigt. Prof. Martin Tamcke begleitete mich auf diesem Weg wie ein Vater, der manchmal direkt kritisch eingriff, manchmal die richtigen Fragen stellte und mich selbst antworten ließ oder mich sanft zu den richtigen Antworten führte. Ich danke ihm auch für seine Ermutigung, an einer Reihe von Konferenzen teilzunehmen und in mehreren Bänden zu veröffentlichen. Nicht zuletzt bin ich ihm dankbar für seine Unterstützung bei der Einwerbung mehrerer Stipendien während meines Aufenthaltes in Göttingen.

Danken möchte ich auch Herrn Prof. Dr. Tobias Georges für sein Engagement als Zweitgutachter und für seine konstruktiven Anmerkungen sowie Herrn PD Dr. Fritz Heinrich und Frau Prof. Dr. Susanne Luther als Mitglieder der Prüfungskommission. Mein Dank gilt auch Herrn apl. Prof. Dr. Thilo Rudnig für die Einführung in die Schönheit und Komplexität der syrischen Sprache.

Für das Promotionsstipendium der Gerda Henkel Stiftung, das die notwendigen Recherchen für diese Arbeit ermöglichte, möchte ich mich ebenfalls bedanken.

Ich danke auch meinen Eltern, Gheorghe und Felicia, die mich in jeder Hinsicht unterstützt und mich seit Beginn meines Theologiestudiums begleitet haben und denen ich immer dankbar sein werde.

Nicht zuletzt möchte ich meiner Frau Theodora für ihre Geduld und ihr Vertrauen danken, das sie mir auch in den schwierigsten Momenten des Zweifels entgegengebracht hat.

Wien, Epiphanias 2024 — Valentin-Radu Trandafir

I. Einleitung

Die Entstehung und rasche Ausbreitung des Islam ist zweifellos eines der wichtigsten Ereignisse des 7. Jahrhunderts, das die politische, kulturelle und religiöse Geschichte eines großen Teils der Welt für immer geprägt hat. Unter Ausnutzung der günstigen Umstände, dass die beiden damaligen politischen Großmächte der Region, das Byzantinische Reich und das Sassanidenreich, nach einer langen Periode der militärischen Konfrontation untereinander geschwächt waren, aber auch getrieben von religiösem Enthusiasmus und materiellem Gewinnstreben, gelang es den Arabern in nur wenigen Jahrzehnten, wichtige Gebiete wie Syrien, Palästina, Jerusalem, Caesarea, Ägypten, Mesopotamien, Persien oder Sindh zu erobern.[1] Die Bevölkerung der eroberten Gebiete zeichnete sich durch eine außerordentliche ethnische, kulturelle und religiöse Vielfalt aus. In religiöser Hinsicht gab es beispielsweise Christen, Juden, Zoroastrier, Mandäer und Buddhisten, um nur die wichtigsten Gruppen zu nennen. Diese Gruppen unterteilten sich wiederum in verschiedene Untergruppen oder religiöse Traditionen. So waren bei den Christen die wichtigsten Gemeinschaften in diesen Gebieten die Melkiten, die Westsyrer, die Ostsyrer und die Maroniten.[2]

Von Anfang an wurden Muslime aufgefordert, mit Christen und anderen religiösen Gruppen in einen Dialog über den Glauben einzutreten (vgl. z.B. Sure 29, 46; 16, 125), und einige islamische Quellen berichten kurz über solche Begegnungen.[3] Die gleiche Aufforderung zum Dialog mit Muslimen findet sich auch in einigen christlichen Quellen, etwa im Brief des ostsyrischen Patriarchen Īšō'jahb III. (649-659).[4] Al-

1 Vgl. Michael G. Morony, Iraq after the Muslim Conquest, Princeton Studies on the Near East, Band 11, Princeton, 1984; Albrecht Noth, „Früher Islam“, in Ulrich Haarmann (hrsg.), Geschichte der arabischen Welt, Band 3, München, 1994, S. 11-100; Robert G. Hoyland, „The Rise of Islam“, in Cyril Mango (hrsg.), The Oxford History of Byzantium, New York, 2002, S. 121-129; Robert G. Hoyland, In God's Path: The Arab Conquests and the Creation of an Islamic Empire, Oxford, 2015; Lutz Berger, Die Entstehung des Islam: Die ersten hundert Jahre. Von Mohammed bis zum Weltreich der Kalifen, München, 2016.

2 Vgl. Robert G. Hoyland, Seeing Islam as Others Saw It: A Survey and Evaluation of Christian, Jewish and Zoroastrian Writings on Early Islam, Studies in Late Antiquity and Early Islam 13, Princeton, New Jersey, 1997; Martin Tamcke, Christen in der islamischen Welt, München, 2008; Sidney H. Griffith, The Church in the Shadow of the Mosque: Christians and Muslims in the World of Islam, Jews, Christians, and Muslims from the Ancient to the Modern World, Band 45, New Jersey, 2008; Michael P. Penn, When Christians First Met Muslims: A Sourcebook of the Earliest Syriac Writings on Islam, Oakland, 2015.

3 Vgl. Jacques Waardenburg, „Koranisches Religionsgespräch: Eine Skizze“, in Liber Amicorum: Studies in Honour of Professor Dr. C. J. Bleeker, 1969, S. 208-253; Ute Pietruschka, „Streitgespräche zwischen Christen und Muslimen und ihre Widerspiegelung in arabischen und syrischen Quellen“, Wiener Zeitschrift für die Kunde des Morgenlandes 89 (1999), S. 135-162.

4 Vgl. Īšō'jahb III., Brief 48E, in Ruben Duval (hrsg.), Īšō'jahb Patriarchae III: Liber epistularum,

lerdings waren solche Dialoge in den ersten Jahrzehnten eher sporadisch, vor allem im Vergleich zu späteren Zeiten. Erst im 8. Jahrhundert, insbesondere mit dem Aufstieg der ʿAbbāsiden-Dynastie, kam es zu einer Zunahme solcher Begegnungen und zu einer Blüte der apologetischen und polemischen Literatur sowohl bei Muslimen als auch bei Christen. In diesen Auseinandersetzungen wurden zahlreiche Themen wie die Trinität, die Christologie, die Verehrung von Ikonen, Reliquien und des Kreuzes, die Gebetsrichtung, das Fasten, aber auch der Status Muḥammads als Prophet, die Kriterien zur Unterscheidung der wahren Religion oder die Wahrhaftigkeit von Bibel und Koran diskutiert. Das bei weitem häufigste und wichtigste Thema ist ohne Zweifel die Person und das Wirken Jesu. Die christliche Behauptung, Jesus Christus, der Sohn Marias, sei der Sohn Gottes, ist ein klarer Verstoß gegen den koranischen Monotheismus, wonach Gott „weder gezeugt hat noch gezeugt worden ist" (Sure 112, 3),[5] ein Satz, der auch auf dem vom Umayyaden-Kalifen Abd al-Malik (gest. 705) errichteten Felsendom eingraviert ist.[6]

Eines der frühesten überlieferten Religionsgespräche ist das zwischen dem ʿabbāsidischen Kalifen al-Mahdī und Timotheos I., dem Patriarchen der Kirche des Ostens zwischen 780 und 823. Timotheos I. ist zweifellos eine der komplexesten und faszinierendsten Persönlichkeiten der gesamten christlichen Tradition. Als rationaler Theologe und raffinierter Philosoph widmete er seine ganze Energie der Leitung seiner Kirche und dem Schutz seiner Gläubigen in einer äußerst komplizierten Zeit. Als unermüdlicher Charakter zeichnete er sich in vielen Tätigkeitsbereichen aus, aber sein Erfolg wäre ohne eine außergewöhnliche Beziehung zu den ʿabbāsidischen Kalifen nicht möglich gewesen. Neben seiner Disputation mit al-Mahdī führte er auch Dialoge mit Hārūn al-Rashīd und einem muslimischen Aristoteliker. Seine Briefe zeugen auch von seiner theologischen Sorge um die Gläubigen seiner Kirche, denen er Antworten auf die muslimischen Herausforderungen gab.

Im Gegensatz zu den griechischen und lateinischen Quellen über die Muslime, die im Kontext eines militärischen Konflikts verfasst wurden, bieten die syrischen Quellen auch andere Perspektiven. Wie Michael Penn in der Einleitung zu seinem Buch „When Christians First Met Muslims" schreibt:

Corpus Scriptorum Christianorum Orientalium [= CSCO] 11/12, Scriptores Syri, Leuven, 1904/1905, S. 96-97/73.

5 Vgl. Mark Beaumont, Christology in Dialogue with Muslims: A Critical Analysis of Christian Presentations of Christ for Muslims from the Ninth and Twentieth Centuries, Colorado Springs, 2005, S. 1; Sidney H. Griffith, „What Does Mecca Have to Do with Urhōy? Syriac Christianity, Islamic Origins, and the Qurān", in Maria Doerfler, Emanuel Fiano und Kyle Smith (hrsgs.), Syriac Encounters: Papers from the Sixth North American Syriac Symposium, Duke University, 26-29 June 2011, Leuven, 2015, S. 386.

6 Vgl. Gerrit J. Reinink, „Early Christian Reactions to the Building of the Dome of the Rock in Jerusalem", Xristianskij Vostok 2 (2001), S. 227-241 [nachgedruckt in Gerrit J. Reinink, Syriac Christianity under Late Sassanian and Early Islamic Rule, Variorum Collected Studies Series, Ashgate, 2005].

> „Living in the Islamic Empire, they also had much greater contact with Muslims and a more direct knowledge of Islam. Syriac Christians ate with Muslims, married Muslims, bequeathed estates to Muslim heirs, taught Muslim children, and were soldiers in Muslim armies".[7]

Der Patriarch Timotheos vermied den Kontakt mit den Muslimen nicht nur nicht, sondern suchte ihn sogar. Eine seiner ersten Entscheidungen nach seiner Wahl zum Patriarchen war die Verlegung der Residenz des Patriarchen von Seleukeia-Ktesiphon in die neu gegründete Hauptstadt des ʿAbbāsidenreiches, Baġdād, eben um näher am politischen und intellektuellen Zentrum der Muslime zu sein.

Angesichts der zentralen Rolle, die die Christologie im christlich-muslimischen Dialog spielt, aber auch angesichts des intellektuellen Profils des Timotheos liegt die Bedeutung einer umfassenden Analyse der vom ostsyrischen Patriarchen entwickelten Christologie im islamischen Kontext auf der Hand.

I.1. Stand der Forschung

Obwohl Patriarch Timotheos einer der bekanntesten ostsyrischen Theologen ist, beschränkte sich die Erforschung seiner Briefe bis vor wenigen Jahren weitgehend auf Brief 59, der seine Disputation mit dem Kalifen al-Mahdī wiedergibt. Und obwohl seine außergewöhnliche Beziehung zu den ʿabbāsidischen Kalifen und seine Briefe im islamischen Kontext die Aufmerksamkeit der Forscher auf sich gezogen haben, ist die Analyse der vom Patriarchen zu diesem Zweck entwickelten Christologie überraschenderweise größtenteils recht fragmentarisch und eher knapp ausgefallen.

Die erste systematischere Analyse der Christologie des Patriarchen Timotheos im islamischen Kontext wurde von Thomas Richard Hurst in seiner Dissertation von 1986 „The Syriac Letters of Timothy I (727-823): A Study in Christian-Muslim Controversy" vorgenommen.[8] In seiner Pionierarbeit untersucht Hurst eine Reihe grundlegender Elemente der Christologie, wie die Inkarnation, den Theopaschitismus, die Kreuzigung Jesu, den Titel des Diener Gottes und die von ihm vollbrachten Wunder. Obwohl seine Bemühungen äußerst wertvoll sind, ist sein Ansatz jedoch eher deskriptiv, ohne mit wenigen Ausnahmen die anderen christlichen apologetischen Texte oder polemischen Schriften muslimischer Autoren jener Zeit zu berücksichtigen. Ihm kommt jedoch das Verdienst zu, auf den apologetischen Charakter der Briefe 34-36 hingewiesen zu haben. Es ist auch erwähnenswert, dass ein Jahr später, 1987, der Tagungsband des vierten Symposiums Syriacum von 1984 erschien, in dem derselbe Thomas R. Hurst eine detaillierte Analyse des Jesus zugeschriebenen Dienertitels in Brief 34 des Patriarchen Timotheos veröffentlichte.[9]

---

7 M. P. Penn, When Christians First Met Muslims, S. 6-7.

8 Vgl. Thomas Richard Hurst, The Syriac Letters of Timothy I (727-823): A Study in Christian-Muslim Controversy, Doktorarbeit, 1986.

9 Vgl. Thomas R. Hurst, „The Epistle-Treatise: An Apologetic Vehicle. Letter 34 of Timothy I",

1992 verteidigte Mark N. Swanson seine Doktorarbeit mit dem Titel „Folly to the Ḥunafā': The Cross of Christ in Arabic Christian-Muslim Controversy in the Eighth and Ninth Centuries A.D.", in der er unter anderem die religiöse Diskussion zwischen Timotheos und al-Mahdī über die Kreuzigung Jesu analysierte.[10] Eine Zusammenfassung seiner Dissertation, die sich zu einem großen Teil mit den Argumenten der Timotheos-Disputation befasst, erschien 2006 in einem Artikel in dem Band „The Encounter of Eastern Christianity with Early Islam".[11]

Eine sehr prägnante Darstellung der Perspektive des Timotheos auf den Titel des Dieners in Bezug auf Jesus, ohne etwas Neues hinzuzufügen, stammt von Harald Suermann in seinem Artikel „Der nestorianische Patriarch Timotheos I. und seine theologischen Briefe im Kontext des Islam" aus dem Jahr 2000.[12]

Mark Beaumont widmet in seiner 2005 erschienenen Dissertation „Christology in Dialogue with Muslims: A Critical Analysis of Christian Presentations of Christ for Muslims from the Ninth and Twentieth Centuries" zwei Seiten der Lehre von der Inkarnation bei Timotheos und zwei weitere Seiten der Diskussion über die Kreuzigung.[13]

Das Thema des Jesus zugeschriebenen Dienertitels wird auch von Sidney Griffith in seinem 2007 erschienenen Artikel „The Syriac Letters of Patriarch Timothy I and the Birth of Christian Kalām in the Mu'tazilite Milieu of Baghdad and Baṣrah in Early Islamic Times" ausführlich behandelt, wobei er die gesamte Gruppe der Briefe 34-36 analysiert. Auch die Inkarnation wird sehr kurz behandelt, mit Auszügen aus dem Brief 40 des Timotheos.[14] Die gleiche kurze Analyse der Inkarnation in Brief 40 auf weniger als zwei Seiten findet sich auch in einem anderen Artikel von Griffith aus

in H. J. W. Drijvers, R. Lavenant S. J., C. Molenberg und G. J. Reinink (hrsgs.), IV Symposium Syriacum 1983: Literary Genres in Syriac Literature, Orientalia Christiana Analecta, Band 229, S. 367-382.

10 Vgl. Mark Nathanael Swanson, Folly to the Ḥunafā': The Cross of Christ in Arabic Christian-Muslim Controversy in the Eighth and Ninth Centuries A.D., Doktorarbeit, The Pontifical Institute for Arabic and Islamic Studies (1992, überarbeitet 1995).

11 Vgl. M. N. Swanson, „Folly to the Ḥunafā': The Cross of Christ in Arabic Christian-Muslim Controversy in the Eighth and Ninth Centuries A.D.", in E. Grypeou, M. Swanson und D. Thomas (hrsgs.), The Encounter of Eastern Christianity with Early Islam, The History of Christian-Muslim Relations, Band 5, Leiden, 2006, S. 237-256.

12 Vgl. Harald Suermann, „Der nestorianische Patriarch Timotheos I. und seine theologischen Briefe im Kontext des Islam", in Martin Tamcke und Andreas Heinz (hrsgs.), Zu Geschichte, Theologie, Liturgie und Gegenwartslage der syrischen Kirche: Ausgewählte Vorträge des deutschen Syrologen-Symposiums vom 2.-4. Oktober 1998 in Hermannsburg, Studien zur Orientalischen Kirchengeschichte, Band 9, Hamburg, 2000, S. 228- 230.

13 Vgl. M. Beaumont, Christology in Dialogue with Muslims, S. 22-26.

14 Vgl. Sidney H. Grififfth, „The Syriac Letters of Patriarch Timothy I and the Birth of Christian Kalām in the Mu'tazilite Milieu of Baghdad and Baṣrah in Early Islamic Times", in Wout Jac Van Bekkum, Jan Willem Drijvers und Alex C. Klugkist (hrsgs.), Syriac Polemics: Studies in Honour of Gerrit Jan Reinink, Orientalia Louvanensia Analecta, Band 170, Leuven, 2007, S. 103-132.

dem Jahr 2009, der ganz dem Brief 40 gewidmet ist: „Patriarch Timothy and an Aristotelian at the Caliph's court".[15]

Das Religionsgespräch zwischen Timotheos und al-Mahdī über die Kreuzigung Jesu wird auch von Najib George Awad in seinem 2016 erschienenen Artikel „'If His Crucifixion was Figurative as you Claim, then be it': How Two Christian Mutakallims from the Abbasid Era Used An-Nisa 4:157-158 in Dialogues with Muslims" neben der Disputation des melkitischen Theologen Theodor Abū Qurra am Hof des Kalifen al-Ma'mūn behandelt.[16]

Die Erörterung des Dienertitels in den Briefen 34-36 des Timotheos wird auch von Martin Heimgartner in seinem 2017 erschienenen Artikel „The Letters of the East Syrian Patriarch Timothy I: Scriptural Exegesis between Judaism, Christianity and Islam" analysiert, wobei er insbesondere die exegetischen Techniken hervorhebt, die der Patriarch in seinem Ansatz verwendet.[17]

Es zeigt sich, dass bis zu diesem Zeitpunkt, als ich mit der Arbeit an meiner Dissertation begann, abgesehen von Hursts bahnbrechendem Ansatz, die Analyse der christologischen Lehre des Timotheos weitgehend auf zwei Hauptthemen reduziert war: den Titel des Dieners und die Kreuzigung Jesu. Natürlich gibt es kurze Hinweise auf die Lehre von der Inkarnation bei Timotheos in einem islamischen Kontext in Studien wie denen von Beaumont, Griffith und anderen, aber diese beschränken sich meist auf wenige Zeilen, ohne etwas Neues hinzuzufügen. Einen wichtigen Schritt zu einer umfassenderen und systematischeren Analyse der Christologie des Timotheos im islamischen Kontext hat Joachim Jakob mit der Veröffentlichung seiner ausgezeichneten Doktorarbeit „Syrisches Christentum und früher Islam: Theologische Reaktionen in syrisch-sprachigen Texten vom 7. bis 9. Jahrhundert" getan, in der er, wie der Titel schon sagt, syrische Quellen aus dem 7. bis 9. Jahrhundert, die sich auf den Islam beziehen, vorstellt und analysiert.[18] Er widmet auch der Christologie des Patriarchen Timotheos mehr Raum und analysiert eine Reihe grundlegender Aspekte wie die Geburt des Sohnes, Jesus als Rede Gottes, die ostsyrische diophysitische Lehre, Jesus als Diener Gottes und die Wunder Jesu. Es ist jedoch merkwürdig, dass andere Themen, die für den christlich-muslimischen Dialog jener Zeit ebenso wichtig waren, wie der

15 Vgl. Sidney H. Griffith, „Patriarch Timothy and an Aristotelian at the Caliph's Court", in Erica C. D. Hunter (hrsg.), The Christian Heritage of Iraq: Collected Papers from the Christianity of Iraq I-V Seminar Days, Gorgias Eastern Christian Studies, Band 13, Piscataway, 2009, S. 38-53.

16 Vgl. Najib George Awad, „'If His Crucifixion was Figurative as you Claim, then so be it': How Two Christian Mutakallims from the Abbasid Era Used An-Nisa 4:157-158 in Dialogues with Muslims", The Journal of Eastern Christian Studies 68 (2016), S. 53-80.

17 Vgl. Martin Heimgartner, „The Letters of the East Syrian Patriarch Timothy I: Scriptural Exegesis between Judaism, Christianity and Islam", in Assaad Elias Kattan, Georges Tamer, Karl Pinggéra und Regina Grundmann (hrsgs.), Exegetical Crossroads: Understanding Scripture in Judaism, Christianity and Islam in the Pre-Modern Orient, Judaism, Christianity, and Islam: Tension, Transmission, Transformation, Band 8, Berlin, 2017, S. 47-60.

18 Vgl. Joachim Jakob, Syrisches Christentum und früher Islam: Theologische Reaktionen in syrisch-sprachigen Texten vom 7. bis 9. Jahrhundert, Insbrucker theologische Studien, Band 95, Innsbruck-Wien, 2021.

Theopaschitismus oder die Kreuzigung Jesu, um nur einige zu nennen, die bereits von Hurst oder in anderen früheren Artikeln untersucht wurden, nur sehr kurz behandelt werden. Das Fehlen dieser und anderer christologischer Aspekte ist jedoch verständlich, wenn man bedenkt, dass das Thema seiner Arbeit bereits sehr weit gefasst und das Ergebnis sehr umfangreich ist. Bemerkenswert an Jakobs Arbeit ist jedoch gerade das, was in Hursts Ansatz fehlt, nämlich eine Analyse der Christologie des Timotheos im Kontext anderer christlicher apologetischer und muslimischer polemischer Schriften.

I.2. Ziel der Arbeit und Fragestellungen

Patriarch Timotheos ist, wie bereits erwähnt und wie diese Arbeit zeigen wird, einer der bekanntesten Theologen der Kirche des Ostens, und sein Religionsgespräch mit dem ʿabbāsidischen Kalifen al-Mahdī ist einer der populärsten Texte, die im islamischen Kontext verfasst wurden. Ein anderes Element dieses Dialogs hat jedoch in der Forschung mehr Aufmerksamkeit erregt und ist immer wieder zitiert und unterschiedlich interpretiert worden,[19] nämlich Timotheos' Antwort auf die Frage des Kalifen nach dem Status Muḥammads. Hatte er anfangs Muḥammads Status als Prophet und jede Ähnlichkeit mit den Propheten des Alten Testaments vehement abgelehnt, so bekräftigte er schließlich, dass Muḥammad aller Lobpreisungen würdig sei und auf dem Pfad der Propheten wandle. Natürlich konnte eine solche Antwort eines Patriarchen nicht unbemerkt bleiben, vor allem im Vergleich zu den äußerst harten Charakterisierungen Muḥammads in anderen christlichen Quellen. Die Antwort des Timotheos stellt jedenfalls eine Abweichung von der üblichen christlichen Perspektive dar und kann als Versuch des Patriarchen gesehen werden, auf die Muslime zuzugehen und Brücken zwischen islamischem und christlichem Verständnis zu bauen. Angesichts dieser Antwort stellt sich die Frage, ob es in den Briefen des Timotheos noch weitere Ausrichtungen des Diskurses des Patriarchen auf den islamischen Kontext gibt.

Der doppelte Zweck dieser Arbeit lässt sich also am besten mit einem Bild aus der Geometrie beschreiben, nämlich zwei konzentrischen Kreisen. Der große Kreis stellt eine umfassende Analyse der Christologie des Patriarchen Timotheos im islamischen

19 Vgl. David Kerr, „'He Walked in the Path of the Prophets,' toward Christian Theological Recognition of the Prophethood of Muhammad", in Yvonne Haddad und W. Haddad (hrsgs.), Christian-Muslim Encounters, Gainesville, 1995, S. 426-446; Samir Khalil Samir, „The Prophet Muḥammad as Seen by Timothy I and Some Other Arab Christian Authors", in David Thomas (hrsg.), Syrian Christians under Islam: The First Thousand Years, Leiden/Boston/Köln, 2001, S. 75-106; David Thomas, „Changing Attitudes of Arab Christians towards Islam", Transformation 22 (2005), S. 10-19; Najib George Awad, Orthodoxy in Arabic Terms: A Study of Theodore Abu Qurrah's Theology in Its Islamic Context, Judaism, Christianity, and Islam – Tension, Transmission, Transformation, Band 3, Berlin, 2015, S. 37-49; Michael Philip Penn, Envisioning Islam: Syriac Christians and the Early Muslim World, Divinations: Rereading Late Ancient Religion, Philadelphia, 2015, S. 108-110; Charles Tieszen, The Christian Encounter with Muhammad: How Theologians Have Interpreted the Prophet, London, 2020, S. 38-41.

Kontext dar, die die Ansätze von Hurst und vor allem Jakob weiterführt. Dadurch werden neue und unerforschte Aspekte der Christologie analysiert, die in der bisherigen Forschung nicht beachtet wurden, und neue Details und eine neue Perspektive zu bereits untersuchten Aspekten hinzugefügt. Der kleine Kreis im Inneren steht für die Suche nach einer Antwort auf die spannende Frage, ob und inwieweit der ostsyrische Patriarch Timotheos seinen christologischen Diskurs gegenüber der traditionellen Lehre seiner Kirche reformuliert und auf den islamischen Kontext ausrichtet. Um diese zentrale Frage zu beantworten, müssen zunächst einige Vorfragen geklärt werden. Wie stehen die großen ostsyrischen Theologen vor Timotheos zu den christologischen Fragen, die in diesem Werk behandelt werden? Die Antwort auf diese Frage ist notwendig, um zu sehen, ob Timotheos der traditionellen Linie seiner Kirche folgt oder von ihr abweicht. Dann muss die Frage beantwortet werden, welche Haltung der Koran und die islamische exegetische Tradition bis hin zu Timotheos zur Christologie einnahmen, um zu sehen, ob der ostsyrische Patriarch diese islamischen Haltungen gut kannte, und um mögliche Neuausrichtungen seines christologischen Diskurses auf den islamischen Kontext zu bewerten. Die dritte wichtige Vorfrage, die ich zu beantworten versuche, ist schließlich, inwieweit seine christologischen Antworten und Erklärungen in diesen Briefen von anderen bedeutenden ostsyrischen Theologen in ihren apologetischen Schriften im islamischen Kontext aufgegriffen wurden.

I.3. Aufbau der Arbeit

Der erste Teil der Arbeit analysiert den politisch-sozialen, kulturellen und religiösen Kontext, in dem die Briefe des ostsyrischen Patriarchen Timotheos entstanden sind. In diesem Kapitel werde ich zunächst die Situation der Christen im ʿAbbāsidenreich zur Zeit des Timotheos untersuchen. Wurden die Christen diskriminiert und verfolgt? Lebten sie in Eintracht mit den Muslimen? Nahmen sie am öffentlichen Leben und an den Führungsstrukturen des Verwaltungsapparates teil? Anschließend werde ich mich dem wichtigsten kulturellen Prozess dieser Zeit zuwenden, nämlich der ʿabbāsidischen Übersetzungsbewegung, deren soziale, kulturelle und religiöse Auswirkungen kaum zu unterschätzen sind. Ich werde versuchen herauszufinden, was die Beweggründe für diesen Prozess waren und welche Rolle die Christen dabei spielten. Haben sie sich aktiv an der ʿabbāsidischen Übersetzungsbewegung beteiligt? Wenn ja, was hat sie dazu bewogen, sich an einem solchen Prozess in einem nichtchristlichen Kontext zu beteiligen? Am Ende dieses ersten Kapitels werde ich die religiösen Interaktionen zwischen Ostsyrern und Muslimen analysieren, wie sie aus den historischen Quellen jener Zeit hervorgehen.

Im nächsten Kapitel der Arbeit werde ich das theologische und politische Profil des ostsyrischen Patriarchen Timotheos I. und seine Aktivität am Hof der ʿabbāsidischen Kalifen skizzieren, um seine Positionen und Haltungen gegenüber seinen muslimischen Gesprächspartnern besser zu verstehen. In Kapitel 4 analysiere ich die formalen Aspekte von Briefen, die in einem islamischen Kontext verfasst wurden, wie ihre Authentizität, Datierung, Adressierung und Form.

Schließlich werde ich im Hauptkapitel dieser Arbeit versuchen, das oben genannte zweifache Ziel dieser Arbeit zu erreichen: die umfassende Analyse der christologischen Aspekte, die Timotheos im islamischen Kontext entwickelt, und die Untersuchung der differenzierten Argumente oder Haltungen, die auf den islamischen Kontext in seinem christologischen Diskurs ausgerichtet sind. In diesem Zusammenhang ist es methodisch notwendig, nicht nur auf die christologische Lehre der Theologen vor ihm Bezug zu nehmen, um Kontinuität und Wechsel zu erfassen, sondern auch die Schriften der ostsyrischen Apologeten und Theologen der folgenden Jahrhunderte, die wie er die Lehre der Kirche des Ostens im islamischen Kontext verteidigten. Damit wird es möglich, die Aufnahme der von Patriarch Timotheos entwickelten christologischen Argumente und Besonderheiten in den folgenden Jahrhunderten zu verfolgen. Die Arbeit konzentriert sich in erster Linie auf die ostsyrische Tradition und ihre spezifischen christologischen Ausdrucks- und Argumentationsformen. Eine Analyse der islamischen Quellen erfolgt dabei nur in zweiter Linie, um die Art und Weise zu zeigen, wie die christologischen Ausdrucksformen nunmehr in einer veränderten historischen Grundsituation – der Herrschaft der Muslime – beantwortet und reflektiert wurden. Damit ist das Ziel der Arbeit die vorrangig nach innen, in die kirchliche Gemeinschaft, gerichtete Argumentation, selbst wo sie eindeutig sich der äußeren Begegnung verdankte. Damit ist nicht gesagt, dass die hier erhobenen Argumente und Themen nicht auch einen Sitz im Leben im dialogischen Geschehen haben, aber doch musste der herausgeforderte Theologe die Argumente in einem ihm gesteckten Rahmen wählen und entwickeln, der Bewahrung des theologischen Erbes und die Möglichkeit zur argumentativen Auseinandersetzung, soweit dies vom Gegenüber her möglich erschien und nicht dessen Grenzziehungen so verletzte, dass eine Bewahrung des Eigenen für den Christen unmöglich geworden wäre.

II. Geschichtlicher Hintergrund für Timotheos' I. Lebzeiten

750 kamen die ʿAbbāsiden als Folge eines massiven sozialen und politischen Umbruches an die Macht.[1] Dank der Rebellentruppen aus Khorāsān und mit der behaupteten Legitimität als Nachkommen des Urgroßvaters des Propheten Muḥammad, Hāshim ibn ʿAbd Manāf (gest. 520),[2] stürzten sie die Umayyaden, was als „die ʿabbāsidische Revolution" in die Geschichte einging.[3] In den ersten Jahren nach der Revolution war die Lage noch stark von Instabilität geprägt. Ausgehend von al-Manṣūr, dem zweiten Kalifen der ʿAbbāsiden, der im Jahr 762 Baġdād als die neue Hauptstadt des islamischen Reiches gründete,[4] fing die neue Dynastie an, ihre Stelle zu festigen. Es folgte

---

1 In den Jahren vor den Ereignissen von 750 herrschte in fast allen Gesellschaftsschichten große Unzufriedenheit: bei den Schiiten, die noch immer die Legitimität des Kalifats der Umayyaden in Frage stellten; bei den nichtarabischen Muslimen, die trotz ihres Übertritts zum Islam noch immer als Bürger zweiter Klasse betrachtet wurden; bei den Arabern, insbesondere in Khorāsān, die unter der zentralisierten Herrschaft litten. Vgl. Hugh Kennedy, The Early Abbasid Caliphate: A Political History, London, 2015, S. 35-45.

2 Dieser Anspruch beruhte auf ihrer Abstammung vom Onkel des Propheten, al-ʿAbbās ibn ʿAbd al-Muṭṭalib (gest. 653). Vgl. Patricia Crone, Medieval Islamic Political Thought, The New Edinburgh Islamic Surveys, Edinburgh, 2005, S. 89; Paul M. Cobb, „The Empire in Syria, 705-763", in Chase F. Robinson (hrsg.), The New Cambridge History of Islam: The Formation of the Islamic World Sixth to Eleventh Century, Band 1, Cambridge, 2011, S. 262.

3 Vgl. Muhammad Abdulhayy Shaban, The Abbasid Revolution, Cambridge, 1970; Heinz Halm, Die Araber: Von der vorislamischen Zeit bis zur Gegenwart, München, 2006, S. 35. Eine entscheidende Rolle bei der Vorbereitung der Revolution spielte die Hāshimīyah-Bewegung. Durch Propaganda und Truppenrekrutierung planten die Anhänger dieser Bewegung seit Jahren den Umsturz der Umayyaden. Tatsächlich war die Rolle der ʿAbbāsiden in den ersten Phasen der Revolution so gering, dass etliche Forscher zu Recht lieber von einer „hāshimitischen Revolution" sprechen. Vgl. Patricia Crone, „On the Meaning of the ʿAbbāsid Call to al-Riḍā", in C. E. Bosworth, Charles Issawi, Roger Savory, A. L. Udovitch (hrsgs.), Essays in Honor of Bernard Lewis: The Islamic World, from Classical to Modern Times, Princeton/New Jersey, 1989, S. 103-106; Wolfgang Kallfelz, Nichtmuslimische Untertanen im Islam: Grundlage, Ideologie und Praxis der Politik frühislamischer Herrscher gegenüber ihren nichtmuslimischen Untertanen mit besonderem Blick auf die Dynastie der Abbasiden, 749-1248, Studies in Oriental Religions, Band 34, Wiesbaden, 1995, S. 65; Saled Said Agha, The Revolution which Toppled the Umayyads: Neither Arab nor ʿAbbāsid, Islamic History and Civilisation: Studies and Texts, Band 50, Leiden/Boston, 2003; P. M. Cobb, „The Empire in Syria, 705-763", S. 261-268; Patricia Crone, The Nativist Prophets of Early Islamic Iran Rural Revolt and Local Zoroastrianism, Cambridge, 2012, S. 11-30.

4 Hugh Kennedy stellt in seinem Buch die politischen, wirtschaftlichen und administrativen Gründe dar, warum al-Manṣūr Baġdād als neue Hauptstadt der neuen Dynastie wählte. Vgl. Hugh Kennedy, The Early Abbasid Caliphate, S. 86-87. Darüber hinaus geht Dimitri Gutas auch auf den Symbolismus und die ideologischen Ansichten ein, die hinter der Wahl al-Manṣūrs standen. Vgl. Dimitri Gutas, Greek Thought, Arabic Culture: The Graeco-Arabic Translation Movement

eine Zeit der Erneuerung und Entwicklung in allen Lebensbereichen, die als „Goldenes Zeitalter des Islam" bezeichnet wurde.[5]

II.1. Die Lage der Christen unter der Herrschaft der ʿAbbāsiden

Das Verhältnis der Christen zum Kalifat wurde in seinen Grundzügen im sogenannten Schutzvertrag des Kalifen ʿUmar geregelt.[6] Inwieweit die Bestimmungen dieses Vertrages umgesetzt wurden, ist bis heute umstritten.[7] Auf jeden Fall ist klar, dass die

---

in Baghdad and Early ʿAbbasaid Society, London, 1998, S. 41-42; vgl. auch: Guy Le Strange, Baghdad during the Abbasid Caliphate from Contemporary Arabic and Persian Sources, Oxford, 1900; Jacob Lassner, The Topography of Baghdad in the Early Middle Ages: Text and Studies, Michigan, 1970; Jens Scheiner und Isabel Toral (hrsgs.), Baghdād: From Its Beginnings to the 14th Century, Handbook of Oriental Studies: Section 1. The Near and Middle East, Band 166, Leiden/Boston, 2022.

5 Literatur und Kunst, Mathematik, Philosophie, Astrologie, Astronomie und Medizin, Ingenieurwesen, Wasserbau und Agrarwissenschaften blühten auf und verbesserten die Lebensqualität. Vgl. Amira K. Bennison, The Great Caliphs: The Golden Age of the Abbasid Empire, New Haven/London, 2009, S. 158-202. Vgl. auch: Maurice Lombard, The Golden Age of Islam, Übers. Joan Spencer, Princeton, 2004.

6 Es gibt sehr unterschiedliche Versionen des Vertrags, die sich sowohl im Aufbau als auch in den Bestimmungen unterscheiden. Der Schutzvertrag enthält eine Liste restriktiver Maßnahmen und Verbote für Nicht-Muslime. Im Gegenzug erhalten sie Familien- und Eigentumsschutz. A. A. Tritton behauptet, dass ʿUmar ibn al-Chattāb nicht der Verfasser des Vertrags sein kann, da er einen engeren Kontakt zwischen Christen und Muslimen voraussetzt, als dies in den ersten Tagen der Eroberung möglich war. Vgl. Arthur Stanley Tritton, The Caliphs and their Non-Muslim subjects: A Critical Study of the Covenant of ʿUmar, Humphrey Milford, London, 1930, S. 10. Andererseits argumentiert Albrecht Noth, dass der Inhalt des Vertrages sehr wohl die erste Zeit der Eroberung widerspiegelt. Vgl. Albrecht Noth, „Abgrenzungsprobleme zwischen Muslimen und Nicht-Muslimen: Die Bedingungen Umars (aš-šurūt al-umariyya) untereinem anderen Aspekt gelesen", Jerusalem Studies in Arabic and Islam 9 (1987), S. 290-315. Daniel C. Dennett räumt ein, dass einige Bestimmungen (z.B. das Verbot des Glockenläutens, bestimmte Kleidungsvorschriften für Christen usw.) zu späteren Verträgen gehören, aber es gibt keinen Grund, nicht zu glauben, dass der ursprüngliche Vertrag von ʿUmar in dem Pakt zwischen ʿUmar und den Christen von Jerusalem nach der Eroberung der Stadt im Jahr 638 zu finden ist. Vgl. Daniel Clement Dennett, Conversion, and the Poll Tax in Early Islam, Delhi, 2000, S. 60-61. Mark R. Cohen ist der Ansicht, dass der Vertrag von 638 als Modell für die folgenden literarischen Entwicklungen diente. Am wichtigsten ist für ihn, dass sich eine Version dieses Vertrages im Gesetzbuch (Kitāb al-Umm) des al-Shāfiʿīs aus dem 9. Jahrhundert gefunden werden kann. Dies beweist, dass die meisten Bestimmungen bereits zu Beginn des 9. Jahrhunderts Rechtskraft gewonnen hatten. Vgl. Mark Robert Cohen, „What was the Pact of Umar? A Literary-Historical Study", Jerusalem Studies in Arabic and Islam 23 (1999), S. 104, 119. Schließlich plädieren sowohl Michael Penn als auch Milka Levy-Rubin für eine literarische Entwicklung des Vertrags im Laufe der Zeit, ausgehend von einem ursprünglichen Pakt aus der Zeit der ersten Eroberungen. Vgl. Milka Levy-Rubin, Non-Muslims in the Early Islamic Empire: From Surrender to Coexistence, Cambridge Studies in Islamic Civilization, Cambridge, 2011, S. 3; M. P. Penn, Envisioning Islam, S. 41.

7 Von wenigen Ausnahmen abgesehen, so Milka Levin-Rubin, hätten diese Bestimmungen nur auf dem Papier gestanden. Vgl. M. Levy-Rubin, Non-Muslims in the Early Islamic Empire, S. 99-

Interaktionen der ʿAbbāsiden mit den Christen sehr unterschiedlich waren, je nach der Politik eines bestimmten Kalifen oder den Maßnahmen eines lokalen Gouverneurs. Es gab keine einheitliche Behandlung der Christen unter der Herrschaft der ʿAbbāsiden.[8] Daher muss die Situation der Christen in diesem ersten Teil der ʿAbbāsidenzeit differenziert betrachtet werden.

II.1.1. Stabilisierung des Kalifats: al-Saffāḥ (750-754) und al-Manṣūr (754-775)

Aus der kurzen, aber turbulenten Regierungszeit al-Saffāḥs ist wenig über seine Haltung gegenüber den Christen bekannt. Es scheint jedoch, dass die Konversionen von Christen zum Islam, um der hohen Steuerlast zu entgehen, auch unter dem ersten ʿabbāsidischen Kalifen anhielten. Außerdem wurde er nach dem Tod von Mār Abba II. aufgefordert, in den Streit der Ostsyrer um das Patriarchenamt einzugreifen. So entließ er Surin und setzte Yaʿqob II. an seine Stelle. Dieser Kampf um den Patriarchenstuhl setzte sich unter dem nächsten Kalifen, al-Manṣūr, fort.[9]

Die Regierungszeit al-Manṣūrs lässt mehr über die Lage der Christen erkennen. So berichtet die Chronik des Theophanes von einer Reihe von Restriktionen und Maßnahmen gegen die Christen: Die Besteuerung der Christen wurde verschärft, das Vermögen von Kirchen und Klöstern konfisziert,[10] Christen von öffentlichen Ämtern aus-

---

103. Mun'im Sirry teilt diese Ansicht, insbesondere wenn es um den Ausschluss von Nicht-Muslimen aus dem politischen Leben geht. Obwohl einige Nicht-Muslime in hohe öffentliche Ämter berufen wurden, verhinderte dies nicht die gelegentliche Verfolgung von Christen, Juden und anderen Minderheitengruppen durch die Kalifen. Vgl. Mun'im Sirry, „The Public Role of Dhimmīs during ʿAbbāsid Times", Bulletin of School of Oriental and African Studies 74 (2011), S. 188. Jonathan P. Berkey ist der Ansicht, dass der Vertrag zwar das Leben der Nicht-Muslime stark einschränkte, die Bestimmungen jedoch manchmal ignoriert wurden, insbesondere was den Bau und die Renovierung von Kirchen betraf. Die Zahl der Kirchen und Synagogen in Baġdād, Fusṭāṭ und anderen Städten nach den muslimischen Eroberungen soll seine Behauptung belegen. Vgl. Jonathan Porter Berkey, The Formation of Islam: Religion and Society in the Near East, 600-1800, Themes in Islamic History, Band 2, Cambridge, 2011, S. 161. Bat Ye'Or hingegen zeichnet ein ganz anderes Bild, aber die Darstellung einer Zeit der totalen Verfolgung, wie sie bei Bat Ye'Or zu finden ist, ist ungenau und einseitig, wie bereits Sidney Griffith und Michael Penn gezeigt haben. Vgl. Bat Ye'or, The Dhimmi: Jews and Christians Under Islam, Jersey, 1985; Bat Ye'or, The Decline of Eastern Christianity under Islam: From Jihad to Dhimmitude. Seventh-Twentieth Century, Madison, 1996; Bat Ye'or, Islam and Dhimmitude: Where Civilizations Collide, Madison, 2002. Vgl. auch die Kritik von Sidney Griffith und Michael Penn an Bat Ye'or: S. Griffith, The Church in the Shadow of the Mosque, S. 148, Anm. 61; M. P. Penn, Envisioning Islam, S. 184.

8 Vgl. M. P. Penn, Envisioning Islam, S. 40-41. In diesem Zusammenhang scheint es, dass die Ostsyrer im Vergleich zu den Byzantinern oder den Westsyrern etwas besser behandelt wurden, sowohl aufgrund ihrer geographischen Lage als auch insbesondere aufgrund ihrer Christologie, die die menschliche Natur Jesu Christi betonte. Vgl: Raymond Le Coz, Histoire de l'Église d'Orient: Chrétiens d'Irak, d'Iran et de Turquie, Paris, 1995, S. 206-210.

9 Vgl. Jean Maurice Fiey, Chrétiens syriaques sous les Abbassides surtout à Bagdad (749-1258), CSCO 420, Subsidia 59, Leuven, 1980, S. 11-13; R. Le Coz, Histoire de l'Église d'Orient, S. 156-157; W. Kallfelz, Nichtmuslimische Untertanen im Islam, S. 102.

10 Vgl. Theophanis Chronographia: The Chronicle of Theophanes Confessor: Byzantine and Near

geschlossen,[11] Kreuze von Kirchtürmen entfernt und Gebetswachen verboten.[12] Außerdem verlangte er nach einem Gefangenenaustausch in Syrien, dass die christlichen Gefangenen einen großen Hut tragen und ihre Bärte abrasieren sollten,[13] und nach einer Reise nach Jerusalem, dass Christen und Juden ihre Hände kennzeichnen sollten.[14] Jean Maurice Fiey stellt zu Recht fest, dass solche diskriminierenden Maßnahmen vor allem in griechischen Quellen zu finden sind. Dies deutet darauf hin, dass diese Maßnahmen nicht allgemein angewandt wurden, sondern nur in den Gebieten, die zum Byzantinischen Reich gehörten.[15] Andererseits wurde in seiner Zeit die von Herakleios erbaute große Kirche von Amida renoviert[16] und das Kloster Beth Ḥale bei Ḥdatta vom Kalifen al-Manṣūr von der Steuer befreit, weil es muslimische Reisende beherbergte.[17] Außerdem wurde Ǧūrǧīs ibn Bukhtīshūʿ nach Baġdād gerufen, um al-Manṣūrs Bauchschmerzen zu behandeln,[18] und Yaḥyā ibn al-Biṭrīq wurde angefordert, einen Großteil der Werke von Galen, Hippokrates und Ptolemäus zu übersetzen.[19]

Eastern History. AD 284-813, Übers. Cyril Mango und Roger Scott, Oxford, 1997, S. 595; Chronik von Zuqnīn: The Chronicle of Zuqnīn. Parts III and IV. A.D. 488-775, Übsers. Amir Harrak, Toronto, 1999, S. 228-229, 234.

11 Er beschloss, die Christen aus der Staatskasse zu entfernen, musste sie aber bald wieder zurückholen. Einige Muslime beschwerten sich bei ihm über die christlichen Sekretäre. Daraufhin schrieb er an seine Provinzgouverneure und forderte sie auf, die Dhimmī aus den Regierungsbüros zu entfernen und durch Muslime zu ersetzen. Einer seiner engsten Berater, Shabīb ibn Shaybah, schlug ihm jedoch vor, seinen Befehl zurückzunehmen, da ihre Fähigkeiten noch zu wichtig seien. Stattdessen riet er dem Kalifen, die Dhimmī schrittweise durch Muslime zu ersetzen. Vgl. M. Sirry, „The Public Role of Dhimmīs during ʿAbbāsid Times", S. 192.

12 Vgl. Theophanis Chronographia, S. 607.

13 Vgl. Theophanis Chronographia, S. 613.

14 Vgl. Theophanis Chronographia, S. 616.

15 Vgl. J. M. Fiey, Chrétiens syriaques, S. 27-28.

16 Vgl. Chronik von Zuqnīn, S. 228.

17 Vgl. Mārī: Maris, Amri et Slibae de Patriarchis Nestorianorum Commentaria ex codicibus Vaticanis edidit ac latine reddit Henricus Gismondi, Pars Prior, Luigi, Rom, 1899, S. 61; David Wilmshurst, „The Church of the East in the 'Abbasid Era", in Daniel King (hrsg.), The Syriac World, London/New York, 2019, S. 197.

18 Vgl. Bar Hebraeus, Chronicon Syriacum: The Chronography of Gregory Abû'l Faraj, the Son of Aaron, the Hebrew Physician, Commonly Known as Bar Hebraeus, Being the First Part of His Political History of the World, Übers. Ernest A. Wallis Budge, Amsterdam, 1976, X. 125, S. 115; Ibn Sa'id al-Andalusi, Science in the Medieval World: Book of the Categories of Nations, History of Science Series, Band 5, Austin, 1991, S. 32-33. Die Familie von Bukhtīshūʿ war bis 1058, dem Todesjahr des letzten Familienmitglieds, Leibärzte der Kalifen. Vgl. Grigory Kessel, „Syriac Medicine", in D. King (hrsg.), The Syriac World, S. 449. Vgl. auch: Hans Putman, L'Église et l'islam sous Timothée I (780–823): étude sur l'église nestorienne au temps des premiers ʿAbbasides avec nouvelle édition et traduction du dialogue entre Timothée et al-Mahdi, Beirut, 1975, S. 95-101; R. Le Coz, Histoire de l'Église d'Orient, S. 195-200; Raymond Le Coz, Les médecins nestoriens au Moyen Âge: Les maîtres des Arabes, Comprendre le Moyen-Orient, Paris, 2004.

19 Vgl. Antoine Fattal, Le statut légal des non-musulmans en pays d'Islam, Beirut, 1958, S. 250. Mehr zur Rolle der Christen in der Übersetzungsbewegung im Unterkapitel II.2.

II.1.2. Kampf gegen die Zindīqs: al-Mahdī (775-785) und al-Hādī (785-786)

Nach al-Manṣūrs Tod folgte sein Sohn, al-Mahdī, auf den Thron. Im Gegensatz zu seinem Vater, dessen Einstellung weltlicher war, betonte er seine Rolle als Verfechter des Islam.[20] Seine neue Haltung hatte aber auch eine negative Seite, vor allem für die religiös Andersdenkenden, die mit einer im Islam bis dahin unbekannten Härte unterdrückt wurden. Am stärksten betroffen waren die Zindīqs.[21] Auch die Kriege gegen die Byzantiner spielten in seiner Regierungszeit eine wichtige Rolle. Die Niederlage gegen den byzantinischen Kaiser Leo veranlasste ihn, sich an den Christen in den von ihm kontrollierten Gebieten zu rächen und unter anderem ihre Kirchen zu zerstören.[22] Timotheos wandte sich sechsmal an al-Mahdī, um den Wiederaufbau der zerstörten Kirchen zu erreichen.[23] 779/780 kam al-Mahdī nach Aleppo und traf auf den arabischen Stamm der Taghlib. Als er herausfand, dass sie Christen waren, zwang er sie, zum Islam zu konvertieren. 5000 von ihnen wurden Muslime. Nur einer weigerte sich und wurde getötet. Die Quellen nennen sogar seinen Namen: Layth.[24] Trotz dieser

---

20 Vgl. H. Kennedy, The Early Abbasid Caliphate, S. 98.

21 Nach der Chronik des Bar Hebraeus richtete er eine Verfolgung gegen die Maninaye (Manichäer) ein und zerstörte den großen Palast der Manichäer (Padana Rabbetha). Auch viele Araber waren Manichäer und wurden getötet. Vgl. Bar Hebraeus, Chronicon Syriacum, X. 126, S. 116. Der Begriff wurde ursprünglich für die Manichäer verwendet, bezog sich aber in dieser Zeit auf jede Form der Ablehnung des Islam. Der Kalif ging mit der ganzen Härte des Gesetzes gegen die Apostasie vor, und viele von ihnen wurden hingerichtet. Vgl. Muhammad Qasim Zaman, Religion and Politics under the Early ʿAbbāsids: The Emergence of the Proto-Sunnī Elite, Islamic History and Civilization: Studies and Texts, Band 16, Leiden/New York/Köln, 1997, S. 63-69; H. Kennedy, The Early Abbasid Caliphate, 98. Diese Maßnahmen wurden vor allem als Reaktion auf die Taten al-Muqannas ergriffen, der im Jahr 776 in Khorāsān einen messianischen Aufstand ausgelöst hatte. Vgl. Tayeb El-Hibri, „The Empire in Iraq 763-86“, in Chase F. Robinson (hrsg.), The New Cambridge History of Islam, S. 277. Vgl. auch: Georges Vajda, „Les Zindiqs en pays d'Islam au début de la période abbaside“, Rivista degli Studi Orientali 17 (1938), S. 173-229 [deutsche Übersetzung: „Die zindiqs im Gebiet des Islam zur Abbasidenzeit“, in Geo Widengren (hrsg.), Der Manichäismus, Darmstadt, 1977, S. 418-463]; Josef van Ess, Theologie und Gesellschaft im 2. und 3. Jahrhundert Hidschra: Eine Geschichte des religiösen Denkens im frühen Islam, Band 1, Berlin/New York, 1991, S. 423-426; W. Kallfelz, Nichtmuslimische Untertanen im Islam, S. 108-115; D. Gutas, Greek Thought, Arabic Culture, S. 70-71.

22 Vgl. Mārī, S. 74/66.

23 Über den Wiederaufbau einiger zerstörter Kirchen berichtet Timotheos in Brief 50: „Wir wollen aber, dass ihr Lieben auch dies wisst, dass wir – [Gott] bewahre! – weder aus Hochmut noch aus Nachlässigkeit nicht zu euch gekommen sind, sondern wegen des Wiederaufbaus der zerstörten Kirchen und wegen anderer dringender Angelegenheiten“. Timotheos I., Brief 50.32, in Martin Heimgartner (hrsg.), Die Briefe 42-58 des ostsyrischen Patriarchen Timotheos I., CSCO 644/645, Scriptores Syri 248/249, Leuven, 2012, S. 104/86. M. Fiey und H. Putman sind der Ansicht, dass sich dieses Fragment des Briefes von Timotheos auf zwei verschiedene Ereignisse in der Zeit von Hārūn al-Rashīd bezieht. Vgl. Anm. 56 und 60.

24 Vgl. Michael der Syrer, Weltchronik: Chronique de Michel le Syrien Patriarche Jacobite d'Antioche (1166-1199). Éditée pour la première fois et traduite en français par J. B. Chabot, Band 3, Paris, 1905, XII.1 (fr.), 478-479 (syr.); Bar Hebraeus, Chronicon Syriacum, X. 127, S. 117. Dieses Ereignis wird auch in einer Inschrift aus dem späten 8. Jahrhundert erwähnt, die im Narthex einer Kirche in Ehnesh in Nordsyrien gefunden wurde. Vgl. Andrew Palmer et al., The Seventh

Ereignisse waren die christlichen Beamten auch unter al-Mahdīs Herrschaft zahlreich und mächtig, was Muslime gelegentlich zu Beschwerden beim Kalifen veranlasste. Der Kalif verbot den muslimischen Steuerbeamten, Gewalt gegen Nicht-Muslime anzuwenden.[25] Erwähnenswert ist auch die wichtige Rolle, die Theophilus am Hof des Kalifen al-Mahdī spielte. Er war ein erfahrener maronitischer Gelehrter und Astronom, der auch eine Chronik in syrischer Sprache verfasste und zwei Bücher Homers übersetzte.[26] Schließlich darf in diesem Zusammenhang der Fall des Timotheos nicht vergessen werden. Er wurde mit der Übersetzung der Topik des Aristoteles[27] beauftragt und zu einem Religionsgespräch an den Hof des Kalifen eingeladen.[28] Außerdem erhielt der Patriarch vom Kalifen 84.000 Zūzē für das Kloster Bēt Mār Pētīōn.[29]

Aus der kurzen Regierungszeit des Kalifen Mūsā al-Hādī sind nur wenige Berichte überliefert. Im Allgemeinen scheint al-Hādī die Maßnahmen gegen die Zindīqs fortgesetzt zu haben.[30] Die Chronik des Mārī ibn Sulaimān berichtet, dass der vierte Kalif der ʿAbbāsiden befahl, die Gräber einiger Märtyrer zu zerstören und ihre sterblichen

Century in the West-Syrian Chronicles: Including Two Seventh-Century Syriac Apocalyptic Texts, Translated Texts for Historians, Band 15, Liverpool, 1993, S. 71. Interessanterweise wird dieses Ereignis auch von einer Reihe muslimischer Quellen überliefert (vgl. al-Balādhurī, Futūḥ al-buldān; al-Yaʿqūbī, Tārīkh). Christian C. Sahner analysiert christliche und muslimische Quellen, um diese Geschichte zu rekonstruieren. Vgl. Christian C. Sahner, Christian Martyrs under Islam: Religious Violence and the Making of the Muslim World, Princeton/Oxford, 2018, S. 255-256. Vgl. auch: Robert G. Hoyland, Seeing Islam as Others Saw It, S. 353; M. P. Penn, Envisioning Islam, S. 115-116.

25 Vgl. A. Fattal, Le statut légal des non-musulmans en pays d'Islam, S. 251, 312.

26 Vgl. Bar Hebraeus, Chronicon Syriacum, X. 127, S. 116; Hans Daiber, „The Syriac Tradition in the Early Islamic Era", in Urlich Rudolph, Rotraud Hansberge und Peter Adamson (hrsgs.), Philosophy in the Islamic World: 8th-10th centuries, Band 1, Handbook of Oriental Studies: The Near and Middle East, Band 115/1, Leiden/Boston, 2017, S. 87-88.

27 Von dieser Aufgabe berichtet Timotheos sowohl in Brief 43 als auch in Brief 48. Mehr dazu im Unterkapitel II.2.2.

28 Vgl. Timotheos I., Brief 59, in Martin Heimgartner (hrsg.), Timotheos I., ostsyrischer Patriarch: Disputation mit dem Kalifen al-Mahdī, CSCO 632/633, Scriptores Syri 244/245, Leuven, Peeters, 2011.

29 „Ich hatte an drei aufeinanderfolgenden Tagen Ende Oktober Audienz bei unserem siegreichen König, ich wurde von ihm freudig und heiter empfangen, und er ordnete mir vierundachtzigtausend Zūzē [als Zahlung] an [das Kloster] Bēt Mār Pētīōn an". Timotheos I., Brief 8B.33, in Martin Heimgartner (hrsg.), Die Briefe 3-29 des ostsyrischen Patriarchen Timotheos I., CSCO 700/701, Scriptores Syri 269/270, Leuven, 2021, S. 29-30. Auf der Grundlage der Chronologie von Biwadid behaupten Putman und Fiey, dass Timotheos diese Summe von al-Rashīd erhalten habe. Vittorio Berti datiert diesen Brief jedoch in die Regierungszeit al-Mahdīs und behauptet, er habe das Geld während des dreitägigen Treffens mit dem Kalifen verlangt, als sie auch die theologische Diskussion führten. Vgl. Raphaël J. Bidawid, Les lettres du patriarche nestorien Timothée I.: Étude critique avec, en appendice, la lettre de Timothée I aux moines du couvent de Mār Mārōn (traduction latine et texte chaldéed), Studi e Testi, Band 187, Biblioteca Apostolica Vaticana, Vatican, 1956, S. 77; H. Putman, L'Église et l'islam, S. 141; J. M. Fiey, Chrétiens syriaques, S. 60; Vittorio Berti, Vita e studi di Timoteo I (†823): Patriarca cristiano di Baghdad. Ricerche sull'epistolario e sulle fonti contique, Chrétiens en terre d'Iran III: Cahiers de Studia Iranica, Band 41, Paris, 2009, S. 53, 173.

30 Vgl. H. Putman, L'Église et l'islam, S. 134-135; J. M. Fiey, Chrétiens syriaques, S. 40.

Überreste ins Wasser zu werfen. Wegen eines Augenleidens und starker Kopfschmerzen gab er seine Pläne jedoch auf. Als sich dies ein zweites und drittes Mal wiederholte, gab er seinen Entschluss endgültig auf. Nach nur 13 Monaten im Amt starb er an dieser Krankheit.[31] Dieser Bericht weicht jedoch von anderen Versionen seines Todes ab. Nach einer Version starb er an einem Geschwür.[32] Es scheint, dass er in diesem Zusammenhang befahl, seine christlichen Ärzte ʻĪsā Abū Qurayš, ʻAbd Allāh al-Ṭayfūrī und Dāwūd b. Sérapion getötet zu werden, weil sie ihn nicht heilen konnten.[33] Diese Maßnahme ist jedoch nicht als gegen die Christen gerichtet anzusehen, da er später die Einberufung von Bukhtīshūʿ II. anordnete.[34] Die meisten Quellen beharren jedoch auf einer anderen Version der Geschichte, wonach al-Khayzurān, seine Mutter, den Sklavinnen befahl, ihn zu töten, weil er sie und seinen Bruder, den späteren Kalifen Hārūn al-Rashīd, von politischen Angelegenheiten ausgeschlossen hatte.[35]

II.1.3. Blütezeit der ʿAbbāsiden: Hārūn al-Rashīd (786-809) und al-Maʾmūn (813-833)

Mit der Thronbesteigung Harun al-Rashīds erreichte das ʿabbāsidische Kalifat ein bis dahin unbekanntes Maß an politischer Stabilität, finanzieller Prosperität und religiöser und kultureller Entwicklung. Mehr als jeder andere Kalif pflegte al-Rashīd ein öffentliches Bild der Frömmigkeit, führte häufig die Pilgerfahrt nach Mekka an, aber auch militärische Expeditionen über die byzantinische Grenze.[36] Die Kriege gegen die Byzantiner prägten einen großen Teil der Herrschaft Harun al-Rashīds. In diesem Zusammenhang befahl er die Zerstörung von Kirchen an der Grenze zum Byzantinischen Reich, da er die Christen verdächtigte, mit den Byzantinern gegen die Muslime zusammenzuarbeiten.[37] Zu diesem Zustand des Misstrauens und der Verdächtigungen trugen auch einige Christen bei, die ihre inneren Probleme mit Hilfe des Kalifen al-Rashīd zu lösen versuchten, wie Michael der Syrer und Bar Hebraeus zeigen.[38] Die

31 Vgl. Mārī, S. 72/64.

32 Vgl. Jalāluddīn al-Suyūṭī, History of the Caliphs, Übers. Major H. S. Jarrett, J. W. Thomas, Calcutta, 1881, S. 287; The History of al-Ṭabarī: The ʻAbbasid Caliphate in Equilibrium. The Caliphates of Musa al-Hadi and Harun al-Rashid A.D. 785-809/A.H. 169-193, Band 30, SUNY Series in Near Eastern Studies, New York, 1989, S. 41.

33 Vgl. H. Putman, L'Église et l'islam, S. 134.

34 Vgl. J. M. Fiey, Chrétiens syriaques, S. 40.

35 Die letzten beiden Möglichkeiten schließen sich nicht unbedingt gegenseitig aus. Al-Hādī könnte getötet worden sein, als er krank im Bett lag. Vgl. The History of al-Ṭabarī, Band 30, S. 42.

36 Vgl. W. Kallfelz, Nichtmuslimische Untertanen im Islam, S. 116; T. El-Hibri, „The Empire in Iraq 763-861“, S. 280.

37 Vgl. H. Putman, L'Église et l'islam, S. 136-137; M. Levy-Rubin, Non-Muslims in the Early Islamic Empire, S. 102-103. Fiey ist der Ansicht, dass sich der Bericht des Timotheos in Brief 50 über den Wiederaufbau der Kirchen auf dieses Ereignis bezieht. Vgl. J. M. Fiey, Chrétiens syriaques, S. 49.

38 Die Mönche des Klosters von Gubo Baroyo trafen sich mit dem Kalifen Harun al-Rashīd und beschuldigten den Patriarchen Quriaqōs, ein byzantinischer Sympathisant und Spion zu sein, da sie unzufrieden waren, dass Bischof Bacchus von Cyrrhestia entfernt und Solomon an seiner Stelle geweiht worden war. Vgl. Michael der Syrer, Weltchronik XII.5, S. 17-21; Bar Hebraeus,

Chronik des Mārī berichtet jedoch auch, dass Hārūn al-Rašīd die Zerstörung einiger ostsyrischer Kirchen in Baṣra, Ayla und anderswo anordnete. Ein gewisser Ḥamdūn b. ʿAlī informierte den Kalifen, dass die Christen die Gebeine der Toten in ihren Kirchen verehrten.[39] Hārūn befahl daraufhin, sie zu zerstören, doch eine Gruppe von Christen,[40] Hofbeamte, intervenierte und erklärte ihm, dass sie die Gebeine ihrer Heiligen und Märtyrer ebenso ehrten wie die Muslime die Körper und Gräber ihrer Propheten. Nachdem sich Hārūn von der Richtigkeit ihrer Antwort überzeugt hatte, ordnete er den Wiederaufbau der zerstörten Kirchen an.[41]

Von besonderer Bedeutung für die Situation der Dhimmī während der Herrschaft al-Rashīds ist das Kitāb al-Ḫarāǧ (Das Buch der Grundsteuer),[42] das Yaʿqūb ibn Ibrāhīm al-Anṣārī, ein Schüler Abū Ḥanīfas, im Auftrag al-Rashīds verfasste.[43] Dieses

---

Chronicon Ecclesiasticum: Jean Baptiste Abbeloos und Thomas Joseph Lamy (hrsgs.), Gregorii Barhebraei Chronicon Ecclesiasticum, Band 1, Leuven, 1872, S. 339-340. Vgl. auch: H. Putman, L'Église et l'islam, S. 137; M. Fiey, Chrétiens syriaques, S. 49-50; Andrew Palmer, Monk and Mason on the Tigris Frontier: The Early History of Ṭur ʿAbdin, University of Cambridge Oriental Publications, Band 39, Cambridge, 1990, S. 180-181.

39 Nach dem Vorfall um den Kalifen al-Hādī und die Gebeine der Märtyrer scheint dieses neue Ereignis die muslimische Haltung gegenüber der christlichen Verehrung der Gebeine von Märtyrern zu bestätigen, die als schwerwiegender Verstoß gegen den absoluten Monotheismus des Islam angesehen wird. Die christliche Verehrung der Gebeine von Märtyrern ist eines der klassischen Themen christlich-muslimischer Disputationen. Vgl. Sidney H. Griffith, „Disputing with Islam in Syriac: The Case of the Monk of Bêt Ḥālê and a Muslim Emir", Hugoye: Journal of Syriac Studies 3 (2000), S. 29-54; Sidney H. Griffith, „The Syriac Letters of Patriarch Timothy I and the Birth of Christian Kalām in the Mu'tazilite Milieu of Baghdad and Baṣrah in Early Islamic Times", in Wout Jac van Bekkum, Jan Willem Drijvers und Alexander Cornelis Klugkist (hrsgs.), Syriac Polemics: Studies in Honour of Gerrit Jan Reinink, Orientalia Lovaniensia Analecta, Band 170, Leuven, 2007, S. 130; Gerrit J. Reinink, „The Veneration of Icons, the Cross, and the Bones of the Martyrs in an Early East-Syrian Apology against Islam", in D. Bumazhnov, E. Grypeou, T. B. Sailors und A. Toepel (hrsgs.), Bibel, Byzanz und Christlicher Orient: Festschrift für Stephen Gerö zum 65. Geburtstag, Leuven, 2011, S. 329-342. Timotheos behandelt dieses Thema am Ende des Briefes 36, der zu seinem Fünfschriftencorpus zur Auseinandersetzung mit dem Islam gehört. Vgl. Timotheos I., Brief 36.4.1-25, in M. Heimgartner (hrsg.), Die Briefe 30-39 des ostsyrischen Patriarchen Timotheos I., CSCO 661/662, Scryptores Syri 256/257, Leuven, 2016. Matthew Dal Santo präsentiert in seinem Buch „Debating the Saints' Cult in the Age of Gregory the Great" eine Reihe von Ungenauigkeiten, insbesondere in Bezug auf den Kontext des Briefes. Vgl. Matthew Dal Santo, Debating the Saints' Cult in the Age of Gregory the Great, Oxford, 2012, S. 313. Vgl. auch die Kritik von Martin Heimgartner und Vittorio Berti an Dal Santo: Martin Heimgartner (hrsg.), Die Briefe 30–39 des ostsyrischen Patriarchen Timotheos I., S. XXV-XXVII; Vittorio Berti, L'au-delà de l'âme et l'en-deçà du corps: Approches d'anthropologie chrétienne de la mort dans l'Église syro-orientale, Fribourg, 2015, S. 141.

40 H. Putman meint, dass diese Gruppe möglicherweise von Timotheos selbst geleitet wurde. Vgl. H. Putman, L'Église et l'islam, S. 138.

41 Vgl. Mārī, S. 75/66. Putman behauptet, dass sich der Bericht des Timotheos in Brief 50 über den Wiederaufbau der Kirchen auf dieses Ereignis bezieht. Vgl. H. Putman, L'Église et l'islam, S. 137-138.

42 Vgl. Abou Yousof Ya'koub, Le Livre de l'impôt foncier (Kitâb el-Kharâdj), Übers. Edmond Fagnan, Paris, 1921.

43 Vgl. J. M. Fiey, Chrétiens syriaques, S. 45-46; M. Levy-Rubin, Non-Muslims in the Early Islamic

Werk ist eine Abhandlung über Buchhaltung und Steuern und enthält u.a. genaue Anweisungen über die Pflichten der Nichtmuslime, wie z.B. die Entrichtung der Dschizya[44] oder das Tragen von Erkennungszeichen und Kleidung, erwähnt aber auch das Verbot, neue Kirchen zu bauen und das Kreuz öffentlich zu zeigen.[45]

Eine Reihe einflussreicher Christen, wie der Patriarch Timotheos, der Sekretär Abū Nuh al-Anbari oder der Arzt Jibrīl ibn Bukhtīshūʿ[46] – sowie al-Rashīds Frau, Zubayda, die von Timotheos durch einen juristischen Trick vor der Repudiation bewahrt wurde[47] – konnten die Lage der Christen jedoch verbessern[48]. Dank seiner großen intellektuellen und diplomatischen Fähigkeiten wurde Timotheos von al-Rashīd besonders geschätzt, wie es aus dem von ʿAmr ibn Mattā überlieferten Dialog hervorgeht.[49]

Der Tod al-Rashīds führte zum vierten Bürgerkrieg (fitna) zwischen den beiden ersten Söhnen des Kalifen, al-Maʾmūn und al-Amīn. Al-Amīn war von al-Rashīd als Thronfolger in Baġdād ausgewählt worden, während al-Maʾmūn in Merw blieb. Der neue Kalif regierte nur wenige Jahre, als al-Maʾmūn seinen Bruder mit Hilfe khorāsānischer Truppen vom Thron stürzte.[50] Außer der Erwähnung in Mārīs Chronik eines Befehls zur Ausführung eines Edikts aus der Zeit seines Vaters über den Wiederaufbau einer Kirche in Baṣra ist aus der kurzen Regierungszeit al-Amīns nicht viel über seine Haltung gegenüber den Christen überliefert.[51]

Empire, S. 103; Abd al-Aziz Duri, Early Islamic Institutions: Administration and Taxation from the Caliphate to the Umayyads and ʿAbbāsids, Contemporary Arab Scholarship in the Social Sciences, Band 4, London, 2011, S. 136.

44 „Die Steuer beträgt 48 Dirham für die Reichen, 24 Dirham für den Mittelstand und 12 Dirham für die armen Ackerbauern und Arbeiter. Sie wird einmal im Jahr erhoben und kann in Naturalien bezahlt werden, d.h. in Lasttieren, Waren und ähnlichen Dingen, die nach ihrem Wert akzeptiert werden. Aas, Schweine oder Wein können jedoch nicht als Zahlung für die Dschizya angenommen werden". Abou Yousof Ya'koub, Le Livre de l'impôt foncier, S. 187. Die Eintreibung der Dschizyah wurde in der Regel den Gouverneuren oder Steuereintreibern überlassen, die nicht selten gewalttätig gegen Nichtmuslime vorgingen. In diesem Zusammenhang schrieb er: „Niemand von den ahl adh-Dhimmah sollte geschlagen werden, wenn er seine Dschizya entrichtet, und sie sollten nicht gezwungen werden, in der Sonne zu stehen oder andere Qualen zu erleiden". Abou Yousof Ya'koub, Le Livre de l'impôt foncier, S. 189.

45 Vgl. Abou Yousof Ya'koub, Le Livre de l'impôt foncier, S. 195-196.

46 An diesen Bukhtīshū richtet Timotheos einen Brief, in dem er eine regelrechte Abhandlung über die Seele entwickelt. Es handelt sich um eine Antwort auf eine Reihe von Fragen, die ihm der Arzt zuvor gestellt hatte. Vgl. Timotheos I., Brief 2, in Martin Heimgartner (hrsg.), Die Briefe 1 und 2 des ostsyrischen Patriarchen Timotheos I.: Textedition und Übersetzung, CSCO 702/703, Scriptores Syri 271/272, Leuven, 2022, S. 47-103/41-84.

47 Vgl. Mārī, S. 74/66; H. Putman, L'Église et l'islam, S. 138-139; J. M. Fiey, Chrétiens syriaques, S. 57-58.

48 Vgl. R. Le Coz, Histoire de l'Église d'Orient, S. 158-159.

49 Mehr dazu im Unterkapitel V.9.4.

50 Vgl. R. Le Coz, Histoire de l'Église d'Orient, S. 147-148.

51 Vgl. Mārī, S. 73/65. Vgl. auch: H. Putman, L'Église et l'islam, S. 142; J. M. Fiey, Chrétiens syriaques, S. 60-61.

In den ersten Jahren seiner Herrschaft regierte al-Maʾmūn von Merw das ʿAbbāsidenreich, so dass er höchstwahrscheinlich keinen Kontakt mit dem Patriarchen Timotheos hatte, der laut Mārī im selben Jahr starb, in dem der Kalif nach Baġdād zog.[52] Die auf Timotheos folgenden ostsyrischen Patriarchen (Īšō bar Nūn, Gīwargīs II., Sabrīšōʿ II.) erreichten dessen intellektuelles und diplomatisches Niveau nicht, so dass sich der kultur- und wissenschaftsbegeisterte al-Maʾmūn dem westsyrischen Patriarchen Dionysius von Tell-Mahrē annäherte.[53] Diese Eigenschaften des Kalifen führten auch zu einer Intensivierung der Übersetzungsbewegung und der religiösen Begegnungen an seinem Hof.[54] Trotz dieser offenen Haltung begann al-Maʾmūn 833 eine Verfolgung der traditionalistischen Muslime (Miḥna), nachdem er sich Anfang 827 den mu'tazilitischen Überzeugungen angeschlossen hatte.[55] Wie aus Fieys Analyse deutlich wird, haben die christlichen Quellen eine unterschiedliche Haltung zu al-Maʾmūn. Während Michael der Syrer berichtet, dass al-Maʾmūn wegen der von ihm verursachten Unglücke von allen verflucht worden sei, stellen Mārī und die Chronik von 1234 den Kalifen in einem positiveren Licht als gerechten Herrscher und Hel-

52 „Im Jahre 204 wurde das Reich jedoch von Ma'mūn erobert, der den Christen wohlgesonnen war. Im selben Jahr, in dem Ma'mūn in Baġdād einzog, starb Timotheos im dreiundvierzigsten Jahr seiner Annahme des Primats, im fünfundneunzigsten Jahr seines Lebens". Mārī, S. 74/65. Dieses Jahr wird auch von al-Ṭabarī bestätigt, der schreibt, dass al-Maʾmūn Baġdād am 15. Ṣafar 204 (11. August 819) betrat. Vgl. The History of al-Ṭabarī: The Reunification of the Abbasid Caliphate, Band 32, Übers. C. E. Boswort, New York, 1987, S. 95. Andererseits datiert 'Amr Timotheos' Tod auf 205 A.H., was seiner Aussage nach dem Jahr 1134 der Griechen entspricht. Hierin liegt ein Widerspruch, denn 205 A.H. entspricht 820/821 A.D., während das Jahr 1134 der Griechen 823 A.D. entspricht. Vgl. ʿAmr: Maris, Amri et Slibae de Patriarchis Nestorianorum Commentaria ex codicibus Vaticanis edidit ac latine reddit Henricus Gismondi, Pars Altera, Rom, 1897, S. 66/38. Vgl. auch: H. Putman, L'Église et l'islam, S. 13-14, Anm. 3; J. M. Fiey, Chrétiens syriaques, S. 63; T. R. Hurst, The Syriac Letters, S. 6.

53 Vgl. R. Le Coz, Histoire de l'Église d'Orient, S. 160-161. Vgl. auch: Philip Wood, The Imam of the Christians: The World of Dionysius of Tel-Mahre, c. 750–850, 2021, Princeton/Oxford, S. 161-185.

54 Vgl. H. Putman, L'Église et l'islam, S. 143; J. M. Fiey, Chrétiens syriaques, S. 73-74.

55 Vgl. Al-Ṭabarī, The History of al-Ṭabarī, Band 32, S. 199-223. Vgl. auch: Dominique Sourdel, La politique religieuse du calife ʿAbbaside Al-Ma'mun, Paris, 1963, S. 42-44; Sarah Stroumsa, „The Beginnings of the Muʿtazila Reconsidered", Jerusalem Studies in Arabic and Islam 13 (1990), S. 265-293; John A. Nawas, „A Reexamination of Three Current Explanations for al-Ma'mun's Introduction of the Mihna", International Journal of Middle East Studies 36 (1994), S. 615-629; Tayeb El-Hibri, Reinterpreting Islamic Historiography: Hārūn al-Rashīd and the Narrative of the 'Abbāsid Caliphate, Cambridge Studies in Islamic Civilization, Cambridge, 1999, S. 95-142; Amira K. Bennison, The Great Caliphs, S. 34-35; Tayeb El-Hibri, „The Empire in Iraq 763-861", S. 291-295; Marco Demichelis, „The Miḥna: Deconstruction and Reconsideration of the Muʿtazilite role in the 'Inquisition'", Annali di Scienze Religiose 5 (2012), Turnhout, S. 237-266; Nimrod Hurvitz, „Al-Maʾmūn (r. 198/813–218/833) and the miḥna", in Sabine Schmidtke (hrsg.), The Oxford Handbook of Islamic Theology, Oxford, 2016, S. 649-659; Peter Adamson, Philosophy in the Islamic World: A History of Philosophy without any Gaps, Band 3, Oxford, 2016, S. 31-32.

fer der Christen dar.[56] Mit dem Tod al-Maʾmūns verschlechterte sich die Lage der Christen und die ʿAbbāsidenzeit ging allmählich zu Ende.[57]

Die Situation der Christen und insbesondere der Ostsyrer in der ersten Hälfte der ʿabbāsidischen Ära war also im Allgemeinen eine der Toleranz, mit Perioden der Verfolgung in bestimmten politischen Kontexten, aber auch mit Akten des Wohlwollens, trotz der diskriminierenden Maßnahmen, die im Vertrag von ʿUmar vorgesehen waren.[58] Die Ostsyrer waren im Vergleich zu den Westsyrern und den Byzantinern besser gestellt und oft privilegiert, nicht nur wegen ihrer christologischen Position, wie die Analyse in den folgenden Kapiteln zeigen wird, sondern auch wegen der Beamten und Ärzte, die am Hof der Kalifen großen Einfluss hatten.[59]

II.2. Die ʿabbāsidische Übersetzungsbewegung und die Rolle der Christen darin

Wie bereits erwähnt, gilt der erste Teil der ʿAbbāsidenzeit als das goldene Zeitalter des Islam, das durch eine außergewöhnliche soziale, kulturelle und wissenschaftliche Entwicklung gekennzeichnet war. Diese Entwicklung wäre jedoch ohne die Übersetzungsbewegung[60] zwischen dem 8. und 10. Jahrhundert, die die gesamte ʿabbāsidi-

56 Vgl. J. M. Fiey, Chrétiens syriaques, S. 68-73. Vgl. auch: Mark N. Swanson, „The Christian Al-Ma'mūn Tradition“, in David Thomas (hrsg.), Christians at the Heart of Islamic Rule: Church Life and Scholarship in ʿAbbasid Iraq, The History of Christian-Muslim Relations, Band 1, Leiden, 2003, S. 63-92.

57 Vgl. R. Le Coz, Histoire de l'Église d'Orient, S. 161-163.

58 Vor allem die Kriege gegen die Byzantiner lösten zeitweise Verfolgungswellen aus. Was jedoch gegen die Christen im Allgemeinen wirkte, war ein starkes Klima sozialen Drucks und spezifische rechtliche Diskriminierungen wie Steuern und Kennzeichen. Vgl. J. M. Fiey, Chrétiens syriaques, S. 275; T. R. Hurst, The Syriac Letters, S. 241-242; Erica D. Hunter, „Interfaith Dialogues: The Church of the East and the Abbassids“, in Sophia G. Vashalomidze und Lutz Greisiger (hrsgs.), Der Christliche Orient und seine Umwelt: Gesammelte Studien zu ehren Jurgen Tubach, Studies in Oriental Religions, Band 56, Wiesbaden, 2007, S. 290-291.

59 Diesbezüglich schrieb Timotheos: „Bei uns aber gab es nie einen christlichen König, sondern zuerst ungefähr vierhundert [Jahre] die Magier, danach die Muslime, und weder Erstere noch Letztere haben es unternommen, dem Glauben der Christen etwas hinzuzufügen oder wegzunehmen“. Und dann schreibt er über „die gesegneten Könige der Muslime“ weiter, dass sie „niemals in der Sache des Glaubens irgendeinen Zwang auf uns ausübten“. Timotheos I., Brief 41.10.5. Ein Jahrhundert zuvor hatte Īšōʿjahb III. ähnlich geschrieben. Vgl. Īšōʿjahb III., Ep. 14C: R. Duval (hrsg.), Ishoyahb Patriarch III: Liber epistularum, CSCO 11/12, Leipzig, 1904/1905, S. 251. Mehr dazu im Unterkapitel II.3.1. Auch Elias von Nisibis sollte später die Muslime dafür loben, dass sie den Ostsyrern die Religionsfreiheit gewährten, die ihnen in den byzantinischen Ländern verwehrt worden war. Vgl. L. Horst (hrsg.), Des Metropoliten Elias von Nisibis Buch vom Beweis der Wahrheit des Glaubens, Colmar, 1886, S. 41-43. Vgl. auch: H. Putman, L'Église et l'islam, S. 96; T. R. Hurst, The Syriac Letters, S. 12; R. Le Coz, Histoire de l'Église d'Orient, S. 209.

60 Obwohl diese Übersetzungsbewegung oft als Griechisch-Arabisch bezeichnet wird, umfasst sie tatsächlich vier Hauptquellsprachen: Griechisch, Syrisch, Pahlavi und Sanskrit. Vgl. Scott L.

sche Gesellschaft umfasste, nicht möglich gewesen.[61] Es handelte sich um ein sehr breites soziales und kulturelles Phänomen, das nicht auf einen einzigen Umstand, eine einzige Ideologie oder eine einzige Persönlichkeit zurückgeführt werden kann. Eine Vielzahl von Faktoren spielte eine entscheidende Rolle bei der Entwicklung der Übersetzungsbewegung.[62] Obwohl diese Bewegung außergewöhnlich war, sollte sie jedoch nicht als isoliertes Ereignis betrachtet werden, sondern als Teil oder Fortsetzung eines größeren Prozesses des interkulturellen Transfers zwischen den Völkern dieser Region in der Geschichte.[63]

II.2.1. Vorabbāsidische Übersetzungen

Eine wichtige Rolle in der Übersetzungsbewegung spielten zunächst die Übersetzungen aus dem Griechischen ins Syrische, Arabische und Pahlavi. Die ersten Übersetzungen im syrischen Sprachraum konzentrierten sich, wie nicht anders zu erwarten, auf die Bibel und die Schriften der Kirchenväter.[64] Nach anfänglichem Widerstand gegen heidnische Schriften wurden ab dem 5. und 6. Jahrhundert vor allem die Werke der großen griechischen Denker rezipiert und ins Syrische übersetzt.[65]

Montgomery, Science in Translation: Movements of Knowledge through Cultures and Time, Chicago/London, 2000, S. 92-93; Uwe Vagelpohl und Ignacio Sánchez, „Why Do We Translate? Arabic Sources on Translation", in Dimitri Gutas et al. (hrsg.), Why Translate Science? Documents from Antiquity to the 16th Century in the Historical West (Bactria to the Atlantic), Handbook of Oriental Studies: The Near and Middle East, Band 160, Leiden/Boston, 2022, S. 254.

61 Scott L. Montgomery meint, dass die ʿabbāsidische Übersetzungsbewegung bis zu diesem Zeitpunkt die weltweit umfassendste gewesen sei. Vgl. Scott L. Montgomery, „Mobilities of Science: The Era of Translation into Arabic", Isis 109 (2018), S. 314.

62 D. Gutas, Greek Thought, Arabic Culture, S. 1-8; Adnan K. Abdulla, Translation in the Arab World: The Abbasid Golden Age, London/New York, 2021, S. 14; Alexander Treiger, „From al-Biṭrīq to Ḥunayn: Melkite and Nestorian Translators in Early ʿAbbāsid Baghdad", Mediterranea: International Journal on the Transfer of Knowledge 7 (2022), S. 145-146. Viele Forscher schreiben die Übersetzungsbewegung nur einzelnen Kalifen wie al-Ma'mūn zu. Ohne die Bedeutung ihrer Unterstützung in Abrede stellen zu wollen, greift eine solche Sichtweise doch zu kurz. Vgl. George Saliba, Islamic Science and the Making of the European Renaissance, Cambridge, 2007, S. 13; Sarah Stroumsa, „Philosophy as Wisdom: On the Christians' Role in the Translation of Philosophical Material into Arabic", in Haggai Ben-Shammai et al. (hrsg.), Exchange and Transmission across Cultural Boundaries, Jerusalem, 2013, S. 277.

63 Vgl. L. E. Goodman, „The Translation of Greek materials into Arabic", in M. J. L. Young, J. D. Latham und R. B. Serjeant (hrsgs.), Religion, Learning, and Science in the Abbasid Period, Cambridge, 1990; Henry Corbin, History of Islamic Philosophy, Übers. L. Sherrard, London/New York, 2014, S. 16; Dimitri Gutas, „The Rebirth of Philosophy and the Translations into Arabic", in U. Rudolph, R. Hansberge und P. Adamson (hrsgs.), Philosophy in the Islamic World: 8th-10th centuries, Band 1, S. 97-98; John W. Watt, „The Syriac Aristotelian Tradition, and the Syro-Arabic Baghdad Philosophers", in Damien Janos (hrsg.), Ideas in Motion in Baghdad and Beyond: Philosophical and Theological Exchanges between Christians and Muslims in the Third/Ninth and Fourth/Tenth Centuries, Islamic History and Civilization: Studies and Texts, Band 124, Leiden/Boston, 2016, S. 7.

64 Daniel King, „Why the Syrians Translated Greek Philosophy and Science", in D. Gutas et al. (hrsg.), Why Translate Science?, S. 170.

65 Ephräm der Syrer fordert seine Leser auf, sich von der griechischen Philosophie fernzuhalten:

Sergius von Rēšaynā gilt als Begründer einer Bewegung zur Übersetzung und Kommentierung griechischer weltlicher Werke ins Syrische.[66] Sergius, Oberarzt und miaphysitischer Priester dieser Stadt, übersetzte zahlreiche Abhandlungen von Galen, Alexander von Aphrodisias und Pseudo-Dionysius sowie Pseudo-Aristoteles' De mundo, jedoch keine Werke des Aristoteles.[67] Dennoch verfasste er eine Abhandlung an Philotheos über die Kategorien des Aristoteles und eine Abhandlung an Theodor über den Zweck aller Schriften des Aristoteles.[68]

Das wichtigste westsyrische Zentrum für das Studium und die Übersetzung griechischer Werke war das Kloster Qēnneshrē (Adlerhorst)[69] am linken Ufer des Euph-

---

„Glücklich, wer nicht verkostet hat das Gift der Weisheit der Griechen". Ephräm der Syrer, Hymnus de fide 2, 24, in Edmund Beck (hrsg.), Des Heiligen Ephraem des Syrers Hymnen de Fide, CSCO 154/155, Script. Syr. 73/74, Leuven, 1955, S. 7,13/7,10f. Vgl. auch: Sebastian Brock, „From Antagonism to Assimilation: Syriac Attitudes to Greek Learning", in S. Garsoian, T. Mathews und R. Thompson (hrsgs.), East of Byzantium: Syria and Armenia in the Formative Period, Washington, D.C., 1982, S. 17-34; Karl Pinggéra, „Syrische Christen als Vermittler antiker Bildung an den Islam", Ostkirchliche Studien 58 (2009), S. 40; D. Gutas, „The Rebirth of Philosophy and the Translations into Arabic", S. 98; Hans Daiber, „The Syriac Tradition in the Early Islamic Era", S. 77; S. L. Montgomery, Science in Translation, S. 68.

66 Vgl. Henri Hugonnard-Roche, „Aux origines de l'exégèse orientale de la logique d'Aristote: Sergius de Reš'aina (d. 536), médecin et philosophe", Journal Asiatique 277 (1989), S. 1-17; H. Hugonnard-Roche, „Note sur Sergius de Resh'aina, traducteur du grec en syriaque et commentateur d'Aristote", in Gerhard Endress und Remke Kruk (hrsgs.), The Ancient Tradition in Christian and Islamic Hellenism: Studies on the Transmission of Greek Philosophy and Sciences: dedicated to J. J. Drossart Lulofs on His Ninetieth Birthday, Research School CNWS, School of Asian, African, and Amerindian Studies, Leiden, 1997, S. 121-143.

67 John W. Watt, „The Syriac Aristotelian Tradition", S. 8. Die Liste der Werke, die Sergius zugeschrieben werden, war Gegenstand zahlreicher Debatten, Übertreibungen und Revisionen. Bis vor kurzem glaubte man, dass Sergius zahlreiche wichtige Werke aus den verschiedensten Bereichen übersetzt habe, darunter auch die Schriften des Aristoteles. Vgl. S. L. Montgomery, Science in Translation, S. 71-73; P. Adamson, Philosophy in the Islamic World, S. 41.

68 H. Hugonnard-Roche, „Comme la cigogne au désert: Un prologue de Sergius de Res'aynâ à l'étude de la philosophie aristotélicienne en syriaque", in A. de Libera, A. Elamrani-Jamal und A. Galonier (hrsgs.), Langages et philosophie: Hommage à Jean Jolivet, Etudes de philosophie médiévale, Band 74, Paris, 1997, S. 79-97; H. Hugonnard-Roche, „Les Categories d'Aristote comme introduction à la philosophie, dans un commentaire syriaque de Sergius de Res'ayna (+ 536)", Documenti e studi sulla tradizione filosofica medievale 8 (1997), S. 339-363; H. Hugonnard-Roche, „Sergius de Rešayna: Commentaire sur les Catégories (à Théodore). Livre premier", Oriens, Occidens: Sciences, mathématiques et philosophie de l'antiquité à l'âge classique 1 (1997), S. 123-135; John W. Watt, „Sergius of Reshaina on the Prolegomena to Aristotle's Logic: The Commentary on the Categories, Chapter Two", in Elisa Coda und Cecilia Martini Bonadeo (hrsgs.), De l'Antiquité tardive au Moyen Âge: Études de logique aristotélicienne et de philosophie grecque, syriaque, arabe et latine offertes à Henri Hugonnard-Roche, Études Musulmanes, Band 44, Paris, 2014, S. 31-57; D. King, „Why the Syrians Translated Greek Philosophy and Science", S. 189-195.

69 Im Zusammenhang mit dem zunehmenden imperialen Druck auf die miaphysitischen Mönche in Nordsyrien führte Johannes bar Aphtonia eine Gruppe von Mönchen aus dem Kloster St. Thomas bei Seleukeia Pieria, dessen Abt er war, an das Ufer des Euphrat und gründete dort um 530 Qēnneshrē. Das Kloster St. Thomas in Seleukeia Pieria galt als ein Zentrum griechischer Studien

rat.[70] Severus Sabokt, Bischof und Lehrer dieses Klosters, ist eine der berühmtesten Persönlichkeiten, die sich durch ihre Fähigkeiten in Logik und Mathematik auszeichnete.[71] Er übersetzte und verfasste zahlreiche Abhandlungen auf der Grundlage der Werke von Ptolemäus[72] und Aristoteles[73].

Georg, Bischof der Araber (gest. 724), studierte in Qēnneshrē bei Severus kurz vor dessen Tod und bei Athanasius II. von Balad. Im Jahre 686 wurde er im Grenzgebiet zwischen Syrien und Mesopotamien zum „Bischof der Araber" gewählt.[74] Neben seinen Briefen[75] und theologischen Werken[76] übersetzte und verfasste er auch Einleitungen und Kommentare zu Aristoteles' Organon: Kategorien, Über Interpretation und Frühere Analytik.[77]

---

und Qēnneshrē setzte diese Tradition fort. Vgl. Jack Tannous, The Making of the Medieval Middle East: Religion, Society, and Simple Believers, Princeton & Oxford, 2018, S. 169-170.

70 Vgl. K. Pinggéra, „Syrische Christen", S. 43; S. L. Montgomery, Science in Translation, S. 69.

71 Vgl. Bar Hebraeus, Chronicon Syriacum, S. 275/276; Henri Hugonnard-Roche, „Sévère Sebokht", in Richard Goulet (hrsg.), Dictionnaire des philosophes antiques, Band 6, Paris, 2016, S. 230-235.

72 Vgl. François Nau, „Le traité sur les «Constellations» écrit, en 661, par Sévère Sébokt, évêque de Qennesrin", Revue de l'Orient chrétien 7 (1929), S. 327-410; Severus Sabokt, Description of the Astrolabe, Übers. Jessie Payne Smith Margoliouth, in Robert T. Gunther, The Astrolabes of the World, Band 1, Oxford, 1932, S. 82-103.

73 Er übersetzte die Kommentare von Paul dem Perser zu Aristoteles' De interpretatione aus dem Persischen ins Syrische. Vgl. Daniel King, „Why the Syrians Translated Greek Philosophy and Science", S. 181-183, 205-210; H. Daiber, „The Syriac Tradition in the Early Islamic Era", S. 77-78; S. L. Montgomery, Science in translation, S. 73-74; K. Pinggéra, „Syrische Christen als Vermittler antiker Bildung an den Islam", S. 43; S. Griffith, The Church in the Shadow of the Mosque, S. 112.

74 Vgl. H. Daiber, „The Syriac Tradition in the Early Islamic Era", S. 81-83; Jack Tannous, „George, Bishop of the Arab Tribes", in Oliver Nicholson (hrsg.), The Oxford Dictionary of Late Antiquity, Band 1, Oxford, 2018, S. 653-654.

75 Jack Tannous, „Between Christology and Kalām? The Life and Letters of George, Bishop of the Arab Tribes", in George A. Kiraz (hrsg.), Malphono w-Rabo d-Malphone: Studies in Honor of Sebastian P. Brock, Gorgias Eastern Christianity Studies, Band 3, Piscataway, 2008, S. 671-716.

76 Robert H. Connolly und Humphrey W. Codrington (hrsgs.), Two Commentaries on the Jacobite Liturgy by George Bishop of the Arab Tribes and Moses Bār Kēphā, together with the Syriac Anaphora of St. James and a Document Entitled The Book of Life, London, 1913, S. ܐ - ܗ; Kathleen E. McVey (hrsg.), George, Bishop of the Arabs: A Homily on the Blessed Mar Severus, CSCO 530/531, Scriptores Syri 216/217, Leuven, 1993; Baby Varghese, „George, Bishop of the Arabs (†724): Homily on the Consecration of Myron", Harp 19 (2006), S. 255-280; Sebastian Brock, „George, Bishop of the Arab Tribes: Mimro on the Myron (British Library, Add. 12,165)", Syriac Orthodox Patriarchal Journal 56 (2018), S. 1-28.

77 Dana Miller, „George, Bishop of the Arab Tribes, on True Philosophy", ARAM 5 (1993), S. 303-320; John W. Watt, „The Prolegomena to Aristotelian Philosophy of George, Bishop of the Arabs", in Sidney H. Griffith und Sven Grebenstein (hrsgs.), Christsein in der islamischen Welt: Festschrift für Martin Tamcke zum 60. Geburtstag, Wiesbaden, 2015, S. 141-163.

In der Kirche des Ostens blühte das Studium griechischer Texte in Zentren wie Nisibis[78] oder Gondēshāpūr[79] auf. Zeitgenössisch mit Sergius von Rēšaynā ist Paul der Perser die bekannteste ostsyrische Persönlichkeit, obwohl er schließlich am Hof von Khusrau Anushirwan zum Zoroastrismus konvertierte.[80] Er schrieb mindestens drei einführende Werke,[81] wahrscheinlich in Pahlavi: 1) eine allgemeine Einführung,

78 Die Schule von Nisibis war die wichtigste Bildungsstätte der Kirche des Ostens und auch im Westen als Sitz von Wissen und Kultur bekannt. Sie wurde im Jahr 350 von Mār Yaqub gegründet, nach den persischen Eroberungen nach Edessa verlegt und kehrte schließlich nach Nisibis zurück, nachdem der byzantinische Kaiser Zenon im Jahr 489 ihre Schließung angeordnet hatte. Obwohl ihr Hauptzweck in der religiösen und theologischen Ausbildung künftiger Kirchenführer bestand, wurden hier auch philosophische Studien betrieben, die möglicherweise Mitte des 6. Jahrhunderts vom Katholikos Mār Ābā I. initiiert wurden. Vgl. D. King, „Why the Syrians Translated Greek Philosophy and Science", S. 204. S. Brock, „From Antagonism to Assimilation", S. 22. Vgl. auch: Addai Scher, „Cause de la fondation des écoles", Patrologia Orientalis 4 (1908), S. 315-405; Arthur Vööbus, History of the School of Nisibis, CSCO 266, Leuven, 1965; Gerrit J. Reinink, „'Edessa grew dim and Nisibis shone forth': the School of Nisibis at the Transition of the Sixth-Seventh Century", in J. W. Drijvers und A. A. MacDonald (hrsgs.), Centers of Learning: Learning and Location in Premodern Europe and the Near East, Studies in Intellectual History, Band 61, Leiden, 1995, S. 77-89; Adam H. Becker, Fear of God and the Beginning of Wisdom: The School of Nisibis and the Development of Scholastic Culture in Late Antique Mesopotamia, Philadelphia, 2006; Adam H. Becker, Sources for the Study of the School of Nisibis, Translated Texts for Historians 50, Liverpool, 2008.

79 Gondēshāpūr war seit dem 3. Jahrhundert ein bedeutendes Studien- und Übersetzungszentrum. Die Schließung der ostsyrischen Schule in Edessa durch Zenon (489) und Justinians scharfe Maßnahmen gegen das weltliche Studium in weiten Teilen von Byzanz führten zu einer Abwanderung der ostsyrischen Intellektuellen nach Osten. Die hier gegründeten Schulen wurden von Chosrau I. Anuschirwan nach dem Vorbild ähnlicher Einrichtungen in Alexandria zu einem vollwertigen Übersetzungs- und Studienzentrum ausgebaut. Die griechisch-syrische Medizin blühte auf, Mathematik, Logik und Astronomie wurden in unterschiedlichem Maße in den Lehrplan aufgenommen. Vgl. S. L. Montgomery, Science in Translation, S. 79. Vgl. auch: Friedrun R. Hau, „Gondeschapur: Eine Medizinschule aus dem 6. Jahrhundert n. Chr.", Gesnerus 36 (1979), S. 98-115; Heinz Herbert Schöffler, Die Akademie von Gondischapur: Aristoteles auf dem Wege in den Orient, 2. Aufl., Stuttgart, 1980; Heinz Herbert Schöffler, „Zur Frühneuzeit von Gondischapur", in Gundolf Keil (hrsg.), „Gelêrter der arzenîe, ouch apotêker": Beiträge zur Wissenschaftsgeschichte. Festschrift zum 70. Geburtstag von Willem F. Daems, Würzburger medizinhistorische Forschungen, Band 24, Pattensen/Hannover, 1982, S. 35-50; Gerrit J. Reinink, „Theology and Medicine in Jundishapur: Cultural Change in the Nestorian School Tradition", in Alasdair MacDonald, Michael W. Twomey und Gerrit J. Reinink (hrsgs.), Learned Antiquity: Scholarship and Society in the Near East, the Greco-Roman World, and the Early Medieval West, Groningen Studies in Cultural Change, Band 5, Leuven, 2003, S. 163-174.

80 Zu einer Diskussion über seine Identität und seine Konversion zum Zoroastrismus, vgl. S. Stroumsa, „Philosophy as Wisdom", S. 288-292; Said Hayati, „Knowledge and Belief in the Letter of Paul the Persian", in Dietmar W. Winkler (hrsg.), Syrische Studien: Beiträge zum 8. Deutschen Syrologie-Symposium in Salzburg 2014, Orientalia – Patristica – Oecumenica, Band 10, Münster, 2016, S. 63-73; L. E. Goodman, „The Translation of Greek materials into Arabic", S. 479.

81 Diese drei Texte von Paulus sind wahrscheinlich kaum mehr als Übersetzungen von Textteilen und Zusammenfassungen, die am persischen Hof, in Nisibis oder einem anderen bedeutenden Zentrum verfügbar waren. Vgl. D. King, „Why the Syrians Translated Greek Philosophy and Science", S. 202.

von der nur der Teil über die Klassifizierung der aristotelischen Wissenschaft erhalten ist, durch arabische Zitate[82]; 2) eine Abhandlung über Logik, die dem persischen Schah gewidmet war und wahrscheinlich zwischen 567 und 580 geschrieben wurde;[83] 3) eine Erläuterung von De interpretatione.[84] Die ersten beiden Werke übten einen Einfluss auf die islamischen Philosophen des 9. bis 11. Jahrhunderts aus.[85]

Es ist oft behauptet worden, dass ein wichtiger Grund für das anhaltende Interesse am aristotelischen Denken unter den West- und Ostsyrern jener Zeit und ein wesentlicher Impuls für die Übersetzungen der Texte aus dem Griechischen ins Syrische gerade das Bedürfnis nach aristotelischen Definitionen und Begriffsunterscheidungen in dem Bestreben war, ihre Bekenntnisformeln und damit ihre kirchliche Identität immer klarer zu differenzieren und zu verteidigen.[86] Auf der anderen Seite stellten Daniel King und John W. Watt in Frage, dass die christologische Diskussion für die Syrer das Hauptziel der Philosophie gewesen sei, sondern dass die Philosophie vielmehr eine erzieherische Rolle für die Studenten gespielt habe, um ihnen ein allgemeines Werkzeug (Organon) zur Erkenntnis der Wahrheit in der praktischen und theoretischen Philosophie an die Hand zu geben.[87] Die zwei Aspekte sollten jedoch nicht unbedingt als Widerspruch gesehen werden. Es ist möglich, dass die Philosophie zunächst mit dem Lehrplan der Schulen verbunden war und später auch in den christologischen Polemiken verwendet wurde.[88]

Neben diesen vorabbāsidischen Übersetzungen der Syrer spielte die Übersetzung des Dīwān aus dem Griechischen und Persischen ins Arabische zur Zeit des umayyadischen Kalifen ʿAbd al-Malik ibn Marwān (gest. 705) eine wichtige Rolle für die

---

82 Muskūyah (gest. 1030) zitiert in seinem Tartib al-saʿādāt aus dieser allgemeinen Einführung in die Philosophie des Aristoteles. Vgl. Shlomo Pines, „Ahmad Miskawayh and Paul the Persian", Našriye-ye Irān-šenāsi 2 (1971), S. 123-124; Dimitri Gutas, „Paul the Persian on the Classification of the Parts of Aristotle's Philosophy: A Milestone between Alexandria and Bagdad", Der Islam 60 (1983), S. 233.

83 Eine Textausgabe und eine lateinische Übersetzung des Traktats wurden von Jan Pieter Nicolaas Land herausgegeben, Anecdota Syriaca, Band 3-4, Leiden, 1862.

84 Es wird im Manuskript als eine Übersetzung von Pahlavi ins Syrische von Severus Sabokt angegeben. Vgl. Javier Teixidor, „L'introduction au De interpretatione chez Proba et Paul le Perse", in R. Lavenant (hrsg.), Symposium Syriacum, Band VII, Orientalia Christiana Analecta, Band 256, Rom, 1998, S. 293-301; Daniel King, „Why the Syrians Translated Greek Philosophy and Science", S. 202.

85 Vgl. Paul Kraus, „Zu Ibn al-Muqaffaʿ", Rivista degli Studi Orientali 14 (1934), S. 16-20.

86 A. Vööbus, History of the School of Nisibis, S. 20; K. Pinggéra, „Syrische Christen als Vermittler antiker Bildung an den Islam", S. 40; S. Griffith, The Church in the Shadow of the Mosque, S. 117; H. Daiber, „The Syriac Tradition in the Early Islamic Era", S. 77.

87 Vgl. Daniel King, „Why Were the Syrians Interested in Greek Philosophy?", in Philip Wood (hrsg.), History and Identity in the Late Antique Near East, Oxford Studies in Late Antiquity, Oxford, 2013, S. 79; John W. Watt, „Greek Thought and Syriac Controversies", in The Aristotelian Tradition in Syriac, Variorum Collected Studies Series, London, 2019, S. 166-167.

88 Vgl. Daniel King, „Why Were the Syrians Interested in Greek Philosophy?", S. 81; Jack Tanous, „You Are What You Read: Qenneshre and the Miaphysite Church in the Seventh Century", in P. Wood (hrsg.), History and Identity in the Late Antique Near East, S. 95 Anm. 45.

spätere Übersetzungsbewegung.[89] Erwähnenswert sind auch die vorislamischen Übersetzungen griechischer wissenschaftlicher und möglicherweise philosophischer Werke ins Pahlavi.[90]

II.2.2. Die ʿabbāsidische Übersetzungsbewegung

In der vorabbāsidischen Zeit waren Übersetzungen eher sporadisch und meist von geringerer Qualität als in der ʿabbāsidischen Zeit, während sie unter den ʿAbbāsiden zu einer umfangreichen und regelmäßigen Aktivität wurden.[91] Oft wurden neue Übersetzungen derselben Werke angefertigt, die jedoch besser und genauer waren. Darüber hinaus wurden Werke nicht nur aus praktischer Notwendigkeit übersetzt, sondern manchmal auch, um das Werk eines Autors zu vervollständigen.[92] Die vorabbāsidischen Übersetzungen waren jedoch sehr wichtig, und ihre Rolle sollte nicht heruntergespielt werden. Dimitri Gutas ist der Ansicht, dass die vorabbāsidischen Übersetzungen zu wenige und zu unbedeutend waren, um einen Einfluss auf die spätere ʿabbāsidische Bewegung zu haben, und betont die Rolle der persischen Kultur und Ideologie in der Übersetzungsbewegung.[93] Diese Sichtweise rief eine Reihe von Reaktionen un-

89 Obwohl es zwischen reisenden Händlern und Einheimischen eine Form der Übersetzung für Verträge und Vereinbarungen gegeben haben muss, gibt es keine Hinweise auf Übersetzungsaktivitäten unter den Arabern in vorislamischer Zeit, abgesehen von einigen wenigen zweisprachigen Inschriften, die in einigen Teilen der arabischen Halbinsel gefunden wurden. Vgl. A. K. Abdulla, Translation in the Arab World, S. 11-12; D. Gutas, Greek Thought, Arabic Culture, S. 23-24; G. Saliba, Islamic Science and the Making of the European Renaissance, S. 51-58. Eine Persönlichkeit, die in dieser frühen Periode des Umayyadenreichs mit dem Übersetzen in Verbindung gebracht wurde, war der rätselhafte Prinz Khālid ibn Yazīd, der, nachdem er gezwungen worden war, auf seinen Anspruch auf den Thron zu verzichten, angeblich Trost in der Übersetzung, der Alchemie und der Wissenschaft fand. Diese Theorie wurde jedoch als Legende abgetan. Vgl. D. Gutas, Greek Thought, Arabic Culture, S. 24 Anm. 20; Franz Rosenthal, The Classical Heritage in Islam, London, 1965, S. 3; Manfred Ullman, Die Medizin im Islam, Leiden, 1970, S. 22.

90 Das Interesse der Sasaniden an der griechischen Bildung war zum Teil auch durch eine zoroastrische imperiale Ideologie motiviert, die alles Lernen letztlich aus der Avesta, den kanonischen zoroastrischen Schriften, stammend ansah. Vor diesem Hintergrund ist die griechisch-persische Übersetzungstätigkeit zu verstehen, die unter Chosrau I. ihren Höhepunkt erreichte. Vgl. D. Gutas, Greek Thought, Arabic Culture, S. 25-27; Scott L. Montgomery, Science in Translation, S. 80; Mohsen Zakeri, „Translations from Greek into Middle Persian as Repatriated Knowledge", in D. Gutas (hrsg.), Why Translate Science?, S. 52-169.

91 Eine solche Übersetzungsbewegung wäre im Damaskus der Umayyaden nicht möglich gewesen, wo Griechen die höchsten Ämter innehatten und der Linie des Christentums von Konstantinopel folgten, das der griechischen Kultur und säkularen Philosophie feindlich gegenüberstand. Eine solche Bewegung war erst möglich, als die Hauptstadt in das multikulturelle Baġdād der ʿAbbāsiden verlegt wurde. Vgl. D. Gutas, Greek Thought, Arabic Culture, S. 19.

92 L. E. Goodman, „The Translation of Greek Materials into Arabic", S. 478-479.

93 Tatsächlich leugnet Gutas nicht gänzlich die äußerst wichtigen technischen Fähigkeiten der Christen und ihre Rolle in der Übersetzungsbewegung, sondern nur die Behauptung, dass die Initiative, Leitung und Organisation bei ihnen gelegen hätte. Vgl. D. Gutas, Greek Thought, Arabic Culture, S. 22, 138.

ter den Forschern hervor, die einerseits das christliche[94] und andererseits das arabische Element[95] in diesem Prozess betonten.

Nach der ʿabbāsidischen Revolution und den Übergangsjahren des al-Saffāḥ-Regimes gelang es al-Manṣūr, das Kalifat durch die Harmonisierung verschiedener einflussreicher Gruppen zu stabilisieren. Die Art und Weise, wie es den frühen ʿabbāsidischen Kalifen gelang, die Herrschaft ihrer Dynastie in den Augen aller Fraktionen ihres Reiches zu legitimieren, bestand neben der Behauptung, Nachkommen des Urgroßvaters des Propheten zu sein, in der Erweiterung ihrer imperialen Ideologie um die Anliegen der persischen Fraktion.[96] Eine wesentliche Rolle spielte dabei die Übersetzung des Dēnkard, des offiziellen Textes der zoroastrischen Religion. Von großer Bedeutung war auch die Übersetzung der astrologischen Bücher, die daran erinnerten, dass der Kalif mit Hilfe der Sterne regierte.[97] Neben seinem Interesse an der persischen Kultur und Astronomie konnte al-Manṣūr das griechische Erbe in Bereichen wie Medizin, Philosophie und Mathematik nicht ignorieren. So ließ er einflussreiche griechische Werke wie Ptolemäus' Almagest und Euklids Elemente übersetzen.[98]

---

94 S. Griffith, The Church in the Shadow of the Mosque, S. 107-108; S. L. Montgomery, Science in Translation, S. 62; John W. Watt, „The Syriac Aristotelian Tradition and the Syro-Arabic Baghdad Philosophers", S. 40; George Saliba, „Revisiting the Syriac Role in the Transmission of Greek Sciences into Arabic", Journal of the Canadian Society for Syriac Studies, 4 (2004), S. 27-32; S. Stroumsa, „Philosophy as Wisdom", S. 276-293; A. H. Becker, Fear of God and the Beginning of Wisdom, S. 151; K. Pinggéra, „Syrische Christen als Vermittler antiker Bildung an den Islam", S. 56.

95 G. Saliba ist der Ansicht, dass die Arabisierung des Dīwān zum Verlust der Verwaltungsarbeitsplätze geführt zu haben scheint, die von persisch und griechisch sprechenden Personen des Reiches besetzt waren, von denen die meisten entweder Zoroastrier oder Christen waren. Um mit den neuen Angestellten des Dīwān konkurrieren und die hohen Regierungsämter wieder für sich beanspruchen zu können, mussten die Mitglieder dieser bürokratischen Gemeinschaften ihre Kenntnisse sowohl der griechischen Sprache als auch der Elementarwissenschaften einsetzen und versuchen, sich selbst oder ihre Kinder in den fortgeschritteneren Wissenschaften auszubilden. Die Übersetzungsbewegung ist also das Ergebnis eines Wettbewerbs zwischen verschiedenen Gruppen, der durch die von ʿAbd al-Malik ibn Marwān initiierte Arabisierung des Dīwān ausgelöst wurde. Vgl. G. Saliba, Islamic Science and the Making of the European Renaissance, S. 57-62; Alexander Treiger, „From al-Biṭrīq to Ḥunayn", S. 146-147.

96 Vgl. D. Gutas, Greek Thought, Arabic Culture, S. 29.

97 Al-Manṣūr war auch vom persischen Denken und insbesondere von der persischen Astrologie tief beeindruckt. Dies wird durch die Tatsache bestätigt, dass der Kalif die Astrologen bat, Tag, Monat und Jahr des Baubeginns von Baġdād zu bestimmen: den 30. Juli 762 A.D. Der oberste persische Hofastrologe Nawbakht beriet den Kalifen auch gegen Ibrahim ibn Abdullah und sagte das Datum seiner Revolte gegen al-Manṣūr voraus. Vgl. Adnan K. Abdulla, Translation in the Arab World, S. 16-17; S. L. Montgomery, Science in Translation, S. 87, 95-96; D. Gutas, Greek Thought, Arabic Culture, S. 33; L. E. Goodman, „The Translation of Greek Materials into Arabic", S. 478.

98 Die Kreisform Baġdāds, die auf den Elementen Euklids beruhte, war ein Zeichen der imperialen Ideologie. Dies bedeutete, dass der Kalif von allen Teilen seiner Hauptstadt gleich weit entfernt war. Vgl. D. Gutas, Greek Thought, Arabic Culture, S. 52; Maha Baddar, „Texts that Travel: Translation Genres and Knowledge-Making in the Medieval Arabic Translation Movement", in Albrecht Classen (hrsg.), Travel, Time, and Space in the Middle Ages and Early Modern Time:

Der Nachfolger und Sohn al-Manṣūrs, al-Mahdī, setzte diesen Prozess der Übersetzung griechischer und persischer Werke ins Arabische fort, aber der besondere Charakter dieser Bewegung während seiner Herrschaft ist durch seinen Kampf gegen die Zindīqs gegeben.[99] Der neue Kalif erkannte die Notwendigkeit, zur Lösung dieses Problems auf griechisches philosophisches Gedankengut zurückzugreifen.[100] Zu diesem Zweck beauftragte er den Patriarchen Timotheos, die Topik des Aristoteles aus dem Syrischen ins Arabische zu übersetzen.[101] Timotheos berichtet über diese Aufgabe in Brief 43,[102] wo er erwähnt, dass er die Übersetzung der Topik mit Hilfe von Abū Nūḥ,[103] höchstwahrscheinlich unter Verwendung der Übersetzung des Athanas von Balad, abgeschlossen hat.[104] Interessant ist, dass die gleiche Aufgabe zur gleichen Zeit von anderen empfangen wurde – die aus dem Griechischen ins Arabische übersetzten –, aber der Kalif schätzte die Übersetzung des Patriarchen höher und lehnte den anderen Text ab, „denn sie waren in der Tat barbarisch nicht nur in der Worth[wahl], sondern auch in den Gedanken selbst".[105] Treiger argumentiert, dass die

---

Explorations of World Perceptions and Processes of Identity Formation, Boston/Berlin, 2018, S. 107.

99 Vgl. D. Gutas, Greek Thought, Arabic Culture, S. 65.

100 Vgl. M. Baddar, „Texts that Travel", S. 104.

101 Die Topik lehrt eine Dialektik, ǧadal, die Kunst des Argumentierens auf systematischer Grundlage. Ihr erklärtes Ziel ist es, eine Methode zu entwickeln, mit der auf der Grundlage allgemeiner Überzeugungen für oder gegen eine These argumentiert werden kann. Dementsprechend werden Regeln für den Frage- und Antwortprozess zwischen zwei Antagonisten, dem Fragesteller und seinem Gesprächspartner, aufgestellt. Vgl. D. Gutas, Greek Thought, Arabic Culture, S. 62. Die Bedeutung der *Topik* spiegelt sich auch in der Zahl ihrer Übersetzungen in den folgenden Jahrhunderten wider. Nach dem Erscheinen der von al-Mahdī geförderten Übersetzung wurde es ein Jahrhundert später von Abū ʿUthmān Saʿīd b. Yaʿqūb al-Dimashqī erneut direkt aus dem Griechischen übersetzt. Fünfzig Jahre später wurde es ein weiteres Mal von Yaḥyá ibn ʿAdī aus der syrischen Übersetzung von Isḥāq ibn Ḥunayn übersetzt. Vgl. D. Gutas, Greek Thought, Arabic Culture, S. 61; Sebastian Brock, „Two Letters of the Patriarch Timothy from the Late Eighth Century on Translations from Greek", Arabic Sciences and Philosophy 9 (1999), S. 240-241; Maha Baddar, „Texts that Travel", S. 105.

102 Vgl. Timotheos I., Brief 43.1-4.

103 Abū Nūḥ war ein Mitschüler von Timotheos bei Mār Abraham bar Dāšandāḏ. Später wurde er Sekretär des Gouverneurs von Mossul, Abū Mūsā ibn Mus'ab. Er soll auch ein griechisches Kompendium der Isagoge des Porphyrios und die ersten drei Bücher des Organons ins Arabische übersetzt haben. Vgl. Sebastian Brock, „Two Letters of the Patriarch Timothy", S. 241; M. Heimgartner (hrsg.), Die Briefe 42-58, S. 47 Anm. 218.

104 Wie M. Heimgartner bemerkt, ist es sehr wahrscheinlich, dass Timotheos und Abū Nūḥ die Übersetzung des Athanas von Balad benutzten, da Timotheos eindeutig angibt, aus dem Syrischen ins Arabische übersetzt zu haben, und die einzige bis dahin bekannte syrische Übersetzung die des Athanas von Balad ist. Vgl. M. Heimgartner (hrsg.), Die Briefe 42-58, S. 47-48 Anm. 219.

105 Timotheos I., Brief 43.3. Vgl. auch: Martin Heimgartner, „Der ostsyrische Patriarch Timotheos I. (780–823) und der Aristotelismus: Die aristotelische Logik und Dialektik als Verständigungsbasis zwischen den Religionen", in Martin Tamcke (hrsg.), Orientalische Christen und Europa: Kulturbegegnung zwischen Interferenz, Partizipation und Antizipation, Göttinger Orientforschungen. I. Reihe: Syriaca, Band 41, Wiesbaden, 2012, S. 12-13.

„Anderen", von denen Timotheos spricht, Melkiten waren, und dass die Bemerkung über den „barbarischen" Stil ihrer Übersetzungen sich auf ihre Sprache bezieht, die das melkitische Mittelarabisch jener Zeit gewesen sein muss, weit entfernt vom klassischen arabischen Standard.[106] Seine Bemerkung über die „mangelnde Bildung" der Übersetzer muss sich auf die Tatsache beziehen, dass die meisten von ihnen noch einfache melkitische Priester und Mönche waren, denen eine gründliche Ausbildung in Philosophie und Wissenschaft fehlte. Als Timotheos den Auftrag erhielt, eine arabische Übersetzung der Topik des Aristoteles anzufertigen, dürfte er diese Gelegenheit nicht zuletzt ergriffen haben, um dem Kalifen zu zeigen, dass die Spezialisten der Kirche des Ostens ihre kirchlichen Rivalen übertreffen konnten.[107] Konkurrenz schloss Kooperation jedoch nicht aus. So berichtet Timotheos, wie er sich mit dem chalcedonischen Patriarchen Hiob[108] über die Übersetzung des Begriffs „Aulētrides" beraten hat, der in Aristoteles' Analytica Posteriora vorkommt (A.13, 78b30-31), als sie „das Buch der Topiken aus dem Syrischen in die arabische Sprache übersetzten".[109] Er bittet auch Mār Pētīōn, den Adressaten von Brief 43, im westsyrischen Kloster Mār Mattai nach Kommentaren zu aristotelischen Schriften zu suchen.[110] Timotheos' Erfolg bei der Übersetzung der Topik ist zweifellos seiner Ausbildung zu verdanken, da in der Schule Abrāhāms die griechische Sprache und Philosophie eine wesentliche Rolle spielten.[111]

Als al-Mahdīs Sohn, Hārūn al-Rašīd, die Macht übernahm, war die Übersetzungsbewegung bereits fest in der ʿabbāsidischen Staatsbürokratie verankert. Al-Rašīd systematisierte und intensivierte die Übersetzungsbewegung. Die Barmakiden spielten zweifellos eine wichtige Rolle in seiner Ausbildung und förderten weiterhin die Über-

106 Brock ist der Ansicht, dass die Übersetzung der „Anderen" gemäß der frühen Übersetzungstradition zu wörtlich gewesen sein könnte. Vgl. S. Brock, „Two Letters of the Patriarch Timothy", S. 241.

107 Vgl. A. Treiger, „From al-Biṭrīq to Ḥunayn", S. 163.

108 Vgl. Alexander Treiger, „The Beginnings of the Graeco-Syro-Arabic Melkite Translation Movement in Antioch", Scrinium: Journal of Patrology and Critical Hagiography 16 (2020), S. 306-311; A. Treiger, „From al-Biṭrīq to Ḥunayn", S. 163; S. Brock, „Two Letters of the Patriarch Timothy", S. 242.

109 Timotheos I., Brief 48.10.

110 Vgl. Timotheos I., Brief 43.6. Vgl auch: M. Heimgartner, „Der ostsyrische Patriarch Timotheos I. (780–823) und der Aristotelismus", S. 13-14.

111 Nicht nur Timotheos und Abū Nūḥ studierten in der Schule Abrāhāms, sondern auch Ishō bar Nūn (Nachfolger des Timotheos im Amt des Katholikos) und Sergius (Empfänger mehrerer Briefe des Timotheos und späterer Metropolit von Elam). Vgl. K. Pinggéra, „Syrische Christen als Vermittler antiker Bildung an den Islam", S. 47-48 Anm. 38. Der Lehrplan zeigt den Einfluss des berühmten westsyrischen Klosters von Qēnneshrē. Abraham muss eine entscheidende Rolle bei der Weitergabe seines Erbes an die ostsyrische Tradition gespielt haben. Vgl. Martin Heimgartner, „Griechisches Wissen und Philosophie beim ostsyrischen Patriarchen Timotheos (780–823)", in Matthias Perkams und Alexander M. Schilling (hrsgs.), Griechische Philosophie und Wissenschaft bei den Ostsyrern: Zum Gedenken an Mār Addai Scher (1867–1915), Transmissions, Band 3, Berlin, 2019, S. 101.

setzung von Werken aus dem Persischen.[112] Nicht nur astronomische Werke,[113] sondern auch medizinische Bücher standen im Mittelpunkt seines Interesses.[114]

In der Zeit al-Maʾmūns nahm die Übersetzungsbewegung einen anderen Verlauf: die meisten der übersetzten Werke waren griechisch, nicht nur in der Astronomie, sondern auch in der Medizin, Naturgeschichte und Philosophie.[115] Die Besonderheit der Übersetzungsbewegung zur Zeit al-Maʾmūns hängt zweifellos mit der Übernahme der muʿtazilitischen Lehre zusammen. Spätere Quellen versuchten, die Politik des Kalifen mit dem berühmten Traum zu rechtfertigen, in dem ihm Aristoteles erschienen sein soll. Der Traum al-Maʾmūns wurde offensichtlich erfunden, um seinen ideologischen Positionen zu dienen.[116] Aristoteles, das höchste Vorbild des griechischen Denkens, wird als eine Person dargestellt, die allen anderen an Gelehrsamkeit, Wissen und Weisheit überlegen ist.[117]

Obwohl es zahlreiche produktive und professionelle Übersetzer gab, waren Ḥunayn ibn ʾIsḥāq und sein Übersetzerkreis bei weitem die bekanntesten und geschätztesten.[118] Er schrieb einen ausführlichen Bericht über seine eigene Überset-

---

112 Yaḥyā ibn Khālid (gest. 806) wurde vom Kalifen al-Mahdī mit der Erziehung seines Sohnes Hārūn betraut. Vgl. W. Barthold und D. Sourdel, „al-Barāmika", in H. A. R. Gibb et al. (hrsgs.), The Encyclopaedia of Islam: A–B, Band 1, Leiden, 1960, S. 1033; A. K. Abdulla, Translation in the Arab World, S. 18.

113 Er sah den Aufstieg der ʿAbbāsiden als ein von den Sternen verkündetes Zeitalter. Daher musste dieser Bereich noch eingehender untersucht werden, um seinen Beitrag zur Geschichte zu kennen und vorzubereiten. Vgl. L. E. Goodman, „The Translation of Greek Materials into Arabic", S. 481-482.

114 Al-Rašīd bat Mānikya, einen indischen Arzt, mit ayurvedischen Büchern nach Baġdād zu kommen und ihm als Arzt zu dienen. Nachdem Mānikya den Kalifen von einer schweren Krankheit geheilt hatte, wurde er gebeten, seine Bücher zu übersetzen. Vgl. S. L. Montgomery, „Mobilities of Science", S. 317. Nicht zu vergessen ist auch die Arbeit der Familie Bukhtīshūʿ, die die Übersetzung medizinischer Werke fortsetzte. Vgl. M. Baddar, „Texts that Travel", S. 102.

115 Vgl. S. L. Montgomery, Science in Translation, S. 87; Tayeb al-Hibri, The Abbasid Caliphate: A History, Cambridge, 2021, S. 120.

116 Vgl. P. Adamson, Philosophy in the Islamic World, S. 39; U. Vagelpohl und S. Sánchez, „Why Do We Translate?", S. 258. Es gibt jedoch zwei Versionen dieses Traums. Die erste wurde in den Kreisen von al-Maʾmūn erfunden, um seine Politik zu rechtfertigen, die zweite wurde von Yaḥyá ibn ʿAdī, dem Leiter der Baġdāder Schule der aristotelischen Philosophen im 10. Jahrhundert, um das Studium der aristotelischen Philosophie zu legitimieren. Vgl. D. Gutas, Greek Thought, Arabic Culture, S. 95-104; John W. Watt, „The Strategy of the Baghdad Philosophers: The Aristotelian Tradition as a Common Motif in Christian and Islamic Thought", in Jan Jacob van Ginkel, Heleen H. L. Murre-van den Berg, Theo Maarten van Lint (hrsgs.), Redefining Christian Identity: Cultural Interaction in the Middle East since the Rise of Islam, Orientalia Lovaniensia Analecta, Band 134, Leuven, 2005, S. 151.

117 Vgl. A. K. Abdulla, Translation in the Arab World, S. 19.

118 Ḥunayn war mehr als nur ein einfacher Übersetzer, er war ein Gelehrter und ein Arzt und wurde später der Chefarzt des Kalifen al-Mutawakkil. Vgl. S. Griffith, The Church in the Shadow of the Mosque, S. 119. Mehr zu Ḥunayn: vgl. Sebastian Brock, „The Syriac Background to Ḥunayn's Translation Techniques", ARAM 3 (1991), S. 139-162; Sidney H. Griffith, „Ḥunayn ibn Isḥāq and the Kitāb Ādāb al-Falāsifah: The Pursuit of Wisdom and a Humane Polity in Early Abbasid Baghdad", in G. Kiraz (hrsg.), Malphono w-Rabo d-Malphone: Studies

zungstätigkeit und die seiner Mitarbeiter. Dies geschah in Form eines Briefes (Risāla)[119] an einen seiner Gönner, den Höfling ʿAlī ibn Yaḥyā al-Munaǧǧim (gest. 275/888-889), der Ḥunayn um ein bibliographisches Verzeichnis der syrischen und arabischen Übersetzungen von Galen gebeten hatte.[120] Ḥunayns Übersetzungstätigkeit erstreckte sich auf alle zu seiner Zeit gängigen Wissensgebiete: von der Philosophie bis zur Medizin und von der Mathematik bis zur Religion. Neben der beeindruckenden Zahl der übersetzten Werke zeichnete er sich auch durch die Qualität seiner Übersetzungen aus, wobei er häufig bereits übersetzte Werke neu übersetzte.[121]

Das Ausmaß der Übersetzungsbewegung zur Zeit al-Maʾmūns hat in der späteren Forschung auch zu einigen Übertreibungen geführt. So wurde oft behauptet, al-Maʾmūn habe das berühmte Haus der Weisheit als Akademie oder als wissenschaftliches und religiöses Zentrum gegründet, in dem verschiedene Bildungsaktivitäten, Forschungen und sogar theologische Disputationen stattfanden.[122] Neuere Forschungen haben gezeigt, dass die meisten dieser Behauptungen unbegründet sind[123] und es sich

---

in Honor of Sebastian P. Brock, Piscataway, 2008, S. 135-160; Myriam Salama-Carr, La traduction à l'époque Abbasside: L'école de Ḥunayn Ibn Isḥāq et son importance pour la traduction, Paris, 1990.

119 Vgl. Gotthelf Bergsträsser (hrsg.), Ḥunain Ibn Isḥāq über die syrischen und arabischen Galen-Übersetzungen: Zum ersten Mal herausgegeben und übersetzt von G. Bergsträsser, Abhandlungen für die Kunde des Morgenlandes, Band 17, Leipzig, 1925; John C. Lamoreaux (hrsg.), Ḥunayn ibn Isḥāq on His Galen Translations: A Parallel English-Arabic Text, Eastern Christian Texts, Band 3, Utah, 2016.

120 Er übersetzte mehr als hundert Bücher von Galen in die syrische und die arabische Sprache. Vgl. L. E. Goodman, „The Translation of Greek Materials into Arabic", S. 488; A. K. Abdulla, Translation in the Arab World, S. 87-88; U. Vagelpohl und I. Sánchez, „Why Do We Translate?", S. 255-256. Obwohl einige von Ḥunayns Gönnern Muslime waren, waren andere Ostsyrer, insbesondere Ärzte, deren bevorzugte Sprache das Syrische war und die daher Übersetzungen aus dem Griechischen ins Syrische und nicht ins Arabische in Auftrag beauftragten. Vgl. A. Treiger, „From al-Biṭrīq to Ḥunayn", S. 164.

121 Obwohl die bevorzugte Übersetzungsmethode der Syrer die Wort-für-Wort-Übersetzung (verbum e verbo) war, führte diese Methode zu zahlreichen Problemen in den übersetzten Texten. Die syrischen Übersetzer, die die Wort-für-Wort-Methode anwandten, hielten sich so eng an den Originaltext, dass ihre Übersetzungen die Wortfolge und die Struktur des Originals wiedergaben. In diesem Zusammenhang war Ḥunayns Sensus-de-sensu-Übersetzungsmethode eine Revolution in der Übersetzungsbewegung. Vgl. A. K. Abdulla, Translation in the Arab World, S. 87, 98-99. Vgl. auch: Sebastian Brock, „Aspects of Translation Technique in Antiquity", Greek, Roman and Byzantine studies 20 (1979), S. 74-75; L. E. Goodman, „The Translation of Greek Materials into Arabic", S. 488-489.

122 Vgl. A. K. Abdulla, Translation in the Arab World, S. 24; Jacob Lassner, Jews, Christians, and the Abode of Islam: Modern Scholarship, Medieval Realities, Chicago, 2012, S. 267; Labeeb Ahmed Bsoul, Translation Movement and Acculturation in the Medieval Islamic World, Cham, 2019, S. 63-73.

123 Das Haus der Weisheit stand nie im Zusammenhang mit theologischen Disputationen, wie sie am Hof von al-Maʾmūn stattfanden. In den Quellen findet sich kein Hinweis darauf, dass das Haus der Weisheit als Ort des gelehrten Austauschs oder der Begegnung, als Schule oder Akademie fungierte. Der Unterricht fand privat in den Häusern der Gelehrten oder in den Moscheen statt. Die Entstehung von „Schulen" (madāris) im Islam lag noch mehr als ein Jahrhun-

in Wirklichkeit nur um eine Bibliothek handelte, die wahrscheinlich von al-Manṣūr nach dem Vorbild der Sassaniden gegründet wurde, in der Bücher gelagert wurden und in der nur Übersetzungen aus dem Persischen ins Arabische stattfanden. Von einer Übersetzung aus dem Griechischen ist im Zusammenhang mit dem Haus der Weisheit nicht die Rede.[124]

II.2.3. Ende der Übersetzungsbewegung

Die Übersetzungsbewegung setzte sich nach al-Maʾmūn fort und wurde von al-Muʿtaṣim und seinen Nachfolgern weitergeführt.[125] Es ist oft behauptet worden, dass mit der Machtübernahme al-Mutawakkils, der Abkehr von der mu'tazilitischen Lehre und der Verfolgung ihrer Anhänger die Übersetzungsbewegung zum Erliegen gekommen sei.[126] Obwohl die direkte Schirmherrschaft der Kalifen nachließ, blühte die Übersetzungsbewegung in dieser Zeit weiter auf.[127] So waren beispielsweise Ḥunayn ibn 'Isḥāq und sein Übersetzerkreis in dieser Zeit am produktivsten, wobei Ḥunayn dem Kalifen sehr nahe stand.[128] Ab dem 11. Jahrhundert erlosch diese drei Jahrhunderte währende Bewegung allmählich.[129] Das Interesse an den übersetzten Wissen-

---

dert entfernt. Was auch immer der Begriff „Akademie" im heutigen Sprachgebrauch bedeutet oder suggeriert, auf das Haus der Weisheit trifft er nicht zu. Vgl. Lutz Richter-Bernburg, „Potemkin in Baghdad: The Abbasid 'House of Wisdom' as Constructed by '1001 Inventions'", in Sonja Brentjes, Taner Edis, Lutz Richter-Bernburg (hrsgs.), 1001 Distortions: How (Not) to Narrate History of Science, Medicine, and Technology in Non-Western Cultures, Bibliotheca Academica, Reihe Orientalistik, Band 25, Würzburg, 2016, S. 123-126. Vgl. auch D. Gutas, Greek Thought, Arabic Culture, S. 58-59; L. E. Goodman, „The Translation of Greek materials into Arabic", S. 484; Uwe Vagelpohl, Aristotle's „Rhetoric" in the East: The Syriac and Arabic Translation and Commentary Tradition, Leiden, 2008, S. 24 Anm. 78; P. Adamson, Philosophy in the Islamic World, S. 40.

124 Erstaunlicherweise wird sie in der Risāla von Ḥunayn nicht erwähnt. Sie war auch keine Bibliothek, in der griechische Manuskripte aufbewahrt wurden. Ḥunayn erwähnt zwar, dass er sich um griechische Manuskripte bemühte, aber er erwähnt nicht, dass er sie im Haus der Weisheit in Baġdād fand. Vgl. D. Gutas, Greek Thought, Arabic Culture, S. 59; M. Baddar, „Texts that Travel", S. 97.

125 Al-Muʿtaṣim setzte die antibyzantinische und sogar mu'tazilitische Politik fort, indem er die Miḥna weiterführte. Vgl. D. Gutas, Greek Thought, Arabic Culture, S. 123-125.

126 Nach Abdulla war der Mu'tazilismus mit der Philosophie verbunden, und die Philosophie wurde durch die Übersetzung zugänglich gemacht, die deshalb stark unterdrückt wurde. Diese Unterdrückung erreichte ihren Höhepunkt unter al-Mutawakkil (gest. 861), der jegliche Diskussion über die Erschaffenheit des Korans (chalq al-qurʾān) verbot und die Mu'taziliten angriff. Die Verfolgung erstreckte sich auch auf die Übersetzung und die Übersetzer. Vgl. A. K. Abdulla, Translation in the Arab World, S. 23.

127 Die Initiative liegt vielmehr in den Händen von Bürokraten oder Gelehrten wie Banū-Mūsā. Vgl. G. Saliba, Islamic Science and the Making of the European Renaissance, S. 14-15.

128 Vgl. L. E. Goodman, „The Translation of Greek Materials into Arabic", S. 495-496; D. Gutas, Greek Thought, Arabic Culture, S. 124-126.

129 Der letzte bedeutende Übersetzer war der Ostsyrer Abū al-Faraj ʿAbd Allāh ibn al-Ṭayyib, Arzt-Philosoph und Sekretär des Katholikos Elias I. Seine Werke bestanden hauptsächlich aus Paraphrasen und Kommentaren zu den medizinischen, logischen und philosophischen Werken von Hippokrates, Aristoteles, Galen und anderen Griechen. Vgl. L. E. Goodman, „The Trans-

schaften nahm nicht ab, ebenso wenig wie die Zahl der Gelehrten, die aus dem Griechischen übersetzen konnten. Es hatte einfach nichts mehr zu bieten, nicht in dem Sinne, dass es keine profanen griechischen Bücher mehr zu übersetzen gab, sondern in dem Sinne, dass es keine griechischen Bücher mehr zu bieten hatte, die für die Anliegen und Bedürfnisse der Auftraggeber, der Gelehrten und Wissenschaftler, relevant waren.[130]

Unabhängig von Ideologie, Politik und den Besonderheiten der jeweiligen Herrschaft war die Übersetzungsbewegung von einem echten Bedürfnis nach den praktischen Informationen aus den übersetzten Büchern getragen.[131] So spielten Astronomie und Mathematik für die Astrologie eine wichtige Rolle. Auch die Landwirtschaft sollte nicht davon getrennt werden. Dann gab es auch in der Verwaltung zahlreiche praktische Angelegenheiten: Buchhaltung, Vermessung, Ingenieurwesen und Zeitmessung zum Beispiel, und im Zusammenhang mit diesen Bedürfnissen wurden die mathematischen Wissenschaften – Arithmetik, Geometrie, Trigonometrie und Astronomie – zum Schwerpunkt der frühen Übersetzungstätigkeit.[132] Nicht zu vergessen ist schließlich die Medizin. Auf der Suche nach neuen Heilmitteln und Behandlungsmethoden für die Krankheiten, mit denen die Kalifen und die Oberschicht zu kämpfen hatten, wurde der Übersetzung medizinischer Werke immer mehr Aufmerksamkeit geschenkt.[133]

Es sollte auch klargestellt werden, dass die Übersetzungsbewegung weit mehr umfasst als nur die Übertragung von Werken aus einer Ausgangssprache in eine Zielsprache. Der Begriff „Übersetzung“ impliziert oft erhebliche Anpassungen, Paraphrasierungen, Zusammenfassungen und sogar Kommentare.[134] So war zum Beispiel die Selektivität ein wesentliches Merkmal der Übersetzungsbewegung. In einem Brief, in dem er vorgab, Platons Ansichten über die Seele zusammenzufassen, strich al-Kindī alle heidnischen Bezüge und fügte islamisch-monotheistische hinzu. Obwohl al-Kindī ganze Passagen aus dem Originaltext entfernte und durch Passagen ersetzte, die dem Kontext und dem Publikum besser entsprachen, beschreibt er seine Abhandlung als

lation of Greek materials into Arabic“, S. 494.

130 In den meisten Fächern waren die entscheidenden Haupttexte schon lange vorher übersetzt, erforscht und kommentiert worden, so dass jede Disziplin über den Stand der übersetzten Werke hinausgekommen war. Vgl. D. Gutas, Greek Thought, Arabic Culture, S. 151-152; U. Vagelpohl, Aristotle's „Rhetoric“ in the East, S. 37; L. E. Goodman, „The Translation of Greek materials into Arabic“, S. 496-497.

131 Vgl. T. al-Hibri, The Abbasid Caliphate, S. 119-121; L. E. Goodman, „The Translation of Greek Materials into Arabic“, S. 478.

132 Vgl. D. Gutas, Greek Thought, Arabic Culture, S. 107-111.

133 Zu den prominentesten und wichtigsten Mäzenen gehörten auch Ärzte, insbesondere die aus Gondēshāpūr stammende medizinische Elite der Ostsyrer: die Familien Bukhtīshū', Māsawayh und Ṭayfūrī. Sie beherrschten während der gesamten Übersetzungsbewegung die medizinische Praxis und Wissenschaft in Baġdād und am 'abbāsidischen Hof und waren für die von Ḥunayn und seinen Mitarbeitern in Auftrag gegebenen Übersetzungen zahlreicher Werke Galens verantwortlich. Vgl. D. Gutas, Greek Thought, Arabic Culture, S. 133.

134 M. Baddar, „Texts that Travel“, S. 101; A. K. Abdulla, „Translation in the Arab World“, S. 98.

eine Zusammenfassung der Ansichten Platons, Aristoteles' und Pythagoras' über die Seele.[135] Auch Ḥunayn eliminierte in seiner Übersetzung der Oneirocritica des Artemidor alle Hinweise auf griechische Götter und ersetzte sie durch islamische Konzepte.[136]

Abschließend stellt sich die Frage, warum sich Christen so aktiv an der Übersetzungsbewegung beteiligten. Was könnten die Gründe dafür gewesen sein? Unabhängig davon, wer den Prozess initiiert hat, ist die Übersetzungsbewegung ohne christliche Beteiligung nicht denkbar.[137] Ein erster Grund für diese Entscheidung wäre finanzieller Natur gewesen.[138] Der Wesir Muḥammad ibn ʿAbd al-Malik (ibn) al-Zayyāt (gest. 847) soll monatlich 2000 dīnār für die Übersetzung griechischer Werke ausgegeben haben.[139] Die Banū Mūsā, die mit al-Maʾmūn um Manuskripte konkurrierten und ihre eigenen Agenten nach Byzanz schickten, sollen monatlich etwa 500 Golddinar für Übersetzungen ausgegeben haben.[140] Eine oft zitierte Geschichte besagt, dass al-Maʾmūn dem berühmten Übersetzer Ḥunayn den Gegenwert in Gold für das Gewicht der übersetzten Manuskripte gab.[141] Obwohl dieses Motiv vermutlich eine Reihe von Übersetzern überzeugte, ist es unwahrscheinlich, dass es allein die Grundlage für eine so aktive christliche Beteiligung über einen Zeitraum von mehreren Jahrhunderten bildete.

---

135 Der Historiker Ibn Abī Usaibiʿa erklärt, dass die Übersetzer die wichtigen Ideen wiedergaben und bewusst alles ignorierten, was für ihre Zwecke nicht relevant war. Er betont, dass dies weder aus Unwissenheit noch aus Missverständnissen geschah und dass ihre mangelnde Treue zu den Originaltexten dazu führte, dass einige Übersetzungen klarer waren als das Original. Vgl. M. Baddar, „Texts that Travel", S. 114

136 Vgl. A. K. Abdulla, Translation in the Arab World, S. 20.

137 Obwohl in dieser Analyse vor allem die Aktivitäten der Syrer und insbesondere der Ostsyrer im Vordergrund standen, darf die Beteiligung der Melkiten nicht übersehen werden. Vor allem scheinen die Melkiten eine zentrale Rolle im „al-Kindī-Kreis" gespielt zu haben, bei dem es sich laut Treiger um eine christliche Übersetzerwerkstatt handelte, die von dem arabisch-muslimischen Aristokraten und bedeutenden Philosophen al-Kindī, einem Tutor des Prinzen Aḥmad, Sohn des Kalifen ʿAbbāsid al-Muʿtaṣim, gegründet, geleitet und finanziert wurde. Zur Rolle der Melkiten in der Überesetzungsbewegung, vgl. A. Treiger, „From al-Biṭrīq to Ḥunayn", S. 143-181.

138 Ein repräsentatives Beispiel ist der Fall des Melkiten Qusṭā ibn Lūqā. Biographische Berichte über ihn besagen, dass er seine Heimatstadt Baalbek (im heutigen Libanon) verließ und nach Baġdād ging, um dort als Übersetzer zu Ruhm und Reichtum zu gelangen. Er nahm Bücher mit, von denen er annahm, dass reiche Gönner in Baġdād sie übersetzen lassen wollten. Vgl. D. Gutas, Greek Thought, Arabic Culture, S. 138-139; M. Baddar, „Texts that Travel", S. 98; A. Treiger, „From al-Biṭrīq to Ḥunayn", S. 146.

139 Vgl. James E. Montgomery, „Al-Ǧāḥiẓ and Hellenizing Philosophy", in Cristina d'Ancona (hrsg.), The Libraries of the Neoplatonists, Leiden, 2007, S. 449.

140 Damals entsprach ein Dīnār 4,25 Gramm fast reinem Gold. Ein Monatsgehalt entsprach also 2125 Gramm Gold. Ein solches Gehalt zog natürlich die besten Talente der Zeit an. Vgl. D. Gutas, Greek Thought, Arabic Culture, S. 138; L. E. Goodman, „The Translation of Greek materials into Arabic", S. 485.

141 Vgl. A. K. Abdulla, Translation in the Arab World, S. 18.

Es stellt sich auch die Frage, ob die Christen mit ihren Übersetzungen den Muslimen nicht geholfen haben. Zunächst muss klargestellt werden, dass die Übersetzungen nicht nur für Muslime gemacht wurden. Die Unterstützung der Übersetzungsbewegung ging über alle religiösen, konfessionellen, ethnischen, Stammes- und Sprachgrenzen hinweg. Die Förderer waren Araber und Nichtaraber, Muslime und Nichtmuslime, Sunniten und Schiiten, Generäle und Zivilisten, Kaufleute und Grundbesitzer.[142] Zweitens war die Situation der Christen, insbesondere der ostsyrischen Christen, in der Frühzeit der ʿAbbāsiden im Allgemeinen durch Toleranz gekennzeichnet, mit Zeiten der Verfolgung in bestimmten Kontexten, aber auch durch Taten guten Willens, wie im vorhergehenden Unterkapitel gezeigt wurde. Der zweite Grund für die aktive Beteiligung der Christen an dieser Bewegung war also, dass sie sich als Partner in einem gemeinsamen Unternehmen verstehen konnten.[143] In diesem Sinne schreibt Bénédicte Landron den christlichen Übersetzern sogar einen Gemeinschaftssinn und eine soziale Berufung zu, die antike Philosophie zu vermitteln.[144]

Ein dritter Grund ergibt sich aus der Theorie von George Saliba. Ihm zufolge versuchten die an der Übersetzungsbewegung beteiligten Christen im Zuge der Arabisierung der Bürokratie unter den Umayyaden, ihre Hegemonie als Staatsbeamte innerhalb der islamischen Gemeinschaft aufrechtzuerhalten. In diesem Klima intensiver interreligiöser Konkurrenz wurde philosophisches, medizinisches und wissenschaftliches Wissen zu einer wertvollen Ware, die von denjenigen genutzt wurde, die Zugang dazu hatten.[145] Wahrscheinlich war eine Mischung aus allen drei Gründen für die aktive Teilnahme der christlichen Übersetzer verantwortlich. Möglicherweise spielte das Konkurrenzdenken um den Erhalt des Arbeitsplatzes die größte Rolle, aber weder der Gemeinschaftssinn noch die finanzielle Motivation sollten völlig außer Acht gelassen werden.

II.3. Die ʿAbbāsiden-Epoche als Zeit der Religionsgespräche

Die Übersetzungsbewegung spielte eine wesentliche Rolle in den Beziehungen zwischen Christen und Muslimen, nicht nur, weil sie oft für das gleiche Ziel zusammenarbeiteten, sondern vor allem, weil sie einen entscheidenden Beitrag zu den Religionsgesprächen zwischen ihnen leistete, indem sie den Muslimen die notwendigen Instrumente an die Hand gab, um mit den Christen in einen theologischen und philoso-

142 Vgl. D. Gutas, Greek Thought, Arabic Culture, S. 5.

143 Vgl. A. Treiger, „From al-Biṭrīq to Ḥunayn“, S. 146.

144 Vgl. Bénédicte Landron, „Les chrétiens arabes et les disciplines philosophiques“, Proche-Orient Chrétien, 36 (1986), S. 24.

145 Wie Saliba darauf hinweist, war es diesem Klima des Wettbewerbs zu verdanken, dass die Christen des Nahen Ostens auf die wissenschaftlichen Bücher der Griechen zurückgriffen, von denen ihre Vorgänger zwar wussten, dass sie existierten, aber weniger Anreiz hatten, sie zu lesen. Vgl. George Saliba, Islamic science and the making of the European Renaissance, S. 60-62. Vgl. auch: A. Treiger, „From al-Biṭrīq to Ḥunayn“, S. 146-147.

phischen Dialog zu treten.[146] Die Zeit der ʿAbbāsiden ist ohne die zahlreichen theologischen Disputationen zwischen Muslimen und Christen nicht denkbar. Nach mehr als einem Jahrhundert, in dem die Muslime in den syrischsprachigen Quellen als Wohltäter, als Strafe Gottes für die Sünden der Christen oder sogar in apokalyptischen Begriffen gesehen wurden, begannen Christen und Muslime auch theologisch miteinander zu sprechen. Darüber hinaus haben die Übersetzungsbewegung und die immer häufigeren Religionsgespräche zwischen Christen und Muslimen zur Entwicklung des kalām beigetragen.

II.3.1. Erste ostsyrische Wahrnehmungen der Muslime

Die frühesten syrischen Chroniken (Chronik ad 637 und Chronik ad 640), beschreiben kurz die Eroberungen der Araber (ṭayyāyē[147]) und erwähnen sogar Muḥammad als ihren Anführer.[148] Aber diese Beschreibungen sind sehr lapidar und zeichnen kein Bild der Eroberer. Noch weniger kann von einer Präsenz ihrer religiösen Züge gesprochen werden.[149]

Erst in den Briefen des ostsyrischen Patriarchen Īšōʿjahb III. (649-659) finden sich erste Charakteristika der ṭayyāyē, die auch Hagarenes (mhaggrāyē[150]) genannt werden, sowie eine Erklärung für den Erfolg der Eroberer. Die erste Stelle, an der Īšōʿjahb III. über die ṭayyāyē diskutiert, ist in Brief 14, der an den Metropoliten Šemʿūn von Rēwardašīr gerichtet ist: „Und auch diese ṭayyāyē, denen Gott in dieser Zeit die Herrschaft über die Welt gegeben hat, sind – wie ihr wisst – auch bei uns. Und auch sind sie nicht gegen das Christentum, sondern vielmehr sind sie Preisende unseres Glaubens und Verehrer der Priester und der Heiligen unseres Herrn und Helfer der Kirchen und der Klöster“.[151] Der erste Aspekt, der in diesem Text auffällt, ist die Art und

---

146 Vgl. M. Heimgartner, „Der ostsyrische Patriarch Timotheos I. (780–823) und der Aristotelismus“, S. 15.

147 Der Begriff leitet sich wahrscheinlich von dem arabischen Stammesnamen Ṭayyi' ab. Vgl. Sidney H. Griffith, Syriac Writers on Muslims and the Religious Challenge of Islam, Mōrān 'Eth'ō, Band 7, Kottayam, 1995, S. 8; Ovidiu Ioan, Muslime und Araber bei Īšōʿjahb III. (649-659), Göttinger Orientforschungen. I. Reihe: Syriaca, Band 37, Wiesbaden, 2009, S. 89; J. Jakob, Syrisches Christentum, S. 148.

148 Vgl. M. P. Penn, When Christians First Met Muslims, S. 23-24, 28; Michael P. Penn, „Early Syriac Reactions to the Rise of Islam“, in D. King (hrsg.), The Syriac World, S. 177-178. J. Jakob, Syrisches Christentum, S. 178.

149 Vgl. M. P. Penn, When Christians First Met Muslims, S. 10.

150 Der Begriff ist wahrscheinlich ein Lehnwort aus dem arabischen muhāǧirūn, wurde aber von den syrischen Schriftstellern als „Söhne der Hagar“ verstanden. Mehr zur Bedeutung dieses Begriffs, vgl. Sebastian Brock, „Syriac Views on Emergent Islam“, in G. H. A. Juynboll (hrsg.), Studies on the First Century on Islamic History, Papers on Islamic History, Band 5, Carbondale/Edwardsville, 1982, S. 15 [nachgedruckt in Sebastian Brock, Syriac Perspectives on Late Antiquity, Variorum Collected Studies Series, Aldershot, 1984]; S. Griffith, Syriac Writers on Muslims, S. 9-14; R. Hoyland, Seeing Islam as Others Saw it, S. 179-180; O. Ioan, Muslime und Araber, S. 89; M. Penn, „Early Syriac Reactions to the Rise of Islam“, S. 178; J. Jakob, Syrisches Christentum, S. 179-181.

151 Īšōʿjahb III., Brief 14C, hrsg. R. Duval, S. 251/182; deutsche Übersetzung in O. Ioan, Muslime

Weise, wie Īšō'jahb III. den militärischen Erfolg der Araber erklärt. Dem ostsyrischen Patriarchen zufolge ist es Gott, der ihnen die Herrschaft über die Welt gegeben hat, aber es ist keine ewige, sondern eine vorübergehende Herrschaft.[152] Dieses Thema wird in späteren Texten, insbesondere in der apokalyptischen Literatur, aufgegriffen und zu einer Theologie der Niederlage weiterentwickelt.[153] Der zweite Aspekt, der die Aufmerksamkeit der Forscher auf sich gezogen hat, ist die positive Art und Weise, in der Īšō'jahb III. die Araber darstellt. Diese Würdigung darf jedoch nicht aus dem Zusammenhang gerissen werden, d.h. nicht getrennt von der Kritik des Patriarchen am Metropoliten wegen dessen passiven Verhaltens, das zum Verlust von Gläubigen führte.[154]

Die zweite wichtige Stelle, an der Īšō'jahb III. über die Araber spricht, findet sich in Brief 48. Es ist der erste Text in syrischer Sprache, in dem sich eine Spur ihres religiösen Profils erkennen lässt: „Wenn es aber geschieht, dass ihr, indem ihr falsche Gründe erfindet oder die Häretiker euch täuschen und sagen: Auf Befehl der ṭayyāyē geschah das, was geschah. Das ist gänzlich nicht wahr. Denn die ṭayyāyē mhagrē helfen nicht denen, die sagen, dass der allmächtige Gott gelitten hat und gestorben ist. Und wenn es geschieht, dass sie, aus welchem Grund auch immer, ihnen helfen, könntet ihr doch la'mhagrē erklären, was [die Sache] ist, und sie von dieser Sache überzeugen, wenn euch die Sache in geziemender Weise wichtig ist".[155] Mit „Häretikern" meinte Īšō'jahb III. offensichtlich die Westsyrer, die von den Ostsyrern immer des Theopaschitismus beschuldigt wurden. Dieser Brief ist also der erste Text, der zeigen möchte, dass die ostsyrische Christologie mit dem Islam besser vereinbar ist als andere christliche Traditionen.[156]

Die erste ostsyrische Chronik, die über die Muslime berichtet, ist die sogenannte Chronik von Ḫūzistān. Sie konzentriert sich im letzten Teil auf die Eroberungen der Araber, die als Söhne Ismaels (ܒܢ̈ܝ ܐܝܫܡܥܝܠ) bezeichnet werden, und behauptet wie Īšō'jahb III., dass die militärischen Erfolge der Araber von Gott kommen.[157] In dieser Chronik wird auch die Kuppel Abrahams erwähnt, was wahrscheinlich ein Hinweis auf die Ka'ba ist.[158] Damit scheint der Verfasser der Chronik eine Verbindung zwischen der Religion der Araber und Abraham herzustellen, ähnlich wie der Verfasser der Apokalypse des Pseudo-Ephräm, der erwähnt, dass die Araber am Bund Abra-

und Araber, S. 90; J. Jakob, Syrisches Christentum, S. 171.

152 Vgl. O. Ioan, Muslime und Araber, S. 90.

153 Vgl. M. Penn, „Early Syriac Reactions to the Rise of Islam", S. 178.

154 Vgl. O. Ioan, Muslime und Araber, S. 94-95; M. Penn, When Christians First Met Muslims, S. 31; J. Jakob, Syrisches Christentum, S. 171.

155 Īšō'jahb III., Brief 48E, hrsg. R. Duval, S. 96-97/73; deutsche Übersetzung in O. Ioan, Muslime und Araber, S. 115; J. Jakob, Syrisches Christentum, S. 179.

156 Vgl. S. Brock, „Syriac Views on Emergent Islam", S. 16; O. Ioan, Muslime und Araber, S. 114-122; M. Penn, When Christians First Met Muslims, S. 30-31; J. Jakob, Syrisches Christentum, S. 179-180. Mehr dazu im Unterkapitel V.11.4.

157 Vgl. Chronik von Ḫūzistān, in Ignazio Guidi (hrsg.), Chronica Minora I, CSCO 1-2, Paris, 1903; nachgedruckt Leuven, 1960/1955, S. 38/31; J. Jakob, Syrisches Christentum, S. 145-147.

158 Vgl. J. Jakob, Syrisches Christentum, S. 181-183.

hams festhalten, was höchstwahrscheinlich eine Anspielung auf die Beschneidung ist.[159]

Die muslimische Präsenz wird allmählich in allen Lebensbereichen spürbar, wie die Kanones des Patriarchen Gīwargīs I. zeigen. Diese berichten z.B. von Christen, die sich an muslimische Gerichte wenden, um günstigere Entscheidungen als vor kirchlichen Gerichten zu erhalten, oder von christlich-muslimischen Mischehen.[160]

Der Sieg ʿAbd al-Maliks im zweiten Bürgerkrieg (fitna) trug entscheidend zur Verschlechterung der Lage der Christen bei. Die Politik des neuen Kalifen führte dazu, dass die syrischen Christen die Ereignisse dieser Zeit als Zeichen des Weltendes betrachteten, was die Entstehung des Genres der apokalyptischen Literatur unter syrischen, insbesondere westsyrischen Autoren zur Folge hatte.[161] Die Apokalypse des Pseudo-Methodius[162], die Edessanische Apokalypse[163] und das Evangelium der zwölf Apostel[164] sind einige Beispiele dafür. In diesen Schriften werden die Araber nicht

159 Vgl. Apokalypse des Pseudo-Ephräm, in Edmund Beck (hrsg.), Des heiligen Ephraem des Syrers Sermones III, CSCO 138/139, Leuven, 1972, S. 61/81. Mehr dazu im Unterkapitel V.7.1.

160 Vgl. Jean Baptiste Chabot (hrsg.), Synodicon orientale ou recueil de synodes nestoriens, Paris, 1902, S. 219-220/484-485 und 224/488. Vgl. auch: Herman Teule, „Ghiwarghis I", in David Thomas und Barbara Roggema (hrsgs.), Christian-Muslim Relations: A Bibliographical History (600-900), Band 1, The History of Christian-Muslim Relations, Band 11, Leiden, 2009, S. 151-153; M. Penn, When Christians First Met Muslims, S. 74-75.

161 Vgl. G. J. Reinink, „Early Christian Reactions", S. 227-241; Gerrit J. Reinink, „From Apocalyptics to Apologetics: Early Syriac Reactions to Islam", in Wolfram Brandes und Felicitas Schmieder (hrsgs.), Endzeiten: Eschatologie in den monotheistischen Weltreligionen, Millennium-Studien/Millennium Studies, Band 16, Berlin, 2008, S. 75-87; Sidney H. Griffith, „The Syriac-speaking Churches and the Muslims", in Dietmar Winkler (hrsg.), Syriac Churches Encountering Islam: Past Experiences and Future Perspectives, Pro Oriente Studies in Syriac Tradition, Band 1, Piscataway, 2010, S. 33-34; Emmanouela Grypeou, „A People Will Emerge from the Desert: Apocalyptic Perceptions of the Early Muslim Conquests in Contemporary Eastern Christian Literature", in Amirav Hagit, Emmanouela Grypeou, Guy G. Stroumsa, Margaret Hall (hrsgs.), Apocalypticism and Eschatology in Late Antiquity: Encounters in the Abrahamic Religions, 6th–8th centuries, Late Antique History and Religion, Band 17, Leuven, 2017, S. 291-309.

162 In der Apokalypse des Pseudo-Methodios werden die Eroberungen der Araber als Strafe Gottes für die sexuellen Sünden der Christen angesehen. Vgl. Die syrische Apokalypse des Pseudo-Methodios, hrsg. Gerrit J. Reinink, CSCO 540/541, Scriptores Syri 220/221, Leuven, 1993, S. 26/44; John V. Tolan, Saracens: Islam in the Medieval European Imagination, New York, 2002, S. 47; Dietmar Winkler, „Christian Responses to Islam", in D. Winkler (hrsg.), Syriac Churches Encountering Islam, S. 77; J. Jakob, Syrisches Christentum, S. 154.

163 Dieser Text lehnt sich stark an die Apokalypse des Pseudo-Methodios an und ist im Grunde eine Kurzfassung mit nur geringfügigen Unterschieden. Vgl. Sebastian Brock, „The Edessene Apocalyptic Fragment", in Andrew Palmer, The Seventh Century in the West-Syrian Chronicles, Translated Texts for Historians, Band 15, Liverpool, 1993, S. 243-250; M. Penn, When Christians first met Muslims, S. 130-138.

164 Das Evangelium der zwölf Apostel sieht das Kommen der Araber ebenfalls als Strafe Gottes, zeichnet sich aber vor allem durch seine negative und aggressive Sprache gegenüber den Arabern aus und ist der erste syrische Text, der erwähnt, dass Muḥammad von seinem Volk als Prophet bezeichnet wird. Vgl. Evangelium der zwölf Apostel: James Rendel Harris (hrsg.),

mehr so positiv dargestellt wie in den Briefen Īšōʻjahbs III., sondern äußerst negativ und gewalttätig, etwa als „barbarische Tyrannen", „Rebellen, Mörder, Blutvergießer und Vernichter", die „keine Menschen, sondern Kinder der Verwüstung" seien.[165]

Eine weitere Schrift mit apokalyptischen Zügen, die im gleichen Zeitraum entstand, ist die ostsyrische Weltchronik des Johannes bar Penkāyē. In diesem Text wird das Erscheinen der Araber als ein außergewöhnliches, von Gott vorbereitetes Ereignis und ihr militärischer Erfolg als Strafe für die theologischen Irrtümer der Byzantiner in Bezug auf den Theopaschitismus und für den Hochmut der Perser angesehen,[166] ein Gedanke, den der Patriarch Timotheos in seiner Disputation mit al-Mahdī aufgreifen wird.[167] Im Gegensatz zu den friedlichen und günstigen Verhältnissen zur Zeit Muʿāwiyas I.[168] lässt die durch Naturkatastrophen verschärfte Situation am Ende des 7. Jahrhunderts den Verfasser der Chronik das Ende der Welt voraussehen.[169] Bezüglich der Religion der Araber erwähnt Johannes Penkāyē, dass sie von Muḥammad angewiesen wurden, einen Gott nach dem alten Gesetz anzubeten.[170]

The Gospel of the Twelve Apostles together with the Apocalypses of each one of them, Cambridge, 1900, S. ܡܕ-ܡܗ/36. M. P. Penn, When Christians first met Muslims, S. 147; J. Jakob, Syrisches Christentum, S. 154-156

165 Vgl. J. V. Tolan, Saracens, S. 48; M. Penn, „Early Syriac Reactions to the Rise of Islam", S. 180.

166 Vgl. Johannes bar Penkāyē, Weltgeschichte, in Alphonse Mingana (hrsg.), Sources syriaques, Band 1 Leipzig, 1908, S. 142; deutsche Übersetzung in J. Jakob, Syrisches Christentum, S. 151. Vgl. auch: S. Brock, „Syriac Views on Emergent Islam", S. 16; Karl Pinggéra, „Nestorianische Weltchronistik Johannes Bar Penkāyē und Elias von Nisibis", in Martin Wallraff (hrsg.), Julius Africanus und die christliche Weltchronistik, Texte und Untersuchungen zur Geschichte der altchristlichen Literatur, Band 157, Berlin, 2006, S. 267-268.

167 Mehr dazu im Unterkapitel V.11.4.

168 „Gerechtigkeit blühte in seinen Tagen und großer Friede herrschte in den Gebieten, die in seiner Hand waren. Er erlaubte jedermann, sein Leben so zu führen, wie er wollte". Johannes bar Penkāyē, Weltgeschichte, hrsg. Mingana, S. 146; deutsche Übersetzung in K. Pinggéra, „Nestorianische Weltchronistik", S. 269. Vgl. auch: S. Brock, „Syriac Views on Emergent Islam", S. 17; Sebastian Brock, „North Mesopotamia in the Late Seventh Century: Book XV of John Bar Penkaye's Riš Melle", Jerusalem Studies in Arabic and Islam 9 (1987), S. 53 [nachgedruckt in Sebastian Brock, Studies in Syriac Christianity: History, Literature, and Theology, Variorum Collected Studies Series, Brookfield, 1992]; U. Pietruschka, „Streitgespräche zwischen Christen und Muslimen", S. 145-146; J. Jakob, Syrisches Christentum, S. 151, 153.

169 Vgl. Johannes bar Penkāyē, Weltgeschichte, hrsg. Mingana, S. 165; deutsche Übersetzung in J. Jakob, Syrisches Christentum, S. 163. Vgl. auch: S. Brock, „Syriac Views on Emergent Islam", S. 17; Gerrit J. Reinink, „Paideia: God's Design in World History according to the East Syrian Monk John bar Penkaye", in Erik Kooper (hrsg.), The Medieval Chronicle II: Proceedings of the 2nd International Conference on the Medieval Chronicle. Driebergen/Utrecht 16-21 July 1999, Amsterdam/New York, 2002, S. 191-192 [nachgedruckt in G. J. Reinink, Syriac Christianity under Late Sassanian and Early Islamic Rule]; Gerrit J. Reinink, „East Syrian Historiography in Response to the Rise of Islam: The Case of John bar Penkaye's 'Ktaba d-reš melle'", in J. J. van Ginkel et al. (hrsgs.), Redefining Christian Identity, S. 85-86.

170 Vgl. Johannes bar Penkāyē, Weltgeschichte, hrsg. Mingana, S. 146. Vgl auch: Gerrit J. Reinink, „The Beginnings of Syriac Apologetic Literature in Response to Islam", Oriens Christianus 77 (1993), S. 167 [nachgedruckt in G. J. Reinink, Syriac Christianity under Late Sassanian and Early Islamic Rule]; J. Jakob, Syrisches Christentum, S. 183-184.

II.3.2. Ostsyrische apologetische Literatur im islamischen Kontext

Die syrischsprachigen Quellen aus dem 7. Jahrhundert geben kein umfassendes Bild der Religion der Araber, sondern beziehen sich auf verschiedene Gruppennamen und spielen auf bestimmte religiöse Merkmale oder Haltungen an.[171] Die Araber wurden als militärische Bedrohung oder bestenfalls als Strafe Gottes angesehen, nicht aber als religiöse Rivalen.[172] Diese Situation sollte sich ab dem 8. Jahrhundert mit dem Erscheinen der ersten apologetischen Texte im syrischen Milieu allmählich ändern.[173] Die ostsyrische Disputation von Bēt Ḥālē[174], die eine fiktive Diskussion zwischen einem Muslim und einem Ostsyrer darstellt, unterscheidet sich einerseits von den Texten des 7. Jahrhunderts durch ihr Interesse an der Religion der Araber und andererseits von den Disputationen der ʿabbāsidischen Zeit durch die Einfachheit ihrer Argumente.[175] Die Hauptthemen, über die debattiert wurde, waren jedoch zumeist jene, die in den späteren Auseinandersetzungen der ʿAbbāsidenzeit zu Klassikern werden sollten: die Trinitätslehre, die Menschwerdung und Kreuzigung Jesu, die Beschneidung, die Reliquienverehrung usw.[176]

---

171 Vgl. G. J. Reinink, „The Beginnings of Syriac Apologetic Literature in Response to Islam", S. 165-167; J. V. Tolan, Saracens, S. 42. Sebastian Brock ist der Meinung, dass erst seit Dyonisios von Tel-Maḥrē ein vollständiges Bild vom Islam als neuer Religion gezeichnet werden kann. Vgl. S. Brock, „Syriac Views on Emergent Islam", S. 21.

172 S. Brock, „Syriac Views on Emergent Islam", S. 13; D. Winkler, „Christian Responses to Islam", S. 74; J. Jakob, Syrisches Christentum, S. 120.

173 Die von Abd-al-Malik ergriffenen Maßnahmen, wie die Prägung neuer Münzen mit Zitaten aus dem Koran und die Inschriften im Felsendom, trugen sicherlich dazu bei, die neue Religion der Araber in der Öffentlichkeit zu stärken. Dadurch wurde den syrischen Christen auch die Gefahr bewusst, die in theologischer Hinsicht von den Arabern ausging. Vgl. S. H. Griffith, Syriac Writers on Muslims, S. 5; J. V. Tolan, Saracens, S. 38; Robert Hoyland, „Early Islam as a Late Antique Religion", in Scott Fitzgerald Johnson (hrsg.), The Oxford Handbook of Late Antiquity, New York, 2012, S. 1061-1062.

174 Traditionell wird der Text auf die erste Hälfte des 8. Jahrhunderts, um 720, datiert. Vgl. Hoyland, Seeing Islam as Others Saw it, 472; Sidney H. Griffith, „Disputing with Islam in Syriac", S. 42-43; Barbara Roggema, „The Disputation between a Monk of Bēt Ḥālē and an Arab Notable", in D. Thomas und B. Roggema (hrsgs.), Christian-Muslim Relations: A Bibliographical History (600-900), S. 268-273; M. Penn, When Christians First Met Muslims, S. 212-215; Gerrit J. Reinink, „Political Power and Right Religion in the East Syrian Disputation Between a Monk of Bēt Ḥālē and an Arab Notable", in Emmanouela Grypeou et al. (hrsgs.), The Encounter of Eastern Christianity with Early Islam, The History of Christian-Muslim Relations, Band 5, Leiden, 2006, S. 157-160. Vor kurzem hat Taylor eine spätere Datierung vorgeschlagen. Vgl. David G. K. Taylor, „The Disputation between a Muslim and a Monk of Bēt Ḥālē: Syriac Text and Annotated English Translation", in Sidney H. Griffith und Sven Grebenstein (hrsgs.), Christsein in der islamischen Welt: Festschrift für Martin Tamcke zum 60. Geburtstag, Wiesbaden, 2015, S. 190-197. Mit Jakob ist davon auszugehen, dass die Disputation in vorabbāsidischer Zeit entstanden sein muss. Vgl. J. Jakob, Syrisches Christentum, S. 72.

175 Vgl. J. Jakob, Syrisches Christentum, S. 67.

176 Darüber hinaus stellt sich die Frage, wie Gott den Erfolg der Araber zugelassen hat. Interessant ist die Antwort des muslimischen Gesprächspartners, dass ihre Herrschaft über alle Völker ein Zeichen der Liebe Gottes sei, was höchstwahrscheinlich eine Anspielung auf Ps 37, 29 („Die Gerechten werden das Land besitzen und darin wohnen allezeit") ist, den einzigen Bibelvers,

Was die ostsyrischen Schriftsteller der ʿAbbāsidenzeit am meisten von denen unter den Umayyaden unterscheidet, ist der Grad ihrer Kenntnis der Religion der Araber und der islamischen Quellen. Die syrischen Autoren, die nun oft zweisprachig waren, hatten Zugang zum Koran, den sie häufig zitierten, und gingen davon aus, dass ihr Publikum auch mit den islamischen Glaubensvorstellungen und Praktiken vertraut war. Ebenso setzten sich syrischsprachige Texte ab dem 8. Jahrhundert direkt mit theologischen Schlüsselfragen aus muslimischer Sicht zu den wichtigsten christlichen Lehren und Praktiken auseinander.[177] Obwohl die literarischen Gattungen der Umayyadenzeit, in denen Muslime erwähnt werden, mehr oder weniger fortgeführt wurden,[178] ist die ʿAbbāsidenzeit für die Blüte der apologetischen Literatur bemerkenswert.

Es gibt verschiedene literarische Formen apologetischer Texte. Am häufigsten sind Disputationen, in denen ein christlicher Geistlicher auf provokative Fragen eines muslimischen Machthabers antwortet. Sidney Griffith nennt diese Literaturform „The monk in the Emir's majlis“.[179] Neben der Disputation von Bēt Ḥālē sind die Religionsgespräche des Timotheos mit al-Mahdī[180] und einem muslimischen Aristoteliker[181] sowie die Sitzungen (majālis) des Elias von Nisibis mit Abū l-Qasim al-Husayn ibn ʻAlī al-Maghribi[182] die bekanntesten ostsyrischen Streitgespräche. Die Christen hatten im All-

der im Koran explizit zitiert wird. Vgl. Walid A. Saleh, „The Psalms in the Qur'an and in the Islamic Religious Imagination“, in William P. Brown (hrsg.), The Oxford Handbook of the Psalms, New York, 2014, S. 281-282. Vgl. auch: S. H. Griffith, „The Syriac-speaking Churches“, S. 38-41; D. Winkler, „Christian Responses to Islam“, S. 82-83; J. Jakob, Syrisches Christentum, S. 156-157.

177 Michael Penn, „Early Syriac Reactions to the Rise of Islam“, S. 184.

178 Auch wenn die apokalyptische Literatur im Laufe des 8. Jahrhunderts an Intensität verliert, so verschwindet sie doch nicht völlig. Vgl. J. Jakob, Syrisches Christentum, S. 204. Auch in den folgenden Jahrhunderten werden Muslime in Chroniken, in Gesetzestexten und sogar in Gebeten für Herrscher erwähnt. Vgl. M. Penn, „Early Syriac Reactions to the Rise of Islam“, S. 183; M. Penn, Envisioning Islam, S. 117-122.

179 Vgl. Sidney H. Griffith, „The Monk in the Emir's Majlis: Reflections on a Popular Genre of Christian Literary Apologetics in Arabic in the Early Islamic Period“, in Hava Lazarus Yafeh et al. (hrsgs.), The Majlis: Interreligious Encounters in Medieval Islam, Studies in Arabic Language and Literature, Band 4, Wiesbaden, 1999, S. 14-65.

180 Vgl. Timotheos I., Brief 59, hrsg. M. Heimgartner; Barbara Roggema, „Timothy I – To Sergius, Letter 59“, in David Thomas und Barbara Roggema (hrsgs.), Christian-Muslim Relations: A Bibliographical History (600-900), Band 1, History of Christian-Muslim Relations, Band 11, Leiden/Boston, 2009, S. 522-526.

181 Vgl. Timotheos I., Brief 40, in Martin Heimgartner (hrsg.), Die Briefe 40 und 41 des ostsyrischen Patriarchen Timotheos I.: Textedition und Übersetzung, CSCO 673/674, Scriptores Syri 261/262, Peeters, Leuven, 2019, S. 3-66/3-50; B. Roggema, „Timothy I – To Sergius, Letter 40“, in D. Thomas und B. Roggema (hrsgs.), Christian-Muslim Relations, Band 1, S. 519-522.

182 Vgl. Elias von Nisibis, Kitāb al-majālis, in Никола́й Никола́евич Селезне́в (hrsg.), Книга собеседований Илии, митрополита Нисивина, с везиром Абӯ-л-Ḳāсимом ал-Ḫусайном ибн ʿАлӣ ал-Маġрибӣ и Послание митрополита Илии везиру Абӯ-л-Ḳāсиму, Национальный Исследовательский Университет Высшая Школа Экономики, Институт Классического Востока и Античности, Москва, 2018; Juan Pedro Monferrer Sala, „Elias of Nisibis – Kitāb al-majālis, 'The sessions'“, in David Thomas, Alex Mallett et al. (hrsgs.),

gemeinen den Vorteil, dass die meisten Fragen bereits im Laufe der Jahrhunderte in verschiedenen Kontexten diskutiert worden waren und sie auf die Schriften früherer Autoren zurückgreifen konnten.[183] Der neue islamische Kontext brachte jedoch neue Herausforderungen mit sich, so dass die Christen neue Erklärungen für diese Fragen finden mussten. Darüber hinaus stellten die Muslime Fragen, mit denen sich die Christen zuvor nicht auseinandergesetzt hatten, z.B. nach den Eigenschaften eines wahren Propheten oder nach den Kriterien für die Authentizität einer Heiligen Schrift.[184] Diese Disputationen waren in der Regel defensiver Natur. Ihre Rolle war apologetisch, um den christlichen Glauben zu verteidigen, nicht polemisch, um den islamischen Glauben anzugreifen.[185] Die Autoren verfassten ihre apologetischen Disputationen, um ihren christlichen Lesern zu versichern, dass es wirksame Antworten auf die muslimischen Einwände gab, und um die Christen in ihren eigenen Auseinandersetzungen mit den benachbarten Mus-

---

Christian-Muslim Relations: A Bibliographical History (600-900), Band 2, History of Christian-Muslim Relations, Band 14, Leiden/Boston, 2010, S. 730-732.

183 Man sollte nicht vergessen, dass die ostsyrischen Christen neben den theologischen Studien auch Fächer wie Grammatik, Rhetorik und Dialektik in Schulen wie Nisibis und Gondēshāpūr lernten. Vgl. U. Pietruschka, „Streitgespräche zwischen Christen und Muslimen", S. 138. Vgl. auch: Harald Suermann, „Die Bedeutung der Ratio im christlich-islamischen Dialog zu Beginn der Abbasiden-Zeit (750-900)", in Görge K. Hasselhoff und Michael Meyer-Blanck (hrsgs.), Religion und Rationalität, Studien des Bonner Zentrums für Religion und Gesellschaft, Band 4, Würzburg, 2008, S. 171-172.

184 Vgl. R. Hoyland, „Early Islam as a Late Antique Religion", S. 1062.

185 Vgl. S. H. Griffith, Syriac Writers on Muslims, S. 23; Sidney H. Griffith, „Disputes with Muslims in Syriac Christian Texts: from Patriarch John (d. 648) to Bar Hebraeus (d. 1286)", in Bernard Lewis und Friedrich Niewohner (hrsgs.), Religionsgespräche im Mittelalter, Wolfenbütteler Mittelalter-Studien, Band 4, Wiesbaden, 1992, S. 257 [nachgedruckt in Sidney H. Griffith, The Beginnings of Christian Theology in Arabic: Muslim-Christian Encounters in the Early Islamic Period, Variorum Collected Studies Series, Band 746, Aldershot, 2002]; D. Winkler, „Christian Responses to Islam", S. 80. Andererseits zeichnet al-Jāḥiẓ in seinem Werk al-Radd alā al-Naṣārā [Widerlegung der Christen] ein anderes, aggressives Bild von Christen, die Polemiken mit Muslimen anzetteln. Diese Beschreibung ist natürlich mit Vorsicht zu genießen: „Außerdem wurde unser Volk nicht so sehr von den Juden, Magiern oder Sabäern heimgesucht wie von den Christen, denn (in ihrer Polemik gegen uns) wählen sie widersprüchliche Aussagen in den muslimischen Überlieferungen (als Angriffsziele). (Sie wählen für ihre Polemik) die zweideutigen Verse im Koran und (machen uns für) Hadithe verantwortlich, deren Überlieferungsketten fehlerhaft sind. Dann treten sie in ein privates Gespräch mit unseren Schwachen und befragen sie zu den Texten, die sie ausgewählt haben. Schließlich bringen sie die Argumente in die Debatte ein, die sie von den Atheisten und den verfluchten Manichäern gelernt haben. Und trotz dieser bösartigen Reden erscheinen sie vor unseren einflussreichen Männern und Gelehrten oft unschuldig; und so gelingt es ihnen, Staub in die Augen der standhaften Gläubigen zu streuen und den Verstand der im Glauben Schwachen zu verwirren. Und wie bedauerlich ist es, dass jeder Muslim sich für einen Theologen hält und meint, jeder könne mit einem Atheisten diskutieren!". Al-Jāḥiẓ, al-Radd alā al-Naṣārā, 19.20 – 20.4; englische Übersetzung in Joshua Finkel, „A Risāla of Al-Jāḥiẓ", Journal of the American Oriental Society, 47 (1927), S. 311-334. Vgl. auch: Nathan P. Gibson, Closest in Friendship? Al-Jāḥiẓ' Profile of Christians in Abbasid Society in „The Refutation of Christians (Al-Radd ʿalā al-Naṣārā)", Doktorarbeit, Washington, 2015.

limen zu unterstützen. Die Disputationen liefern eher fertige Antworten als gelehrte Abhandlungen über die Themen, die sie behandeln.[186]

Neben den bereits erwähnten ostsyrischen Disputationen sind weitere Texte dieser literarischen Form aus anderen christlichen Traditionen zu nennen. Am bekanntesten sind die Disputationen des Patriarchen Johannes mit einem Emir, des Abraham von Tiberias mit ʿAbd ar-Raḥmān al-Hāšimī und des Theodor Abū Qurra mit mehreren Muslimen vor al-Ma'mūn. Mit Ausnahme der Disputationen von Timotheos und Elias gelten die anderen Texte, in denen die Disputationen beschrieben werden, als fiktiv.[187] Die literarischen Formen der Disputationen beruhen jedoch auf realen Situationen, und es gibt zahlreiche Berichte über Sitzungen (majālis) am Hof des Kalifen oder anderer muslimischer Beamter, die die Grundlage für diese Texte bildeten.[188] Da die Berufung auf die eigene Heilige Schrift zur Verteidigung der eigenen Lehre oft abgelehnt wurde, wurden zunehmend rationale und philosophische Argumente als Verständigungsgrundlage herangezogen.[189]

Eine andere Form apologetischer Texte stellt der Dialog zwischen einem Lehrer und seinem Schüler dar, in dem der Schüler Fragen stellt, die ein Muslim stellen könnte. Diese Texte sind nach dem klassischen Frage-Antwort-Stil aufgebaut. Das beste Beispiel für diese Form ist das Scholionbuch von Theodor bar Kōnī,[190] in dem er im zehnten Kapitel des Werkes die wichtigsten Themen des christlich-islamischen Dialogs erörtert. 'Ammār al-Baṣrīs Werk Kitāb al-masā'il wa l-ajwibah (Das Buch von Fragen und Antworten)[191] kann ebenfalls in diese Kategorie eingeordnet werden. Die Fragen und Antworten in diesem Text folgen jedoch nicht dem Stil der Erotapokriseis, sondern sind in der Konditionalform ähnlich dem islamischen Stil des kalām aufgebaut. In diesem Fall bildet die Frage die Protasis und die Antwort die Apodosis: „Wenn jemand dies oder jenes sagt oder fragt, antworten wir so".[192]

---

186 Vgl. S. H. Griffith, „Disputes with Muslims in Syriac Christian Texts", S. 255; S. H. Griffith, „The Syriac-speaking Churches", S. 38

187 Vgl. U. Pietruschka, „Streitgespräche zwischen Christen und Muslimen", S. 150-151; Sidney H. Griffith, „Answering the Call of the Minaret: Christian Apologetics in the World of Islam", in Jan Jacob van Ginkel et al. (hrsgs.), Redefining Christian Identity, S. 117-118.

188 Vgl. S. H. Griffith, „Answering the Call of the Minaret", S. 121-122.

189 Vgl. H. Suermann, „Die Bedeutung der Ratio", S. 169-178; M. Heimgartner, „Der ostsyrische Patriarch Timotheos I. (780–823) und der Aristotelismus", S. 21.

190 Vgl. Addai Scher (hrsg.), Theodorus bar Kōnī: Liber Scholiorum, Band 2, CSCO, Scriptores Syri 66, Leuven, 1912; Robert Hespel und René Draguet (hrsgs.), Théodore bar Koni: Livre des Scolies (recension de Séert), II, CSCO 432, Scriptores Syri 188, Leuven, 1982, S. 231-284/172-211; Herman Teule, „Theodore bar Koni – (Ktābā d-) Eskolyon, 'Book of Scholia', Translated as Liber Scholiorum by the Editor", in D. Thomas und B. Roggema (hrsgs.), Christian-Muslim Relations, Band 1, S. 344-346.

191 Vgl. Ammār al-Baṣrī, Kitāb al-masā'il wa l-ajwibah, in M. Hayek (hrsg.), Apologie et controverses, Dar el-Machreq, Beirut, 1977, S. 93-265; M. Beaumont, „ʿAmmār al-Baṣrī – Kitāb al-masāʾil wa-l-ajwiba, 'Questions and answers'", in D. Thomas und B. Roggema (hrsgs.), Christian-Muslim Relations, Band 1, S. 604-607.

192 Vgl. S. H. Griffith, „Answering the Call of the Minaret", S. 103-104.

Es gibt außerdem Traktate oder Brieftraktate zu Standardthemen der Kontroverse, die von einem Autor in einem eher diskursiven Stil verfasst wurden, in der Regel als Antwort auf eine Anfrage einer anderen Person oder Gemeinschaft. Häufig leitet der Autor sein Werk mit einem Vorwort ein, in dem er die Umstände erläutert, die ihn zum Schreiben veranlasst haben. Die Briefe 34-36 des Patriarchen Timotheos sind solche Brieftraktate, in denen er an die Gemeinden von Baṣra und Ḥuballat sowie an Naṣr schreibt, um deren Frage nach dem Titel „Diener" für Jesus im islamischen Kontext zu beantworten.[193] Die vielleicht bekannteste Abhandlung der ostsyrischen Kirche in der Auseinandersetzung mit dem Islam ist das Kitāb al-burhān (Das Buch des Beweises)[194] von ʿAmmār al-Baṣrī, in dem es vor allem darum geht, das Christentum als die wahre Religion zu beweisen.[195]

Schließlich ist noch eine andere Form des Dialogs zwischen einem Christen und einem Muslim zu erwähnen: der Briefwechsel.[196] Die Korrespondenz zwischen al-Hāshimī und al-Kindī ist zweifellos das bekannteste Beispiel[197]. Die beiden Briefe erscheinen als Teile eines einzigen Werkes und die beiden Korrespondenten stellten sich als Mitglieder des Kalifenhofes von al-Ma'mūn vor. Diese Korrespondenz, die im Mittelalter sehr populär war, zeichnet sich durch eine äußerst negative und aggressive Haltung gegenüber dem Islam und dem Propheten Muḥammad aus, ähnlich den byzantinischen anti-islamischen polemischen Texten.[198] Erwähnenswert ist auch der Briefwechsel zwischen dem Muslim ʿAlī ibn Yaḥyā ibn al-Munağğim, dem Ostsyrer Ḥunayn ibn 'Isḥaq und dem Melkiten Qusṭa ibn Lūqā über die wahre Religion.[199]

Die Themen der ʿabbāsidischen apologetischen Werke sind zahlreicher und komplexer als die der umayyadischen Texte. Dennoch lassen sich zwei Hauptkategorien ausmachen: religiöse Lehre und religiöse Praxis. In erster Linie geht es den Autoren darum, die Wahrheit der beiden christlichen Grundlehren zu verteidigen, die der Koran offensichtlich

193 Timotheos I., Briefe 34-36, hrsg. M. Heimgartner, S. 13-160/11-137; B. Roggema, „Timothy I – To Sergius, Letter 34, 35, 36", in D. Thomas, B. Roggema et al. (hrsgs.), Christian-Muslim Relations, Band 1, S. 527-531.

194 Vgl. ʿAmmār al-Baṣrī, Kitāb al-burhān, in M. Hayek (hrsg.), Apologie et controverses, 21-90; M. Beaumont, „ʿAmmār al-Basṛī – Kitāb al-burhān ʿalā siyāqat al-tadbīr al-ilāhī: 'The Proof Concerning the Course of the Divine Economy'", in D. Thomas, B. Roggema et al. (hrsgs.), Christian-Muslim Relations, Band 1, S. 607-610.

195 Vgl. S. H. Griffith, „Answering the Call of the Minaret", S. 111.

196 Vgl. S. H. Griffith, „Disputes with Muslims in Syriac Christian Texts", S. 256; S. H. Griffith, „Answering the Call of the Minaret", S. 96-112.

197 Vgl. Georges Tartar (hrsg.), Dialogue islamo-chrétien sous le calife al-Maʾmūn (813-834): Les épîtres d'Al-Hāshimī et Al-Kindī, Paris, 1985; Laura Bottini, „The Apology of al-Kindī", in D. Thomas und B. Roggema (hrsgs.), Christian-Muslim Relations, Band 1, S. 587-594.

198 Vgl. S. H. Griffith, „Answering the Call of the Minaret", S. 107.

199 Vgl. Ḥunayn ibn 'Isḥāq, Wie man die Wahrheit einer Religion erkennt: Samir Khalil Samir und Paul Nwyia, „Une correspondance islamo-chrétienne entre Ibn al-Munağğim, Ḥunayn ibn Isḥāq et Qusṭā ibn Lūqā", Patrologia Orientalis 40 (1981), S. 524-723; B. Roggema, „Ḥunayn ibn Isḥāq – Kayfiyyat idrāk ḥaqīqat al-diyāna, 'How to Discern the Truth of a Religion'", in D. Thomas, B. Roggema et al. (hrsgs.), Christian-Muslim Relations, Band 1, S. 775-779.

ablehnt: die Trinität[200] und die Göttlichkeit Jesu[201]. Daneben gibt es eine Reihe weiterer für Christen wichtiger Themen, die von frühen muslimischen Polemikern angegriffen wurden. Dazu gehören Fragen nach der Integrität und Authentizität des Alten und Neuen Testaments, wie sie den christlichen Gemeinschaften tatsächlich vorliegen, nach der wahren Religion, nach der Bedeutung und Wirkung der christlichen Sakramente wie Taufe und Eucharistie, aber auch Fragen nach dem Status Muḥammads als Prophet und nach dem Status des Korans als Buch der Offenbarung Gottes.[202]

Öffentliche liturgische Handlungen und andere religiöse Praktiken oder kirchliche Regelungen, die unter Christen üblich sind und immer wieder als Themen in den Streitgesprächen auftauchen, sind: die Frage nach der Gebetsrichtung (al-qibla); die Beschneidung; die christliche Praxis der Verehrung von Heiligenreliquien, Kreuzen und Ikonen; Heiratsbräuche wie Monogamie und Polygamie oder die Frage nach den verschiedenen christlichen Konfessionen in der islamischen Welt.[203]

---

200 Um die Trinitätslehre zu verteidigen, bedienten sich die Autoren der syrischsprachigen apologetischen Texte verschiedener Methoden. Sie beriefen sich z.B. auf die Bibel, um zu zeigen, dass die Trinität im Alten Testament vorausgesagt und im Neuen Testament offenbart worden war, sie verwendeten natürliche Analogien wie Quellen, Bäume und die Sonne, oder sie bedienten sich philosophischer Argumente, insbesondere aristotelischer und neuplatonischer Art. Vgl. Samir Khalil Samir, „Christian Arabic Literature in the 'Abbasid Period", in M. J. L. Young, J. D. Latham und R. B. Serjeant (hrsgs.), Religion, Learning, and Science in the Abbasid Period, S. 453.

201 Die Göttlichkeit Jesu wurde durch Verweise auf alttestamentliche Prophezeiungen oder durch Vergleiche der Wunder Jesu mit denen der Propheten belegt. Auch Analogien wie das Verhältnis von Leib und Seele oder von Mann und Frau wurden in apologetischen Texten verwendet, um die Vereinigung von göttlicher und menschlicher Natur in Jesus Christus zu veranschaulichen. Koranische Begriffe, die Jesus als die Rede Gottes darstellen, spielten ebenfalls eine wichtige Rolle in dem Bemühen, die Göttlichkeit Christi zu beweisen. Schließlich ist auch der Rückgriff auf Philosophie und Vernunft zu erwähnen. Vgl. S. K. Samir, „Christian Arabic Literature", S. 453-454.

202 Vgl. S. H. Griffith, „Disputes with Muslims in Syriac Christian Texts", S. 254; D. Winkler, „Christian Responses to Islam", S. 81.

203 Die Kontroversen zwischen den verschiedenen christlichen Traditionen des 5. und 6. Jahrhunderts setzten sich auch nach den arabischen Eroberungen fort, und Muslime fragten oft, warum es verschiedene christliche Traditionen gebe, wenn die Botschaft des Evangeliums doch eine einzige sei. Darüber hinaus versuchten viele christliche Autoren, rivalisierende christliche Traditionen in den Augen der Muslime zu diskreditieren, um sich selbst in eine vorteilhafte Position zu bringen. In anderen Schriften verweisen sie jedoch auch auf Ähnlichkeiten. Obwohl Timotheos in seiner Disputation mit al-Mahdī die Melkiten und Westsyrer scharf kritisiert, schreibt er in seinem Brief über die Taufe an den Bischof Salomon von Ḥedattā, dass die drei Traditionen nicht über die Wesen und Naturen streiten, „sondern nur über die Beschaffenheit und Art der Vereinigung". Timotheos I., Brief 1.3.14, hrsg. M. Heimgartner, S. 13-14/11. Derselbe Gedanke wird in Brief 26 an Māzarᵉnkā von Ninive wiederholt: „Denn unser Streit, den wir miteinander [haben], bezieht sich auf die Art und Weise der Vereinigung und auf nichts anderes". Timotheos I., Brief 26.21, hrsg. M. Heimgartner, S. 138/105. In diesem Sinne schrieb Theresia Hainthaler: „Eine so klare und eindeutige Benennung des Streitpunkts kenne ich sonst kaum". Theresia Hainthaler, „Christus im Fleisch, der Gott über alles ist (Röm 9, 5) - Katholikos Timotheus I. (780-823) und sein Brief an die Mönche von Mar Maron", in Peter Bruns und Heinz

Die ʿAbbāsidenzeit ist daher durch einen immer intensiveren religiösen Dialog zwischen Christen und Muslimen gekennzeichnet. Dies führte zur Entstehung einer apologetischen Literatur unter den Christen in der islamischen Welt. Unter den literarischen Formen des apologetischen Genres sind vor allem die Disputationen zu nennen. Darüber hinaus wirkten sich die zunehmenden Kontakte nicht nur auf die Christen, sondern auch auf die Denkweise und die theologische Ausdrucksweise der Muslime aus.

II.3.3. Entstehung und Entwicklung des ʿilm al-kalām[204]

Die Bedeutung des Korans im Islam ist kaum zu unterschätzen. Daher muss jede Untersuchung der Religion der Muslime den Koran als Ausgangspunkt nehmen.[205] Nach dem muslimischen Historiker ibn Chaldūn (1332-1406) besteht das religiöse System des Korans aus zwei Kategorien von Pflichten: „Pflichten des Körpers" und „Pflichten

---

Otto Luthe (hrsgs.), Orientalia Christiana: Festschrift für Hubert Kaufhold zum 70. Geburtstag, Eichstätter Beiträge zum Christlichen Orient, Band 3, Wiesbaden, 2013, S. 198. Einige Autoren gingen sogar noch weiter. Abū ʿAlī Naẓīf ibn Yumn, ein melkitischer Theologe und Philosoph, behauptete beispielsweise, dass die drei christlichen Traditionen inhaltlich übereinstimmten und sich nur in der Ausdrucksweise unterschieden. Vgl. Samir Khalil Samir, „Un traité du cheikh Abū ʿAlī Naẓīf ibn Yumn sur l'accord des chrétiens entre eux malgré leur désaccord dans l'expression", Mélanges de l'Université Saint-Joseph 51 (1990), S. 329-343; S. K. Samir, „Christian Arabic Literature", S. 451-452.

204 Der Begriff ʿilm al-kalām (wörtlich: Wissenschaft der Rede) oder kurz kalām hat im Laufe der Zeit zahlreiche Definitionen erhalten und wurde unterschiedlich verstanden. Es lassen sich jedoch mehrere Hauptbedeutungen unterscheiden. Für van Ess bedeutet kalām im engeren Sinne einen bestimmten theologischen Argumentationsstil, der das Stellen von Fragen an einen Gegner einschließen kann, und im weiteren Sinne die Art von islamischer Theologie, die sich üblicherweise dieses Argumentationsstils bedient. Vgl. Josef van Ess, „The Beginnings of Islamic Theology", in J. E. Murdoch und E. D. Sylla (hrsgs.), The Cultural Context of Medieval Learning, Dordrecht und Boston, 1975, S. 89. Auch Richard Frank unterscheidet zwischen kalām im Sinne von „ilm uṣūl al-dīn" (die Wissenschaft von den Grundlehren des Islam) und kalām als „al-ǧadal" oder „al-munāẓara" (also „Streitgespräch" oder „Disputation"). Vgl. Richard M. Frank, „The Science of Kalām", Arabic Sciences and Philosophy 2 (1992), S. 10-12. Alexander Treiger lehnt die Bedeutung des kalām als islamische Theologie ab, da es im Islam verschiedene andere Formen der Theologie gibt, von denen einige dem kalām sogar kritisch gegenüberstehen, wie die Ḥanbalitische Theologie, die Ismāʿīlī-Theologie, die Ṣūfī-Theologie und die philosophische Theologie. Vgl. Alexander Treiger, „Origins of Kalām", in Sabine Schmidtke (hrsg.), Oxford Handbook of Islamic Theology, Oxford, 2014, S. 29-30. Schließlich ist noch die Meinung von Sara Leili Husseini zu erwähnen, die darauf hinweist, dass kalām im Laufe der Zeit als Theologie, Polemik und dialektische Struktur verstanden wurde. Sie schlägt jedoch vor, dass jede dieser drei Definitionen nicht vollständig ist, sondern nur einen bestimmten Aspekt darstellt. Vgl. Sara Leili Husseini, Early Christian-Muslim Debate on the Unity of God: Three Christian Scholars and Their Engagement with Islamic Thought (9th Century C.E.), History of Christian-Muslim Relations, Band 21, Leiden/Boston, 2014, S. 38. In diesem Unterkapitel werde ich kalām nicht als Inhalt der Theologie behandeln, sondern als eine Form dialektischer Theologie, die bestimmte Strukturen beinhaltet.

205 Vgl. Tilman Nagel, „Theology and the Qur'ān", in Jane Dammen McAuliffe (hrsg.), Encyclopaedia of the Qur'ān: Si-Z, Band 5, Leiden/Boston, 2006, S. 256; M. A. S. Abdel Haleem, „Qur'an and Hadith", in Tim Winter (hrsg.), The Cambridge Companion to Classical Islamic Theology, Cambridge, 2008, S. 19.

des Herzens".[206] Während die erste Kategorie die Gesetze umfasst, die sich auf das Handeln der Muslime beziehen, umfasst die zweite Kategorie die Glaubensartikel, von denen die wichtigsten sind: der Glaube an Gott, seine Engel, seine Schriften, seine Gesandten und den Tag des Jüngsten Gerichts.[207] Diese Themen wurden zwar von Anfang an diskutiert, aber nicht allzu sehr vertieft.[208]

Nach dem Tod Muḥammads stellte sich das Problem der Nachfolge, das durch den Tod ʿUthmāns und die Schlacht von Siffin (26. – 28. Juli 657) noch verschärft wurde. So entstanden die ersten großen Spaltungen unter den Muslimen, die nicht nur religiöser, sondern vor allem politischer Natur waren und zur Entstehung der ersten drei großen islamischen Traditionen führten: der Charidschiten, der Sunniten und der Schiiten.[209] Im Laufe der Zeit vertieften sich die theologischen Fragen und es kamen auch neue Fragen hinzu, über die man sich nicht einig war. So wurden Themen wie der Status des Frevlers, der freie Wille, die Natur des Koran, und die göttlichen Attribute im Verhältnis zum Wesen zunehmend diskutiert.[210] So behauptete Josef van Ess Mitte der 1970er Jahre, dass in dieser Atmosphäre innerhalb der muslimischen Gemeinschaft der ʿilm al-kalām entstanden sei: „Theology in Islam did not start as polemics against unbelievers. Even the kalām style was not developed or taken over in order to refute non-Muslims, especially the Manicheans, as one tended to believe when one saw the origin of kalām in the missionary activities of the Muʿtazila. Theology started as an inner-Islamic discussion when, mainly through political development, the self-confident naïvité of the early days was gradually eroded".[211] Dass der ʿilm al-kalām eine islamische Idee ist, die von den Muslimen selbst entwickelt wurde, meinte auch Louis Gardet.[212]

Andererseits darf nicht übersehen werden, dass der Islam in einem multikulturellen und multireligiösen Umfeld („sectarian milieu"[213]) entstanden ist und sich entwi-

206 Eine ähnliche Struktur findet sich auch bei anderen Autoren wie al-Muḥāsibī und al-Ghazālī. Vgl. al-Muḥāsibī, Kitāb al-Riʾāyah Liḥuquq Allāh, hrsg. Margaret Smith, London, 1940, S. 43; al-Ghazālī, Kitāb Sharh 'Ajā'ib al-Qalb, in Iḥyāʾ ʿulūm al-dīn, 1939, Kairo, S. 40. Vgl. auch Harry Austryn Wolfson, The Philosophy of the Kalam, Cambridge/London, 1976, S. 3.

207 Vgl. H. A. Wolfson, The Philosophy of the Kalam, S. 3-4. Vgl. auch M. A. S. Abdel Haleem, „Qur'an and Hadith", S. 26-31.

208 Vgl. M. Abdel Haleem, „Early Kalām", in Seyyed Hossein Nasr und Oliver Leaman (hrsgs.), History of Islamic Philsophy, Routledge History of World Philosophies, Band 1, London/New York, 1996, S. 160-161.

209 Vgl. Louis Gardet, „ʿIlm al-Kalām", in B. Lewis, V. L. Ménage, C. H. Pellat und J. Schacht (hrsgs.), Encyclopaedia of Islam, Neue Auflage, Leiden/London, 1986, S. 1142. Vgl. auch Toby Matthiesen, The Caliph and the Imam: The Making of Sunnism and Shiism, Oxford, 2023, S. 15-100.

210 Vgl. L. Gardet, „ʿIlm al-Kalām", S. 1142.

211 Van Ess, „The Beginnings of Islamic Theology", S. 101.

212 Vgl. L. Gardet, „ʿIlm al-Kalām", S. 1142.

213 Dieser Begriff wurde von John Wansbrough geprägt, um das sozial, kulturell und religiös vielfältige Umfeld zu beschreiben, in dem sich der Islam entwickelt hat. Der Begriff wurde später von anderen Autoren wie Sidney Griffith und Gabriel Reynolds aufgegriffen und angepasst. Vgl. John Wansbrough, The Sectarian Milieu: Content and Composition of Islamic Salvation

ckelt hat, in dem Juden, Mazdaer, Manichäer, Buddhisten, Melkiten, Ost- und Westsyrer lebten. Sie waren über Jahrhunderte hinweg in zahlreiche inter- und intrareligiöse Streitigkeiten verwickelt, die zur Entwicklung einer regelrechten Disputationskultur führten.[214] Diese Atmosphäre findet sich sogar im Koran wieder, wo Muḥammad die Muslime zum Dialog mit Andersgläubigen – insbesondere mit Juden und Christen – auffordert.[215] Die Muslime wurden weiter in solche Debatten hineingezogen. Die muslimische Überlieferung selbst kennt sogar noch weitere frühere Beispiele, wie das Religionsgespräch, das eine Gruppe ausgewanderter Muslime mit dem abessinischen Kaiser (dem Negus) geführt haben soll, oder die Disputation Muḥammads mit einer Delegation der Christen von Naǧrān.[216]

C. H. Becker behauptet, das Christentum habe den islamischen kalām sowohl als Theologie als auch als Methode der dialektischen Auseinandersetzung beeinflusst. In seiner Analyse des Einflusses auf die Theologie, insbesondere in Bezug auf den freien Willen und die Erschaffenheit oder die Unerschaffenheit des Korans, verweist er auf die Schriften des Johannes von Damaskus und des Theodor Abū Qurra. Was den kalām als Methode der Auseinandersetzung angeht, vergleicht er ihn mit den christlichen Schriften der Patristik, ohne konkrete Beispiele zu nennen.[217] Auch van Ess modifizierte seine Theorie dahingehend, dass die dialektische Methode des kalām auf einen äußeren Einfluss zurückzuführen sei. Als Vorbilder nennt er den Johannes von

History, London Oriental Series, Band 34, Oxford, 1978; Sidney H. Griffith, „'Melkites,' 'Jacobites' and the Christological Controversies in Arabic in Third/Ninth-Century Syria", in David Thomas (hrsg.), Syrian Christians under Islam: The First Thousand Years, Leiden/Boston/Köln, 2001, S. 9-55; Gabriel Said Reynolds, A Muslim Theologian in the Sectarian Milieu: ʿAbd al-Jabbār and the Critique of Christian Origins, Islamic History and Civilization, Band 56, Leiden/Boston, 2004.

214 Vgl. Naomi Aradi, „The Origins of the Kalām Model of Discussion on the Concept of Tawḥīd", Arabic Sciences and Philosophy 23 (2013), S. 136; Alexander Treiger, „Origins of Kalām", S. 27, 29.

215 „Und streitet mit den Leuten der Schrift nie anders als auf eine möglichst gute Art" (Sure 29, 46). „Ruf (die Menschen) mit Weisheit und einer guten Ermahnung auf den Weg deines Herrn und streite mit ihnen auf eine möglichst gute Art" (Sure 16, 125). Vgl. auch J. Jakob, Syriches Christentum, S. 235. Darüber hinaus enthält der Koran spezifische Argumentationsstrukturen, die in der Regel mit dem Wort „qul" („Sag") eingeleitet werden: „Sag: Wer beschert euch (den Lebensunterhalt) vom Himmel und (von) der Erde, oder wer vermag (euch) Gehör und Gesicht (zu verleihen)? Und wer bringt (in der Natur) das Lebendige aus dem Toten hervor, und das Tote aus dem Lebendigen? Und wer dirigiert den Logos? Sie (d. h. die Ungläubigen) sagen: «Allah». Dann sag: Wollt ihr denn nicht gottesfürchtig sein?" (Sure 10, 31). Vgl. Josef van Ess, „Early Development of the Kalam", in G. H. A. Juynboll, Studies on the First Century of Islamic Society, Papers on Islamic History, Band 5, Carbondale und Edwardsville, 1982, S. 112 Anm. 12; J. van Ess, Theologie und Gesellschaft, Band 1, S. 48.

216 Vgl. M. A. Haleem, „Early Kalām", S. 77-78; David Bertaina, Christian and Muslim Dialogues: The Religious Uses of a Literary Form in the Early Islamic Middle East, Piscataway, 2011, S. 115-120; A. Treiger, „Origins of Kalām", S. 29-30.

217 Vgl. C. H. Becker, „Christliche und islamische Dogmenbildung", Zeitschrift für Assyriologie und verwandte Gebiete 36 (1912), S. 175-195.

Damaskus zugeschriebenen Dialog zwischen einem Sarazenen und einem Christen und Justins Dialog mit dem Juden Tryphon.[218]

Shlomo Pines ist der Ansicht, dass kalām seinen Ursprung im Christentum hat. Er beginnt seine Argumentation mit der Aussage von Maimonides, der die gleiche Ansicht vertrat.[219] Darüber hinaus stellte Pines fest, dass das Kompositionsschema der frühen kalām-Werke der Muʿtaziliten der Reihenfolge der Themen in De Fide Orthodoxa des Johannes von Damaskus entspricht.[220] Michael Cook spricht sich ebenfalls für einen Einfluss christlicher Texte auf die ʿilm al-kalām-Methode aus, meint aber, dass der Ursprung dieses Einflusses nicht in griechischen, sondern in syrischen Texten zu suchen sei, und zwar im Zusammenhang mit den christologischen Kontroversen im syrischen Raum im 6. und 7. Jahrhundert.[221]

Abdel Haleem hingegen ist der Ansicht, dass die Muslime für die Form des kalām nicht auf griechische oder syrische Quellen zurückgreifen mussten, da sie in der islamischen Kultur selbst zu finden sei. Er führt ein Beispiel an, das den von van Ess und Cook vorgestellten Texten vorausgeht: einen Dialog zwischen ʻibn Abbās und einigen Charidschiten, die sich gegen ʻAli auflehnten.[222]

Jack Tannous führt Cooks Idee weiter und findet ein Vorbild in den Briefen Georgs, des Bischofs der Araber, gegen die Chalcedonier. Darüber hinaus war Georg Bischof der arabisch-christlichen Stämme ʿAqōlāyē, Ṭūʿāyē und Tanūḵāyē. Dies ist von großer Relevanz, da gerade diese drei arabisch-christlichen Stämme an einer der frühesten christlich-muslimischen Debatten teilgenommen haben sollen: der Debatte zwischen dem westsyrischen Patriarchen Johannes und einem muslimischen Emir.[223]

Alexander Treiger unternimmt es, die Theorie von Cook und Tannous aus philologischer Sicht zu überprüfen. Ausgehend von der Überschrift der Disputation des Patriarchen Johannes mit einem Emir legt er nahe, dass der Begriff kalām mit seiner Doppelbedeutung von Wort und Theologie von der syrischen Wurzel m-l-l abstammt.[224] Joachim Jakob setzt diesen Ansatz mit neuen Beispielen fort, ohne zu ei-

---

218 Vgl. Josef van Ess, Anfänge muslimischer Theologie: Zwei antiqadaritische Traktate aus dem ersten Jahrhundert der Hidschra, Beiruter Texte und Studien, Band 14, Wiesbaden 1977, 22-24; J. van Ess, Theologie und Gesellschaft, Band 1, S. 48-55.

219 Maimonides ist sogar noch genauer: „Wisse jedoch, daß alles, was die Araber, und zwar die Mutaziliten und Aschariten, in betreff dieser Fragen gesagt haben, Ansichten sind, die auf Behauptungen und Heischesätzen beruhen, die den Schriften der Griechen und der Syrer entnommen sind". Mose ben Maimon, Führer der Unschlüssigen, Band 1, Übers. und Kommentar von Adolf Weiss, Der Philosophischen Bibliothek Band 184a, Leipzig, 1923, S. 284.

220 Vgl. Shlomo Pines, „Some Traits of Christian Theological Writing in Relation to Moslem Kalām and to Jewish Thought", Proceedings of the Israel Academy of Sciences and Humanities 5 (1976), S. 105-107, 116-117 [nachgedruckt in The Collected Works of Shlomo Pines: Studies in the History of Arabic Philosophy, hrsg. Sarah Stroumsa, Jerusalem, 1996, Band 3, S. 79-99].

221 Vgl. Michael Cook, „The Origins of Kalam", Bulletin of the School of Oriental and African Languages 43 (1980), S. 40.

222 Vgl. M. A. Haleem, „Early Kalām", S. 73-74.

223 Vgl. J. Tannous, „Between Christology and Kalām?", S. 685-712.

224 Vgl. A. Treiger, „Origins of Kalām", S. 32-35.

nem eindeutigen Ergebnis zu kommen.[225] Schließlich weist die Theorie von Najib G. Awad darauf hin, dass eine neuplatonische Lesart des Aristotelismus, insbesondere von Proklos, die Entwicklung des kalām inspirierte.[226]

Bei der Frage nach dem Ursprung des kalām kann also nicht klar zwischen innerer Entwicklung und äußerem Einfluss unterschieden werden, sondern die Situation muss als Ganzes betrachtet werden, wobei beide Komponenten zu berücksichtigen sind, sowohl der unbestreitbare Einfluss des kulturellen und religiösen Kontextes, der sich in einer Disputationskultur manifestiert, als auch die Besonderheit der Entwicklung des Islam.[227]

In der Mitte des 8. Jahrhunderts, mit dem Aufkommen der ʿAbbāsiden und der Verlegung der Hauptstadt nach Baġdād und den damit verbundenen Folgen, verloren die Diskussionen um die Gültigkeit des muslimischen Oberhauptes an Bedeutung und verschwanden allmählich. In diesem neuen Kontext wurden die theologischen Debatten noch heftiger geführt. Sie richteten sich zudem gegen eine neue, diesmal äußere Gefahr, die vor allem von den Zindīqs ausging.[228] Die Rolle, die die Übersetzungsbewegung im Allgemeinen und die Übersetzung der Topik des Aristoteles durch Timotheos im Besonderen dabei spielten, soll hier noch einmal hervorgehoben werden.[229]

In diese Zeit fällt auch die Entstehung und Ausprägung der wichtigsten theologischen Strömung des Islam, der Muʿtazila[230], die sich vor allem durch den Gebrauch der Vernunft in der Argumentation auszeichnet und mit dem kalām verbunden ist. Die Muʿtaziliten erfreuten sich großer Beliebtheit, als die muʿtazilitische Lehre von al-Ma'mūn übernommen und zur offiziellen Doktrin erhoben wurde. Außerdem begann die Miḥna, die Verfolgung ihrer Gegner. Die fünf grundlegenden muʿtazilitischen Prinzipien sind: „die absolute Einheit Gottes" (at-tawḥīd), „die Gerechtigkeit Gottes" (al-ʿadl), „Die Verheißung [des Paradieses] und die Drohung [ewiger Bestrafung]" (al-waʿd wa al-waʿīd), „die Stufe zwischen den Stufen" (al-manzila baina l-manzila-

225 Vgl. J. Jakob, Syrisches Christentum und früher Islam, S. 248-254.

226 Vgl. Najib George Awad, „Creatio ex Philosophia: Kalām as Cultural Evolution and Identity-Formation Means in the Early Abbasid Era", The Muslim World Journal 4 (109), S. 510-534.

227 Vgl. D. Gutas, Greek Thought, S. 70; Sarah Stroumsa, „Early Muslim and Jewish Kalām: The Enterprise of Reasoned Discourse", in Yohanan Friedmann und Christoph Markschies (hrsgs.), Rationalization in Religions Judaism, Christianity and Islam, Berlin/Boston, 2019, S. 208-210.

228 Vgl. L. Gardet, „ʿIlm al-Kalām", S. 1142; M. A. Haleem, „Early Kalām", S. 80.

229 Mehr dazu im Unterkapitel II.2.2. Vgl. auch N. G. Awad, „Creatio ex Philosophia", S. 512, 533.

230 Mehr zur Muʿtazila, vgl. Josef van Ess, „Muʿtazilah", in Mircea Eliade (hrsg.), Encyclopedia of Religion, Band 10, New York, 1987, S. 220-229; S. Stroumsa, „The Beginnings of the Muʿtazila Reconsidered", S. 265-293; Sabine Schmidtke, „Neuere Forschungen zur Muʿtazila", Arabica: Journal of Arabic and Islamic Studies (45) 1998, S. 379-408; Racha el-Omari, „The Muʿtazilite Movement (I): The Origins of the Muʿtazila", in S. Schmidtke (hrsg.), Oxford Handbook of Islamic Theology, S. 130-141; David Bennett, „The Muʿtazilite Movement (II): The Early Muʿtazilites", in S. Schmidtke (hrsg.), Oxford Handbook of Islamic Theology, S. 142-158; Sabine Schmidtke, „The Muʿtazilite Movement (III): The Scholastic Phase", in S. Schmidtke (hrsg.), Oxford Handbook of Islamic Theology, S. 159-180.

tain), d.h. der Zwischenstatus eines sündigen Muslims, und „Das Rechte gebieten und das Verwerfliche verbieten“ (al-amr bi-ʾl maʿrūf wa-ʾn-nahy ʿan al-munkar).[231]

Die Hauptfunktion des kalām besteht darin, die grundlegenden Überzeugungen der Muslime zu rationalisieren. Es geht darum, diese Überzeugungen in Begriffe zu fassen, sie zu ordnen, zu erklären und zu rechtfertigen. Die Methode des kalām ist also grundsätzlich explikativ und defensiv. Sie setzt immer die Existenz eines Gegners voraus, den es zu überzeugen gilt. Nicht nur die Auswahl der Argumente, sondern auch die Art und Weise, wie sie vorgetragen werden, variiert je nach der Art des Gegners. Es ist bemerkenswert, dass die rationalen Argumente oft als erste vorgebracht werden. Sie sind in erster Linie dialektisch und folgen sehr subtilen Argumentationslinien.[232] Wenn es keinen direkten Gesprächspartner gibt und der Text nicht dem Frage-Antwort-Schema folgt, werden die Argumente in der Regel durch Konditionalsätze der Form „wenn er sagt..., dann sagen wir“, „wenn sie sagen..., dann sagen wir“ oder ähnlich strukturiert.[233] Eine weitere typische Struktur des kalām ist der Beginn der Diskussion mit einer vollständigen Taxonomie (taqsīm oder qisma) der verfügbaren Möglichkeiten in Bezug auf das zu behandelnde Thema. Nach dieser Darstellung wird jede Möglichkeit geprüft und verworfen, bis die einzig richtige übrig bleibt oder bis alle verworfen werden, was beweist, dass die Frage falsch ist.[234] Andererseits lehnt Haleem die Vorstellung ab, dass kalām notwendigerweise eine dialektische Struktur implizieren muss. Er stellt fest, dass die disjunktive Formel und die dialektische Struktur Teile des kalām sind, aber sie sind nicht die einzigen Formen, die es annehmen kann.[235]

Zusammenfassend lässt sich sagen, dass sich seit der Mitte des 8. Jahrhunderts eine Reihe erstaunlicher politischer, sozialer, kultureller und religiöser Veränderungen vollzogen hat. Die Ankunft der ʿAbbāsiden-Dynastie führte zu einem neuen Umgang mit der vielfältigen Bevölkerung des Kalifats. Darüber hinaus fiel die Übersetzungsbewegung mit dem Aufkommen der christlichen apologetischen Literatur in diesem Milieu zusammen. All dies trug entscheidend zur Entwicklung des islamischen ʿilm al-kalām bei, der intellektuellen Disziplin, die sich der begründeten Rechtfertigung der Wahrheiten der göttlichen Offenbarung und der Erforschung der Implikationen der geoffenbarten Wahrheit für das menschliche Denken im Allgemeinen widmet.[236]

---

231 Vgl. L. Gardet, „ʿIlm al-Kalām“, S. 1142-1144; Khalid Blankinship, „The Early Creed“, in T. Winter (hrsg.), The Cambridge Companion to Classical Islamic Theology, S. 47-48.

232 Vgl. R. M. Frank, „The Science of Kalām“, S. 22.

233 Vgl. Fedor Benevich, „‘Wenn sie sagen…, dann sagen wir…’: Die Ursprünge des dialektischen Verfahrens des Kalām“, Le muséon 128 (2015), S. 184.

234 Vgl. S. Stroumsa, „Early Muslim and Jewish Kalām“, S. 210.

235 Vgl. M. A. Haleem, „Early Kalām“, S. 74.

236 Vgl. Sidney H. Griffith, „Faith and Reason in Christian Kalām: Theodore Abū Qurrah on Discerning the True Religion“, in Samir K. Samir und Jørgen S. Nielsen (hrsgs.), Christian Arabic Apologetics during the Abbasid Period (750-1258), Leiden, 1994, S. 1-2.

III. Zur Biografie des ostsyrischen Patriarchen Timotheos I. (780-823)

In diesem politisch-sozialen, kulturellen und religiösen Kontext, der im vorhergehenden Kapitel beschrieben wurde, wirkte Timotheos I. zwischen 780 und 823 als Patriarch der Kirche des Ostens. Als eine der bedeutendsten Persönlichkeiten seiner Kirche wurden zahlreiche Informationen über sein politisches und kirchliches Leben und Aktivität von etlichen Schriftstellern aufgezeichnet. Die wichtigsten historischen Quellen, die seine Aktivität beschreiben, sind: das Buch der Statthalter[1] des Thomas von Margā, die Chronik[2] des Elias von Nisibis, das Buch des Turmes des Mārī ibn Sulaimān[3] und ʿAmr ibn Mattā[4], der literarische Katalog[5] und die kanonische Sammlung[6] des ʿAbdishoʿ bar Brikhā und die ekklesiastische Chronik[7] des Gregorius bar Hebraeus. Darüber hinaus finden sich weitere biographische Angaben in seinen Briefen und seinem Gesetzbuch[8]. Anhand dieser und anderer Texte soll im Folgenden das Profil des Patriarchen Timotheos I. kurz skizziert werden.

1 Vgl. Thomas von Margā, Buch der Statthalter 4.3-5, in P. Bedjan (hrsg.), Liber superiorum seu historia monastica auctore Thoma, episcopo Margensi, Paris/Leipzig, 1901, S. 198-202; E. A. W. Budge (hrsg.), The Book of Governors: The Historia Monastica of Thomas, Bishop of Margâ A.D. 840, Edited from Syriac Manuscripts in the British Museum and Other Libraries [Textus und Versio], 2 Bände, London, 1893, S. 195-198/380-383.

2 Vgl. Elias von Nisibis, Chronik: E. W. Brooks (hrsg.), Eliae Metropolitae opus chronologicum, 2 Bände, CSCO 62-63, Paris, 1909-1910, S. 32, 87 / 58, 184.

3 Vgl. Mārī, S. 71-75/63-65.

4 Vgl. ʿAmr, S. 64-66/37-38.

5 Vgl. ʿAbdishoʿ bar Brikhā, Catalogus librorum, in Giuseppe Simone Assemani (hrsg.), Bibliotheca Orientalis Clementino-Vaticana: De Syris Nestorianis, Band 3, Propaganda Fide, Rom, 1719-1728, S. 158-163.

6 Vgl. ʿAbdīshōʿ bar Brīkhā, Collectio canonum synodicorum, hrsg. A. Assemani, in A. Mai, Scriptorum veterum nova collectio e vaticanis codicibus, 10 Bände, Rom, 1825-1838, X, S. 62, 65-66, 69, 78, 140-141, 143-145, 159-60, 163-167.

7 Vgl. Bar Hebraeus, Chronicon Ecclesiasticum, Band 3, 165-176 und 177-184.

8 Vgl. Timotheos I., Gesetzbuch: Eduard Sachau (hrsg.), „Gesetzbuch des Patriarchen Timotheos", in Syrische Rechtsbücher, Band 2, Berlin, 1908, S. 54-117.

III.1. Die Lebensdaten

Timotheos wurde um 740[9] in Ḥazzā bei Arbelā als Sohn einer bedeutenden Familie geboren.[10] Er wurde von seinem Onkel Gīwargīs, dem Bischof von Bēt Bagāš, in die Schule des berühmten Abrāhām bar Dāšandād[11] in Bāšōš geschickt, dem er nach Margā und wahrscheinlich nach Mossul in das Kloster Mār Gabriel folgte.[12] Wie sich später herausstellen sollte, erhielt er eine gründliche Ausbildung nicht nur in Theologie[13], sondern auch in griechischer Sprache und Philosophie, insbesondere in den Schriften des Aristoteles.[14] Einige seiner Kommilitonen sollten später bedeutende politische und kirchliche Persönlichkeiten werden: Īšō bar Nūn, mit dem er in Konflikt geraten war und der dennoch sein Nachfolger als Oberhaupt der Kirche des Ostens werden sollte;[15] Abū Nuḥ, Sekretär des Gouverneurs von Mossul, Abū Mūssā ibn Muṣ'ab, mit dessen Hilfe Timotheos die Topik des Aristoteles für al-Mahdī übersetzte;[16] und schließlich Sergius, der Leiter der Schule von Mār Abrāhām, der später Metropolit von Elam werden sollte.[17]

---

9 Obwohl kein genaues Geburtsdatum angegeben ist, stützt sich diese Jahreszahl auf die Angaben des Timotheos selbst in der Einleitung zu seinem Gesetzbuch von 805, wo er sein Alter mit etwa 65 Jahren angibt. Vgl. Timotheos I., Gesetzbuch, S. 58/57. Diese neuen, von Berti zusammengetragenen Informationen widersprechen also der bisher in der Forschung kursierenden Jahreszahl 727/728, die auf einer Berechnung aus der Chronik des 'Amr beruht, die das Todesdatum des Timotheos auf das Jahr 823 im Alter von 95 Jahren festlegt. Vgl. V. Berti, Vita e studi, S. 135-136; M. Heimgartner, „Griechisches Wissen und Philosophie", S. 100 Anm. 9; J. Jakob, Syrisches Christentum, S. 74.

10 Vgl. Mārī, S. 71/63; 'Amr, S. 64/37; H. Putman, L'Église et l'islam, S. 13; V. Berti, Vita e studi, S. 136.

11 Vgl. Abrāhām bar Dāšandād, Custodisci te stesso: Introduzione, traduzione dal siriaco e note a cura di Vittorio Berti, Testi dei Padri della Chiesa, Band 84, Monastero di Bose – Magnano (BI), 2006; Herman Teule, „Abraham bar Dashandad", in Sebastian P. Brock et al. (hrsgs.), The Gorgias Encyclopedic Dictionary of the Syriac Heritage, Piscataway, 2011, S. 7.

12 Zu einer Diskussion über die Verlegung der Schule nach Mosul, vgl. V. Berti, Vita e studi, S. 195-200; M. Heimgartner, „Griechisches Wissen und Philosophie", S. 100 Anm. 13.

13 Die historischen Quellen geben keine genauen Einzelheiten seines Studiums wieder, aber aus dem allgemeinen Lehrplan der ostsyrischen Schulen und aus seinen Briefen geht hervor, dass er in die biblischen Studien und die patristische Tradition eingeführt wurde, in der die Auslegungen der großen Kirchenväter, wie Ephräm der Syrer, Theodor von Mopsuestia oder Johannes Chrysostomos, einen herausragenden Platz einnahmen. Vgl. A. Vööbus, History of the School of Nisibis; H. Putman, L'Église et l'islam, S. 14-15; T. R. Hurst, The Syriac Letters, S. 7-11.

14 Vgl. E. Tisserant, „Timothee I", in Dictionnaire de théologie catholique, Band 15, Paris, 1946, Sp. 1121-1122; H. Putman, L'Église et l'islam, S. 15; T. R. Hurst, The Syriac Letters, S. 8-9; M. Heimgartner, „Griechisches Wissen und Philosophie", S. 101.

15 Vgl. Harald Suermann, „Timotheos I, † 823", in Wassilios Klein (hrsg.), Syrische Kirchenväter, Stuttgart, 2004, S. 152; M. Heimgartner, „Griechisches Wissen und Philosophie", S. 100-101. Zu dem Konflikt zwischen Timotheos und Īšō bar Nūn, vgl. V. Berti, Vita e studi, S. 265-278; R. Le Coz, Histoire de l'Église d'Orient, S. 158.

16 Vgl. H. Suermann, „Timotheos", S. 152; M. Heimgartner, „Griechisches Wissen und Philosophie", S. 100-101.

17 Vgl. H. Suermann, „Timotheos", S. 152; M. Heimgartner, „Griechisches Wissen und Philosophie", S. 100-101. Zum Profil von Sergius, vgl. V. Berti, Vita e studi, S. 211-216.

Trotz eines anfänglichen Widerstands von Māran'ammneh, dem Metropoliten von Adiabene,[18] wurde Timotheos 769/770 anstelle seines Onkels Bischof von Bēt Bagāš, nachdem dieser zugunsten seines Neffen zurückgetreten war.[19] Über seine Zeit als Bischof von Bēt Bagāš ist wenig bekannt. Erwähnenswert ist, dass er vom Gouverneur von Mossul, Abū Mūssā ibn Muṣ'ab, von der Zahlung von Steuern befreit wurde.[20] Nach dem Tod des Patriarchen Ḥnānīšō' II. 778/779 wurde Timotheos 780 nach langen Diskussionen und Verhandlungen, die anscheinend auch Handlungen oder zumindest Versuche von Simonie beinhalteten, zum Patriarchen ernannt.[21] Seine Gegner waren jedoch mit dem Ergebnis nicht zufrieden und fochten die Wahl an, indem sie zwei Gegensynoden organisierten, um ihn abzusetzen. Die erste Gegensynode wurde von Joseph von Merw organisiert, der scheiterte, obwohl er den Kalifen al-Mahdī um Unterstützung gebeten hatte, die ihm jedoch verweigert wurde. Er konvertierte schließlich zum Islam und wurde Präfekt von Baṣra. Eine zweite Gegensynode wurde von Ephrem von Elam oder Thomas von Kaškar organisiert, aber auch sie scheiterte, nachdem der Arzt 'Isā Abū Ḳurayš und Abū Nuḥ interveniert hatten.[22] Nach einem zweijährigen Schisma wurde Timotheos als Oberhaupt der Kirche des Ostens bestätigt. Er starb 823,[23] nach 43 Jahren intensiver und fruchtbarer Tätigkeit, in denen er sich als kirchliches und intellektuelles Oberhaupt mit ausgeprägten politischen Fähigkeiten hervortat.[24]

III.2. Förderung der theologischen Ausbildung

Obwohl Timotheos während seiner Jahre in der Schule von Abrāhām bar Dāšandād eine solide theologische und philosophische Ausbildung erhalten hatte, veranlassten ihn sein Wissensdurst und die Notwendigkeit, stets auf die Dialoge und Herausforderungen vorbereitet zu sein, die sowohl von den Muslimen als auch von anderen konkurrierenden christlichen Traditionen ausgingen, dazu, weiterhin theologische und philosophische Werke zu studieren. Dies galt nicht nur für ihn selbst, sondern für alle Kleriker und sogar für die Gläubigen seiner Kirche. Zudem waren neben dem theolo-

18 Vgl. Thomas von Margā, Historia Monastica III, 3, S. 196/381; V. Berti, Vita e studi, S. 141.

19 Vgl. Mārī, S. 71/63; 'Amr, S. 64/37; H. Putman, L'Église et l'islam, S. 15; T. R. Hurst, The Syriac Letters, S. 13; H. Suermann, „Timotheos", S. 152-153.

20 Vgl. Mārī, S. 71/63; H. Putman, L'Église et l'islam, S. 15; H. Suermann, „Timotheos", S. 153; V. Berti, Vita e studi, S. 141-146; M. Heimgartner, „Griechisches Wissen und Philosophie", S. 102.

21 Vgl. 'Amr 64/37; Mārī 71-72/63; Bar Hebraeus, Chronicon Ecclesiasticum II, 168; Thomas von Margā, Historia Monastica IV, 4, S. 196/382; H. Putman, L'Église et l'islam, S. 16-17; H. Suermann, „Timotheos", S. 153; V. Berti, Vita e studi, S. 152-156; M. Heimgartner, „Griechisches Wissen und Philosophie", S. 102.

22 Vgl. Mārī 72/63-64; 'Amr 64-65/37; H. Putman, L'Église et l'islam, S. 17-19; V. Berti, Vita e studi, S. 162-169; H. Suermann, „Timotheos", S. 153-154; M. Heimgartner, „Griechisches Wissen und Philosophie", S. 102.

23 Vgl. S. 18 Anm. 52.

24 Vgl. H. Putman, L'Église et l'islam, S. 20; H. Suermann, „Timotheos", S. 154.

gischen Studium weitere Spezialisierungen wichtig, um einflussreiche Positionen am ʿabbāsidischen Hof als Sekretär, Arzt oder Übersetzer einnehmen zu können.[25]

In seinem Brief 47 an Sergios erwähnt Timotheos zum Beispiel sein Interesse an der Syro-Hexapla[26] und dass er darum bittet, sie in drei Exemplaren zu kopieren: eines für sich selbst, eines für Bēt Lāpāṭ für die Bibliothek des Sergios und eines für Gabriel, den Leibarzt Harun al-Rashīds und denjenigen, der das Manuskript zum Kopieren besorgt hatte.[27] Išōdād von Merw war wahrscheinlich der erste ostsyrische Autor, der die Syro-Hexapla in seinen Kommentaren verwendete. Wahrscheinlich benutzte er eine der Abschriften, die Timotheos in Auftrag gegeben hatte.[28] Im selben Brief 47 erwähnt Timotheos, dass er von der Entdeckung der „Bücher des Alten [Testamentes] und weiterer [Bücher] in hebräischer Schrift" in der Nähe von Jericho gehört habe. Er bat Gabriel und den Metropoliten Šubḥalmāran von Damaskus, in den Prophetenbüchern dieser Manuskripte nach bestimmten Zitaten aus dem Neuen Testament zu suchen, die sie in dem ihnen vorliegenden Text nicht finden konnten.[29] Die Suche nach dem genauesten und vollständigsten Bibeltext sollte auch in der christlich-muslimischen Polemik von großer Bedeutung sein, wie der Dialog zwischen Timotheos und al-Mahdī zeigen sollte, insbesondere im Hinblick auf die Verwendung alttestamentlicher Prophezeiungen und die Diskussion um den Taḥrīf-Vorwurf.[30]

Neben den biblischen Büchern interessierte sich Timotheos auch sehr für die patristischen Werke sowie für die aristotelischen Schriften und ihre Kommentare. Was die Werke der Kirchenväter betrifft, so scheint sich Timotheos besonders für das pseudodionysische Corpus und die Orationen des Gregor von Nazianz interessiert zu haben.[31] Aus den erhaltenen Briefen ergibt sich ein komplexes Bild der theologischen

---

25 Vgl. T. R. Hurst, Syriac Letters, S. 16; Harald Suermann, „Timothy and his Concern for the School of Basos", The Harp 10 (1997), S. 52.

26 Die Syro-Hexapla ist die syrische Übersetzung der griechischen Septuaginta, wie sie in der fünften Spalte der Hexapla des Origenes steht. Die Übersetzung wurde von Bischof Paulus von Tellā in Alexandria oder im Kloster St. Antonius bei Enaton in Ägypten um 617 angefertigt. Vgl. Oskar Braun, „Ein Brief des Katholikos Timotheos über biblische Studien des 9. Jahrhunderts", Oriens Christianus 1 (1901), S. 299-313; Ignatius Aphram I Barsoum, The Scattered Pearls: A History of Syriac Literature and Sciences, Übers. Matti Moosa, New Jersey, 2003, S. 313-314; Vgl. R. B. Ter Haar Romeny, „Biblical Studies in the Church of the East: The Case of Catholicos Timothy I", in M. F. Wiles und E. J. Yarnold (hrsgs.), Studia Patristica: Historica, Biblica, Theologica et Philosophica, Band 34, Leuven, 2001, S. 503; M. Heimgartner, Timotheos I.: Brief 47, S. 63 Anm. 299.

27 Vgl. Timotheos I., Brief 47.3.

28 Vgl. Alison Salvesen, „Hexaplaric Readings in Iso'dad of Merv's Commentary on Genesis", in J. Frishman und L. Van Rompay (hrsgs.), The Book of Genesis in Jewish and Oriental Christian Interpretation: A Collection of Essays, Traditio Exegetica Graeca, Band 5, Leuven, 1997, S. 229-252; R. B. Ter Haar Romeny, „Biblical Studies in the Church of the East", S. 504-505.

29 Vgl. Timotheos I., Brief 47, 21.

30 Vgl. R. B. Ter Haar Romeny, „Biblical Studies in the Church of the East", S. 509; M. Heimgartner, Timotheos I.: Brief 47, S. 70 Anm. 342. Mehr dazu im Unterkapitel V.10.4.

31 Auch andere Autoren wie Gregor von Nyssa, Johannes Chrysostomus, Mār Ābā, Narsai und Eusebius sind zu erwähnen. Vgl. Martin Heimgartner, „Contexts of Christian Education in Baghdad:

und philosophischen Interessen des Timotheos.[32] Es zeigt sich jedoch, dass die asketische oder monastische Literatur nicht zu den zentralen Anliegen des Timotheos gehörte.[33]

Timotheos befasst sich auch mit der Ausbildung der Studenten und der Situation der Schulen. So schreibt er in Brief 5 an Sergios, sich um die Schule zu kümmern und sich ganz dieser Aufgabe zu widmen: „Kümmere dich mit deiner ganzen Seele um die Schule! Denn denk daran, dass sie für die Kirche Kinder gebiert und aufzieht! Kümmere dich um die Ausbildung unseres Bruders Kūmānšāh[34] und lehre ihn mehr als alles die Gottesfurcht und unterweise ihn in den Schriften und in den lobenswerten Lehren“.[35]

Aus diesem und anderen Briefen geht hervor, dass der Lehrer nicht nur Wissen, sondern auch Gottesfurcht vermitteln soll. Der Lehrer soll auch Vorbild sein: „Kümmere dich um die Schulbrüder wie um deinen Augapfel! Treibe dich selbst und sie zum Eifer in der Lehre und in der Gottesfurcht an! Und zeige alles am Beispiel deiner selbst!“.[36]

Timotheos erwies sich auch als äußerst streng und forderte Disziplin und Gehorsam nicht nur von den Klerikern, sondern auch von den Studenten und Lehrern, die sich gegen Sergios aufgelehnt hatten: „Wenn es unter den Studenten oder unter den Lehrern jemanden gibt, der sich dem Metropoliten widersetzt, so ist es ihm durch die Rede unseres Herrn nicht erlaubt, ohne die Genehmigung des Metropoliten in einem der kirchlichen Ränge zu dienen und die Leben spendenden Sakramente zu empfangen und innerhalb der Grenzen der Stadt Bēlāpāt zu wohnen“.[37]

The Letters of the East-Syrian Patriarch Timothy I“, in Sidney Griffith und Sven Grebenstein (hrsgs.), Christsein in der islamischen Welt: Festschrift für Martin Tamcke zum 60. Geburtstag, Wiesbaden, 2015, S. 180 Anm. 49.

32 Vgl. Vittorio Berti, „Libri E Biblioteche Cristiane Nell'Iraq Dell'VIII Secolo: Una Testimonianza Dell'Epistolario Del Patriarca Siro-Orientale Timoteo I (727–823)“, in Cristina D'Ancona Costa (hrsg.), The Libraries of the Neoplatonists: Proceedings of the Meeting of the European Science Foundation Network Late Antiquity and Arabic Thought. Patterns in the Constitution of European Culture held in Strasbourg, March 12 – 14, 2004, Philosophia Antiqua: A Series of Studies on Ancient Philosophy, Band 107, Leiden, 2004, S. 307-318.

33 Vgl. M. Heimgartner, „Contexts of Christian Education in Baghdad“, S. 180-181.

34 Obwohl über Kūmānšāh nicht viel bekannt ist, scheint Timotheos eine besondere Beziehung zu ihm gehabt oder ihn besonders gebraucht zu haben, denn der Patriarch bittet Sergios mehrmals, sich um seine Ausbildung zu kümmern, und dankt ihm schließlich für die gute Arbeit, die er geleistet hat. Vgl. Timotheos I., Brief 6.15; 7.9; 11.9; 13, 37. Sein Name wird auch im Zusammenhang mit dem Versand von Briefen genannt. Vgl. Timotheos I., Brief 30, 2; 31, 7. Vgl. auch H. Putman, L'Église et l'islam, S. 29-30; H. Suermann, „Timothy and his Concern for the School of Basos“, S. 53-54.

35 Vgl. Timotheos I., Brief 5, 10-11; Brief 17, 13-16. Vgl. auch: H. Putman, L'Église et l'islam, S. 29; T. R. Hurst, Syriac Letters, S. 17.

36 Vgl. Timotheos I., Brief 8B.22-24.

37 Vgl. Timotheos I., Brief 10.4. Vgl. auch H. Suermann, „Timothy and his Concern for the School of Basos“, S. 57.

Der ostsyrische Patriarch kümmert sich aber nicht nur um die geistige und moralische Bildung der Studenten, sondern auch um ihre materiellen Bedürfnisse. In mehreren Briefen erwähnt er, dass er Schulen, Lehrern und Studenten Geld zukommen lässt.[38] In Brief 21 spricht er zum Beispiel davon, 10.000 Zūzē für den Kauf einer Herberge zu sammeln, damit die daraus erzielten Erträge der Schule zugutekommen.[39] Obwohl er sehr rigoros ist, zeigt Timotheos, dass er denen vertraut, die ihm nahe stehen. Auch wenn er der Schule Geld für einen bestimmten Zweck gibt, sagt er, dass Sergios, wenn er der Meinung ist, dass das Geld für einen besseren Zweck ausgegeben werden kann, dies tun sollte, da er als verantwortlicher Verwalter am besten weiß, was zu tun ist.[40]

Die Sorge des ostsyrischen Patriarchen um die Schulen ist ein Beweis für die Notwendigkeit gut ausgebildeter Theologen und Priester für die Kirche. In Brief 54 freut sich Timotheos besonders über die Weihe Ādōršābūrs zum Bischof von Gaī, da er ein hochbegabter Intellektueller ist, der drei Sprachen beherrscht.[41] In Brief 25 bittet Timotheos Sergios, ihm einen jungen Logiker aus Gondēshāpūr zu schicken, den er in der Metropolie von Harew für einen Konflikt mit den Westsyrern benötigt: „Schicke mir jenen jungen Logiker! Vielleicht mache ich ihn zum Metropoliten für Harēw. Dort sind Severianer, und es braucht für dort einen tüchtigen Krieger“.[42] Timotheos brauchte also gut ausgebildete Theologen und Priester, auch für die vielen Missionen in der Ferne, die er organisierte.

III.3. Missionarische Politik

Zur Zeit des Timotheos hatte sich die ostsyrische Kirche durch ihre ständige Missionstätigkeit bereits bis auf die arabische Halbinsel, nach Zentralasien, Indien und China ausgebreitet.[43] Timotheos setzte diese missionarische Tätigkeit fort, intensivierte sie sogar noch und strukturierte die Organisation der Kirche neu.[44] Seine Briefe

38 Vgl. Timotheos I., Brief 16.10; 22.15.

39 Vgl. Timotheos I., Brief 21.16-18; 22.14. Vgl. auch H. Putman, L'Église et l'islam, S. 30-31; H. Suermann, „Timothy and his Concern for the School of Basos“, S. 56-57.

40 Vgl. Timotheos I., Brief 17.13-16. Vgl. auch: H. Putman, L'Église et l'islam, S. 30; H. Suermann, „Timothy and his Concern for the School of Basos“, S. 57.

41 Vgl. Timotheos I., Brief 54.6. Vgl. auch T. R. Hurst, Syriac Letters, S. 16.

42 Timotheos I., Brief 25.18. Vgl. auch M. Heimgartner, „Contexts of Christian Education“, S. 184.

43 Vgl. R. Le Coz, Histoire de l'Église d'Orient, S. 235. Mehr zur missionarischen Tätigkeit der Ostsyrer, vgl: Joe Walker, „From Nisibis to Xi'an: The Church of the East in Late Antique Eurasia“, in Scott Fitzgerald Johnson (hrsg.), The Oxford Handbook of Late Antiquity, S. 994-1052; G. W. Houston, „An Overview of Nestorians in Inner Asia“, Central Asiatic Journal 24 (1980), S. 60-68.

44 Zur Struktur der ostsyrischen Kirche zur Zeit des Timotheos I., vgl. Jean Dauvillier, „Les provinces chaldéennes de l'extérieur au Moyen Âge“, Mélanges offerts au R. P. Ferdinand Cavallera, Toulouse, 1948, S. 261-319; Harald Suermann, „Timotheos I. und die Asienmission“, in Martin Tamcke (hrsg.), Syriaca II: Beiträge zum 3. Deutschen Syrologen Symposium in Vierzehnheili-

und weitere historische Quellen geben einen guten Einblick in seine Tätigkeit auf diesem Gebiet. So berichtet der ostsyrische Patriarch in Brief 41 von der Bekehrung des Königs der Türken und dessen Bitte, einen Metropoliten für seine Region zu schicken:[45]

> „Auch in unseren Tagen, vor zehn Jahren, als die Tätigkeit des Dienstes der Kirche mir anvertraut wurde – denn ich bin jetzt ungefähr dreizehn Jahre in dieser Tätigkeit –, da verliess der König der Türken mit mehr oder weniger seinem ganzen Jurisdiktionsbereich den alten Irrtum der Gottlosigkeit und vertraute sich dem Christentum an durch die Wirksamkeit der grossen Kraft des Christus, dem alles untertan ist. Und er erbat sich von uns in seinen Schreiben, dass wir einen Metropoliten für die Jurisdiktion seines Königreiches schaffen würden, was wir auch mit Gottes Hilfe taten, und auch den Brief, den wir an ihn schrieben, schicken wir euch, wenn es dem Herrn gefällt“.[46]

Die Ernennung eines Metropoliten für Bēt Tūrkāyē wird in Brief 47 bestätigt, wo Timotheos schreibt, dass „der [Heilige] Geist in diesen Tagen einen Metropoliten für Bēt Tūrkāyē gesalbt hat“.[47] Außerdem berichtet auch Mārī ibn Sulaimān von der Bekehrung des Königs der Türken durch Timotheos.[48] Dies war jedoch nicht der erste Kontakt der Ostsyrer mit den Türken. Laut der Chronik von Ḫūzistān hatte Metropolit Elias von Merv bereits um 644 eine Missionstätigkeit unter den Türken aufgenommen.[49] Die Bekehrung zur Zeit des Timotheos scheint jedoch bedeutender zu sein,

---

gen 2002, Münster, 2004, S. 200-202; Vittorio Berti, „Cristiani sulle vie dell'Asia tra VIII e IX secolo: Ideologia e politica missionaria di Timoteo I, patriarca siro-orientale (780-823)“, Quaderni di storia religiosa 13 (2006), S. 125-127 [Vittorio Berti, „Idéologie et politique missionnaire de Timothée Ier, patriarche syro-oriental (780-823)“, in Christelle Jullien (hrsg.), Chrétiens en terre d'Iran IV: Itinéraires missionnaires: échanges et identités, Paris, 2011, S. 78-80]; Pier Giorgio Borbone, „Les «provinces de l'extérieur» vues par l'Église-mère“, in P. G. Borbone und P. Marsone (hrsgs.), Le christianisme syriaque en Asie centrale et en Chine, Études syriaques, Band 12, Paris, 2015, S. 121-159; Andrew Platt, „Changing Mission at Home and Abroad: Catholicos Timothy I and the Church of the East in the Early Abbasid Period“, in Li Tang und Dietmar W. Winkler (hrsgs.), Winds of Jingjiao: Studies on Syriac Christianity in China and Central Asia, Orientalia – Patristica – Oecumenica, Band 9, Wien, 2016, S. 161-182 ; D. Wilmshurst, „The Church of the East in the 'Abbasid Era“, S. 195-196.

45 Zur Bekehrung der Turkvölker und zur Lage der Christen in Zentralasien, vgl. Erica C. D. Hunter, „The Conversion of the Kerait to Christianity in A.D. 1007“, Zentralasiatische Studien 22 (1989/1991), S. 142-163; Erica C. D. Hunter, „The Church of the East in Central Asia“, Bulletin of the John Rylands University Library 78 (1996), S. 129-142; Li Tang, „Turkic Christians in Central Asia and China (5th-14th Centuries)“, in Zhang Dingjing und Abdurishid Yakup (hrsgs.), Studies in Turkic Philology: Festschrift in Honour of the 80th Birthday of Professor Geng Shimin, Beijing, 2009, S. 435-448; Mark Dickens, „Patriarch Timothy I and the Metropolitan of the Turks“, The Royal Asiatic Society 20 (2010), S. 117-139; Mark Dickens, „Syriac Christianity in Central Asia“, in D. King (hrsg.), Syriac World, S. 583-624.

46 Timotheos I., Brief 41.11.11-12.

47 Timotheos I., Brief 47.31.

48 Vgl. Mārī, S. 64.

49 Vgl. Chronik von Ḫūzistān, S. 39-40.

denn, wie Mark Dickens bemerkt, handelt es sich bei Metropolit Elias von Merv um die Bekehrung eines Kleinkönigs (ܡܠܟܘܢܐ) mit seiner Armee, bei Timotheos dagegen um die Bekehrung eines Königs (ܡܠܟܐ) mit dem größten Teil seines Volkes.[50] Mārī ibn Sulaimān und Bar Hebraeus berichten auch von einer dritten Bekehrung unter den Turkvölkern, diesmal unter den Keraiten, die um 1007-1008 vom Metropoliten ʿAbdīshōʿ von Merw durchgeführt wurde.[51]

Darüber hinaus erklärt Timotheos im selben Brief 47 nach der Erwähnung der Ernennung eines Metropoliten für Bēt Tūrkāyē, dass „wir beabsichtigen, einen weiteren für Bēt Tūptāyē zu salben".[52] Obwohl die Informationen über die Anwesenheit von Christen in Tibet zu dieser Zeit sehr spärlich sind, scheint es, dass die Ostsyrer bereits seit dem 7. Jahrhundert mit den Menschen in dieser Region in Kontakt standen. Die Tatsache, dass Timotheos die Absicht erwähnt, einen Metropoliten dorthin zu entsenden, bedeutet auf jeden Fall, dass es dort bereits eine bedeutende Gemeinschaft gab. Es ist auch erwähnenswert, dass Tibet zu dieser Zeit ein großes Königreich mit einer viel größeren Fläche war.[53]

Aber die Missionstätigkeit des Patriarchen Timotheos war nicht auf diese Gebiete beschränkt, denn wie er in Brief 13 schreibt: „Viele Mönche überqueren die Meere nach Indien und China nur mit Stab und Tasche".[54] Die Anwesenheit von Christen in Indien ist seit den ersten Jahrhunderten belegt. So berichtet zum Beispiel Kosmas Indikopleústēs von mehreren christlichen Gemeinschaften in der Region in der ersten Hälfte des 6. Jahrhunderts. Es scheint, dass sie anfangs unter der Jurisdiktion der Metropolie von Rēwardašir standen, aber unter Īšōʿjahb II. oder Īšōʿjahb. III erlangte Indien den Rang einer Metropolie. Īšōʿjahb III geriet mit der Metropolie von Rēwardašir in einen Streit über die Jurisdiktion, ebenso wie Timotheos.[55] Ibn al-Ṭayyib erwähnt auch mehrere Briefe, die Timotheos an die Bewohner Indiens und an Arkn, den Fürsten der Gläubigen in Indien, über die Wahl eines Bischofs schrieb.[56] Timotheos ist

50 Vgl. M. Dickens, „Patriarch Timothy I and the Metropolitan of the Turks", S. 121-123.

51 Vgl. Mārī, S. 99-100; Bar Hebraeus, Chronicon Ecclesiasticum II, 279-281/280-282.

52 Vgl. Timotheos I., Brief 47.31.

53 Vgl. Le Coz, Histoire de l'Église d'Orient, S. 241; Christine Chaillot, The Assyrian Church of the East: History and Geography, Peter Lang, Oxford, 2021, S. 60; Matteo Nicolini-Zani, The Luminous Way to the East: Texts and History of the First Encounter of Christianity with China, Oxford, 2022, S. 10; Li Tang, „Traces of Christianity in the Land of the Tangut from the 8th to the 14th Century", in Gunner B. Mikkelsen und Ken Parry (hrsgs.), Byzantium to China: Religion, History and Culture on the Silk Roads. Studies in Honour of Samuel N. C. Lieu, Texts and Studies in Eastern Christianity, Band 25, Leiden, 2022, S. 503.

54 Timotheos I., Brief 13.12. Vgl. auch Steve Cochrane, „'Many Monks Cross the Sea to India and China': An Examination of Patriarch Timothy's Letter 13 Reference to India", The Harp 32 (2017), S. 97-116.

55 Vgl. Alphonse Mingana, „The Early Spread of Christianity in India", Bulletin of John Rylands Library 10 (1926), S. 463-468; J. Dauvillier, „Les provinces chaldéennes de l'extérieur au Moyen Âge", S. 312-313; A. Platt, „Changing Mission at Home and Abroad", S. 165.

56 Vgl. Ibn aṭ-Ṭayyib, Das Recht der Christenheit [Fiqh al-naṣrānīya], Band 2, hrsgs. W. Hoenerbach und O. Spies, CSCO 167/168, Scriptores Arabici 18/19, 1957, S. 119/121; V. Berti, Vita e studi, S. 48-49.

den Gläubigen dieser Region als eine große Persönlichkeit der Kirche des Ostens neben anderen großen Patriarchen in Erinnerung geblieben, wie aus einem Brief hervorgeht, den die Bischöfe und Priester Indiens 1503 an den Katholikos Shimun schickten: „An den zweiten Shimun, an den Papa unserer Tage, an den Timotheos unserer Generation, an den Īšō bar Nūn unserer Zeit, an den Īšō'jahb unserer Tage".[57] Was China betrifft, obwohl es möglich ist, dass einzelne Christen, die entlang der Seidenstraße reisten, China bereits vor dem siebten Jahrhundert erreichten, scheint die erste Mission im Jahr 635 unter der Leitung eines ostsyrischen Missionars namens Alopen stattgefunden zu haben, wie aus der berühmten Stele von Xi'an aus dem Jahr 781 hervorgeht.[58] Es ist interessant, dass diese Stele den Namen von Ḥnānīšō' II. erwähnt, auch wenn er 779 starb und Timotheos 780 Patriarch wurde. Obwohl die klassische Erklärung unter den Forschern war, dass die Nachricht von Ḥnānīšō's Tod und Timotheos Inthronisierung China zu dieser Zeit noch nicht erreicht hatte, wurde diese Theorie in letzter Zeit in Frage gestellt.[59] Außerdem informiert Timotheos Sergios am Ende von Brief 13 über den Tod des Metropoliten von China,[60] während Thomas von Margā über die Ernennung Davids zum Metropoliten von China durch Timotheos berichtet, der vermutlich der Nachfolger des in Brief 13 erwähnten verstorbenen Metropoliten ist.[61]

Die Briefe des ostsyrischen Patriarchen Timotheos sind voll von Erwähnungen der Ernennung von Bischöfen und Metropoliten für verschiedene Regionen, was die Dynamik der Missionstätigkeit des Timotheos belegt. Obwohl oft behauptet wurde, dass die ostsyrische Kirche in der Zeit des Patriarchen Timotheos ihren Höhepunkt hinsichtlich ihrer Größe und der Zahl ihrer Metropoliten und Bischöfe erreicht habe,[62] scheint diese Behauptung übertrieben.[63] Auf jeden Fall gab er seiner Kirche durch seine missionarische Energie neuen Auftrieb und stärkte sie, indem er, wie er in Brief

57 A. Mingana, „The Early Spread of Christianity in India", S. 470.

58 Dieser Erfolg ist der religiösen Toleranzpolitik der Tang-Dynastie zu verdanken, die es den Ostsyrern ermöglichte, sich anzusiedeln und eine starke Gemeinschaft aufzubauen. Vgl. H. Suermann, „Timotheos I. und die Asienmission", S. 194; Xie Bizhen, „The History of Quanzhou Nestorianism", in Roman Malek und Peter Hofrichter (hrsgs.), Jingjiao: The Church of the East in China and Central Asia, New York, 2006, S. 270. Vgl. auch Xu Longfei, Die nestorianische Stele in Xi'an: Begegnung von Christentum und chinesischer Kultur, Borengässer, Bonn 2004; R. Todd Godwin, Persian Christians at the Chinese Court: The Xi'an Stele and the Early Medieval Church of the East, I. B. Tauris, London/New York, 2018; Max Deeg, Die strahlende Lehre: die Stele von Xi'an, Orientalia – Patristica – Oecumenica, Band 12, Wien, 2018.

59 Vgl. Max Deeg, „An Anachronism in the Stele of Xi'an – Why Henanisho?", in L. Tang und D. W. Winkler (hrsgs.), Winds of Jingjiao, S. 243-252.

60 Vgl. Timotheos I., Brief 13.40. Nach dem ostsyrischen Universalgelehrten 'Abdīshō' bar Brīkhā aus dem 14. Jahrhundert wurde die Metropolitanprovinz Bet Sināyē von Patriarch Sliba-Zkha (714-728) gegründet. Vgl 'Abdīshō' bar Brīkhā, Collectio canonum synodicorum, X, S. 141.

61 Vgl. Thomas von Margā, Buch der Statthalter, IV.20, S. 238/448.

62 Vgl. R. Le Coz, Histoire de l'Église d'Orient, S. 157-158; C. Chaillot, The Assyrian Church of the East, S. 58.

63 Vgl. A. Platt, „ Changing Mission at Home and Abroad", S. 164; D. Wilsmhurst, „The Church of the East", S. 192, 195; J. Jakob, Syrisches Christentum, S. 76 Anm. 235.

41 schreibt, ein sehr großes Gebiet erreichte: „Denn siehe, in allen Provinzen – in Babylon, in Persien, in Assur und allen Provinzen des Ostens und in Bet-Hindūyē, in Bet-Sināyē, in Bet-Tūptāyē und in Bet-Tūrkāyē und in allen Bürgerschaften, die diesem Patriarchenthron unterstellt sind, dessen Diener und Untertanen zu sein Gott befohlen hat".[64]

III.4. Die Auseinandersetzung mit den Mystikern

Im Jahr 790 (oder 786)[65] hielt der ostsyrische Patriarch Timotheos I. eine allgemeine Synode ab, auf der er drei Mystiker – Johannes von Apamea, Joseph den Seher (Hazzāyā) und Johannes von Dalyātā – zusammen mit ihren Schriften verurteilte.[66]

Mehrere historische Quellen berichten davon. Īšōʿdnaḥ von Baṣra spricht im Liber Castitatis um 850 in der Biografie von Joseph Hazzāyā davon, dass Joseph von Timotheos aus Neid exkommuniziert wurde.[67] Auch in der Biografie von Isaak von Ninive erwähnt Īšōʿdnaḥ, dass Isaaks Lehre aus Neid abgelehnt wurde, „wie es auch bei Joseph Hazzāyā, Johannes von Apamea und Johannes von Dalyātā der Fall war".[68] Dieser Grund scheint von Joseph Hazzāyā selbst bestätigt zu werden, der in seinem Werk De providentia schrieb, dass er wegen des „Neides", der „in unserer Generation" sei, nicht alles sagen könne, was er wisse.[69] Aber warum sollte Timotheos neidisch sein?

---

64 Timotheos I., Brief 41.8.16.

65 Die Datierung ist noch umstritten. Das Jahr 786/787 (170 der Hidschra) wird von Īšōʿdnaḥ von Baṣra in seinem „Liber Castitatis" erwähnt. Vgl. Īšōʿdnaḥ von Baṣra, Liber Castitatis 126, in Paul Bedjan, Liber Superiorum, seu Historia Monastica, auctore Thoma, episcopo Margensi, Paris, 1901, S. 511. Dieser Datierung folgen etliche Forscher: Brian E. Colless, „The Biographies of John Saba", Parole de l'Orient 3 (1972), S. 52; Alexander Treiger, „Could Christ's Humanity See His Divinity? An Eighth-Century Controversy between John of Dalyatha and Timothy I, Catholicos of the Church of the East", Journal of the Canadian Society for Syriac Studies 9 (2009), S. 3-21; Brouria Bitton-Ashkelony, „'Neither Beginning nor End': The Messalian Imaginaire and the Formation of Syriac Asceticism", Adamantius 19 (2013), S. 222-239. Laut 'Abdišo' Bar Brika hat diese Synode des Timotheos im Jahr 790 (174 der Hidschra) stattgefunden. Vgl. 'Abdišo' Bar Brika, Collectio canonum synodicorum, X, S. 327/165. Zu dieser Datierung neigen: Jean-Maurice Fiey, „Ishoʿdenah, métropolite de Basra et son oeuvre", L'Orient Syrien 11 (1966), S. 431-450; H. Putman, L'Église et l'islam, S. 49; Martin Heimgartner, „Der ostsyrische Patriarch Timotheos in der Auseinandersetzung mit Nestorius von Bet Nuhadran und den Mystikern in seinem Umfeld", in Martin Tamcke (hrsg.), Gotteserlebnis und Gotteslehre: Christliche und islamische Mystik im Orient, Göttinger Orientforschungen, I. Reihe: Syriaca, Band 38, Wiesbaden 2010, S. 71-74.

66 Vgl. A. Treiger, „Could Christ's Humanity See His Divinity", S. 3; M. Heimgartner, „Der ostsyrische Patriarch Timotheos in der Auseinandersetzung", S. 71.

67 Vgl. Īšōʿdnaḥ von Baṣra, Liber Castitatis, 125.

68 Īšōʿdnaḥ von Baṣra, Liber Castitatis, 124.

69 Vgl. Nestor Kavvadas, Isaak von Ninive und seine Kephalaia Gnostika: Die Pneumatologie und ihr Kontext, Supplements to Vigiliae Christianae, Band 128, Leiden, 2015, S. 27.

In der Vita Josephs schreibt Nestorios, Joseph habe seine Lehre durch göttliche Offenbarung empfangen.[70] Könnte diese geistliche Gabe den Neid des Timotheos erregt haben? Wenn wir an die Bildung von Timotheos und seine rationalistische und philosophische Prägung denken, können wir die Situation vielleicht besser verstehen.[71] Hinter den Zerwürfnissen verbirgt sich eine lange Auseinandersetzung zwischen zwei Traditionen.[72] Nestorios von Bēt Nūhadrān setzt sich in einem Brief mit den Gegnern dieser mystischen Tradition auseinander: „diese, da sie das Ziel der Lebensführung des Geistes nicht verstanden haben, leugnen sie (diese) in dem sie sagen, dass es eine geistliche Schau überhaupt nicht gebe".[73] Daraus geht hervor, dass es sich konkret um die Ablehnung einer spirituellen Schau handelt, aber nicht nur um die Ablehnung einer einfachen mystischen Schau des Asketen, sondern um mehr als das, wie Īšōʿdnaḥ in der Biographie des Johannes von Dalyātā schreibt: „weil er in seinem Buch sagte, dass die Menschheit unseres Herrn seine Gottheit sehe".[74]

Zwei spätere Quellen aus dem 11. Jahrhundert, die von der Verurteilung der Mystiker durch Timotheos berichten, erwähnen ebenfalls diesen Grund. Zunächst berichtet Ibn al-Ṭayyib in seinem Werk Das Recht der Christenheit über diese Synode: „Die Väter, die sich mit Mār Timotheos versammelt hatten, verurteilten jeden, der behauptete, die Menschheit unseres Herrn sehe seine Gottheit oder sie werde von irgendeinem Geschöpf gesehen".[75] Die zweite Erwähnung der Verurteilung der Mystiker auf dieser Synode findet sich im Kitāb al-majālis des Elias von Nisibis. Auch in diesem Fall geht es um die Verurteilung derjenigen, „die glaubten, dass Jesus, der als Mensch von Maria geboren wurde, den Herrn, der das ewige Wort ist, in dieser Welt in einer leiblichen oder geistigen Schau gesehen hat".[76]

Nestorius bezieht sich in seiner Apologie im Zusammenhang mit seiner Ernennung zum Bischof von Bēt Nūhadrān ebenso auf diese Schau: „Auch anatemisiere ich die ganze böse Gesinnung der Messalianer, die bald lästernd behaupten, dass die Gottheit des Eingeborenen von seiner Menschheit gesehen werde, bald, dass seine Menschheit einfach und nicht zusammengesetzt sei, gemäß der bösen und gottlosen Gesinnung der Manichäer".[77] Was in der Erklärung von Nestorius auffällt, ist das Auftauchen des Begriffs „Messalianismus". Dies ist ein klassischer Vorwurf in der

70 Vgl. N. Kavvadas, Isaak von Ninive und seine Kephalaia Gnostika, S. 26.
71 Vgl. M. Heimgartner, „Der ostsyrische Patriarch Timotheos in der Auseinandersetzung", S. 84.
72 Vgl. B. Bitton-Ashkelony, „'Neither Beginning nor End'", S. 237.
73 Vgl. N. Kavvadas, Isaak von Ninive und seine Kephalaia Gnostika, S. 27-28.
74 Īšōʿdnaḥ von Baṣra, Liber Castitatis, 127.
75 Ibn aṭ-Ṭayyib, Fiqh al-naṣrānīya, Band 2, S. 185-187/187-188.
76 Elias von Nisibis, Kitāb al-majālis 1, S. ٣٣-٣٥ / 50-52.
77 Nestorius, Apologie 8, in M. Heimgartner (hrsg.), Die Briefe 42-58, S. 110/92-93. Nach einem Kanon der Synode von Timotheos im Jahre 782 war er verpflichtet, das zu tun: „ein jeder von den Bischöfen, Einsiedlern und Gläubigen, der der Häresie des Messalianismus oder irgendeiner anderen Häresie angeklagt ist, darf nicht in seinem Rang dienen oder an der Kirche und den Sakramenten teilnehmen, bevor er schriftlich vor der allgemeinen Kirche diese böse Lehre verflucht hat im Wort des Herrn". Timotheos I., Brief 50.21, S. 102/84.

ostsyrischen Kirche und hat eine lange Geschichte.[78] Was jedoch neu zu sein scheint, ist, dass der Messalianismus nicht nur mit einer mystischen Schau des Asketen verbunden ist, sondern auch mit der Behauptung, dass die Menschheit Christi seine Göttlichkeit schauen könne.[79]

Es scheint sich also nicht nur einfach um einen Streit zwischen einer mystischen und einer rationalen Tradition zu handeln, sondern mehr noch um eine Verteidigung der ostsyrischen Christologie, die keine communicatio idiomatum zulässt. Timotheos leugnet nicht die asketische Anstrengung und ihre Früchte,[80] solange die Grenze zwischen Schöpfer und Geschöpf nicht überschritten wird.[81] Dieser Grund wird auch von Elias von Nisibis in seiner Beschreibung der Synode des Timotheos erwähnt, der ihm Recht zu geben scheint, obwohl Īšō bar Nūn sie rehabilitieren sollte, nachdem er Patriarch geworden war:[82] „Sie stützten sich dabei auf die traditionelle religiöse Lehre und [taten dies] aus der Sorge heraus, den Schöpfer, möge Er erhaben sein, von der Möglichkeit zu befreien, dass ein Geschöpf an einigen seiner wesentlichen Eigenschaften teilhaben könnte, von denen eine die Gottesschau ist".[83] Elias betont also, dass die menschliche Individualität Christi kein Teilhaber Gottes an seiner eigenen ewigen Schau ist. Mit der Verwendung der Wurzel š-r-k zur Verneinung der Vorstellung eines Teilhabers Gottes spielt Elias eindeutig auf den Koran und die muslimische antichristliche Polemik an, die die Etablierung von „Teilhabern" an der Seite Gottes heftig kritisiert.[84]

Könnte es also der islamische Kontext gewesen sein, der Timotheos dazu veranlasste, die neue messianalistische Lehre, dass die Menschheit Christi die Gottheit schauen könne, zu verurteilen? Diese faszinierende Theorie wurde bereits von Treiger

78 Vgl. Jouko Martikainen, „Timotheos I. und der Messalianismus", in Jouko Martikainen und Hans-Olof Kvist (hrsgs.), Makarios-Symposium über das Gebet: Vorträge der dritten Finnisch-deutschen Theologentagung in Amelungsborn, Åbo, 1989, S. 47-60; Klaus Fitschen, Messalianismus und Antimessalianismus: Ein Beispiel ostkirchlicher Ketzergeschichte, Göttingen, 1998; Patrick Hagman, „Isaac of Niniveh and the Messalians", in Martin Tamcke (hrsg.), Mystik – Metapher – Bild: Beiträge des VII. Makarios-Symposiums, Göttingen 2007, Göttingen, 2008, S. 55-66; N. Kavvadas, Isaak von Ninive und seine Kephalaia Gnostika, S. 12-18; A. Treiger, „Could Christ's Humanity See His Divinity", S. 10.

79 Vgl. M. Heimgartner, „Der ostsyrische Patriarch Timotheos in der Auseinandersetzung", S. 75.

80 Vgl. Timotheos I., Brief 44.5.

81 Vgl. M. Heimgartner, „Der ostsyrische Patriarch Timotheos in der Auseinandersetzung", S. 77-79.

82 Vgl. ʿAbdīshōʿ bar Brīkhā, Ordo iudiciorum ecclesiasticorum collectus, dispositus, ordinatus et compositus a Mar ʿAbdišoʿ, latine interpretatus est, notis illustravit, Iacobus M. Vosté, FCCO, ser. 2, fasc. 15, Vatikanstadt, 1940, 64-65 [Ebedjesus von Nisibis, „Ordo iudiciorum ecclesiasticorum": Eine Zusammenstellung der kirchlichen Rechtsbestimmungen der ostsyrischen Kirche im 14. Jahrhundert, Eichstätter Beiträge zum Christlichen Orient, Band 7, Wiesbaden, 2019].

83 Elias von Nisibis, Kitāb al-majālis 1, S. ٣٤ - ٣٥ / 51-52.

84 Vgl. Dmitry Fedorovich Bumazhnov, Rezension zu „The Book of Sessions by Elias, the Metropolitan of Nisibis <which he had> with the vizier Abū l-Qāsim al-Ḥusayn ibn ʿAlī al-Maġribī and the Letter of the Metropolitan Elias to the vizier Abū l-Qāsim, edited by N. N. Seleznyov, 2017/2018", Scrinium 14 (2018), S. 515.

vorgeschlagen und formuliert.[85] Allerdings geht er in seiner Argumentation davon aus, dass die Zeit des Timotheos eine Zeit großer Schwierigkeiten mit apokalyptischen Zügen für die ostsyrische Kirche war. Diese Vorstellung ist jedoch falsch, wie wir in den vorhergehenden Kapiteln gezeigt haben und wie Berti sich auch gegenüber Treigers Theorie geäußert hat.[86] Natürlich steht die Ablehnung der Möglichkeit, dass die menschliche Individualität Christi die Gottheit sehen konnte, im Einklang mit der Lehre des Islam, wie Elias von Nisibis so brillant gezeigt hat. Es ist jedoch schwer zu beweisen, dass die Entscheidung des Timotheos in erster Linie durch den islamischen Kontext beeinflusst wurde. Vielmehr handelt es sich um eine Verteidigung der ostsyrischen Christologie selbst.

III.5. Zwischenresümee: Der Patriarch Timotheos I. am Hof der ʿAbbāsiden

Wie die vorangegangenen Kapitel gezeigt haben, gelang es Patriarch Timotheos I. dank seiner intellektuellen und diplomatischen Fähigkeiten, das Überleben seiner Kirche in einer äußerst schwierigen Zeit zu sichern und sie durch die theologische Ausbildung seines Klerus und eine intensive Missionstätigkeit sogar zu stärken und auszuweiten. Dieser Erfolg wäre jedoch ohne ein ausgezeichnetes Verhältnis zu den ʿabbāsidischen Kalifen nicht möglich gewesen.[87] In der Tat sollte man nicht vergessen, dass er seine Stelle als Patriarch dem Kalifen al-Mahdī verdankte, der sich weigerte, Joseph de Merw zu unterstützen.[88] Timotheos war sich von Anfang an bewusst, dass die Beziehung zu den Kalifen die Grundvoraussetzung für das Wohlergehen seiner Kirche war. Deshalb verlegte er zu Beginn seiner Amtszeit als Patriarch seine Residenz von Seleukia-Ktesiphon nach Baġdād, um dem politischen und intellektuellen Zentrum der Muslime näher zu sein.[89]

Natürlich war das Leben in der Königsstadt nicht einfach, sondern voller Probleme und Herausforderungen, wie er in mehreren Briefen bekennt: „Ich bin nämlich in der Königsstadt, verbringe Tag und Nacht in Mühsal und habe keinen einzigen Augenblick, den ich nicht in Kampf und in Streit verbringe, bald in Gedanken, bald in Müh-

85 Vgl. A. Treiger, „Could Christ's Humanity See His Divinity“, S. 11-13.

86 Vgl. Vittorio Berti, „Le Débat sur la vision de Dieu et la condamnation des mystiques par Timothée I: La perspective du patriarche“, in A. Desreumaux (hrsg.), Les mystiques syriaques, Études Syriaques, Band 8, Paris, 2011, S. 151-176; Vgl. auch B. Bitton-Ashkelony, „'Neither Beginning nor End'“, S. 237-238.

87 Timotheos I. führte die Kirche des Ostens unter fünf Kalifen: al-Mahdī, al-Hadī, Hārūn al-Rashīd, al-Amīn und al-Maʾmūn. Vgl. Mārī, S. 75/65. ʿAmr erwähnt dagegen nur vier Kalifen: al-Hadī, Hārūn al-Rashīd, al-Amīn und al-Maʾmūn. Vgl. ʿAmr, S. 66/38.

88 Vgl. Mārī 72/63-64; ʿAmr 64-65/37.

89 Wahrscheinlich wurde nur die Residenz des Patriarchen verlegt, denn die wichtigsten offiziellen kirchlichen Rituale wie die Weihe des Patriarchen fanden weiterhin in Seleukia-Ktesiphon statt. Vgl. M. Heimgartner, „Contexts of Christian Education“, S. 173-175.

salen, bald in den Taten selbst, manchmal [bedrängt] von äusseren [Angelegenheiten] manchmal von inneren [Angelegenheiten]“.[90] Timotheos berichtet auch ausdrücklich von den „Streitigkeiten und Kämpfen“, in die er mit den Muslimen verwickelt ist, und von den „gegnerischen <Einwänden>“, auf die er stößt.[91] Der Patriarch führte religiöse Gespräche mit einem muslimischen Aristoteliker und den Kalifen al-Mahdī und Hārūn al-Rashīd, die trotz des strittigen Charakters der Gespräche in einer Atmosphäre gegenseitigen Respekts und Ehrfurcht stattfanden. Al-Mahdī hatte ihn schon vorher mit der Übersetzung der Topik des Aristoteles beauftragt, deren Bedeutung in den vorangegangenen Kapiteln hervorgehoben wurde.[92] Der Patriarch seinerseits wandte sich mehrmals an den Kalifen, um den Wiederaufbau zerstörter Kirchen zu erreichen. Er arbeitete auch mit anderen ostsyrischen Ärzten oder Bürokraten zusammen, um in bestimmten Zusammenhängen die Hilfe des Kalifen zu erlangen.[93]

Timotheos betet in seinen Briefen mehrmals für die Gesundheit und das Wohlergehen des Kalifen. So schreibt er zum Beispiel in der Disputation mit al-Mahdī:

> „Und wir bitten Gott, der König der Könige und Herr der Herren ist, dass er die Krone der Majestät und den Thron der Befehlshaber der Gläubigen für Jahre ausgedehnter Länge und Tage hoher Zahl behüte. Und nach ihm erhebe Gott Mūsā und Hārūn und ‘Ali nach ihm auf den Thron der Herrschaft bis in Ewigkeit, und Gott unterwerfe ihnen und den ihnen folgenden Nachkommen alle Barbarenvölker, und alle Könige und Herrscher der Welt sollen unserem König und seinen nach ihm folgenden Söhnen dienen bis zum Tage, an dem sich Gottes Herrschaft vom Himmel auf der Erde offenbart“.[94]

Heimgartner weist darauf hin, dass das Gebet für nichtchristliche Könige eine alte ostsyrische Praxis war, die bereits in der Einleitung zu den Akten der Synode von Isaak im Jahr 410 zu finden ist:[95] „Gemeinsam bitten wir aber Alle unsern barmherzigen Gott, dass er Tage füge zu den Tagen des siegreichen, ausgezeichneten Königs Jezdegerd, des Grosskönigs, und seine Jahre zu Generationen, dass er in alle Ewigkeit daure“.[96]

Patriarch Timotheos berichtet in Brief 21, dass Gabriel ein Dekret für ihn erwirkt habe: „Unser Herr gewähre der Seele von Rabban Gabriel Erbarmen, der für die Gemeinschaft wie auch für euch ein Schild ist. Denn er hat für uns vom König eine Bulle erwirkt, dass keiner von den Gouverneuren sich in den Gesetzen der Christenheit gegen mich erheben darf“.[97] Obwohl es schwierig ist, den genauen Inhalt dieses Dekrets

90 Timotheos I., Brief 42.2.7.
91 Vgl. Timotheos I., Brief 40.11.3-4.
92 Vgl. Timotheos I., Brief 43.1; 48.10.
93 Vgl. Timotheos I., Brief 8B.33; 50.32.
94 Timotheos I., Brief 59.21.13. Solche Gebete sind auch in anderen Briefen des Timotheos zu finden. Vgl. Timotheos I., Brief 21.23; 50.33.
95 Vgl. M. Heimgartner, Timotheos I.: Brief 50, S. 87 Anm. 439.
96 J. B. Chabot (hrsg.), Synodicon orientale, S. 20/258; O. Braun, Das Buch der Synhados, S. 11.
97 Timotheos I., Brief 21.22.

zu bestimmen, haben einige Forscher versucht, es mit anderen späteren Bestimmungen in Verbindung zu bringen, die das Privileg des ostsyrischen Patriarchen gegenüber anderen christlichen Traditionen begründeten.[98]

Auch wenn Timotheos davon spricht, dass „die gesegneten Könige der Muslime… niemals in der Sache des Glaubens irgendeinen Zwang auf uns ausübten",[99] bedeutet dies nicht, dass es keine Gefahr muslimischer Einflussnahme oder Herausforderungen auf einfacher sozialer Ebene gab. Diese möglichen Einflüsse und die häufigen Interaktionen zwischen Muslimen und Christen veranlassten Timotheos, etliche kirchliche Kanones zum Schutz seiner Gläubigen zu erlassen. So verbietet Timotheos in Kanon 16 seines Gesetzesbuches den Priestern, sich selbst oder andere Knaben zu beschneiden.[100] Offensichtlich war dies im islamischen Kontext ein drängendes Problem, denn ein solches Verbot findet sich auch in den Kanones von Īšō bar Nūn und des westsyrischen Patriarchen Dionysius von Tel-Maḥrē.[101]

Ein weiteres äußerst wichtiges Thema, das eigentlich einer der Gründe für das ganze Buch der Gesetze ist, ist die Praxis einiger Christen, nicht-christliche Richter zu suchen, um ihre Probleme zu lösen.[102] Dieses Thema ist nicht neu, es taucht – wie bereits gezeigt – auch in den Kanones von Gīwargīs[103] und noch früher in der Synode von 576 auf.[104] Bemerkenswert am Kanon des Timotheos ist die überaus starke biblische Sprache:

> „Ziemt es den Christen, Mann oder Weib (zur Schlichtung ihrer Streitigkeiten) die Richter der Nichtchristen (wörtlich: der Exteri) aufzusuchen oder nicht? Wenn sie Christen sind, wie können sie dann zu nichtchristlichen Richtern gehn! Spricht doch Gott zu ihnen durch den Mund seines Propheten Elias: »Geht ihr, weil kein Gott in Israel ist, zu befragen den Beelzebub, den Gott von Ekron?« Und wenn sie zu nichtchristlichen Richtern gehn, wie können sie Christen sein? Spricht doch Paulus zu ihnen: »Ihr könnt nicht teilhaben an dem Tisch unsers Herrn und an einem andern Tisch, und ihr könnt nicht den Becher unsers Herrn trinken und den Becher des Belial.« Wenn sich daher Menschen

---

98 Vgl. H. Putman, L'Église et l'islam, S. 87-88; T. R. Hurst, The Syriac Letters, S. 23. Vgl. auch V. Berti, Vita e studi, S. 181-193.

99 Timotheos I., Brief 41.10.5.

100 Vgl. Timotheos I., Gesetzbuch: Kanon 16, S. 70-71.

101 Mehr dazu im Unterkapitel V.7.3.

102 Vgl. Timotheos I., Gesetzbuch, S. 56-57; Lev Weitz, „Shaping East Syrian Law in ʿAbbāsid Iraq: The Law Books of Patriarchs Timothy I and Išōʿ Bar Nūn", Le Muséon 129 (2016), S. 80-81; Andrew Platt und Nathan P. Gibson, „Inquiring of 'Beelzebub': Timothy and al-Jāḥiẓ on Christians in the ʿAbbāsid Legal System", in David Bertaina et al. (hrsgs.), Heirs of the Apostles: Studies on Arabic Christianity in Honor of Sidney H. Griffith, Arabic Christianity: Texts and Studies, Band 1, Leiden, 2018, S. 261-262.

103 Vgl. J. B. Chabot (hrsg.), Synodicon orientale, S. 219-220/484-485 und 224/488.

104 Vgl. J. B. Chabot (hrsg.), Synodicon orientale, 117/376-377. Vgl. auch Uriel Simonsohn, A Common Justice: The Legal Allegiances of Christians and Jews under Early Islam, Philadelphia, 2011, S. 57.

> erfrechen den apostolischen Canon zu übertreten, dann (müssen sie) Buße und Almosen (leisten) und (in) Sack und Asche (stehn)“.[105]

Mit dieser Sprache will Timotheos zeigen, dass die Suche nach nichtchristlichen Richtern keine rein weltliche Angelegenheit ist, sondern einen zutiefst religiösen Charakter hat. Die Erwähnung des Beelzebub[106] von 2. Könige 1, 3 soll zeigen, dass eine solche Praxis als Abtrünnigkeit angesehen werden kann. Diese Ansicht wird von Timotheos noch verstärkt, indem er zwei Verse aus den Briefen des Apostels Paulus, 1 Korinther 10, 21 und 2 Korinther 6, 15, kombiniert. Wie Platt und Gibson bereits festgestellt haben, ist Timotheos’ Erwähnung von Belial[107], einem Namen, der nur in der griechischen Version des Neuen Testaments vorkommt, bemerkenswert. Im syrischen Text findet sich die Variante Sāṭānā, die dem arabischen Begriff Shayṭān sehr ähnlich ist. Mit dieser Wahl wollte Timotheos höchstwahrscheinlich die Bedeutung dieses Begriffs vor den Muslimen verbergen.[108]

Mit solchen und ähnlichen Kanones wollte Timotheos seine Gläubigen vor jeglichem muslimischen Einfluss schützen, der sie schließlich zum Verlassen der Kirche und zum Übertritt zum Islam hätte bewegen können. So verbietet er in Kanon 27 auch die Ehe zwischen einer Christin und einem Nichtchristen: „Die Christin darf nicht einen Nichtchristen heiraten, damit nicht sie und die Kinder zu einer anderen Religion übertreten“.[109] Sein Gesetzbuch sowie seine Briefe und andere historische Quellen zeichnen das Bild des ostsyrischen Patriarchen Timotheos als eines äußerst engagierten geistlichen Führers, der sich mit ganzer Kraft für das Wohl der Kirche einsetzte.

105 Timotheos I., Gesetzbuch: Kanon 12, S. 66-67.

106 Vgl. W. Herrmann, „Baal Zebub“, in Karel van der Toom, Bob Becking Pieter und W. van der Horst (hrsgs.), Dictionary of Deities and Demons in the Bible, 2. Auflage, Leiden, 1999, S. 154-156.

107 Vgl. S. D. Sperling, „Belial“, in K. van der Toom, B. Becking Pieter und W. van der Horst (hrsgs.), Dictionary of Deities and Demons, S. 169-171.

108 Vgl. A. Platt und N. P. Gibson, „Inquiring of ‘Beelzebub’“, S. 267-268.

109 Timotheos I., Gesetzbuch: Kanon 27, S. 74-75. Vgl. auch Kanon 26: „Der Christ darf eine Nichtchristin heiraten, wenn er die Hoffnung hegt, daß sie und ihre Kinder das Christentum annehmen“. Timotheos I., Gesetzbuch: Kanon 26, S. 74-75. Vgl. auch Lev E. Weitz, Between Christ and Caliph: Law, Marriage, and Christian Community in Early Islam, Philadelphia, 2018, S. 211-212.

IV. Gesichtspunkte des Fünfschriftencorpus zur Auseinandersetzung mit dem Islam

Von den rund zweihundert Briefen, die 'Abdīšō' bar Brīkā in seinem Schriftstellerkatalog erwähnt, sind nur 59 erhalten geblieben.[1] Unter ihnen ragen fünf Briefe heraus, die sich mit spezifischen Themen des christlich-muslimischen Dialogs befassen. Es geht um Brief 59 (die Disputation mit dem Kalifen al-Mahdī), Brief 40 (Disputation mit einem muslimischen Aristoteliker) und die Briefgruppe 34-36, die sich vor allem mit der Bezeichnung Jesu als „Diener" im islamischen Kontext auseinandersetzt. Die Bedeutung dieser Briefe ist unbestreitbar. Wie Heimgartner in dem Vorwort zur Übersetzung der Briefe 30-39 feststellte, ist das Fünfschriftencorpus des Timotheos „in der gesamten Geschichte des Christentums bis zu Timotheos ohne Seinesgleichen".[2]

IV.1. Brief 59 – Disputation mit dem Kalifen al-Mahdī

Brief 59 stellt das Religionsgespräch zwischen Timotheos und dem Kalifen al-Mahdī dar, das an zwei Tagen[3] im Jahr 782/783 stattfand.[4] Der Dialog wurde in arabischer Sprache geführt,[5] sein Inhalt aber in einem Brief in syrischer Sprache an seinen Freund

1 Vgl. 'Abdisho' bar Brikhā, Catalogus librorum, III, S. 163. Zu Timotheos' literarischer Tätigkeit, vgl. auch: George Percy Badger, „Abdisho' bar Brika (Ebed-Jesu), Metrical Catalogue of Syriac Writers", in The Nestorians and Their Rituals, Band 2, London, 1852, S. 372; Bar Hebraeus, Chronicon Ecclesiasticum, S. 179-182; H. Suermann, „Der nestorianische Patriarch Timotheos I. und seine theologischen Briefe im Kontext des Islam", S. 218-219; Martin Heimgartner, „Einleitung", in Timotheos I., ostsyrischer Patriarch, S. XII.

2 M. Heimgartner, „Vorwort", in Die Briefe 30-39, S. V.

3 Pietruschka behauptet, dass es sich nicht um zwei aufeinanderfolgende Tage handelt, sondern dass „am nächsten Tag" als „beim nächsten Mal" zu interpretieren ist. Vgl. U. Pietruschka, „Streitgespräche zwischen Christen und Muslimen", S. 156. Vgl. auch: Alphonse Mingana, Woodbroke Studies: Christian Documents in Syriac, Arabic, and Garshūni, Edited and Translated with a Critical Apparatus by A. Mingana with Two Introductions by Rendel Harris: 1. Timothy's Apology for Christianity, 2. The Lament of the Virgin, 3. The Martyrdom of Pilate, Band 2, Cambridge, 1928, S. 60 Anm. 1 [nachgedruckt von „Bulletin of the John Rylands Library", 12 (1928)].

4 Mingana datierte den Brief auf das Jahr 781/782. Vgl. A. Mingana, Woodbroke Studies, S. 11. Dasselbe Datum wird auch von Bidawid genannt. Vgl. R. Bidawid, Les lettres du patriarche nestorien Timothée I., S. 73. Heimgartner lehnt diese Datierung jedoch ab und argumentiert, dass die Disputation höchstwahrscheinlich in der zweiten Hälfte des Jahres 782 oder 783 stattgefunden hat. Vgl. M. Heimgartner, „Einleitung", in Timotheos I., ostsyrischer Patriarch, S. XXXI-XXXIII. Vittorio Berti übernimmt Heimgartners Argumentation und verortet den Brief zwischen den Jahren 782-785. Vgl. V. Berti, Vita e studi, S. 57.

5 Dass die Disputation auf Arabisch stattfand, ist nicht verwunderlich, denn Timotheos hatte die

Sergius übermittelt.[6] Er ist nach dem Vorbild des Dialogs des Apologeten Justin mit dem Juden Tryphon in Form von Fragen und Antworten aufgebaut.[7] Die Hauptthemen, die von den Gesprächspartnern diskutiert werden, sind die Christologie, die Triadologie und die Bedeutung Muḥammads.[8] Unterbrochen werden diese Aspekte durch andere praktische oder weniger wichtige Unterthemen wie die Gebetsrichtung, das Kreuz oder den Tod Marias.[9]

Angesichts der Tatsache, dass viele Texte, die einen Dialog zwischen einem Christen und einem Muslim darstellen, literarische Fiktionen sind,[10] wurde zu Recht die Frage aufgeworfen, inwieweit das in Brief 59 dargestellte Religionsgespräch zwischen Timotheos und al-Mahdī authentisch ist. François Nau hat sich vor fast einem

---

Topik des Aristoteles aus dem Syrischen ins Arabische übersetzt und beherrschte somit diese Sprache. Zudem bewies der Patriarch während der zweitägigen Disputation nicht nur eine gute Kenntnis der arabischen Sprache, sondern auch des Korans. Vgl. Martin Heimgartner, „Die Disputatio des ostsyrischen Patriarchen Timotheos (780-823) mit dem Kalifen al-Mahdī", in Martin Tamcke (hrsg.), Christians and Muslims in Dialogue in the Islamic Orient of the Middle Ages: Christlich-muslimische Gespräche im Mittelalter, Beiruter Texte und Studien, Band 17, Beirut, 2007, S. 48-50; M. Heimgartner, „Einleitung", in Timotheos I., ostsyrischer Patriarch, S. XXXVII-XL; J. Jakob, Syriches Christentum, S. 78.

6 Obwohl der Name des Empfängers des Briefes 59 nicht ausdrücklich genannt wird, geht er aus dem Ende des Briefes 40 an Sergios hervor: „Ich wollte nämlich deine Freundlichkeit darüber in Kenntnis setzen, damit du weisst, in was für Streitigkeiten und Kämpfen wir uns befinden. Über die Äusserungen, Einspruche <und> gegnerischen <Einwände>, die vom grossen Philosophen und Herrscher des Erdkreises bei uns stattfanden, werde ich dir zu andere <Zeit> schreiben, wenn es unserem Herrn gefällt, dem die Ehre [gebührt], und über der Welt und seiner Kirche sei sein Erbarmen auf ewig! Amen". Timotheos I., Brief 40.11.3-4. Vgl. auch M. Heimgartner, „Einleitung", in Timotheos I., ostsyrischer Patriarch, S. XXXV.

7 Vgl. M. Heimgartner, „Einleitung", in Timotheos I., ostsyrischer Patriarch, S. XXXV-XXXVI. Vgl. auch Philippe Bobichon (hrsg.), Justin Martyr: Dialogue avec Tryphon, édition critique, Band 1: Introduction, Texte grec, Traduction, Band II: Notes de la traduction, Appendices, Indices, Paradosis: Études de littérature et de théologie anciennes, Band 47/1-2, Département de Patristique et d'Histoire de l'Eglise de l'Université de Fribourg, Fribourg, 2003.

8 Diese drei Themen, die Ablehnung der Trinität und der Gottessohnschaft sowie das Bekennen des Status Muḥammads als Prophet, waren die Hauptpunkte der theologischen Politik des Kalifen ʿAbdalmalik (685-705) und sind seit 691/692 auf dem Felsendom niedergeschrieben. Vgl. M. Heimgartner, „Einleitung", in Timotheos I., ostsyrischer Patriarch, S. XXXVII-XXXVIII; M. Penn, „Early Syriac Reactions to the Rise of Islam", S. 179. Vgl. auch Gerrit J. Reinink, „An Early Syriac Reaction to Qur'ān 112?", in H. L. J. Vanstiphout, W. J. van Bekkum, G. J. van Gelder und G. J. Reinink (hrsgs.), All those Nations… Cultural Encounters within and with the Near East, Comers/ICOG Communications, Band 2, Groningen, 1999, S. 125-126 [nachgedruckt in G. J. Reinink, Syriac Christianity under Late Sassanian and Early Islamic Rule]; G. J. Reinink, „Early Christian Reactions", S. 229-230.

9 Vgl. R. Hoyland, Seeing Islam as Others Saw it, S. 474. M. Heimgartner, „Einleitung", in Timotheos I., ostsyrischer Patriarch, S. XXXVII-XXXVIII.

10 Vgl. Theodor bar Kōnī, Scholionbuch, Memrā X, S. 231-232/172; Disputation von Bēt Ḥāle: David G. K. Taylor, „The Disputation between a Muslim and a Monk of Bēt Ḥālē: Syriac Text and Annotated English Translation", in Sidney H. Griffith und Sven Grebenstein (hrsgs.), Christsein in der islamischen Welt: Festschrift für Martin Tamcke zum 60. Geburtstag, Wiesbaden, 2015, S. 189.

Jahrhundert gegen die Authentizität dieses Textes ausgesprochen und ihn als reine „Schreibtischarbeit" bezeichnet.[11] Andererseits betrachtet van Ess den Text als „Gedächtnisprotokoll".[12] Robert Hoyland ist der Ansicht, dass es sich um ein literarisches Werk handelt, das aber definitiv auf einer realen Diskussion beruht.[13] Wolfgang Hage stimmt der Idee eines Protokolls zu, weist aber darauf hin, dass im Nachhinein vieles überarbeitet wurde.[14] Erica Hunter stellt die neue Theorie auf, dass das dem Text zugrunde liegende Protokoll von einem Schreiber des Kalifen verfasst wurde.[15] Vittorio Berti betrachtet die Disputation als „per antonomasia il testimone letterario, probabilmente costruito a tavolino sulla base di conversazioni realmente occorse col sovrano".[16] Heimgartner greift den Gedanken von van Ess auf und präsentiert eine Reihe überzeugender Argumente.[17] In die gleiche Richtung gehen Martin Tamcke[18] und Joachim Jakob.[19]

Anders als in der Disputation zwischen einem Mönch des Klosters von Bēt Ḥālē und einem muslimischen Notabeln, sowie in Memrā X von Theodor bar Konī, in denen es sich um zwei erfundene Texte handelt und in denen der muslimische Gesprächspartner am Ende sehr einfach die Wahrheit und Überlegenheit des Christentums anerkennt,[20] lässt sich der Kalif in der Disputation mit Timotheos von den Ar-

11 François Nau, „Review of Woodbrooke Studies. – Vol. II. – I. Timothy's Apology for Christianity. – 2. The Lament of the Virgin. – 3. The Martyrdom of Pilate, by A. Mingana & R. Harris", in Revue de l'histoire des religions 100 (1929), S. 244.

12 Vgl. Josef van Ess, Theologie und Gesellschaft im 2. und 3. Jahrhundert Hidschra: Eine Geschichte des religiösen Denkens im frühen Islam, Band 3, Berlin/New York, 1992, S. 22.

13 Vgl. R. Hoyland, Seeing Islam as Others Saw it, S. 475.

14 Vgl. Wolfgang Hage, „Kalifenthron und Patriarchenstuhl: Zum Verhältnis von Staat und Kirche im Mittelalter", in W. Breul-Kunkel und L. Vogel (hrsgs.), Rezeption und Reform: Festschrift für Hans Schneider zu seinem 60. Geburtstag, Quellen und Studien zur hessischen Kirchengeschichte, Band 5, Darmstadt, 2001, S. 9.

15 Vgl. Erica C. D. Hunter, „Interfaith Dialogues: The Church of the East and the Abbasids", S. 292.

16 V. Berti, Vita e studi, S. 170.

17 Vgl. M. Heimgartner, „Einleitung", in Timotheos I., ostsyrischer Patriarch, S. XL-XLIII.

18 Vgl. Martin Tamcke, „Die Verwendung des Jesajabuches im Dialog des Katholikos Timotheos mit dem Kalifen al-Mahdi", in Florian Wilk und Peter Gemeinhardt (hrsgs.), Transmission and Interpretation of the Book of Isaiah in the Context of Intra- and Interreligious Debates, Bibliotheca Ephemeridum Theologicarum Lovaniensium CCLXXX, Leuven-Paris-Bristol, 2016, S. 318-319.

19 Vgl. J. Jakob, Syriches Christentum, S. 79-80.

20 Der muslimische Gesprächspartner von der Disputation mit dem Mönch des Klosters von Bēt Ḥālē antwortet gegen Ende des Dialogs: „Ich erkenne an, dass Ihre Religion richtig ist und dass Ihre Denkweise besser ist als unsere". Disputation von Bēt Ḥālē, S. 238. Er erklärt auch, dass viele Muslime zum Islam konvertieren würden, es aber aus Angst vor der Regierung nicht tun: „Ich bezeuge, dass viele Menschen Christen werden würden, wenn sie nicht Angst vor der Regierung und der öffentlichen Schande hätten. Aber was Sie betrifft, so mögen Sie von Gott gesegnet sein, denn Sie haben mir durch Ihre Rede mit mir große Erleichterung verschafft". Disputation von Bēt Ḥālē, S. 241. Auch der muslimische Schüler von Theodor bar Konīs Memrā X des Scholionbuches preist die Wahrheit des Christentums. Aber auch er kann die islamische Tradition wegen der Vorwürfe anderer nicht aufgeben, obwohl er an die christliche Botschaft glaubt. Vgl. Theodor bar Kōnī, Scholionbuch, Memrā X, 8, 207, S. 283/211.

gumenten des Patriarchen nicht überzeugen.[21] Es ist schwer zu glauben, dass der Patriarch einen Text für die Gläubigen seiner Kirche erfunden hätte, in dem er nicht triumphierend erscheint. Darüber hinaus bestätigen bestimmte Ausdrücke und Formeln, die Timotheos verwendet – wie die über Muḥammad am zweiten Tag des Streitgesprächs –, dass der Text von Brief 59 auf einer echten Diskussion zwischen dem Patriarchen und dem Kalifen beruht.[22]

Die Bedeutung von Brief 59 wird jedenfalls durch die Tatsache bewiesen, dass es zu diesem Text nicht weniger als sechs Rezensionen auf Arabisch und eine auf Syrisch gibt. Darüber hinaus scheinen der Byzantiner Abraham von Tiberias und der Westsyrer Dyonisios bar Ṣalībī den Text des ostsyrischen Patriarchen Timotheos I. verwendet zu haben.[23]

IV.2. Brief 40 – Disputation mit einem muslimischen Aristoteliker

Brief 40 stellt das Religionsgespräch dar, das Patriarch Timotheos I. am Hof des Kalifen mit einem muslimischen Aristoteliker führte.[24] Die Identität des muslimischen Gesprächspartners wird nicht offenbart. Bidawid deutet an, dass es sich um ʻAbdallāh ibn Ismā'īl al-Hāṣimī handeln könnte, aber diese Hypothese erscheint eher unwahrscheinlich.[25] In jedem Fall scheint es sich um einen echten Dialog zu handeln, der diesem Brief zugrunde liegt.[26] Dieser Dialog fand etwa zeitgleich mit dem Religionsgespräch des Patriarchen mit dem Kalifen al-Mahdī statt. Aus den Angaben am Ende von Brief 40 lässt sich aber noch genauer schließen, dass er vor der Disputation mit al-Mahdī stattgefunden hat.[27] Außerdem ist der Name des Adressaten des Briefes, Sergius, in der Überschrift deutlich angegeben: „Von demselben an Rabban Sergios.

21 Vgl. M. Heimgartner, „Einleitung", in Timotheos I., ostsyrischer Patriarch, S. XLI-XLII.

22 Vgl. Timotheos I., Brief 59.15.8-11.

23 Vgl. M. Heimgartner, „Einleitung", in Timotheos I., ostsyrischer Patriarch, S. XXII-XXVII.

24 Während einige Forscher wie S. Griffith, H. Suermann oder B. Roggema den muslimischen Gesprächspartner als Muʿtazilit oder mutakallim betrachten, beharrt M. Heimgartner auf dem Begriff „Aristoteliker". Vgl. Harald Suermann, „Timothy and his Dialogue with Muslims", Harp 8-9 (1995-1996), S. 270; S. H. Griffith, „The Syriac Letters of Patriarch Timothy I", S. 106; B. Roggema, „Timothy I – To Sergius, Letter 40", S. 520; M. Heimgartner, „Einleitung", in Die Briefe 40 und 41, S. XVII.

25 Vgl. R. Bidawid, Les lettres de Timothée I, S. 32. Diese Identifizierung wurde von J. M. Fiey und J. Jakob abgelehnt. Vgl. J. M. Fiey, Chrétiens, S. 38 Anm. 44; J. Jakob, Syrisches Christentum, S. 83.

26 Vgl. Sidney H. Griffith, „The Unity and the Trinity of God: Christian Doctrinal Development in Response to the Challenge of Islam – An Historical Perspective", in Michael Root und James Buckley (hrsgs.), Christian Theology and Islam, Eugene, 2014, S. 14; M. Heimgartner, „Contexts of Christian Education in Baghdad", S. 175-176; J. Jakob, Syrisches Christentum, S. 84.

27 Vgl. Timotheos I., Brief 40.11.3-4; M. Heimgartner, „Einleitung", in Die Briefe 40 und 41, S. XVI; J. Jakob, Syrisches Christentum, S. 83.

An Rabban Mār Sergios, Priester und Lehrer. Timotheos, um sich im Herrn zu freuen".[28]

Das Thema des Religionsgesprächs wurde von Anfang an festgelegt und vom muslimischen Aristoteliker gewählt: „» [...] In welcher Art möchtest du, dass wir miteinander reden?« Er sagte mir: »In der Art der Disputation.« Ich aber sagte zu ihm: »Und worüber wünschest du zu disputieren?« Er sagt mir: »Über Gott«".[29] Raphael Bidawid hat Brief 40 in drei Teile strukturiert: im ersten Teil geht es um Gotteserkenntnis durch die Sinne, indem man diese Erkenntnis aus bestehenden Dingen zieht; im zweiten Teil debattieren Timotheos und der muslimische Aristoteliker über das Handeln Gottes ad intra und im dritten Teil über die Inkarnation.[30] Dieser Dialog ist ein hervorragendes Beispiel für die Anwendung der Topik des Aristoteles. Dadurch geht es in dieser Disputation, wie Heimgartner ausdrückte, „nicht so sehr darum, wer Recht hat und die Wahrheit vertritt, sondern vielmehr darum, wer geschickter argumentiert".[31]

IV.3. Die Briefgruppe 34-36

Im Gegensatz zu den Briefen 59 und 40, die die Religionsgespräche des Timotheos mit al-Mahdī bzw. einem muslimischen Aristoteliker wiedergeben, schildert die Briefgruppe 34-36 die Antwort des ostsyrischen Patriarchen auf die Frage der Christen von Baṣra und Ḥuballat nach dem christologischen Titel von „Diener" im islamischen Kontext. Während Brief 34 an die gesamte Gemeinde von Baṣra und Ḥuballat adressiert ist, sind die Briefe 35 und 36 nur an Naṣr gerichtet.[32]

Neben dem Hauptthema der gesamten Briefgruppe, dass Christus kein Diener ist, enthält Brief 36 noch weitere Einzelthemen: eine Exegese von Psalm 110 und Psalm 8, eine Darstellung der ostsyrischen Lehre von dem einen Willen sowie eine Erörterung der Heiligenverehrung.[33] Timotheos erwähnt die Briefe 34-36 auch in anderen seiner Briefe, wenn er berichtet, dass er eine Abschrift der Briefe schickt oder darum bittet, was ihre Bedeutung beweist.[34]

Was ihre Datierung betrifft, so scheinen sie zwischen 782 und 790 geschrieben worden zu sein. Während Bidawid die Briefe zwischen 785 und 789 datiert,[35] meint

28 Timotheos I., Brief 40, in M. Heimgartner (hrsg.), Die Briefe 40 und 41, S. 3/3.
29 Timotheos I., Brief 40.2.3-4.
30 Vgl. R. Bidawid, Les lettres de Timothée I, S. 32-33.
31 M. Heimgartner, „Einleitung", in Die Briefe 40 und 41, S. IX. Vgl. auch: M. Heimgartner, „Der ostsyrische Patriarch Timotheos I. (780-823) und der Aristotelismus", S. 15-17.
32 Vgl. Timotheos I., Brief 35.1.5-6.
33 Vgl. M. Heimgartner, „Einleitung", in Die Briefe 30-39, S. X.
34 Vgl. Timotheos I., Brief 24.9; Brief 30.2 und Brief 31.7.
35 Er schlägt sogar zwei Optionen vor: 785/786 oder 786/787. Vgl. R. J. Bidawid, Les lettres de Timothée I, S. 65 und 73.

Berti, dass sie zwischen 782 und 790 geschrieben wurden.[36] Auf jeden Fall ist es ziemlich schwierig, ein genaues Datum anzugeben, da es nur wenige Anhaltspunkte gibt, um sie zu datieren.[37]

36 Vgl. V. Berti, Vita e studi, S. 61.
37 Vgl. M. Heimgartner, „Einleitung", in Die Briefe 30-39, S. XIX.

V. Christologie des Patriarchen Timotheos I. im Gespräch mit dem Islam

V.1. Erklärung der christologischen Hauptbegriffe

Der ostsyrische Patriarch Timotheos I. widmet der Definition der Hauptbegriffe, die er in seiner Christologie verwendet, nicht viel Raum. Es lassen sich jedoch kurze Definitionen und Beispiele für sein Verständnis dieser Begriffe finden. Diese Erklärungen tauchen vor allem in Brief 34 auf, in der Diskussion über den Jesus zugeschriebenen Dienertitel, wo Timotheos es für notwendig hält, die Unterscheidung zwischen Natur und Individualität deutlich zu machen, aber kurze Hinweise auf diese Begriffe erscheinen auch in seinen anderen Briefen. Wichtige Klarstellungen finden sich zum Beispiel in Brief 41. Was besonders auffällt, ist die Art und Weise, wie seine Definitionen, ja fast sein ganzes Denken, von der aristotelischen Philosophie geprägt sind.[1]

V.1.1. Kyānā

Für Timotheos ist kyānā die allgemeine Natur, die in jeder Individualität zu erkennen ist.[2] Dieses Verständnis von kyānā stimmt mit dem von Babai überein, der kyānā ebenfalls als eine allgemeine Natur definierte, die in den Individualitäten bekannt und offenbart ist.[3] Timotheos greift aber auch die von Aristoteles in seinen Kategorien gegebenen Definitionen[4] auf und erklärt, dass die Natur im Gegensatz zu den anderen neun Kategorien nicht mit den Begriffen „Mehr" oder „Weniger" bezeichnet werden

---

1 Vgl. M. Heimgartner, „Der ostsyrische Patriarch Timotheos I. (780–823) und der Aristotelismus", S. 11-21; M. Heimgartner, „Griechisches Wissen und Philosophie", S. 99-117.

2 Vgl. Timotheos I., Brief 34.4.12.

3 Vgl. Luise Abramowski und Alan E. Goodman (hrsgs.), A Nestorian Collection of Christological Texts: Cambridge University Library Ms. Oriental 1319, Band 1: Syriac Text, Band 2: Introduction, Translation, Indexes, Cambridge, 1972, S. 207/123-124. Vgl. auch: Geevarghese Chediath, The Christology of Mar Babai the Great, Oriental Institute of Religious Studies, Kottayam, Indien, 1982, S. 86-87; Dietmar W. Winkler, Ostsyrisches Christentum: Untersuchungen zu Christologie, Ekklesiologie und zu den ökumenischen Beziehungen der Assyrischen Kirche des Ostens, Studien zur Orientalischen Kirchengeschichte, Band 26, Münster, 2003, S. 91; Marijke Metselaar-Jongens, Defining Christ: The Church of the East and Nascent Islam, Doktorarbeit, Amsterdam, 2016, S. 139.

4 „Δοκεῖ δὲ ἡ οὐσία μὴ ἐπιδέχεσθαι τὸ μᾶλλον καὶ τὸ ἧττον". Aristoteles, Kategorien 5 3b, 33 – 4a, 9, in Aristotle, The Categories. On Interpretation. Prior Analytics, London/Cambridge, 1962, S. 30. Vgl. auch „Die Kategorie des Wesens kennt kein Mehr oder Weniger", Übers. M. Heimgartner, Timotheos: Brief 34, S. 41 Anm. 184. In der Regel gibt es zwischen Wesen (ousia) und Natur (kyānā) für Timotheos kein Unterschied. Vgl. M. Heimgartner, „Einleitung", in Briefe 40 und 41, S. XXX.

kann.[5] Der Patriarch gibt eine Definition der allgemeinen Natur des Menschen, wobei er diesmal die Definitionen des Porphyrios aufgreift und erweitert.:[6] „Natur [ist] beispielsweise: lebendig, denksprachfähig, sterblich, Vernunft und Erkenntnis anzunehmen fähig".[7]

V.1.2. Qnōmā

Wenn kyānā die allgemeine Natur ist, der nichts hinzugefügt oder von der nichts abgezogen werden kann, dann ist qnōmā „ein bestimmtes eigentümliches Wesen, das unter einer bestimmten Art eingeordnet wird mit dem Mehr oder Weniger jener neun Kategorien!"[8] Auch in dieser Definition wird deutlich, dass Timotheos der von Babai festgelegten Bedeutung von qnōmā folgt.[9] Wie im Fall von kyānā präsentiert Timotheos eine Reihe von Eigenschaften, die qnōmā definieren, wie z.B.: „David, Sohn des Isai, aus dem Stamm Juda, rothaarig, mit schönen Augen und schönem Aussehen, der von Samuel gesalbt wurde..." Im Falle des einfachen Menschen hat Individualität die gleiche Bedeutung wie Person.[10] Diese Bedeutungsidentität gilt jedoch nicht für Christus, da in seiner Person zwei qnōmē sind.[11] Auch in der Trinitätslehre verwendet Timotheos qnōmā und hypostasis gleichbedeutend: „Nun [ist] ein und dasselbe Wesen im Sinne der Einfachheit den drei Individualitäten [eigen], die drei [sind] aber nicht dieselbe Individualität oder Hypostase".[12] In der von Babai etablierten Christologie ist qnōmā jedoch nicht die griechische hypostasis als selbst-existierendes Subjekt.[13] Timotheos erklärt auch, dass jede qnōmā eine kyānā braucht und dass es

5 Vgl. auch Timotheos I., Brief 1.1.2, Brief 35.2.22 und Brief 40.5.43.

6 „ἀλλ' αἱ μὲν τοῦ θνητοῦ καὶ τοῦ λογικοῦ διαφοραὶ συστατικαὶ γίνονται τοῦ ἀνθρώπου". Porphyrios, Isagoge 10, 12, in Adolfus Busse (hrsg.), Porphyrii Isagoge et in Aristotelis Categorias Commentarium, Commentaria in Aristotelem Graeca, Band 4.1, Berlin, 1887, S. 10. Vgl. auch: „aber die Unterscheidungsmerkmale »sterblich« und »sprach-denkbegabt« werden konstitutiv für den Menschen", Übers. M. Heimgartner, Timotheos: Brief 34, S. 32-33 Anm. 146.

7 Vgl. Timotheos I., Brief 34.3.42, Brief 35.6.19, Brief 35.9.3, Brief 42.4.3.9, Brief 59.16.102, Brief 59.17.1. Vgl. auch M. Heimgartner, Timotheos: Brief 34, S. 32-33 Anm. 146.

8 Timotheos I., Brief 34.4.13. Vgl. auch Brief 35.8.1: „seine Natur unterscheidet sich von seiner Individualität, wie sich das Einzelne vom Ganzen unterscheidet".

9 Babai der Große, Liber de Unione: Arthur Adolphe Vaschalde (hrsg.), Babai Magni: Liber de Unione, CSCO 79/80, Scriptores Syri 34/35, Paris, 1915, S. 159, 16 / 129, 4. Vgl. auch Luise Abramowski, „Trinitarische und christologische Hypostasenformeln", Theologie und Philosophie 54 (1979), S. 38-49; Luise Abramowski, Jesus der Christus im Glauben der Kirche: Die Kirche in Persien, Band 2/5, Freiburg, Basel, Wien, 2022, S. 485-492.

10 Vgl. Timotheos I., Brief 34.4.15. Vgl. auch: L. Abramowski, A Nestorian Collection, S. 182, 5-7/108, 25-26; G. Chediath, The Christology of Mar Babai the Great, S. 90-91.

11 Vgl. Timotheos I., Brief 41.3.32-34. Vgl. auch: M. Heimgartner, „Einleitung", in Die Briefe 30-39, S. XXXIV-XXXV.

12 Timotheos I., Brief 41.2.8.

13 Vgl. G. Chediath, The Christology of Mar Babai the Great, S. 89; Sebastian Brock, „The 'Nestorian' Church: A Lamentable Misnomer", in K. Parry und J. F. Coakley (hrsgs.), The Church of the East: Life and Thought (= Bulletin of the John Rylands University Library of Manchester 78/3), Manchester, 1996, S. 28 [nachgedruckt in Sebastian Brock, Fire from Heaven: Studies in Syriac Theology and Liturgy, Variorum Collected Studies Series, Ashgate, 2006]; D. Winkler,

keine qnōmā ohne kyānā geben kann, in Übereinstimmung mit den Definitionen der Theologen vor ihm, wie Babai, Īšō'jahb II. oder Īšō'jahb III.:[14] „Denn das Festhalten an der Zweizahl der Individualitäten in Christus bedeutet ein Festhalten an der Zweizahl der Naturen in Christus, und das Bewahren der Zweizahl der Naturen in Christus versteht sich als ein Bewahren der Zweizahl der Individualitäten in Christus".[15]

V.1.3. Parṣōpā

Timotheos gibt keine klassische Definition von parṣōpā wie bei den Begriffen kyānā und qnōmā in dem Sinne, dass parṣōpā dies und jenes ist. Dass er aber auch hier der Linie seiner Kirche folgt, wird an vielen Stellen seiner Briefe deutlich. So bekennt er z.B. in der Disputation mit al-Mahdī, dass es zwar zwei Naturen gebe, aber nicht zwei Söhne oder zwei Christusse, sondern nur einen.[16] Der gleiche Gedanke wird in Brief 41 wiederholt und noch deutlicher zum Ausdruck gebracht: „die Singularität des naturgemäßen Sohnseins und der [naturgemäßen] Person verbindet und vereint die Individualitäten".[17] Auch hier ist die Ähnlichkeit mit der Definition von Īšō'jahb II. zu erkennen. Allerdings verwendet Īšō'jahb. II den Begriff ܕܡܘ̈ܬܐ anstelle von qnōmē: „Die Person verbindet, bringt zusammen und vereint die zwei Formen (ܕܡܘ̈ܬܐ), jene des Herrn und jene des Sklaven, in einer untrennbaren Weise [...] Kurz gesagt: Diese zwei Formen [i.e. Gottheit und Menschheit], die von einander getrennt und in ihren Naturen bewahrt sind, erscheinen und handeln in einer einzigen Person, ohne Trennung und Teilung".[18] In Brief 41 bietet Timotheos auch die klarste und prägnanteste christologische Formel an, die er im Vergleich zur Trinitätslehre vorlegt: „Wie es bei der Trinität ein Gott ist, aber drei Personen, so sind es umgekehrt bei der Menschwerdung eine Person von Sohn und Gott, aber zwei Individualitäten und Naturen".[19]

V.2. Das Gezeugtsein des Sohnes Gottes

Die Aussage, dass Jesus Christus der Sohn Gottes ist, ist zweifellos die wichtigste Behauptung der Verfasser der Evangelien. Die Begriffe „Söhne Gottes" und „Sohn

---

Ostsyrisches Christentum, S. 95.

14 Vgl. Īšō'jahb III., Brief 6M, S. 128-129/97. Vgl. auch: D. Winkler, Ostsyrisches Christentum, S. 114-115; Dietmar W. Winkler, „Die Christologie des ostsyrischen Katholikos Ishoyahb III. von Adiabene (580-659)", Studia Patristica 35 (2001), S. 522-523.

15 Timotheos I., Brief 41.4.2.

16 Vgl. Timotheos I., Brief 59.3.3.

17 Timotheos I., Brief 41.4.5-6. Vgl. auch Brief 41.5.1.

18 Īšō'jahb II., Christologischer Brief: Louis Raphaël Sako (hrsg.), Lettre christologique du patriarche syro-oriental Īšō'jahb II de Gdālā (628-646), Rom, 1983, S. 151-154, übers. in D. Winkler, Ostsyrisches Christentum, S. 105; Dietmar W. Winkler, „Zur christologischen Terminologie des Katholikos-Patriarchen Îshô'yahb II. von Gdâlâ (628-646)", in Arafa Mustafa, Jürgen Tubach und Guliko Sophia Vashalomidze (hrsgs.), Inkulturation des Christentums im Sasanidenreich, Wiesbaden, 2007, S. 220; M. Metselaar-Jongens, Defining Christ, S. 184.

19 Timotheos I., Brief 41.7.15.

Gottes" kommen im Alten Testament häufig vor, und manche Führer des Volkes oder Könige wurden als „Söhne Gottes" bezeichnet (vgl. z.B. Gen 6, 2; Ex 4, 22; Ps 89, 26-29; Ps 82, 1-8; Ps 2; Ps 110; Jes 9, 5-6; Jer 31, 9). Was die Autoren der Evangelien mit der Sprache der Gottessohnschaft gemacht haben, war zunächst, sie individuell auf Jesus anzuwenden und sie mit einer Bedeutung zu füllen, die den Begriff „Sohn Gottes" über die Ebene eines Geschöpfes, sei es ein Mensch oder ein Engel, hinaushebt.[20] Obwohl diese Behauptung sich in allen Evangelien findet (vgl. z.B. Mt 7, 21; Mt 14, 33; Mk 8, 38; Mk 15, 39; Lk 2, 49; Lk 10, 21), kommt sie aber besonders im Johannesevangelium vor, wo Jesus als der präexistente, ewige Sohn Gottes dargestellt wird, der von Gott vom Himmel in die Welt gesandt wurde (vgl. z.B. Joh 3, 17; Joh 4, 34; Joh 10, 30; Joh 14, 7). Die frühchristliche Tradition bekräftigte auch, dass Jesus Christus der Sohn Gottes ist, wie es im Neuen Testament heißt. Dieser Glaube stand im Zentrum der frühchristlichen Theologie und war eines der wichtigsten Unterscheidungsmerkmale des Christentums gegenüber dem Judentum und anderen Religionen der damaligen Zeit. Das durch die arianische Krise ausgelöste Konzil von Nizäa im Jahr 325 sollte die Lehre von Jesus als dem vor aller Ewigkeit aus dem Vater geborenen Sohn Gottes endgültig formulieren.[21]

V.2.1. Die Lehre über das Gezeugtsein des Sohnes vom Vater vor aller Zeit in der ostsyrischen Tradition

Dieses zentrale Element des christlichen Glaubens wurde von Anfang an von der ostsyrischen Tradition aufgegriffen und von ihren Theologen weiterentwickelt und erklärt. Ausgehend vom Johannesevangelium erklärt Narsai zum Beispiel in seiner 81. Homilie („Über die Rede wurde Fleisch"), dass der Sohn und der Vater beide ewig sind. Auch wenn der eine als Gezeugter und der andere als Erzeuger bezeichnet wird, ist der Sohn nicht jünger als der Vater, denn die Zeit hat in der Ewigkeit keine Wirkung. Der ostsyrische Dichter vergleicht auch die Beziehung zwischen dem Sohn und dem Vater mit der zwischen dem Sonnenstrahl und der Kugel, um zu zeigen, dass der eine nicht ohne den anderen oder vor ihm war.[22] Auch in seiner 4. Homilie („Über die

---

20 Vgl. Gerald O'Collins, Christology: A Biblical, Historical, and Systematic Study of Jesus, Oxford, 2009, S. 130-140; S. J. Gathercole, The Preexistent Son: Recovering the Christologies of Matthew, Mark, and Luke, Grand Rapids, 2006; Olivier-Thomas Venard, „Christology from the Old Testament to the New", in Francesca Aran Murphy (hrsg.), Oxford Handbook of Christology, Oxford, 2015, S. 21-39.

21 Concilium Nicaenum, in Giuseppe Alberigo, Giuseppe A. Dossetti, Péricles-Pierre Joannou, Claudio Leonardi und Paulo Prodi (hrsgs.), Conciliorum Oecumenicorum Decreta, 3. Auflage, Bologna 1973, S. 5-20 [Erstes Konzil von Nizäa – 325, in Josef Wohlmuth (hrsg.), Konzilien des ersten Jahrtausends: Vom Konzil von Nizäa (325) bis zum Vierten Konzil von Konstantinopel (869/870), Dekrete der ökumenischen Konzilien, Band 1, 3. Auflage, Paderborn/München/Wien/Zürich, 2002, S. 5-19]; Allois Grillmeier, Jesus der Christus im Glauben der Kirche: Von der Apostolischen Zeit bis zum Konzil von Chalcedon (451), Band 1, Freiburg im Breisgau, 1979, S. 356-413.

22 Vgl. Narsai, Hom. LXXXI: Mar Eshai Shimun XXIII (hrsg.), Homilies of Mar Narsai, Band 2, San Francisco, California, 1970, vv. 1-64. Vgl. auch Judith Frishman, „Narsai's Christology Ac-

Geburt Christi“) spricht Narsai über das Dasein des Gezeugten, des Sohnes, in seinem Erzeuger, dem Vater. Seiner Natur nach ist er im Vater verborgen, aber seiner Liebe nach offenbart er sich.[23]

Auch im Glaubenssymbol von Īšō‘jahb I. wird der Glaube an den Gottessohn bekannt. So wird der Sohn Gottes als ewig beim Vater und als Schöpfer aller Dinge dargestellt. Außerdem ist er gezeugt, nicht zeugend, im Gegensatz zum Vater, der nicht gezeugt, sondern zeugend ist.[24]

Im Kapitel über die Namen Christi im Liber de Unione weist Babai darauf hin, dass Christus auch Sohn genannt wird, weil er wahrhaftig der wahre Sohn des Vaters ist, aber von Ewigkeit her geboren und nicht gemacht wurde, wesensgleich und ihm in allem gleich, durch die Unterscheidung seines Eigennamens. Die eigentliche und ewige Eigenschaft der Sohnschaft wird von Ewigkeit zu Ewigkeit weder verändert noch umgewandelt, ebenso wenig wie die unterschiedliche und einzigartige Art der Eigenschaft des Vaters. Denn es gibt einen Sohn von einem Vater und einen Vater von einem Sohn. Gott, der Vater, ist nicht Vater eines anderen Sohnes von Natur, noch gibt es einen anderen Sohn Gottes von einer anderen Natur, sondern nur von Gott, dem Vater, von seiner Natur durch ewiges Eigentum.[25]

Dass Jesus Christus der ewige Sohn Gottes und wesensgleich mit dem Vater ist, steht auch für Gīwargīs außer Frage. In seinem Brief an Mīnā zitiert er zahlreiche Bibelstellen, insbesondere aus dem Johannesevangelium, um zu zeigen, dass diese Wahrheit aus der Bibel klar hervorgeht und nicht verborgen ist, sondern von Christus selbst bekannt wurde (vgl. Joh 10, 30; 14, 9; 5, 23; 10, 36; 5, 17; 10, 38; 5, 21; 17, 1; 17, 5).[26]

V.2.2. „Allah hat nicht gezeugt und ist nicht gezeugt worden“: Ablehnung der Gottessohnschaft in der frühislamischen Tradition

Die Vorstellung, dass Gott einen Sohn hat, wird im Koran mehrfach kategorisch abgelehnt, da sie als Bedrohung der Einheit Gottes angesehen wird. Das bekannteste Beispiel ist die kurze Sure 112, die sich auch in den Inschriften des Felsendoms findet

---

cording to His Homily on the Word Became Flesh“, The Harp, 8-9 (1995-1996), S. 293-294.

23 Vgl. Narsai, Hom. IV, in Frederick G. McLeod (hrsg.), Narsai’s Metrical Homilies on the Nativity, Epiphany, Passion, Resurrection and Ascension: Critical Edition of Syriac Text, English translation, Patrologia Orientalis 40, 1, Turnhout, 1979, vv. 85-90, S. 42-43.

24 Vgl. Īšō‘jahb I., Glaubenssymbol, in J. B. Chabot (hrsg.), Synodicon orientale, S. 193-194/453; O. Braun (hrsg.), Das Buch der Synhados, S. 465-466/274.

25 Vgl. Babai, Liber de Unione, S. 201/162-163.

26 Vgl. Gīwargīs I., Brief an Mīnā, in J. B. Chabot (hrsg.), Synodicon orientale, S. 236-237/501-502; O. Braun (hrsg.), Das Buch der Synhados, S. 537/359-360.

und eine antinizänische[27] Tendenz aufweist: „Sag: Er ist Gott, ein Einziger [...] Er hat weder gezeugt, noch ist er gezeugt worden. Und keiner ist ihm ebenbürtig".[28]

Darüber hinaus verrät die Ablehnung dieses Gedankens eine anthropomorphe Sichtweise, die dem Polytheismus eigen ist: „(Er ist) der Schöpfer von Himmel und Erde. Wie soll er zu Kindern kommen, wo er doch keine Gefährtin hatte (die sie ihm hätte zur Welt bringen können) und (von sich aus) alles geschaffen hat (was in der Welt ist)?" (Sure 6, 101). Diese Suren richteten sich höchstwahrscheinlich gegen die vielen Götter des heidnischen Arabiens,[29] obwohl spätere Autoren sie auch gegen die christliche Lehre verwendeten.[30]

In den späteren Suren wird jedoch die christliche Lehre, Christus sei der Sohn Gottes, ausdrücklich abgelehnt: „Die Juden sagen: «ʿUzair[31] ist der Sohn Gottes», und die Christen sagen: «Christus ist der Sohn Gottes». Das sagen sie nur so obenhin. Sie tun es (mit dieser ihrer Aussage) denen gleich, die früher ungläubig waren. Diese gottverfluchten (Leute) (w. Gott bekämpfe sie)! Wie können sie nur so verschroben sein!" (Sure 9, 30).

In dem Dialog zwischen der Delegation der Christen von Naǧrān und Muḥammad, der in dem von Ibn 'Isḥāq verfassten Sīrat Rasūl Allāh überliefert ist, sagt Muḥammad zu den Christen, was sie daran hindere, Muslime zu sein, sei ihre Behauptung, Gott habe einen Sohn, ihre Verehrung des Kreuzes und ihr Verzehr von Schweinefleisch. Es ist leicht zu erkennen, dass die Behauptung, Gott habe einen Sohn, an erster Stelle steht. Ibn 'Isḥāq berichtet in diesem Zusammenhang: „Wegen ihrer Worte und ihrer Widersprüchlichkeit sandte Gott den Anfang der Sure der Familie ʿImrān bis auf mehr

27 Wie Josef van Ess bereits dargelegt hat, wurde der Ausdruck „weder gezeugt noch geboren" als Gegenpol zum nizänischen „geboren, nicht geschaffen" konzipiert. Vgl. Josef van Ess, Theologie und Gesellschaft im 2. und 3. Jahrhundert Hidschra: Eine Geschichte des religiösen Denkens im frühen Islam, Band 4: Mit Gesamtregister der Bände I-VI, Berlin/New York, 1997, S. 365.

28 Vgl. auch Sure 17, 111; 25, 2.

29 Vgl. Sure 53, 19-21 zu einer ausdrücklichen Ablehnung des mechanischen Polytheismus.

30 Vgl. Geoffrey Parrinder, Jesus in the Qu'rān, Oxford, 1996, S. 126; M. Heimgartner, Timotheos I.: Brief 59, S. 5 Anm. 25.

31 Dieser Vers ist die einzige Stelle im Koran, an der 'Uzair erwähnt wird. Ibn 'Isḥāq berichtet in der Biografie Muḥammads, in welchem Zusammenhang dieser Vers offenbart wurde: „Sallām und Nu'mān b. Aufā und Maḥmud b. Diḥya und Sha's und Mālik kamen und sagten zu ihm: «Wie können wir dir folgen, wenn du unsere Qibla verlassen hast und du nicht behauptest, dass 'Uzair der Sohn Gottes ist?» Da sandte Gott zu ihm diese Worte herab: Die Juden sagen: «ʿUzair ist der Sohn Gottes», und die Christen sagen: «Christus ist der Sohn Gottes» [...]". Muḥammad ibn 'Isḥāq, Sīrat Rasūl Allāh: Alfred Guillaume (Übers.), The Life of Muhammad: A Translation of Isḥāq's Sīrat Rasūl-Allāh, Oxford, 1955, S. 398-399/269. 'Uzair wird in der islamischen Tradition gewöhnlich mit Esra identifiziert. Andere Gelehrte haben jedoch vorgeschlagen, den Text zu ändern und Uzayl statt ʿUzair zu lesen und ihn mit Asael oder Azazel zu identifizieren, der in der jüdischen Haggada als Anführer der gefallenen Engel identifiziert wird, die in Genesis 6, 2 „Söhne Gottes" genannt werden. Vgl. Paul Casanova, „Idris et 'Ouzair", Journal of Asiatique 205 (1924), S. 356-360; Steven Wasserstrom, Between Muslim and Jew, Princeton, 1995, S. 183; Mun'im Sirry, Scriptural Polemics: The Qur'an and Other Religions, Oxford, 2014, S. 48; Hava Lazarus-Yafeh, „ʿUzayr", in P. J. Bearman, Th. Bianquis, C. E. Bosworth, E. van Donzel und W. P. Heinrichs (hrsgs.), The Encyclopedia of Islam. New Edition, Band 10 (T-U), Leiden, 2000, S. 960.

als achtzig Verse herab, und Er sagte: »Alif-Lām-Mīm. Gott, es gibt keinen Gott außer Ihm, dem Lebendigen, dem Ewigen«". Er erklärt diese Aussage weiter, indem er die Einheit Gottes bestätigt und jede Teilhabe an Seiner Herrschaft ablehnt.[32]

V.2.3. Das Gezeugtsein des Sohnes im Gespräch mit dem Islam

Die Disputation zwischen Timotheos und al-Mahdī beginnt genau mit dem Thema des Gezeugtseins des Sohnes, was die Bedeutung dieses Thema für die Muslime beweist. Es ist interessant, dass der Kalif diese Diskussion nicht mit einer Frage, sondern mit einem rhetorischen Kunstgriff einleitet. Die Art und Weise, wie al-Mahdī die Zeugung des Sohnes versteht, spielt höchstwahrscheinlich auf Koranverse wie Sure 6, 101 an. Allerdings handelt es sich dabei um ein primitives Bild, das dem Ruf des Patriarchen nicht gerecht wird: „Ein Mann wie du, Katholikos, der derartige Gotteserkenntnis hat und über Gott zu reden imstande ist, dürfte niemals über Gott sagen, er habe eine Frau genommen und mit ihr einen Sohn gezeugt".[33] Timotheos weist eine solche Vorstellung als „Lästerung" zurück. Er weist darauf hin, dass Christus sowohl in den Evangelien als auch in der Tora und bei den Propheten als „Sohn Gottes" bezeichnet wird. Er sei zwar auch ein „wunderbares Kind", aber „nicht mit fleischlichen Kindern und nicht mit leiblichen Söhnen" zu vergleichen.[34]

Al-Mahdī fordert ihn auf, die Zeugung des Sohnes zu erklären, da der Patriarch die Version des Kalifen ablehnt. Timotheos weist darauf hin, dass die Zeugung des Sohnes jenseits der Zeiten nicht erforscht und verstanden werden kann,[35] „denn Gott ist in alledem unerforschbar und unverstehbar".[36] Er versucht jedoch, dieses Mysterium durch eine Analogie auszudrücken, die Timotheos selbst als „schwach"[37] be-

---

32 Ibn 'Isḥāq, Sīrat, S. 404/272.

33 Timotheos I., Brief 59.2.2. Auch ʿAmmār al-Baṣrī erwähnt die Tatsache, dass „unsere Gegner uns zuschreiben, dass wir eine weibliche Partnerin für Gott und einen Sohn aus ihr machen". ʿAmmār al-Baṣrī, Buch des Beweises [Kitāb al-burhān] 18b: Michel Hayek (hrsgs.), ʿAmmār al-Baṣrī: Apologie et controverses, „Recherches publiées sous la direction de l'Institut de Lettres Orientales de Beyrouth, Nouvelle série, B. Orient Chrétien", Band 5, Beirut, 1977. Vgl. auch ʿAmmār al-Baṣrī, Kitāb al-burhān 23b-24a. Der muslimische Wesir erklärt im Dialog mit Elias von Nisibis, die Muslime glauben, dass die christliche Trinitätslehre die Geburt des Sohnes als Ergebnis der Beziehung zwischen Gott und einer weiblichen Partnerin voraussetze. Vgl. Elias von Nisibis, Kitāb al-majālis 1, S. ٣.

34 Timotheos I., Brief 59.2.4.

35 Timotheos antwortet in Brief 40 in ähnlicher Weise in seiner Diskussion über die Menschwerdung der Rede: „Bei Gott und auf Gott bezogen ist es überflüssig, nach einem »Wie« zu fragen. Er ist nämlich gänzlich unerforschbar und unergründbar". Timotheos I., Brief 40.8.2. Vgl. auch Timotheos I., Brief 40.8.28.

36 Timotheos I., Brief 59.2.5. Vgl. auch Timotheos I., Brief 59.17.15.

37 Gegen Ende des Streitgesprächs wirft Al-Mahdī dem Patriarchen vor, in seiner Rede über Gott stets „materielle Bilder und Beispiele" zu verwenden. Vgl. Timotheos I., Brief 59.18.49. Timotheos entgegnet, dass auch Gott sich im Alten Testament materieller Dinge bedient habe, um sich zu offenbaren, und dass er den Propheten nicht gesagt habe, wie er in seinem Wesen sei, weil die Geschöpfe es nicht verstehen konnten. Vgl. Timotheos I., Brief 59.18.51-53. Auch ʿAmmār al-Baṣrī erklärt, dass es keine Beispiele in der Natur gibt, die das, was mit Gott zu tun hat,

zeichnet. So kann die Geburt des Sohnes aus dem Vater jenseits der Zeiten mit der Geburt des Strahles aus der Sonne oder der Rede aus der Seele verglichen werden.[38]

Al-Mahdī zeigt ein anthropomorphisches Verständnis der christlichen Gottesvorstellung und kann die Geburt des Sohnes nur physiologisch verstehen:[39] „Und wie kann Geist[40] [etwas] zeugen, der [doch] keine Körperteile hat, mit denen er etwas zeugen könnte?".[41] Timotheos entgegnet dem Kalifen, dass Gott keine Körperteile brauche, um zu zeugen, da derselbe Gott die materielle Welt erschaffen hat, ohne Körperteile zu besitzen.[42] In Brief 40 taucht derselbe Vorwurf auf, dass Gott nicht zeugen könne, weil er kein Körper sei und daher keine Körperteile habe. Timotheos argumentiert hier auf der Grundlage der göttlichen Attribute und zeigt, dass Gott, so wie er sehen und hören kann und keine Sinnesorgane hat, auch zeugen kann, ohne Körperteile zu haben: „Auf dieselbe Weise, sagte ich ihm, hat Gott gezeugt und her-

---

perfekt darstellen, denn nichts Geschaffenes ist so perfekt wie Gott. Vgl. ʿAmmār al-Baṣrī, Kitāb al-burhān 20a.

38 Timotheos I., Brief 59.2.6. Vgl. auch Timotheos I., Brief 59.2.7; 59.2.12. Obwohl Brief 59 keine Antwort von al-Mahdī enthält, sollten solche Analogien von späteren muslimischen Polemikern zurückgewiesen werden. So schreibt ʿAbd al-Jabbār zum Beispiel: „Wenn sie sagen: «Die Zeugung des Sohnes aus dem Vater ist wie die Zeugung eines Wortes aus der Vernunft oder die Hitze des Feuers aus dem Feuer oder der Glanz der Sonne aus der Sonne», dann sage ihnen: Ein Wort wird nicht aus der Vernunft hervorgebracht, denn es kann von jemandem kommen, der nicht vernünftig ist, und die Vernunft kann in jemandem gefunden werden, der nicht fähig ist, Worte zu machen". ʿAbd al-Jabbār ibn Aḥmad al-Hamadhānī, Al-Kalām ʿalā al-Naṣārā [Das Argument gegen die Christen] 29, in David Thomas (hrsg.), Christian Doctrines in Islamic Theology, History of Christian-Muslim Relations, Band 10, Leiden, 2008, S. 274-277f.

39 ʿAmmār al-Baṣrī behauptet, dass die Muslime die christliche Bezeichnung des Wortes als „Sohn" wegen der Art und Weise, wie die menschlichen Kinder geboren werden, nämlich mit Schmutz, Blut und Schmerzen, als abstoßend empfinden. Vgl. ʿAmmār al-Baṣrī, Kitāb al-burhān 24a-24b. Andererseits lehnt al-Māturīdī die Möglichkeit ab, dass Gott einen Sohn zeugt, da Gott nicht durch menschliche Gefühle und Empfindungen charakterisiert werden kann: „die Zeugung... ist unmöglich und falsch, denn der Herr ist frei davon, von Bedarf betroffen zu sein, von Sehnsucht überwältigt zu werden oder von Einsamkeit ergriffen zu werden, was die Gründe dafür sind, zeugen zu wollen". Abū Mansūr al-Māturīdī, Al-Radd ʿalā al-Naṣārā [Widerlegung der Christen] 9, in D. Thomas (hrsg.), Christian Doctrines in Islamic Theology, S. 112-113.

40 Vgl. auch Timotheos Brief 59.18.2. Martin Heimgartner weist auf diesen von al-Mahdī verwendeten Begriff hin, da eine solche Gottesvorstellung eher dem Hellenismus und dem Christentum spezifisch sei. Dem Islam sei diese Vorstellung fremd, da er „das Gegenüber von Mensch und Gott nicht in den griechischen Kategorien von Materie und Geist" verstehe. Dabei ist natürlich zu berücksichtigen, dass es sich bei diesem Text um ein Gedächtnisprotokoll handelt, so dass wir die genauen Antworten und die verwendete Terminologie des Kalifen nicht mit Sicherheit kennen. Wenn man jedoch bedenkt, dass al-Mahdī Timotheos mit der Übersetzung der Topik des Aristoteles beauftragt hatte, kann man hier einen Einfluss der griechischen Philosophie erkennen. Vgl. M. Heimgartner, „Einleitung", S. XLIII, 13 Anm. 57. Vgl. auch J. van Ess, Theologie und Gesellschaft im 2. und 3. Jahrhundert Hidschra, Band 4, S. 534.

41 Timotheos I., Brief 59.3.31.

42 Vgl. Timotheos I., Brief 59.3.32-34.

vorgehen lassen, aber nicht mit Körperteilen und nicht in körperlicher Weise, sondern gänzlich in göttlicher, unendlicher und unerfassbarer Weise".[43]

In Brief 40 beweist Timotheos dem muslimischen Aristoteliker auf der Grundlage der Kategorien des Aristoteles,[44] dass der Sohn der Natur nach mit dem Vater gleichzeitig ist:

> „Wenn der Vater und der Sohn aus [der Kategorie] der »In-Bezug-auf-etwas« [sind], und [wenn] die »In-Bezug-auf-etwas« der Natur nach gleichzeitig [sind] (Kat 7b, 15), dann sind folglich der Vater und der Sohn der Natur nach gleichzeitig. Aber diejenigen [Entitäten], die der Natur nach gleichzeitig sind, gehen einander nicht [zeitlich] voran. Dann geht folglich der Vater dem Sohn nicht voran noch [ist] der Sohn der Natur nach oder der Zeit nach jünger als der Vater".[45]

Eine weitere Methode, mit der Timotheos zu beweisen versucht, dass der Sohn ewig ist wie der Vater,[46] ist der Rückgriff auf die islamische Lehre über die göttlichen Attribute. So erklärt Timotheos in Brief 40, da Gott von Ewigkeit her Sehender ist, brauche er als Subjekt ein ewiges Objekt, das gesehen wird, und dieses Objekt könne nur der Sohn [und der Geist] sein.[47] In der Disputation mit al-Mahdī erklärt Timotheos, dass Gott sich selbst ansieht, aber er kann sich nicht direkt ansehen, sondern sieht sich durch den Sohn [und den Geist] an, die in diesem Fall wie ein „reiner" und „wesensgleicher" Spiegel ist.[48]

Auch in anderen ostsyrischen apologetischen Schriften im islamischen Kontext der frühen ʿAbbāsidenzeit fehlt dieses zentrale Thema nicht. So wird auch der Mönch von Bēt Ḥāle mit dem Vorwurf konfrontiert, Gott habe einen Sohn. Der Mönch erklärt, dass die Tatsache, dass Gott einen Sohn hat, sowohl durch das Neue als auch durch das Alte Testament bewiesen wird. Neben den Stellen im Neuen Testament, in

43 Timotheos I., Brief 40.5.9. Vgl. auch Timotheos I., Brief 34.6.1-13, Brief 35.2.29-30 und M. Heimgartner, Timotheos: Brief 42, S. 18 Anm. 85.

44 Die Kategorien des Aristoteles, auf die Timotheos so oft zurückgreift, werden auch von Elias von Nisibis in seiner Trinitätslehre verwendet. Vgl. Elias von Nisibis, Kitāb al-majālis 1, S. ٢٦.

45 Vgl. Timotheos I., Brief 40.4.35.

46 Diese Frage taucht in der muslimischen Polemik gegen die Christen immer wieder auf. So fragte al-Maturidi: „Es ist bekannt, dass ein Sohn jünger ist als sein Vater, wie können dann beide ewig sein?". Abū Mansūr al-Māturīdī, Al-Radd ʿalā al-Naṣārā 2, S. 98-99.

47 Vgl. Timotheos I., Brief 40.4.28-32. Vgl. auch Martin Heimgartner, „Trinitätslehre beim ostsyrischen Patriarchen Timotheos (780-823) in der Auseinandersetzung mit dem Islam", in Martin Tamcke (hrsg.), Christliche Gotteslehre im Orient seit dem Aufkommen des Islams bis zur Gegenwart, Beiruter Texte und Studien, Band 126, Würzburg, 2008, S. 78-79; Joachim Jakob, „On Attributes and Hypostases: Muslim Theology in the Interreligious Writings of Patriarch Timothy I (d. 823)", in Nathan P. Gibson (hrsg.), Knowledge Collaboration among Jews, Christians, Zoroastrians, and Muslims in the Abbasid Near East, Medieval Worlds: Comparative & Interdisciplinary Studies, Band 17, Wien, 2022, S. 137-138.

48 Vgl. Timotheos I., Brief 59.18.12. Vgl. auch Timotheos I., Brief 40.5.25. In diesem Zusammenhang verwendet Timotheos die Begriffe „Sohn" und „Rede" austauschbar. Vgl. weiter Timotheos I., Brief 59.18.12-15.

denen die Evangelisten von Jesus als dem Sohn Gottes sprechen, wie z.B. bei der Verkündigung, der Taufe Christi oder anderen Versen, in denen Jesus von Gott als Vater spricht, erklärt der Mönch, dass auch bestimmte Stellen im Alten Testament, insbesondere in der Genesis, wo Gott im Plural spricht, die Gegenwart des Sohnes (und des Heiligen Geistes) beweisen.[49]

In Memrā X des Scholionbuches von Theodor bar Kōnī sagt der muslimische Student, dass er zwar einige der Berichte der Evangelien über Jesus akzeptiert, aber nicht annehmen kann, dass er der Sohn Gottes ist. Die Vorstellung, dass Gott als „einfache und formlose Natur" einen Sohn von gleicher Natur wie sich selbst gebären und haben könne, sei in der Tat Blasphemie.[50] Er stellt auch die gleiche Frage wie al-Mahdī nach der Art und Weise der Zeugung, da Gott keine Körperteile habe. Der christliche Lehrer gibt die gleiche Antwort wie Timotheos: So wie er die Welt ohne Körperteile erschaffen hat, so hat er auch gezeugt.[51]

ʿAmmār al-Baṣrī erklärt, dass die Christen die Rede Gottes Sohn nennen, weil die Evangelien selbst diesen Namen verwenden. Außerdem setzt die Geburt nicht notwendigerweise einen Körper voraus. In diesem Sinne argumentiert er, dass, so wie die Seele die Reden auf eine Weise hervorbringt, die das Verständnis übersteigt, ohne einen Körper einzubeziehen, so erzeugt auch Gott seine Rede auf eine Weise, die das Verständnis übersteigt, und wegen dieser Geburt wird die Rede Gottes auch Sohn genannt.[52] Auch Elias von Nisibis erklärt, dass die Rede wegen ihrer Geburt aus dem Vater Sohn genannt wird. Er vergleicht auch die Geburt der Rede aus Gott mit der Geburt der menschlichen Rede aus der Seele und mit der Geburt des Lichtes aus der Sonne.[53]

Zusammenfassend lässt sich sagen, dass das Verständnis des Kalifen al-Mahdī von der Geburt des Sohnes aus dem Vater auf der koranischen Lehre beruht, die eine anthropomorphe polytheistische Sicht des christlichen Dogmas darstellt. Es ist daher nicht verwunderlich, dass eine solche Lehre nicht akzeptiert werden konnte. Der Patriarch Timotheos hingegen beweist in seinen Ausführungen über die Geburt des Sohnes sowohl in der Auseinandersetzung mit al-Mahdī als auch mit einem muslimischen Aristoteliker nicht nur eine gute Kenntnis der Bibel, sondern auch der aristotelischen Philosophie und sogar der islamischen Theologie. So verwendet er eine breite Palette von Argumenten wie die Heilige Schrift, eine Reihe klassischer Analogien wie die Geburt des Strahls aus der Sonne oder der menschlichen Rede aus der Seele, die Kategorien des Aristoteles, aber

---

49 Vgl. Disputation von Bēt Ḥāle 270r-271r, 27-30. Das gleiche Argument in Bezug auf die Pluralform in der Schöpfungsgeschichte des Buches Genesis wird von Theodor bar Kōnī verwendet. Vgl. Theodor bar Kōnī, Scholionbuch, Memrā X, 192, S. 281/208-209. Bereits in der Biografie Muḥammads von Ibn 'Isḥāq wird das christliche Argument zurückgewiesen, dass die in der Schöpfungsgeschichte verwendete Pluralform das Dogma der Heiligen Dreifaltigkeit beweise. Vgl. Ibn 'Isḥāq, Sīrat, S. 403-404/271-272.

50 Theodor bar Kōnī, Scholionbuch, Memrā X, 16-17, S. 235-236/175.

51 Vgl. Theodor bar Kōnī, Scholionbuch, Memrā X, 181, S. 279-280/207.

52 Vgl. ʿAmmār al-Baṣrī, Kitāb al-burhān 24a-24b.

53 Vgl. Elias of Nibis, Kitāb al-majālis 1, S. ٢٦.

auch die islamische Lehre von den göttlichen Eigenschaften, um zu beweisen, dass Gott einen Sohn haben kann, der ewig ist und die gleiche Natur hat wie er selbst.

V.3. Jesus – die Rede Gottes

Der Begriff „Logos“ hat in der Philosophie eine lange und komplexe Geschichte mit unterschiedlichen Bedeutungen und Interpretationen je nach Kontext. Er kann mit „Wort“, „Rede“, „Argument“, „Vernunft“ oder „Logik“ übersetzt werden, wurde aber auch als die dem Universum zugrunde liegende Ordnung und Einheit angesehen.[54] Spätere Philosophen sahen im Logos auch das rationale, intelligente und lebensspendende Prinzip des Universums. Die Stoiker verwendeten zum Beispiel den Begriff „logos spermatikos“ für das Formierungsprinzip in der Welt. Für Philo von Alexandria war der Logos ein Mittler zwischen Gott und der materiellen Welt und galt als Werkzeug Gottes bei der Erschaffung der Welt.[55]

Das Konzept des Logos wird auch von Johannes dem Apostel zu Beginn seines Evangeliums verwendet, um zu zeigen, dass Jesus nicht nur eine historische Figur oder ein moralischer Lehrer ist, sondern auch die Verkörperung der Botschaft Gottes an die Menschheit. Darüber hinaus wird der Logos auch mit der Macht des gesprochenen Wortes Gottes in Verbindung gebracht, das als die schöpferische Kraft angesehen wird, die das Universum ins Leben gerufen hat (vgl. Gen 1, 1). Vor allem aber ist der Logos nicht nur bei Gott, sondern selbst Gott (vgl. Joh 1, 1-5).[56] Diese Identifizierung Jesu mit der Rede Gottes durch den Apostel Johannes wurde von der späteren christlichen Tradition aufgenommen und weiterentwickelt.

V.3.1. Die Rede Gottes in der ostsyrischen Tradition

Für Narsai ist der Prolog des Johannesevangeliums der Beweis dafür, dass die Rede dieselbe Natur wie Gott hat und ewig bei ihm ist. Nachdem der ostsyrische Dichter den ersten Vers des Johannesevangeliums zitiert und erklärt hat, dass die Rede Gott in der Individualität und Macht war, vergleicht er die Beziehung zwischen der göttlichen Rede und dem Vater mit der zwischen der menschlichen Rede und der Seele: „Logos nennt Johannes den, der von Ewigkeit mit seinem Vater ist, wie der logos mit der Seele (ist), der aus ihr ist und mit ihr ist“.[57]

Auch Babai verwendet diesen Vergleich zwischen der Rede und Gott dem Vater einerseits und der menschlichen Rede und der Seele andererseits, um zu zeigen, dass

54 Vgl. Marian Hillar, From Logos to Trinity: The Evolution of Religious Beliefs from Pythagoras to Tertullian, Cambridge, 2012, S. 6

55 Vgl. Hans Georg Thümmel, „Zur frühen Logoslehre der Christen“, in P. Gemeinhardt und U. Kühneweg (hrsgs.), Patristica et Oecumenica, S. 33, 36.

56 Vgl. M. Hillar, From Logos to Trinity, S. 125-129.

57 Narsai, Hom. LXXXI, hrsg. Mar Eshai Shimun XXIII, Band 2, v. 17, S. 207: Übers. Luise Abramowski, Jesus der Christus im Glauben der Kirche: Die Kirche in Persien, Band 2/5, Freiburg/Basel/Wien, 2022, S. 104.

die göttliche Rede ewig mit dem Vater ist und nicht nach ihm erschienen ist. Wenn man Rede sagt, so nennt man sogleich die Seele, denn die Rede ist von ihr und in ihr und mit ihr. In der Tat ist die Seele nicht ohne die Rede und die Rede nicht ohne die Seele. So ist die Rede in ihrer Individualität von Ewigkeit her, vor aller Zeit und vor allen Intervallen und Augenblicken, ohne Leiden und ohne Trennung aus Gott dem Vater hervorgegangen und ist von ihm und ist mit ihm und ist in ihm.[58] Babai hält daran fest, dass der Logos Gott ist. Er weist darauf hin, dass der Logos keine Kraft oder Energie ohne Individualität ist, sondern Gott in seiner eigenen Individualität. Er war von Anfang an in seiner Individualität bei dem Vater in dessen Individualität, was auch an den Prolog des Johannesevangeliums erinnert.[59]

Gīwargīs betont in seinem Brief an Mīnā die Bedeutung des Wirkens des Logos, vor allem im Hinblick auf das Erlösungswerk des Menschen. Er ist nicht nur unser Erlöser, sondern auch unser Schöpfer, der immer im Schoß des Vaters wohnt, auch als er in die Welt kam:

> „Wer aber konnte uns erlösen als Gott der Logos, der auch unser Schöpfer ist und durch den unsere Erlösung vollbracht wird? Denn gar herrlich ist Gott der Logos im Willen seines Vaters zur Erlösung von uns Menschen, zur Erneuerung aller Geschöpfe und um uns vom Irrtum zur Erkenntnis seiner Gottheit zurückzuführen, freiwillig gekommen, ohne den Schoss seines Vaters zu verlassen".[60]

V.3.2. Die Rede Gottes in der frühislamischen Tradition

Auch im Koran wird Jesus mehrfach als Rede oder Wort Gottes oder von Gott bezeichnet. Zum ersten Mal erscheint dieser Name in Sure 3, 39 im Zusammenhang mit der Verkündigung der Geburt Johannes des Täufers durch einen Engel an Zacharias: „Da riefen ihm, während er im Tempel stand und das Gebet verrichtete, die Engel zu: «Gott verkündet dir Johannes. Er wird an ein (gewisses) Wort von Gott glauben und ein Herr sein, ein Asket und ein Prophet, einer von den Rechtschaffenen»". Johannes wird ein Bestätiger des Wortes Gottes sein,[61] ein Begriff, der auch in Sure 3, 45 verwendet wird, wenn die Engel Maria die Geburt Jesu verkünden:[62] „Als die Engel sagten: «Maria! Gott verkündet dir ein Wort von sich, dessen Name Jesus Christus, der Sohn der Maria, ist! Er wird im Diesseits und im Jenseits angesehen sein, einer von denen, die (Gott) nahestehen»".

Auch wenn man in dem Begriff „Wort" eine Widerspiegelung der johanneischen Vorstellung von Jesus als Logos erkennen kann, wird das Wort Gottes im Koran eindeutig als von Gott geschaffen und nicht als Akteur der Schöpfung verstanden:[63] „Ihr

---

58 Vgl. Babai, Liber de Unione, S. 201-202/163-164.

59 Vgl. Babai, Liber de Unione, S. 203/164.

60 Gīwargīs, Brief an Mīnā, in J. B. Chabot (hrsg.), Synodicon orientale, S. 234-235/499-500; O. Braun (hrsg.), Das Buch der Synhados, S. 535/357-358.

61 Vgl. auch Joh 1, 15.

62 Vgl. Gabriel Said Reynolds, The Qurʾān and the Bible: Text and Commentary, New Haven, 2018, S. 117

63 Vgl. Heikki Räisänen, Das Koranische Jesusbild: Ein Beitrag zur Theologie des Korans, 1971, S. 31-32; Oddbjørn Leirvik, Images of Jesus Christ in Islam, London, 2010, S. 29.

Leute der Schrift! Treibt es in eurer Religion nicht zu weit und sagt gegen Gott nichts aus, als die Wahrheit! Christus Jesus, der Sohn der Maria, ist nur der Gesandte Gottes und sein Wort, das er der Maria entboten hat, und Geist von ihm“ (Sure 4, 171).

V.3.3. Jesus als Rede Gottes im Gespräch mit dem Islam

Timotheos versucht, sich die Tatsache zunutze zu machen, dass Jesus im Koran als „Rede Gottes“ bezeichnet wird, und zeigt in der Disputation mit al-Mahdī mehrmals, dass er eine Logos-Christologie einer Sohn-Christologie vorzieht.[64] Als zum Beispiel der ʿabbāsidische Kalif zu Beginn des Dialogs die Zeugung des Sohnes als Ergebnis der Beziehung zwischen Gott und einer Frau ins Gespräch bringt, bildet der Patriarch seine Antwort in erster Instanz genau ausgehend von der Vorstellung Jesu als Rede: „Christus, o König, ist die Gott-Rede, die im Fleisch erschienen ist zur Rettung der Äonen“.[65]

Der ostsyrische Patriarch entwickelt die Lehre von der Rede Gottes vor allem im Rahmen der umfassenderen Diskussion über die Trinität. So argumentiert Timotheos, dass, da es keine Zeit gab, in der Gott ohne seine Rede und seinen Geist war, da dies bedeuten würde, dass Gott denksprachlos und leblos war, dann ist es klar, dass die Rede ewig zusammen mit dem Vater ist.[66] Wie Heimgartner festgestellt hat, findet sich diese Argumentation bereits bei Johannes von Damaskus und beruht auf der Struktur der griechischen Sprache und auf dem antinomischen Paar λογος / ἄλογος.[67]

Weiter behauptet Timotheos, dass die Rede ohne Anfang und ohne Ende sei wie Gott [der Vater] und in untrennbarer Weise mit ihm vereinigt ist. Zur Begründung seiner Behauptung zitiert er eine Reihe von Bibelstellen, wie z.B. Ps 33, 6, Ps 56, 11, Ps 119, 89, Jes 40, 8 oder Joh 1, 1, die sich auf die ewige Natur der Rede und ihre Vereinigung mit Gott dem Vater beziehen.[68] Unter all diesen Zitaten, die Timotheos hier anführt, ist die Verwendung von Ps 33, 6 besonders bemerkenswert, ein Vers, den der Patriarch in seinen Briefen häufig zitiert: „Durch die Rede des Herrn wurden die Himmel gemacht und durch den Geist seines Mundes all seine Mächte“.[69] Wie Maspero und Jakob bereits angedeutet haben, lehnte Theodor von Mopsuestia eine trinitarische Interpretation dieses Verses ab. Im syrischen Raum wurde dieses Bibelzitat jedoch sowohl in den Diskussionen mit den Juden als auch, wie wir jetzt sehen, mit den Muslimen als Hinweis auf die Trinität verstanden.[70]

---

64 Vgl. M. Heimgartner, Timotheos: Brief 59, S. 5 Anm. 27.
65 Timotheos I., Brief 59.2.3.
66 Vgl. Timotheos I., Brief 59.4.15-22. Vgl. auch Timotheos I., Brief 34.6.33-38; 35.2.16-18.
67 Vgl. M. Heimgartner, „Trinitätslehre beim ostsyrischen Patriarchen Timotheos I.“, S. 72.
68 Vgl. Timotheos I., Brief 59.4.23-34. Vgl. auch: Timotheos I., Brief 40.7.3-12.
69 Vgl. Timotheos I., Brief 34.6.19; 59.7.47; 59.16.50; 59.74.82.
70 Vgl. Giulio Maspero, „Remarks on the Exegesis of Psalm 33:6 in the Syriac World“, in Cornelia B. Horn und Sidney H. Griffith (hrsgs.), Biblical & Qur'ānic Traditions in the Middle East, Eastern Mediterranean Texts and Contexts, Band 2, Warwick, 2016, S. 109-127; J. Jakob, Syrisches Christentum, S. 411.

Al-Mahdī bestreitet, dass die Rede untrennbar mit Gott dem Vater verbunden ist, da dies bedeuten würde, dass mit der Inkarnation der Rede auch der Vater [und der Geist] einen Körper angenommen hätte.[71] Timotheos führt wiederum eine Reihe von Analogien an, um seinen Standpunkt zu untermauern:

> „Es ist wie bei der Rede des Königs: Sie nimmt das Blatt an, aber von seiner Seele und seinem Gedanken sagt man nicht, dass sie das Blatt annehmen, und doch sind auch seine Seele und sein Gedanke nicht von seiner Rede getrennt, noch sagt man wiederum, dass mit seiner Seele zusammen sowohl sein Gedanke als auch seine Rede das Blatt annehmen. Genauso ist es auch mit Gottes Rede: Sie hat den von uns [stammenden] Leib angenommen, ohne dass sie sich je vom Vater und dem Geist getrennt hätte, und [so] sagt man vom Vater und dem Geist nicht, dass sie den Leib angenommen haben".[72]

Auch ʿAmmār al-Baṣrī und Elias von Nisibis widmen der Diskussion um Jesus als Rede Gottes viel Raum und greifen die Argumente des Timotheos auf und entwickeln sie weiter. ʿAmmār al-Baṣrī argumentiert, dass die Rede und der Geist die gleiche Natur wie Gott haben, sonst könnte man nicht sagen, dass er „sprechend" und „lebendig" ist. Wenn Gott ohne seine Rede und seinen Geist wäre, dann wäre er stumm und leblos, wie die Götzen, gegen die Gott im Alten Testament geboten hat.[73] Er zitiert eine Reihe von Versen aus dem Alten Testament (Ps 33, 6; Job 33, 4; Jes 40, 8; Ps 119, 89; Ps 56, 4), um die Gegenwart und Beteiligung der Rede und des Geistes an den Werken Gottes zu beweisen. Die meisten der von ʿAmmār verwendeten Zitate finden sich auch in der Disputation des Timotheos mit al-Mahdī. Er weicht auch von Theodors Exegese ab und folgt Timotheos und der syrischen Tradition in der Auslegung von Ps 33, 6 in einem trinitarischen Sinn. Er weist jedoch darauf hin, dass „ihre Zeugnisse für die Rede und den Geist zu zahlreich sind, als dass wir sie in diesem Buch aufzählen oder auflisten könnten".[74]

Auch Elias von Nisibis behauptet, dass Gott nur als lebendig und sprechend gedacht werden kann. Er erklärt, dass Gott entweder lebendig oder leblos sein muss, weil alles, was aus sich selbst heraus existiert, nur entweder lebendig oder leblos sein

---

71 Vgl. Timotheos I., Brief 59.4.59-60.

72 Timotheos I., Brief 59.4.61-62. Vgl. auch Brief 59.3.27-30, wo Timotheos I. die „Rede" und das „Blatt" als Analogie für die zwei Naturen Christi verwendet. Der muslimische Aristoteliker stellt die gleiche Frage in Brief 40, wo Timotheos I. mit einer Reihe von Analogien antwortet, indem er zum Beispiel die Inkarnation der Rede Gottes mit der Bekleidung der menschlichen Rede mit der Zunge vergleicht. Vgl. Timotheos I., Brief 40.8.27-29. Diese Frage sollte klassisch werden, wie die Schriften späterer muslimischer Polemiker wie al-Warrāq und al-Bāqillānī zeigen. Vgl. Abū ʿĪsā al-Warrāq, Al-Radd ʻalā al-Ittiḥād 151-160, in David Thomas (hrsg.), Early Muslim Polemic against Christianity: Abū ʿĪsā al-Warrāq's „Against the Incarnation", University of Cambridge Oriental Publications, Band 59, Cambridge, 2002, S. 96-106; Abū Bakr al-Bāqillānī, Al-Radd ʿalā l-Naṣārā 32-35, in D. Thomas (hrsg.), Christian Doctrines in Islamic Theology, S. 182-187.

73 Vgl. ʿAmmār al-Baṣrī, Kitāb al-burhān 18b.

74 ʿAmmār al-Baṣrī, Kitāb al-burhān 18b.

kann. Der Schöpfer des Lebens und der Schöpfer aller Dinge kann aber nicht leblos sein. Er muss also lebendig sein. Ferner muss dieser Eine, der in sich selbst lebendig ist, entweder sprechend oder nicht sprechend sein, da alle lebendigen Dinge entweder sprechen oder nicht sprechen. Es kann aber nicht sein, dass der Schöpfer der Sprechenden und der Schöpfer des Sprechens nicht sprechend ist.[75] Elias von Nisibis unterscheidet weiter zwischen Muslimen und Christen hinsichtlich ihres Verständnisses von „Sprechen". Nach Elias verstehen die Muslime unter Sprechen die Bewegung der Zunge eines jeden Lebewesens durch einen hörbaren Laut, der den Vernünftigen und den Unvernünftigen gemeinsam ist. Die Christen dagegen unterscheiden zwischen dem Sprechen des Tones, das durch den Zusammenstoß von Körper und Luft entsteht und nur in Körpern existiert, die dem Tod unterworfen sind, und dem Sprechen der Vernunft, das beim Menschen von der Seele ausgeht und nicht nur den Seelen, sondern auch den Engeln und Gott eigen ist.[76] Der muslimische Wesir erklärt in seinem Dialog mit Elias von Nisibis, dass die Muslime Jesus das Wort Gottes nennen, weil er durch Gottes Gebot erschaffen wurde, so wie jedes Ding durch das zu ihm gesprochene „Sei" erschaffen wurde.[77] Elias von Nisibis lehnt eine solche Erklärung ab, denn es gäbe keinen Unterschied zwischen ihm und allen anderen Menschen und reitenden Tieren und leblosen Körpern, da sie alle durch Gottes Befehl erschaffen worden seien. Es gäbe also keinen Grund, ihn mit diesem Namen zu bezeichnen. Elija behauptet, dass Jesus gerade deshalb „Rede Gottes" genannt wird, weil die Rede eins mit ihm ist.[78]

Zusammenfassend lässt sich sagen, dass Timotheos eine Logos-Christologie einer Sohn-Christologie vorzieht, da er weiß, dass Jesus im Koran als Rede Gottes bezeichnet wird. Der ostsyrische Patriarch verwendet eine Reihe von alttestamentlichen Zitaten und Analogien, um zu beweisen, dass die Rede ewig und mit Gott dem Vater verbunden ist. Er übernimmt und verwendet auch die starke Argumentation des Johannes von Damaskus: Ohne seine Rede zu sein, würde bedeuten, dass Gott ohne Sprach- und Denkfähigkeit wäre, was unmöglich wäre. Das letztgenannte Argument wurde von ostsyrischen Theologen im islamischen Kontext verwendet und weiterentwickelt, insbesondere von Elias von Nisibis.

V.4. Die Geburt Jesu aus Maria: Christologie und Mariologie

Die enge Beziehung zwischen Mariologie und Christologie beruht auf Gegenseitigkeit. Einerseits wurde die Tatsache, dass Jesus nach christlicher Tradition ohne irdischen Vater von einer Jungfrau geboren wurde, ohne die Jungfräulichkeit seiner Mut-

75 Vgl. Elias von Nisibis, Kitāb al-majālis 1, S. ١٩.

76 Vgl. Elias von Nisibis, Kitāb al-majālis 1, S. ٢ – ٢١.

77 Vgl. Elias von Nisibis, Kitāb al-majālis 2, S. ٤٤. Auf der anderen Seite behauptet ʻAbd al-Jabbār, indem er Abū ʿAlī zitiert, dass er mit der Beschreibung Jesu als Wort Gottes meinte, dass die Menschen von ihm geführt wurden, so wie sie von einem Wort geführt werden. Vgl. ʻAbd al-Jabbār, Al-Kalām ʿalā al-Naṣārā 40, S. 298-299.

78 Vgl. Elias von Nisibis, Kitāb al-majālis 2, S. ٤٦.

ter zu verletzen, wie es sogar in Jesaja 7, 14 prophezeit wird, als außergewöhnliches Zeichen und Beweis für die Göttlichkeit Jesu gedeutet. Andererseits wurde Maria ein besonderer Status zuerkannt, weil sie Jesus, den wahren Menschen und wahren Gott, geboren hatte. Dieser Status führte im 5. Jahrhundert zu einer großen Kontroverse, ob Maria als Gottesgebärerin bezeichnet werden dürfe oder nicht.[79]

V.4.1. Maria – Christusgebärerin in der ostsyrischen Tradition

In seiner 4. Homilie macht Narsai deutlich, dass Maria nicht die unsichtbare göttliche Natur geboren hat, sondern einen Menschen, der ihr dem Leibe nach gleicht. Über diese Ähnlichkeit hinaus ist der Sohn jedoch herrlicher und erhabener als seine Mutter.[80] Narsai besteht weiterhin darauf, dass die göttliche Natur keine leibliche Mutter hat. Maria ist die Mutter des zweiten Adam, nicht die Mutter der göttlichen Natur. Sie ist wie die Erde, die Adam ohne Geschlechtsverkehr zur Welt brachte.[81]

Im Anschluss an den Text der Darlegung des Glaubens vor der Bischofsversammlung am persischen Hof im Jahre 612 wurden auch einige falsche Behauptungen widerlegt. Eine davon richtet sich „gegen diejenigen, welche fragen: Ist die h. Jungfrau Gottes- oder Menschengebärerin?“. So wird sowohl der Titel Gottesgebärerin abgelehnt, weil er die Menschheit Christi leugnet, als auch der Titel Menschengebärerin, weil er die Gottheit Christi leugnet und darauf hinweist, dass er ein einfacher Mensch war. Daher ist der Titel Christusgebärerin ein Zeugnis für die Wahrheit der zwei Naturen in Christus.[82]

Babai weist darauf hin, dass in der Heiligen Schrift erwähnt wird, dass Maria Christus geboren hat, ein Name, der seine beiden Naturen umfasst. Sie ist also Chris-

---

79 Vgl. Concilium Ephesinum, in Giuseppe Alberigo, Giuseppe A. Dossetti, Péricles-Pierre Joannou, Claudio Leonardi, Paulo Prodi (hrsgs.), Conciliorum Oecumenicorum Decreta, 3. Auflage, Bologna, 1973, S. 37-74 [„Konzil von Ephesos – 431“, in Josef Wohlmuth (hrsg.), Konzilien des ersten Jahrtausends: Vom Konzil von Nizäa (325) bis zum Vierten Konzil von Konstantinopel (869/870), Dekrete der ökumenischen Konzilien, Band 1, 3. Auflage, Paderborn/München/Wien/Zürich, 2002, S. 40-74]; Allois Grillmeier, Jesus der Christus im Glauben der Kirche, Band 1, S. 637-691; Richard Price, „The Virgin as Theotokos at Ephesus (ad 431) and Earlier“, in Chris Maunder (hrsg.), The Oxford Handbookd of Mary, Oxford, 2019, S. 67-77.

80 Narsai, Hom. IV, hrsg. McLeod, v. 419-430. Vgl. auch: L. Abramowski, Jesus der Christus, S. 142.

81 Narsai, Hom. IV, hrsg. McLeod, v. 452-456. Dieses Bild findet sich auch bei Ephräm dem Syrer: „Die Jungfrauengeburt lehrt uns, dass derjenige, der Adam in die Welt brachte, indem er ihn ohne Geschlechtsverkehr aus der jungfräulichen Erde hervorgehen ließ, auch den zweiten Adam ohne Geschlechtsverkehr im Schoß der Jungfrau formte“. Ephräm der Syrer, Kommentar zum Diatessaron, in Louis Leloir (hrsg.), Éphrem de Nisibe: Commentaire de l'Évangile Concordant ou Diatessaron, Sources Chrétiennes, Band 121, Paris, 1966, S. 66. Außerdem scheint Nestorius bei der Betonung der Menschheit in Christus keinen Unterschied zwischen Jesus und Adam gemacht zu haben, ein Argument, das sich auch im Koran und in der späteren islamischen Tradition findet: „Jener kam ohne Samen und auch Dieser; Jener war ein bloßer Mensch und eben so Dieser“. Ioannis Cassiani, De incarnatione Domini contra Nestorium, 7, 6, MG 50, 214; übers. Sieben Bücher über die Menschwerdung Christi, in Sämtliche Schriften des ehrwürdigen Johannes Cassianus: zweiter Band / aus d. Urtexte übers. von Karl Kohlhund, Bibliothek der Kirchenväter, 1 Serie, Band 68, Kempten, 1879. Vgl. auch Neal Robinson, Christ in Islam and Christianity, Albany, 1991, S. 156-157.

82 Vgl. J. B. Chabot (hrsg.), Synodicon orientale, S. 572-573/588-589; O. Braun (hrsg.), Das Buch der Synhados, S. 500-502/319-320.

tusgebärerin. Sie hat weder einen einfachen Menschen noch Gott geboren. Trotzdem kann man sie ihrer Natur nach Menschengebärerin und der Vereinigung nach Gottesgebärerin nennen.[83] Babai lehnt auch die Vorstellung ab, dass Maria den menschgewordenen Gott geboren habe, ein Ausdruck, der sich bei Philoxenus von Mabbug findet.[84] Er erklärt, dass ein solcher Ausdruck nicht akzeptiert werden kann, da er bedeuten würde, dass Maria eine fleischgewordene Göttin ist.[85]

V.4.2. Geburt Jesu aus Maria in der frühislamischen Tradition

Der Koran verwendet den Namen „Maria" häufiger als das Neue Testament: vierunddreißig Mal im Koran, neunzehn Mal im Neuen Testament. Dreiundzwanzig dieser Koranstellen kommen jedoch im Titel „Sohn Marias" vor, was beweist, dass die Bedeutung Marias wie im Christentum auch im Islam darin besteht, die Mutter Jesu zu sein. Anders kann ihre Rolle nicht definiert werden.[86] Der Koran berichtet, dass sie von Gott auserwählt wurde und daher ihre Keuschheit[87] bewahrte und unter der Obhut von Zacharias aufwuchs (vgl. Sure 3, 42; Sure 3, 47; Sure 19, 17-21; Sure 66, 12).[88]

Die Verkündigung der Geburt Jesu im Koran ähnelt der Erzählung im Lukasevangelium. Der Engel[89] wird im Koran in diesem Zusammenhang nicht als Gabriel (Dschibrīl) bezeichnet, obwohl er an anderer Stelle im Koran als Engel der Offenbarung auftritt, und die Kommentatoren haben angenommen, dass er es war, der Maria erschien.[90] Bemerkenswert ist, dass in Sure 19, 7 die Verkündigung durch einen Geist erfolgt, „der sich ihr als ein wohlgeformter Mensch offenbarte".[91] Nach dem Koran wird die Geburt Jesu durch das einfache, aber allmächtige Wort Gottes bewirkt. Er

83 Vgl. Babai, Liber de Unione, S. 99-100/69-70.

84 Vgl. Philoxenus von Mabbug, Tractatus tres de Trinitate et Incarnatione, hrsg. Arthur Adolphe Vaschalde, CSCO 9/10, Leuven, 1955/1961, S. 251/186. Vgl. auch G. Chediath, The Christology, S. 81-82.

85 Vgl. Babai, Liber de Unione, S. 263-264/214.

86 Vgl. G. Parrinder, Jesus in the Qu'rān, S. 60.

87 Auch Ibn 'Isḥāq erwähnt die Jungfräulichkeit Marias, die er „Maria, die Jungfrau, die Gute, die Reine" nennt. Vgl. Ibn 'Isḥāq, Sīrat, S. 657.

88 Vgl. Zeki Saritoprak, „Mary in the Qu'ran", in Chris Maunder (hrsg.), The Oxford Handbook of Mary, Oxford, 2019, S. 93.

89 Obwohl Sure 3, 45 von mehreren Engeln spricht, die Maria besuchten: „(Damals) als die Engel sagten: «Maria! Gott verkündet dir ein Wort von sich, dessen Name Jesus Christus, der Sohn der Maria, ist! Er wird im Diesseits und im Jenseits angesehen sein, einer von denen, die (Gott) nahestehen»". Vgl. auch Sure 3, 42.

90 Vgl. H. Räisänen, Das koranische Jesusbild, S. 24-25; G. Parrinder, Jesus in the Qu'rān, S. 68; Z. Saritoprak, „Mary in the Qu'ran", S. 95.

91 Neal Robinson hat die interessante Theorie aufgestellt, dass es eine Beziehung zwischen diesem Vers und dem Kommentar von Ephräm dem Syrer zum Diatessaron gibt, in dem der syrische Dichter den Namen Gabriel mit dem syrischen Wort „gabro" verbindet, das Mann oder Ehemann bedeutet. Vgl. N. Robinson, Christ in Islam and Christianity, S. 157. So schreibt Ephräm über die Verkündigung: „Da Elisabeth einen Mann hatte, ging Gabriel nicht zu ihr. Er ging zu Maria, um durch seinen Namen symbolisch den Platz eines Ehemannes einzunehmen". Ephräm der Syrer, Kommentar zum Diatessaron, S. 49.

sagt einfach: „Sei!“ und es geschieht. Dies entspricht der biblischen Sicht der Schöpfung: „Gott sprach und es geschah“. Aus diesem Grund wird die Geburt Jesu zweifellos mit der Geburt Adams verglichen, beide geschahen durch göttlichen Befehl und göttliche Macht:[92] „Jesus ist (was seine Erschaffung angeht) vor Gott gleich wie Adam. Den schuf er aus Erde. Hierauf sagte er zu ihm nur: sei!, da war er“ (Sure 3, 59). Auch Ibn Isḥāq behauptet, dass die Geburt Jesu nicht wunderbarer sei als die Erschaffung Adams. Er argumentiert, dass, wenn die Christen sagen, dass Jesus ohne Vater geboren wurde, Adam von Gott mit der gleichen Kraft aus der Erde geschaffen wurde, aber ohne Vater und Mutter, und dass er wie Jesus war: Fleisch und Blut, Haare und Haut.[93]

Erwähnenswert ist schließlich die Ablehnung der angeblichen Göttlichkeit Marias in Sure 5, 116: „Und (damals) als Gott sagte: «Jesus, Sohn der Maria! Hast du (etwa) zu den Leuten gesagt: ‚Nehmt euch außer Gott mich und meine Mutter zu Göttern!'?»“. Auch wenn dieser Vers unterschiedlich interpretiert wurde, als beziehe er sich auf bestimmte Vorstellungen einiger christlicher Sekten, scheint er doch die christologischen Auseinandersetzungen des 5. Jahrhunderts um den Titel „Theotokos“ in Erinnerung zu rufen.[94]

V.4.3. Die Geburt Jesu aus der Jungfrau Maria im Gespräch mit dem Islam

In der Disputation mit al-Mahdī erklärt Timotheos die Geburt Jesu für wunderbar, weil sie „ohne Vater [...] ohne Geschlechtsverkehr und ohne Verletzung der Jungfräulichkeit seiner Mutter“ erfolgte.[95] Der Kalif weist darauf hin, dass er wisse, was im Koran stehe, nämlich dass Maria Jesus ohne Geschlechtsverkehr geboren habe, verneint aber die Möglichkeit einer Geburt ohne Verletzung der Jungfräulichkeit.[96] Timotheos räumt ein, dass eine Geburt ohne Verletzung der Jungfräulichkeit außergewöhnlich ist. Er verweist jedoch auf eine Reihe von Beispielen aus der Bibel und der Natur, die damit vergleichbar sind, wie die Geburt Evas aus der Seite Adams oder die Geburt der Strahlen aus der Sonne. In dieser Argumentation nutzt der Patriarch die vielfältigen Bedeutungen, die sich aus der Wurzel ܝܠܕ ergeben können, die sowohl als „gebären“ als auch als „zeugen“ oder „hervorbringen“ verstanden werden kann.[97]

Der ostsyrische Patriarch greift dieses Thema in Brief 36 auf und stellt es in den Kontext der Beziehung zwischen Adam und Christus. Damit stellt er die muslimische Behauptung in Frage, die Geburt Jesu sei wunderbar gewesen, weil sie ohne Vater geschah, die Geburt Adams aber sei noch wunderbarer, weil er ohne Vater und Mutter aus der Erde erschaffen wurde. Man kann hier leicht die Argumentation von Ibn 'Isḥāq

92 Vgl. G. Parrinder, Jesus in the Qu'rān, S. 69.
93 Vgl. Ibn 'Isḥāq, Sīrat, S. 409-410/276-277.
94 Vgl. G. Parrinder, Jesus in the Qu'rān, S. 63; N. Robinson, Christ in Islam and Christianity, S. 20-22; Corrie Bloc, The Qur'an in Christian-Muslim Dialogue: Historical and Modern Interpretations, New York, 2014, S. 48.
95 Timotheos I., Brief 59.2.7.
96 Vgl. Timotheos I., Brief 59.2.8.
97 Vgl. Timotheos I., Brief 59.2.9-12. Vgl. auch M. Heimgartner, Timotheos I.: Brief, 59, S. 7 Anm. 36.

in der Sīrat Muḥammads erkennen. Timotheos widerlegt diese Behauptung und weist darauf hin, dass nicht nur Adam aus Erde erschaffen wurde, sondern nach der Schöpfungsgeschichte auch alle anderen Tiere. Daher sei die Geburt Jesu von einer Jungfrau ohne Vater noch wunderbarer und beweise seine Göttlichkeit:

> „Und deshalb muss man als Einzigen von allen den, welcher aus einer Jungfrau geboren wurde, als Herrn und Gott bekennen und verehren, sei es wegen des Herrseins und Gottseins, das er der Natur nach und der Vereinigung nach besitzt, sei es, weil er sich von allen durch [die Art] seiner Geburt im Fleisch unterscheidet".[98]

Außerdem erklärt Timotheos, dass der Name „Maria" [syr. Maryam] von „Herr" [syr. Maryā] abgeleitet ist. Somit kann derjenige, der von Maria geboren ist, nur Herr sein.[99] Außerdem war Maria keine einfache Jungfrau, sondern wurde aus einer Abstammung von Königen[100] auserwählt und im Tempel[101] unter der Obhut des Priesters Zacharias ausgebildet und erzogen. Darüber hinaus wurde sie im Tempel von Gott selbst mit Nahrung versorgt, was eine Anspielung auf Sure 3, 37 sein soll.[102] Daher kann derjenige, der von einer solchen Jungfrau geboren wird, kein einfacher Mensch oder Diener sein.[103]

98 Timotheos I., Brief 36.1.49.

99 Vgl. Timotheos I., Brief 36.1.56-58.

100 Timotheos I. verwendet diesen Gedanken auch in Brief 34, wo er sie als Königin bezeichnet, weil sie die Tochter Davids ist. So argumentiert der Patriarch, dass es falsch sei, Jesus als Diener zu bezeichnen, obwohl er von einer Frau geboren wurde, da sie eine Königin ist. Vgl. Timotheos I., Brief 34.2.24. Vgl. auch M. Heimgartner, Timotheos I.: Brief 34, S. 19 Anm. 81.

101 Weder im Neuen Testament noch im Koran wird erwähnt, dass Maria im Tempel wohnte, aber diese Vorstellung findet sich im Protoevangelium des Jakobs. Vgl. Silvia Pellegrini, „Das Protevangelium des Jakobus" 7.1-2, in Christoph Markschies und Jens Schröter (hrsgs.), Antike christliche Apokryphen in deutscher Übersetzung, 7. Auflage, Band 1: Evangelien und Verwandtes, Teilband 2, Mohr Siebeck, Tübingen, 2012, S. 918. Im Koran wird erwähnt, dass sie in einem miḥ'rāb aufwuchs, was mit Privat- oder Gebetsraum übersetzt werden kann (vgl. Sure 3, 36). Vgl. G. Parrinder, Jesus in the Qu'rān, S. 65.

102 „Sooft Zacharias (nun) zu ihr in den miḥ'rāb kam, fand er Unterhalt bei ihr (ohne daß ihn jemand herbeigeschafft hätte). Er sagte: «Maria! Woher hast du das?» Sie sagte: «Es kommt von Gott. Gott beschert (Unterhalt), wem er will, ohne abzurechnen»". Diese Vorstellung findet sich auch im Protoevangelium des Jakobus wieder. Dort ist es jedoch ein Engel, der ihr die Speise bringt: „Und Maria wurde im Tempel des Herrn wie eine Taube gehegt und nahm Speise aus der Hand eines Engels". Vgl. S. Pellegrini, „Das Protevangelium des Jakobus" 8.1, S. 919. In der späteren muslimischen Überlieferung ist umstritten, ob es sich um eine wunderbare Speise handelt, die Maria von Gott erhalten hat, oder um eine normale Speise. Jaʿfar al-Ṣādiq (702-765) berichtet, dass Zacharias, als er den miḥ'rāb betrat, bemerkte, dass sie im Winter Sommerfrüchte und im Sommer Winterfrüchte hatte. Vgl. Mahdi Muntazir Qa'im, Jesus Through the Qur'an and Shi'ite Narrations, Tahrike Tarsile Qur'an, New York, 2007, S. 14-15. Vgl. auch: Claude Gilliot, „Christians and Christianity in Islamic Exegesis", in D. Thomas und B. Roggema, Christian-Muslim Relations: A Bibliographical History, Band 1, S. 50.

103 Vgl. Timotheos I., Brief 36.1.59-60.

Muslimische Polemiker späterer Jahrhunderte bestanden jedoch darauf, die Geburt Jesu mit der Erschaffung Adams zu vergleichen, um die Überlegenheit und Göttlichkeit Jesu zu widerlegen. ʿAlī al-Ṭabarī lehnt die christliche Behauptung ab, Jesus sei aufgrund seiner wunderbaren Geburt Gott, und weist darauf hin, dass Adam weder Vater noch Mutter hatte. Auch Engel und andere Geister haben weder Vater noch Mutter und werden nicht als Gott angesehen.[104] Der gleiche Gedanke wird von al-Bāqillānī und al-Jabbār geäußert. Al-Bāqillānī führt weiter aus, dass, wenn Jesus aufgrund seiner Geburt als Herr angesehen wird, nicht nur Adam, sondern auch Eva als Herr angesehen werden sollte, da auch sie ohne Geschlechtsverkehr, aber aus der Rippe Adams geboren wurde.[105]

Dieses Thema taucht auch im Gespräch zwischen Elias von Nisibis und Abū al-Qāsim al-Husayn ibn ʿAlī al-Maghribi auf. Die Behauptung des muslimischen Wesirs, es gebe keinen Unterschied zwischen Jesus und Adam, da beide ohne Geschlechtsverkehr erschienen seien, lehnt Elias kategorisch ab.[106] Seine Antwort knüpft an die des Timotheos in Brief 36 an. Er erklärt, dass Adams Geburt aus der Erde ohne Geschlechtsverkehr nichts Besonderes sei, da auch der erste Esel, das erste Pferd und der erste Stier auf die gleiche Weise entstanden seien. Außerdem wurde Adam zu einer Zeit geboren, als es noch keine männlichen und weiblichen Wesen gab, von denen er hätte abstammen können, so dass er keine besondere Würde hat. Jesus hingegen wurde in einer Zeit geboren, in der es viele Menschen gab. Deshalb ist seine Würde größer.[107]

Am Ende der ersten Sitzung verwirft Elias von Nisibs die Idee, dass der von Maria geborene Mensch ewig ist, dass er der ungeschaffene Schöpfer ist und dass er vor den Zeitaltern aus Gott geboren wurde, und bekennt, dass er geschaffen ist und sich in seinem Wesen nicht von allen anderen Menschen unterscheidet, außer dass er keine Sünde kennt.[108] Deshalb, so sagt er, weigern sich die Ostsyrer, Maria Gottesgebärerin zu nennen.[109]

V.4.4. Tod Mariens – Ist Jesus schuldig?

Al-Mahdī erhebt in der Disputation mit Timotheos eine neuartige Anschuldigung, indem er Jesus beschuldigt, am Tod Marias schuldig zu sein. Er beginnt seine Anschuldigung indirekt, indem er den Patriarchen zunächst fragt, welche Strafe ein Mann ver-

104 Vgl. ʿAlī ibn Sahl Rabban al-Tabarī, Al-Radd ʿalā l-Naṣārā 38r, in Rifaat Ebied und David Thomas (hrsgs.), The Polemical Works of ʿAlī al-Ṭabarī, History of Christian-Muslim Relations, Band 27, Leiden, 2016, S. 142-143.

105 Vgl. ʻAbd al-Jabbār, Al-Kalām ʿalā al-Naṣārā 36, S. 290-293; Abū Bakr al-Bāqillānī, Al-Radd ʿalā l-Naṣārā 46, S. 198-199.

106 Vgl. Elias von Nisibis, Kitāb al-majālis 2, S. ٣٢.

107 Vgl. Elias von Nisibis, Kitāb al-majālis 2, S. ٤٧ – ٤٩.

108 Vgl. Elias von Nisibis, Kitāb al-majālis 1, S. ٤٤.

109 Vgl. Elias von Nisibis, Kitāb al-majālis 2, S. ٦٣. Im Zusammenhang mit der Erklärung der Mariä Verkündigung hatte der Mönch von Bēt Ḥāle Maria die Gesegnete (ṭubānītā Maryam) genannt, eine Bezeichnung, die typisch für die ostsyrische Tradition ist, im Gegensatz zu den Byzantinern und Westsyrern, die Maria Gottesgebärerin (yāldat ʾalāhā) nennen. Vgl. Disputation von Bēt Ḥāle 271r, 30. Vgl. auch D. Taylor, „Disputation“, S. 222, Anm 146.

diene, der seine Mutter töte. Nachdem er von Timotheos die Antwort erhalten hat, dass ein solcher Mann „Peitschenhiebe, Gefangenschaft und Tod" verdiene, erklärt er, dass Jesus die gleiche Strafe verdiene, weil „er seine Mutter hat sterben lassen und getötet hat".[110] Es ist bemerkenswert, dass die Verwendung der Formen Afel (ܐܡܝܬܗ̇) und Pael (ܩܛܠܗ̇) in den Worten al-Mahdīs nach dem syrischen Text auf eine aktive Beteiligung am Tod Marias schließen lässt. Timotheos verwendet stattdessen die Form ܐܡܝܬ („sterben lassen").[111] Doch der Patriarch rückt das Geschehen ins rechte Licht. So wie er die Kreuzigung Jesu mit seiner Auferstehung verband,[112] erklärt er nun, dass der Tod Marias nur ein Übergang in eine bessere Welt sei. Deshalb sei Jesus nicht der Bestrafung, sondern des Lobes würdig:

> „Wenn Jesus Christus seine Mutter sterben liess und seine Mutter durch den Tod in die andere Welt eingehen liess, jene andere Welt aber viel besser ist als diese, wie Eure Majestät gesagt hat, dann hat Jesus Christus seiner Mutter die höchste Vollendung und grosse Ehre zuteil werden lassen!"[113]

Zusammenfassend lässt sich feststellen, dass sowohl die Evangelien als auch der Koran die Geburt Jesu als wunderbar darstellen. Während für die ostsyrische Tradition und die christliche Tradition im Allgemeinen dieses Ereignis einen Beweis für die Göttlichkeit Jesu darstellt, lehnen die Muslime eine solche Interpretation ab und vergleichen es mit der Erschaffung Adams aus der Erde, ein Vergleich, der ursprünglich von christlichen Autoren wie Ephräm dem Syrer oder Nestorius gezogen wurde. Darüber hinaus wird Maria wegen der Geburt Jesu und ihrer Reinheit in beiden Traditionen verehrt. Die ostsyrischen Autoren weigern sich jedoch im Gegensatz zu den Westsyrern und Byzantinern, sie als Gottesgebärerin zu bezeichnen, da sie nicht die göttliche Natur, sondern Christus in zwei Naturen zur Welt gebracht habe. Schließlich macht der Kalif al-Mahdī Jesus für den Tod seiner Mutter verantwortlich. Timotheos argumentiert, dass Marias Tod ein Übergang in eine bessere Welt, das Himmelreich, ist. Dadurch ehrt er sie in anderer Weise.

V.5. Die Inkarnationslehre

Die Evangelien und die Briefe des Neuen Testaments bekennen zwar, dass Jesus Christus der Sohn und das Wort Gottes ist, aber sie erklären nicht im Einzelnen, wie er wahrer Gott und wahrer Mensch sein konnte. Spätere Christen versuchten, dieses Geheimnis zu rationalisieren, was vor allem ab dem 4. und 5. Jahrhundert zu einer Reihe von Kontroversen und schließlich zur Zersplitterung des Christentums in ver-

---

110 Vgl. Timotheos I., Brief 59.11.1-5.

111 Vgl. M. Heimgartner, Timotheos I.: Brief 59, Übersetzung, S. 59 Anm. 192.

112 Vgl. Timotheos I., Brief 59.9.4-6 und 9.94-102.

113 Timotheos I., Brief 59.11.8.

schiedene Gruppen führte.[114] Mit dem Aufkommen des Islam traten diese Gruppen in einen Dialog mit den Muslimen und erklärten und verteidigten die Lehre über Jesus gemäß ihren eigenen Traditionen. Die Kirche des Ostens, die das theologische Erbe von Autoren wie Diodor von Tarsus, Theodor von Mopsuestia und Nestorius aufnahm, betonte die Menschlichkeit Christi, was ihr in den Augen der Muslime oft einen Vorteil gegenüber den Byzantinern oder den Westsyrern verschaffte.

V.5.1. Die ostsyrische Inkarnationslehre

Narsai übernimmt die paulinische Sicht der Inkarnation als Sendung des Sohnes durch den Vater, um den menschlichen Bestand zu erneuern.[115] Bei der Erläuterung des Verses aus Joh 1, 14 weist er darauf hin, dass dies nicht als eine Verwandlung der Rede in Fleisch zu verstehen ist, sondern in dem Sinne, dass die Rede Fleisch angenommen hat, und zwar nicht nur Fleisch, sondern den ganzen Menschen mit Leib und Seele.[116] Narsai erklärt, dass Christus zwar als Sohn Gottes und als Mensch bezeichnet wird, es sich aber nicht um zwei Söhne oder zwei verschiedene Personen handelt, sondern um eine Person und einen Sohn:

> „Ein prosopon sage ich des Logos und des Tempels, den er erwählt hat, und ich bekenne einen Sohn, und zwei Naturen verkünde ich: die angebetete und verherrlichte Natur des Gott Logos, der mit seinem Vater ist, und unsere Natur, die er (der Logos) trägt, nach den Verheißungen, die er versprochen hat“.[117]

Außerdem sind die beiden Naturen vereint, ohne dass ein Abstand zwischen ihnen besteht, und ohne dass sich die beiden Naturen vermischen.[118]

Mār Ābā I. stellt die Inkarnation des Gottessohnes soteriologisch als eine Weise dar, in der Gott sich offenbart und zu den Menschen spricht, ein Prozess, der am Anfang durch die Propheten des Alten Testaments begonnen und später durch Christus fortgesetzt wurde. Dieser Christus, der im Fleisch von der Jungfrau Maria geboren wurde, der Gott und Mensch ist, wobei die Menschheit nach den Worten des Propheten David (vgl. Ps 45, 8) mit seiner Göttlichkeit gesalbt wurde, kam in die Welt, um die Schuld Adams zu bezahlen.[119]

---

114 Concilium Chalcedonense, in Giuseppe Alberigo, Giuseppe A. Dossetti, Péricles-Pierre Joannou, Claudio Leonardi, Paulo Prodi (hrsgs.), Conciliorum Oecumenicorum Decreta, 3. Auflage, Bologna, 1973, S. 75-104; deutsche Übersetzung in Konzil von Chalcedon – 451, in Josef Wohlmuth (hrsg.): Konzilien des ersten Jahrtausends: Vom Konzil von Nizäa (325) bis zum Vierten Konzil von Konstantinopel (869/70), Dekrete der ökumenischen Konzilien, Band 1, 3. Auflage, Paderborn/München/Wien/Zürich, 2002, S. 83-103; Allois Grillmeier, Jesus der Christus im Glauben der Kirche: Das Konzil von Chalcedon (451) – Rezeption und Widerspruch (451–518), Band 2.1, Freiburg im Breisgau, 1986.

115 Narsai, Hom. LVI, Band 1, hrsg. Mar Eshai Shimun XXIII, v. 9, S. 582, Übers. L. Abramowski, S. 89.

116 Narsai, Hom. LVI, v. 25-26, S. 583-584, Übers. L. Abramowski, S. 90-91.

117 Narsai, Hom. LVI, v. 29, 83-85, S. 583-589, Übers. L. Abramowski, S. 93.

118 Narsai, Hom. LVI, v. 104, S. 590, Übers. L. Abramowski, S. 83-84.

119 Vgl. Mār Ābā I., [Ueber] die Ορθοδοξία bezüglich des Glaubens, in J. B. Chabot (hrsg.), Synodicon orientale, S. 543/552-553; O. Braun (hrsg.), Buch der Synhados, S. 61-63/134-136.

Wie Narsai widmet auch Babai der Erklärung des Verses in Joh 1, 14 einen breiten Raum. So erklärt er, dass „die Rede wurde Fleisch" so zu verstehen ist, dass die Rede Fleisch angenommen hat. Er führt auch zwei weitere biblische Beispiele an, die im gleichen Sinne zu verstehen sind: „Er wurde zum Fluch" (Gal 3, 13) und „Er wurde zur Sünde" (II Kor 5, 21). Es handelt sich nicht um eine Verwandlung der Rede in einen Fluch oder in eine Sünde, sondern die Rede hat unseren Fluch und unsere Sünde angenommen.[120] Babai erklärt in seinem Werk Liber de Unione weiter die Vereinigung zwischen der Rede und dem Fleisch:

> „Wir aber glauben und halten, dass die Vereinigung der beiden Naturen, d.h. der beiden qnōme, der Gottesgestalt und der Dienergestalt, des Tempels und seines Bewohners, in einer Vereinigung, in einem Namen, in einer Macht, in einer Anbetung, erfolgt ist, wobei die Eigenschaften beider qnōme, nämlich der Gottheit und der Menschheit Christi in dem einen parṣōpa der Sohnschaft, erhalten bleiben".[121]

Gīwargīs erklärt, dass die Einwohnung des Logos in den von der Jungfrau Maria angenommenen Leib es ermöglicht habe, seine Verborgenheit zu offenbaren und die Größe der Macht seiner Göttlichkeit zu zeigen. In Übereinstimmung mit den Theologen vor ihm behauptet Gīwargīs, dass er, obwohl er von zwei Naturen spricht, sich zu einer einzigen Person und einem einzigen Sohn bekennt. Unter dem Namen Christus versteht er beide Naturen, „den Menschen, der mit der Gottheit gesalbt wurde und die Gottheit, die die Menschheit salbte nach Davids Verheissung" (vgl. Ps 45, 8).[122]

V.5.2. Jesus, Sohn der Maria, im Koran

Wie in den vorangegangenen Kapiteln gezeigt wurde, ist klar, dass Jesus nicht als Sohn Gottes angesehen werden kann, da Gott nach dem Koran und der späteren islamischen Tradition kein Kind haben kann. Zudem wird dieser Anspruch der Christen im Koran eindeutig zurückgewiesen. Auch wenn er als Wort Gottes bezeichnet wird, impliziert dieser Titel nicht den göttlichen Charakter wie im Christentum. Außerdem wird Jesus aufgrund seiner Geburt mit Adam gleichgesetzt. Er ist also ein einfacher Mensch, ein Geschöpf wie alle anderen von Gott erschaffenen Wesen. Im Koran wird Jesus ʿĪsā genannt, ein Name, der höchstwahrscheinlich vom syrischen Yeshūʿ, abgeleitet vom hebräischen Yeshua, stammt.[123]

---

120 Vgl. Babai, Liber de Unione, S. 257/208.

121 Babai, Liber de Unione, S. 166/134. Obwohl die Formel „Christus ist in zwei kyānē, zwei qnōmē und einer parṣōpā" durch Babai bekannt wurde, wurde sie erstmals in der Diskussion der persischen Delegation mit Justinian in den Jahren 562-563 auf die Christologie angewandt. Vgl. Antoine Guillaumont, „Justinien et l'Eglise de Perse", Dumbarton Oaks Papers 23-24 (1969-1970), S. 62.

122 Gīwargīs, Brief an Mīnā, in J. B. Chabot (hrsg.), Synodicon orientale, S. 234-235/500; O. Braun (hrsg.), S. 536/358.

123 Vgl. H. Räisänen, Das koranische Jesusbild, S. 17; G. Parrinder, Jesus in the Qu'rān, S. 16.

Er wird häufig, nämlich 23-mal, als Sohn der Maria bezeichnet. Obwohl dieser Titel einmal auch im Markusevangelium vorkommt (z.B. Mk 6, 3),[124] deutet die Beharrlichkeit, mit der Jesus im Koran als Sohn Marias bezeichnet wird, einerseits darauf hin, dass er keinen Vater hat,[125] steht aber andererseits in deutlichem Gegensatz zum Titel Sohn Gottes.[126] Der Sohn Marias und seine Mutter werden jedoch oft als Zeichen bezeichnet, weil sie Beweise für die Existenz und das Wirken Gottes darstellen (vgl. Sure 19, 21; 21, 91; 23, 52).[127] Er wird auch als Prophet (nabī) und Gesandter (rasūl) bezeichnet.[128] Obwohl er nur einmal direkt als Prophet genannt wird (vgl. Sure 19, 30), wird er häufig neben anderen Propheten erwähnt.[129]

Darüber hinaus wird Jesus im Koran als „Gesandter" bezeichnet, was der Bedeutung des griechischen ἀπόστολος entspricht.[130] Dieser Begriff wird zehnmal in Bezug auf Jesus verwendet.[131] Jesus wurde als Gesandter in der Nachfolge der früheren Gesandten gesandt. Jesus wird „nur" oder „nichts als" ein Gesandter genannt. Laut Parrinder soll dies seine Mission nicht abwerten, sondern ihn in den Zusammenhang mit anderen Missionen Gottes davor und danach stellen. Im Koran wird auch der Engel Gabriel als rasūl bezeichnet (vgl. Sure 19, 19).[132]

V.5.3. „Es sind nicht zwei Christusse oder Söhne, o König, sondern nur ein Sohn und Christus": Ostsyrische Inkarnationslehre im Gespräch mit dem Islam

In der Disputation mit al-Mahdī erklärt Timotheos immer wieder, dass es zwar zwei Geburten gebe, eine aus dem Vater jenseits der Zeit und eine zeitliche aus Maria, dass es aber nur einen Christus gebe:

> „Insofern er nämlich Gott-Rede ist, wird er aus dem Vater jenseits der Zeiten geboren wie der Strahl aus der Sonne und wie die Rede aus der Seele, doch insofern er Mensch ist, wurde er aus Maria, der Jungfrau, in der Zeit geboren: Aus dem Vater [wird er] ohne Mutter in ewiger Weise [geboren], aus der Mutter aber wurde er ohne Vater in zeitlicher Weise geboren, ohne Geschlechtsverkehr und ohne Verletzung der Jungfräulichkeit seiner Mutter".[133]

---

124 Vgl. G. Parrinder, Jesus in the Qu'rān, S. 22.

125 Vgl. Piotr Halczuk, „Jesus im Koran", Poznańskie Studia Teologiczne 40 (2021), S. 102.

126 Vgl. Martin Bauschke, Der Sohn Marias: Jesus im Koran, Darmstadt, 2013, S. 9-10.

127 Der Begriff „Zeichen" ist einer der grundlegenden theologischen Begriffe des Korans, der etwa 400-mal vorkommt. Zur Bedeutung dieses Begriffs, vgl. H. Räisänen, Das koranische Jesusbild, S. 23. Vgl. auch G. Parrinder, Jesus in the Qu'rān, S. 22.

128 Vgl. Jaakko Hämeen-Anttila, „Christians and Christianity in the Qur'ān", in D. Thomas and B. Roggema, Christian-Muslim Relations: A Bibliographical History, Band 1, S. 23-24. Zu den Unterschieden zwischen nabī und rasūl, vgl. M. Bauschke, Der Sohn Marias, S. 61-63.

129 Vgl. G. Parrinder, Jesus in the Qu'rān, S. 37.

130 Vgl. J. Jakob, Syrisches Christentum, S. 421.

131 Vgl. G. Parrinder, Jesus in the Qu'rān, S. 42.

132 Vgl. G. Parrinder, Jesus in the Qu'rān, S. 42-44; P. Halczuk, „Jesus im Koran", S. 102-103.

133 Timotheos I., Brief 59.2.7. Es ist erwähnenswert, dass Timotheos in diesem Fragment das Perfekt (ܐܬܝܠܕ) für die Geburt aus Maria und das durative Partizip (ܝܠܕ) für die Geburt aus dem

Die zwei Geburten entsprechen den zwei Naturen, der einen der Rede und der anderen, die aus Maria stammt und die Rede angenommen hat. Das bedeutet nicht, dass es zwei Söhne oder zwei Christusse gibt.[134] Al-Mahdī bestreitet dies jedoch und weist darauf hin, dass die Aussage des Patriarchen widersprüchlich ist: „Wenn er einer ist, ist er nicht zwei, und wenn er zwei ist, ist er nicht einer".[135] Timotheos greift wiederum auf eine Reihe von Analogien zurück, um seinen Standpunkt zu verdeutlichen. So vergleicht er die Vereinigung der beiden Naturen mit der Vereinigung von Leib und Seele oder des Königs mit seinem Gewand. Dieses Bild vom König und seinem Gewand wird von den ostsyrischen Autoren häufig verwendet, da es sowohl die Verbindung als auch den Unterschied zwischen dem Wort Gottes und dem Gewand des Menschseins sehr deutlich veranschaulicht. Die zwei Naturen Christi werden also „niemals vermengt und vermischt; denn die bekannten Eigenschaften seiner Naturen bleiben in der einen Person von Sohn und Christus bewahrt".[136]

Einen Widerspruch sieht al-Mahdī auch in dem Vers aus Joh 20, 17: „Ich gehe zu meinem Gott und zu eurem Gott".[137] Hinter al-Mahdīs Auslegung von Joh 20, 17 steht

---

Vater verwendet. In Brief 59.2.6 verwendet Timotheos jedoch das Perfekt (ܐܬܝܠܕ) für die Geburt des Sohnes aus dem Vater. Vgl. M. Heimgartner, Timotheos I.: Brief 59, S. 6 Anm. 33.

134 Vgl. Timotheos I., Brief 59.3.3-4.

135 Timotheos I., Brief 59.3.6. Dieses Argumentationsmuster wird von al-Mahdī insbesondere in seiner Anfechtung der Trinität verwendet: „Wenn er eins ist, ist er nicht drei, und wenn er drei ist, ist er nicht eins. Was soll dieser Widerspruch!". Vgl. Timotheos I., 59.16.96. Vgl. auch M. Heimgartner, „Trinitätslehre beim ostsyrischen Patriarchen Timotheos", S. 74-77; M. Heimgartner, Timotheos: Brief 59, S. 8 Anm. 43. Dieser Gedanke ist wohl der häufigste, wenn es darum geht, die Trinität im christlich-muslimischen Dialog in Frage zu stellen. In diesem Sinne schreibt zum Beispiel al-Jabbār: „Denn dass die drei wirklich eins sind und das eine drei ist, ist irrational". Vgl. ʻAbd al-Jabbār, Al-Kalām ʿalā al-Naṣārā 13, S. 246-247.

136 Timotheos I., Brief. 59.3.11. Auch Theodor bar Kōnī spricht von einer parṣōpīschen Einheit in zwei Naturen und Individualitäten. Er erklärt mehrfach, dass der Zweck dieser Formel darin besteht, die Exaktheit der Einheit auszudrücken und die göttliche Natur vor Leiden und Tod zu bewahren. Vgl. Theodor bar Kōnī, Memrā X, 85 und 141.

137 Dieser Vers wurde von den Muslimen in ihren späteren polemischen Schriften häufig verwendet, um die christliche Behauptung zu widerlegen, die Schrift beweise, dass Jesus der Sohn Gottes sei. Vgl. Martin Accad, „The Ultimate Proof-Text: The Interpretation of John 20. 17 in Muslim-Christian Dialogue (Second/Eighth Eighth/Fourteenth Centuries)", in David Thomas (hrsg.), Christians at the Heart of Islamic Rule: Church Life and Scholarship in Abbasid Iraq, Leiden, 2003, S. 207-213; Martin Accad, „The Gospels in Muslim Discourse of the Ninth to the Fourteenth Centuries: An Exegetical Inventorial Table (Part IV)", Islam and Christian-Muslim Relations 14 (2003), S. 478. Auch andere biblische Verse wurden von Muslimen herangezogen, um zu behaupten, Jesus sei nicht im eigentlichen, sondern nur im übertragenen Sinne der Sohn Gottes. Neben dem Vers aus Joh 20, 17 weist Al-Nāshiʾ Al-Akbar darauf hin, dass auch Israel in der Tora als „Erstgeborener" bezeichnet wird (Vgl. Ex 4, 22). Vgl. Al-Nāshiʾ Al-Akbar, Al Radd ʻallā al-Naṣārā 27, in David Thomas (hrsg.), Christian Doctrines in Islamic Theology, History of Christian-Muslim Relations, Band 10, Leiden, 2008, S. 58-59. Auch al-Jāhīz und ʻAbd al-Jabbār verwenden diesen Vers, um ähnlich zu argumentieren. Vgl. Al-Jāḥiẓ, Al-Radd alā al-Naṣārā, in Joshua Finkel (hrsg.), Thalāth rasāʾil li-Abī ʻUthman Al-Jāḥiẓ, Kairo, 1926, S. 26; ʻAbd al-Jabbār, Al-Kalām ʿalā al-Naṣārā 38, S. 294-295. Zu einer ausführlicheren Analyse dieses Verses, vgl. Shlomo Pines, „ʻIsrael, my Firstbornʼ and the Son-

höchstwahrscheinlich Sure 5, 72: „Ungläubig sind diejenigen, die sagen: «Gott ist Christus, der Sohn der Maria». Christus hat (ja selber) gesagt: «Ihr Kinder Israels! Dienet Gott, meinem und eurem Herrn!»".[138] Die Tatsache, dass Jesus sagt, er gehe „zu meinem Gott", schließt also die Möglichkeit aus, dass er selbst Gott ist. Timotheos weist den Kalifen darauf hin, dass er das Fragment nicht vollständig zitiert habe, denn Jesus sagt zuvor, er gehe „zu meinem Vater und zu eurem Vater".[139] Für die Rede ist er Vater, und für das Gewand der Rede ist er Gott.[140]

Der muslimische Aristoteliker fragt Timotheos, wie das Unbegrenzte in einem begrenzten und beschränkten Körper erscheinen kann.[141] Wie Mār Ābā I. vergleicht der Patriarch hier die Menschwerdung mit der Offenbarung Gottes an die Propheten des Alten Testaments. Wie er sich den Früheren „in gewisser Weise" und „in einem wahrhaftigen Gleichbild" offenbarte, ohne seine unsichtbare Natur einzuschränken, so offenbarte er sich in dem Leib, den er von der Jungfrau Maria annahm, ohne seine göttliche Natur zu verändern oder zu mindern.[142]

---

ship of Jesus", in E. E. Urbach, R. J. Zwi Werblowsky und C. Wirzubski (hrsgs.), Studies in Mysticism and Religion presented to Gershom G. Scholem on his Seventieth Birthday by Pupils, Colleagues and Friends, Jerusalem, 1967, S. 177-190. Vgl. auch D. Thomas, Christian Doctrines in Islamic Theology, S. 61 Anm. 47. Al-Bāqillānī erwähnt, dass Moses im Alten Testament auch Gott genannt wurde, aber das bedeutet nicht, dass er wirklich Gott ist, es ist nur metaphorisch gemeint: „Sag zu ihnen: Aber Gott sprach auch zu Mose: «Siehe, ich setze dich zum Gott für den Pharao, und Aaron, dein Bruder, soll dein Prophet sein», im Sinne von: «Du wirst Macht über ihn haben, du wirst ihm befehlen, du wirst ihn beherrschen, damit er dir gehorcht». Und das ist nur Sprache". Abū Bakr Muḥammad ibn aṭ-Ṭayyib al-Bāqillānī, Al-Radd ʿalā l-Naṣārā 45, S. 196-199. Auch Al-Tabarī widmet diesen Versen breiten Raum. Vgl. al-Tabarī, Al-Radd ʿalā l-Naṣārā 41v-45r, S. 150-161.

138 Vgl. M. Heimgartner, Timotheos: Brief 59, S. 10 Anm. 48.

139 Al-Jabbār bestreitet die Richtigkeit dieses Verses. Er behauptet, dass bei der Überlieferung dieses Fragments ein Fehler unterlaufen sei und „rabb" (Herr) durch „ab" (Vater) ersetzt worden sei. Vgl. ʻAbd al-Jabbār, Al-Kalām ʿalā al-Naṣārā 39, S. 296-297. Diese Aussage impliziert also, dass der biblische Text, der den Christen zur Verfügung steht, korrupt ist, ein Vorwurf, der in den polemischen Schriften der Muslime und in ihren Dialogen mit den Christen sehr häufig erhoben wird. Vgl. D. Thomas, Christian Doctrines in Islamic Theology, S. 297 Anm 118. Mehr dazu im Unterkapitel V.10.4.

140 Vgl. Timotheos I., Brief 59.3.15-20. Derselbe „Widerspruch" taucht in anderer Form in der Disputation auf, als der Kalif behauptet, da Jesus Gott verehrt und angebetet habe, könne er nicht selbst Gott sein. Die Antwort des Timotheos ist ähnlich: Christus hat Gott als Mensch, nicht als Gott verehrt und angebetet. Vgl. Timotheos I., Brief 59.6.19-22. Den gleichen Vorwurf erhebt der muslimische Aristoteliker in Brief 40. Hier versucht Timotheos seinem Gesprächspartner zu beweisen, dass seine Argumentationskette falsch ist. So antwortet der Patriarch wiederum mit dem Hinweis auf Sure 4, 171 und erklärt, da Jesus Wort und Geist sei und Wort und Geist untrennbar mit Gott verbunden seien, folge daraus, dass diese Anbetung nicht ohne Gott stattgefunden habe. Vgl. Timotheos I., Brief 40.10.7-8.

141 Vgl. Timotheos I., Brief 40.8.1.

142 Vgl. Timotheos I., Brief 40.8.6-10. Vgl. auch Timotheos I., Brief 34.7.29. Auch ʿAmmār al-Baṣrī stellt die Menschwerdung als Fortsetzung der alttestamentlichen Offenbarungen Gottes durch die Propheten dar. Vgl. ʿAmmār al-Baṣrī, Kitāb al-burhān 29a.

Ein weiterer Vorwurf, den der muslimische Aristoteliker gegen die Inkarnation erhebt, ist, dass die Anbetung, die die Menschen Gott entgegenbringen, nun an die Elemente [syr. ܐܣܛܘܟܣ̈ܐ, gr. στοιχεῖα][143] gerichtet ist, da Gott Mensch geworden ist und der Mensch aus Elementen besteht. Timotheos erklärt, dass die Anbetung nicht an die Elemente gerichtet ist, sondern „durch das Bild zum Archetyp emporsteigt".[144] Der Patriarch führt eine Reihe von Beispielen an, um seinen Standpunkt zu untermauern: die Anbetung Gottes durch die Propheten „in dem Gleichbild", die Würdigung des Kalifen durch die Würdigung seines Purpurmantels oder durch das Küssen von Schuhen aus Leder toter Tiere, und vor allem die Anbetung Gottes durch die Muslime „im Geheiligten Haus"[145]. So ist die Anbetung Gottes in Jesus, der „Rede und Geist von Gott"[146] ist, angemessener als die Anbetung Gottes in „unbeseelten und vernunftlosen Steinen".[147]

Im Brief 34 führt Timotheos das Thema der Inkarnation weiter aus und zeigt, dass die Rede zwar von Ewigkeit her ohne Leib existiert hat, dass aber der Leib Christi von sich aus nicht ohne die Rede existiert hat. Dies ist auch die Bedeutung des Verses von Joh 1, 14: „Die Rede wurde Fleisch" nach Timotheos. Deshalb heißt es auch nicht „Die Rede wurde Mensch", denn der Mensch besteht aus Leib und Seele, und die Seele erscheint im menschlichen Fötus erst nach etwa vierzig Tagen.[148] So hätte man

143 Vgl. M. Heimgartner, Timotheos: Brief 40, S. 41, Anm. 197.

144 Vgl. Timotheos I., Brief 40.8.11-13. Auch Narsai erklärt, dass die Anbetung nicht dem Tempel des Fleisches gilt, sondern dem, der darin wohnt: „Unsere Tröstung hat er aufgerichtet, den Tempel des Fleisches, und wohnte in ihm, damit wir anbeten im äußeren Heiligtum ihn, der verborgen ist im Allerheiligsten". Narsai, Hom. LXXXI, Band II, hrsg. Mar Eshai Shimun XXIII, v. 129, S. 218, Übers. L. Abramawoski, Jesus der Christus, S. 98. Vgl. auch die Kritik des späteren muslimischen Polemikers al-Jabbār an der Anbetung Christi durch die Christen: ʻAbd al-Jabbār, Al-Kalām ʿalā al-Naṣārā 78-82, S. 366-375.

145 ʻAmmār al-Baṣrī vergleicht in der Kitāb al-burhān die Verehrung eines Steins durch die Muslime mit der Verehrung des Kreuzes durch die Christen: „Wir küssen das Kreuz, worüber sich unsere Gegner lustig machen, also kehren wir mit Beweisen zu ihnen zurück. Viel mehr wunderbar ist, dass sie einen Stein küssen, der von den Polytheisten geehrt und geküsst wurde. Das Holz ist aber näher zur Frucht als der Stein. Wenn sie sagen: wir begrüßen dadurch nicht denjenigen Stein, dann antworten wir: auch wir begrüßen nicht das Holz des Kreuzes. Die Bedeutung der Ehre, die wir diesem Zeichen zeigen, gilt, wie wir erwähnt haben, der leiblichen Erscheinung unseres Schöpfers, der auf das Holz gekreuzigt wurde, und der uns so die Auferstehung, das Leben und die Nichtigkeit der Sünde gezeigt hat". ʻAmmār al-Baṣrī, Kitāb al-burhān 42a, Übers. Miklós Maróth, Ammār al-Baṣrī: Das Buch des Beweises, Orientalia Christiana, Band 1, Piliscsaba, 2015, S. 83.

146 Damit spielt Timotheos eindeutig auf Sure 4, 171 an, wo Jesus als Rede und Geist bezeichnet wird. Vgl. auch M. Heimgartner, Timotheos: Brief 40, S. 42, Anm. 207.

147 Vgl. Timotheos I., Brief 40.8.14-17.

148 Auch bei Babai findet sich diese Vorstellung vom Erscheinen der Seele im Leib nach vierzig Tagen. Da der Körper im Mutterleib vierzig Tage lang ohne Seele ist, wächst er wie eine Pflanze, und die Menge der natürlichen Materie der Mutter wird zu seinem Wachstum hinzugefügt. Vgl. Babai, Liber de Unione, S. 117, 9-13 / 94, 27-32. Nach Chediath war die Erschaffung der Seelen nach dem vierzigsten Tag bei den Syrern und Griechen eine verbreitete Vorstellung. Vgl. G. Chediath, The Christology of Mar Babai the Great, S. 156-160. Vgl. auch

verstehen können, dass der Leib Christi in den ersten Tagen ohne die Rede existiert hätte und nicht von Anfang an mit ihr vereint gewesen wäre.[149] Darüber hinaus ist „wurde“ nicht als eine Veränderung der Natur der Rede zu verstehen, da dies unmöglich ist, sondern die Veränderung gehört zum Fleisch:

> „Denn wenn dieses [Wort] »wurde« dem Fleisch der Natur nach zukommt und [wenn] das Fleisch [wiederum] der Rede der Vereinigung nach zukommt, dann kommt folglich auch dieses »wurde« (der Rede) nicht der Natur nach zu – denn die Rede (»wurde«) nicht der Natur nach –, sondern [es kommt ihr] der Vereinigung nach [zu], denn sie wurde Mensch ohne Veränderung [ihrer selbst] um der Erneuerung von allem willen“.[150]

Außerdem ist die Vereinigung der beiden Naturen Christi unauflösbar. Sie ist nicht wie die Vereinigung von Leib und Seele, denn nach dem Tode Jesu wurde der Leib ins Grab gelegt und die Seele ging in das Paradies hinüber.[151] Obwohl Timotheos in

---

Luise Abramowski, „Die Christologie Babais des Grossen“, Symposium Syriacum: Orientalia Christiana Analecta 197 (1974), Rom, S. 239-244 [nachgedruckt in Luise Abramowski, Neue Christologische Untersuchungen: Texte und Untersuchungen zur Geschichte der altchristlichen Literatur, Band 187, Berlin, 2020, 89-110]; L. Abramowski, Jesus der Christus, Band 2/5, S. 461-462.

149 Vgl. Timotheos I., Brief 34.1.7-13. Vgl. auch Timotheos I., Brief 1.3.10, 35.3.1-4, Brief 36.1.3-6 und Brief 41.3.18. Der Moment der Vereinigung der Rede mit dem Menschen aus Maria ist ein wiederkehrendes Thema in den polemischen Schriften späterer muslimischer Autoren. So präsentiert Abū ʿĪsā al-Warrāq im Kalām-Stil eine Reihe von Erwiderungen auf mögliche Antworten der christlichen Gegner verschiedener Traditionen: „Und sagt zu den Jakobiten und Nestorianern: Wann hat sich die Rede mit dem von Maria genommenen Menschen vereinigt, vor der Geburt, nach der Geburt oder im Augenblick der Geburt? Wenn sie sagen: Vor der Geburt, so sagen wir: Vor der Geburt und vor der Schwangerschaft oder vor der Geburt, als das Geborene noch ein Fötus war? Wenn sie sagen: Vor der Geburt und vor der Schwangerschaft, und behaupten, er habe sich mit ihm vereinigt, bevor er ein vollwertiger Mensch war und bevor er geformt und zusammengesetzt war, dann ist ihre Lehre, der Ewige habe sich mit einem vollwertigen Menschen vereinigt, falsch, denn er war zu jener Zeit nicht vollwertig. Und ihre Lehre, er habe sich mit einem einzelnen Menschen vereinigt, ist falsch, weil der einzelne Mensch erst dann ein einzelner Mensch ist, wenn er als Mensch geformt ist [...]“. Abū ʿĪsā al-Warrāq, Al-Radd ʻalā al-Ittiḥād 161-163, S. 106-108f.

150 Timotheos I., Brief 36.1.6. Timotheos widerspricht auch der Auslegung von Joh 1, 14 im Sinne von „die Rede machte Fleisch“. Vgl. Timotheos I., Brief 36.1.5. Es ist interessant, dass Narsai diesen Vers genau so versteht: „Nicht ist er zum Werden erniedrigt worden, weil er gesagt hat: Er wurde Fleisch, sondern er bildete sich das Fleisch, und wohnte in ihm durch seinen Willen“. Narsai, Hom. LXXXI, Band 2, Mar Eshai Shimun XXIII, v. 37, S. 209; Übers. L. Abramowski, Jesus der Christus, Band 2.5, S. 106.

151 Vgl. Timotheos I., Brief 34.1.14-16. Dieses heikle Thema der Einheit der beiden Naturen zum Zeitpunkt der Kreuzigung und des Todes Christi sollte in den folgenden Jahrhunderten von muslimischen Polemikern angegriffen werden. So erklärt al-Warrāq, wenn die Christen behaupten, die Einheit sei zerstört worden, dann sei der Gekreuzigte nicht der Messias und Sohn Gottes gewesen. Und wenn die Christen behaupten, die Einheit sei bewahrt worden, dann sei die göttliche Natur zusammen mit der menschlichen Natur an Kreuzigung, Leiden und Tod beteiligt gewesen. Vgl. Abū ʿĪsā al-Warrāq, Al-Radd ʻalā al-Ittiḥād 176-185, S. 116-121. Ähnlich

seiner Auseinandersetzung mit al-Mahdī die Vereinigung der beiden Naturen in Christus mit der Vereinigung von Leib und Seele verglich, um zu zeigen, dass sie nicht vermischt sind, wird diese Analogie hier abgelehnt.

Zusammenfassend lässt sich sagen, dass Timotheos zwar von zwei Geburten spricht, einer vor der Zeit aus dem Vater und einer in der Zeit aus Maria, dass es sich dabei aber nicht um zwei verschiedene Personen oder zwei verschiedene Söhne handelt, sondern um ein und denselben Christus. Um seinen Standpunkt zu untermauern, verwendet er eine Reihe von Analogien, wie die Verbindung zwischen Seele und Körper oder zwischen dem König und seinem Gewand. Er erklärt auch einige umstrittene Bibelverse wie Joh 20, 17, die al-Mahdī und spätere muslimische Polemiker als Beweis dafür interpretierten, dass Jesus nur ein Mensch war.

V.6. Eine einzige Wirkung und ein einziger Wille in Christus

Nachdem es Kaiser Justinian I. und dem Zweiten Konzil von Konstantinopel nicht gelungen war, das chalkedonische Schisma zu überwinden und die wichtigsten christlichen Gemeinschaften des Byzantinischen Reiches durch eine einheitliche Christologie zu einigen, versuchte Herakleios (610-641) erneut, das Schisma zwischen der dyophysitischen chalkedonischen Partei und den Miaphysiten zu überwinden, indem er zunächst den Kompromiss des Monoenergismus und später des Monotheletismus vorschlug.[152] Allerdings gab es schon lange vor dem 7. Jahrhundert verschiedene Formen dieser Lehre. So finden sich bestimmte Ausdrücke nicht nur bei Apollinaris oder in der alexandrinischen Tradition, verkörpert durch Severus von Antiochia, sondern, vielleicht überraschend, auch in der antiochenischen Tradition bei Theodor von Mospuestia.[153] In seiner Kritik an Apollinaris schrieb Theodor jeder Natur eine Handlungs- und Willensfähigkeit zu. Wenn er jedoch von der Einheit in Christus spricht, erwähnt er nur ein einziges gemeinsames Handeln und einen gemeinsamen Willen, die auf der gleichen Ebene mit dem Prosopon stehen.[154]

V.6.1. Die ostsyrische Inkarnationslehre und die willentliche Einheit

Angesichts der Bedeutung des Theodor von Mopsuestia in der ostsyrischen Tradition ist es nicht verwunderlich, dass diese Lehre auch bei ostsyrischen Theologen zu finden

argumentiert auch al-Bāqillānī. Vgl. Abū Bakr al-Bāqillānī, Al-Radd ʿalā l-Naṣārā 39, S. 190-193.

152 Vgl. John Meyendorff, Imperial Unity and Christian Divisions: The Church, 450-680 AD, Crestwood, 1989, S. 369-373; Cyril Hovorun, Will, Action and Freedom: Christological Controversies in the Seventh Century, The Medieval Mediterranean: Peoples, Economies and Cultures, 400-1500, Band 77, Leiden/Boston, 2008; Christian Lange, Mia Energeia: Untersuchungen zur Einigungspolitik des Kaisers Heraclius und des Patriarchen Sergius von Constantinopel, Studien und Texte zu Antike und Christentum, Band 66, Tübingen, 2012.

153 Vgl. C. Hovorun, Will, Action and Freedom, S. 5.

154 Vgl. Theodor von Mopsuestia, Epistula ad Dominum (CPG 3863, 2): Doctrina Patrum 305, 20-26, in C. Hovorun, Will, Action and Freedom, S. 11.

ist. Für Narsai setzt die Vereinigung der beiden Naturen Christi in einer Person die Existenz eines einzigen Willens voraus: „Zwei, die wurden in der Einheit eine Liebe und ein Wille, der eingeborene Logos aus dem Vater".[155] Auch wenn der Dichter nicht näher auf „die eine Liebe und den einen Willen" eingeht, scheint es, wie schon Abramowski angedeutet hat, dass es sich also nicht um zwei Willen handelt, die den beiden Naturen entsprechen und zusammenwirken, sondern um einen Willen, der zur Rede gehört.[156]

Als die Bischöfe auf der Versammlung von 612 den Vorwurf zurückwiesen, sie würden sich zu zwei Söhnen bekennen, gaben sie eine Definition der Vereinigung der beiden Naturen in Christus, die auch von einem Willen spricht: „Die h. Schriften belehren uns, dass Christus vollkommener Gott und Mensch ist in einer Sohnschaft, einer Herrschaft, einer Macht, einem Willen, einer Oekonomie".[157]

Auch Babai spricht von der Annahme des Menschen in der Person der Sohnschaft in einem Willen und in einer Macht und einer Herrschaft.[158] Andererseits erklärt Babai, dass der Gehorsam Christi bis zum Tod im Zusammenhang mit Phil 2, 7-8 zeige, dass Christus einen freien menschlichen Willen hatte, sonst hätte er nicht gehorsam werden können. Er interpretiert auch Lk 22, 42: „doch nicht mein, sondern dein Wille geschehe" als Beweis für einen freien menschlichen Willen in Christus: „Denn der Wille der Dreifaltigkeit ist eins; der Leib aber liebt von sich aus das Leben und will nicht sterben".[159] Dennoch gibt es keinen Konflikt zwischen den beiden Willen, denn der menschliche Wille ist dem göttlichen Willen gehorsam.[160] Der menschliche Wille war mit dem Willen Gottes, der in ihm war, vereint.[161] Babai kritisiert auch jene, die in gottloser Weise behaupten, die Vereinigung sei naturgemäß, hypostatisch und zwingend, und die die Eigenschaften der beiden Naturen für ungültig erklären, indem sie sagen, die Seele unseres Herrn habe in diesem demütigen Gehorsam nicht ihren freien Willen bekundet.[162]

Īšō'jahb II. betont in seinem christologischen Brief die eine Person in Christus. So erklärt er, dass die zwei Formen, d.h. der Gottheit und Menschheit, in einer einzigen

155 Narsai, Hom. LVI, Band 1, hrsg. Mar Eshai Shimun XXIII, v. 87, S. 589, Übers. L. Abramowski, Jesus der Christus, Band 2/5, S. 94. Vgl. auch Sebastian Brock, „The Christology of the Church of the East", in Dmitry Afinogenov und Alexey Muraviev (hrsgs.), Traditions and Heritage of the Christian East, Moskau, 1996, S. 170-171 [nachgedruckt in Sebastian Brock, Fire from Heaven: Studies in Syriac Theology and Liturgy, Variorum Collected Studies Series, Hampshire, 2006]; und M. Metselaar-Jongens, Defining Christ, S. 72.

156 Vgl. L. Abramowski, Jesus der Christus, Band 2/5, S. 94.

157 J. B. Chabot (hrsg.), Synodicon orientale, S. 575/592; O. Braun, Das Buch der Synhados, S. 504/322-323.

158 Vgl. Babai, Liber de Unione, S. 50/41.

159 Babai, Liber de Unione, S. 80/65.

160 Vgl. G. Chediath, The Christology of Mar Babai the Great, S. 100; L. Abramowski, Jesus der Christus, Band 2/5, S. 457.

161 Vgl. Babai, Liber de Unione, S. 106/75.

162 Vgl. Babai, Liber de Unione, S. 144/115.

Person ohne Trennung oder Teilung erscheinen und alles wirken (ܣܥܪ̈ܝܢ).[163] Auch wenn Īšō'jahb II. hier von einer einzigen Wirkung (mia energeia) zu sprechen scheint, ist es recht schwierig, dies mit Sicherheit festzustellen.[164] Es gibt jedoch Berichte über ein Treffen zwischen Herakleios und der von Īšō'jahb II. geleiteten Delegation der Kirche des Ostens im Rahmen der Friedensverhandlungen zwischen Byzantinern und Sassaniden, bei dem der Katholikos den Glauben seiner Kirche darlegte. Die Chronik von Seert erwähnt in diesem Zusammenhang, dass Īšō'jahb II. einen einzigen Willen und ein einziges Wirken in Christus bekannte:

> „Er [sc. Heraclius] fragte ihn [sc. Īšō'jahb II.] nach dem Glauben. Da legte er [sc. Īšō'jahb II.] es ihm dar und verdeutlichte ihm [sc. Heraclius], dass sein Glaube mit dem Bekenntnis der 318 [sc. Väter von Nicaea (325)] übereinstimme. [...] Das Glaubenssymbol des Īšō'jahb II. stimmte [darüber hinaus] mit jenem des Sergius, des Patriarchen von Konstantinopel, in dem Bekenntnis von einem «Willen» und einer «Wirkweise» überein".[165]

Andererseits bietet ʿAmr ibn Mattā eine Version dieses Glaubenssymbols an. Zwar spricht er davon, dass aus freiem Willen „der eine Herr Jesus Christus, der Sohn Gottes", im Fleisch für unsere Rettung gelitten hat, doch scheint dies eher ein Ausdruck des freien Willens im Gegensatz zu Notwendigkeit oder Zwang zu sein als in den Koordinaten der Diskussion über zwei Willen in Christus. Es gibt keinen Hinweis auf eine einzige Wirkung.[166]

Auch Īšō'jahb III. scheint sich auf die Kontroverse über die Anzahl der Energien und des Willens in Christus während dieser Zeit zu beziehen. So schreibt er in Brief 30M über das große Wunder, das Gott im Römischen Reich vollbrachte, indem er den Glauben an eine einzige Natur, Individualität, Eigenschaft und Wirkung in Christus auslöschte. Darüber hinaus wurden seine Begründer anathematisiert. Īšō'jahb III erwähnt danach die zahlreichen Regionen des Römischen Reiches, wie Rom und ganz Italien, das Königreich Frankreich, Konstantinopel, Jerusalem und andere, die „die Zweizahl der Qnōmē, der Wirkungen und der Eigenschaften Christi in einer einzigen Übereinstimmung (ܒܚܕܐ ܫܠܡܘܬܐ) bekennen".[167] Īšō'jahb stellt die Energien so auf die Ebene der Naturen und Qnōmē. Es ist jedoch nicht klar, ob mit „einer einzigen

163 Vgl. Īšō'jahb II., Christologischer Brief, hrsg. L. R. Sako, vv. 150-154, S. 182-183.

164 Vgl. M. Metselaar-Jongens, Defining Christ, S. 174-175, 184.

165 Addai Scher (hrsg.), Histoire nestorienne (Chronique de Séert) 2.2, Patrologia Orientalis, Band 13, Paris, 1919, S. 560; Übers. C. Lange, Mia Energeia, S. 567. Vgl. auch M. G. Morony, Iraq after the Muslim Conquest, S. 358; Louis R. M. Sako, Le rôle de la hiérarchie syriaque orientale dans les rapports diplomatiques entre la Perse et Byzance aux Ve-VIIe siècles, Paris, 1986, S. 125.

166 Vgl. ʿAmr, S. 54-55/31. Vgl. auch L. Sako, Le rôle de la hiérarchie, S. 124; D. Winkler, Ostsyrisches Christentum, S. 102; C. Lange, Mia Energeia, S. 570; M. Metselaar-Jongens, Defining Christ, S. 175 Anm. 380.

167 Īšō'jahb III., Brief 30M, S. 212-213/154-155.

Übereinstimmung“ eine willentliche Einheit in Christus gemeint ist oder die Übereinstimmung der Römer mit dem Bekenntnis, wie Duval meint.[168]

Schließlich spricht Gīwargīs vom wahren Glauben, der zwei Naturen mit ihren Eigenschaften und ihrer Wirkung (ܕܝ̈ܠܝܬܗܘܢ ܘܡܥܒܕܢܘܬܗܘܢ) in Christus umfasst.[169] Es ist merkwürdig, wie Marijke Metselaar-Jongens bemerkt, dass, obwohl der Text nur von einer Wirkung spricht und Chabot dies korrekt mit „leurs propriétés et leur opération“ übersetzt, sowohl Braun als auch Winkler dieses Fragment mit „Energien“ (ܡܥܒܕܢܘ̈ܬܗܘܢ), also im Plural, wiedergeben.[170]

V.6.2. Ein einziger Wille in der frühislamischen Tradition

Die Diskussion über den Willen wird im Koran und in der frühislamischen Tradition in anderen Koordinaten geführt. Während im Christentum die Diskussion auf der Annahme beruht, dass Christus sowohl wahrer Mensch als auch Sohn und Wort Gottes ist, und die Anzahl der Willen mit der Art und Weise zusammenhängt, wie die beiden Naturen in Christus nach den Lehren der verschiedenen christlichen Traditionen vereint werden, kann Jesus im Islam, da er nur ein einfacher Mensch ist, wenn auch ein Prophet und Gesandter Gottes, nur einen Willen haben. Die Diskussion dreht sich jedoch um die Frage, ob der menschliche Wille frei ist oder ob der Mensch und seine Handlungen vorherbestimmt sind.

Der Koran zeichnet ein zweideutiges Bild zu diesem Thema. Einerseits sprechen einige Verse von der Existenz eines freien Willens: „Wer nun will, möge glauben, und wer will, möge nicht glauben!“ (Sure 18, 29). Darüber hinaus soll Muḥammad selbst mindestens einmal einen Fehler gemacht und gesündigt haben (vgl. Sure 48, 1-2).[171] Andere Verse scheinen dagegen auf eine absolute Kontrolle Gottes oder eine Vorherbestimmung hinzudeuten: „Sag: «Uns wird nichts treffen, was nicht Gott uns vorherbestimmt (w. verschrieben) hat. Er ist unser Schutzherr. Auf Gott sollen die Gläubigen (immer) vertrauen»“ (Sure 9, 51). Dieses Dilemma war Gegenstand heftiger Kontroversen, die die ersten islamischen Jahrhunderte prägten.[172]

V.6.3. Eine einzige Wirkung und ein einziger Wille im Gespräch mit dem Islam

In der Disputation mit al-Mahdī vergleicht Timotheos im Rahmen der Diskussion über das Dienersein die Beziehung zwischen dem Kalifen und seinem Sohn Hārūn mit der

168 Vgl. M. Metselaar-Jongens, Defining Christ, S. 274.

169 Vgl. J. B. Chabot, Synodicon orientale, S. 244/614.

170 Vgl. M. Metselaar-Jongens, Defining Christ, S. 354 Anm. 98.

171 Vgl. J. van Ess, Theologie und Gesellschaft, Band 1, S. 376-377. Es ist bemerkenswert, dass einige Hadithe, die von Sure 3, 31-35 ausgehen, behaupten, Jesus und seine Mutter Maria seien frei von Sünde gewesen. Vgl. G. Parrinder, Jesus in the Qu'rān, S. 62; C. Gilliot, „Christians and Christianity in Islamic Exegesis“, S. 49.

172 Vgl. William Montgomery Watt, Free Will and Predestination in Early Islam with special reference to the Mu'tazila and Al-Ash'arī, London, 1948; Josef van Ess, „Ḳadariyya“, in The Encyclopedia of Islam, Band 4, S. 368-372; Dmitry V. Frolov, „Freedom and Predestination“, in Jane Dammen McAuliffe (hrsg.), Encyclopaedia of the Qurān, Band 2, Leiden/Boston, 2002, S. 267-271.

Beziehung zwischen Gott dem Vater und dem Sohn. In diesem Zusammenhang erklärt der Patriarch, Christus diente „dem Willen seines Vaters, indem er [in die Welt] kam, indem er für die Menschen Militärdienst leistete und über Sünde, Tod und Satan den Sieg davontrug“.[173] Er entwickelt diesen Aspekt des Willens hier nicht weiter, sondern fährt mit der Diskussion über das Dienersein fort.

Timotheos behandelt dieses Thema ausführlicher in Brief 36 gegen „den gegnerischen Einwand und Einspruch“[174], ein Ausdruck, den der Patriarch auch zu Beginn seines Briefes verwendet, wenn er auf die muslimische Einschätzung verweist, die Erschaffung Adams aus der Erde sei wunderbarer als die Geburt Jesu aus der Jungfrau.[175] Der Patriarch stellt von Anfang an klar, dass es in Christus eine Zweiheit nur hinsichtlich der Individualitäten und Naturen gibt. Ansonsten gibt es nur einen Willen, ein Vermögen und eine Wirksamkeit.[176] Der Patriarch erklärt, dass, da am Ende der Zeiten Gott alles in allem sein wird (vgl. 1 Kor 15, 28) und der Wille aller Menschen und Engel Gott gehorchen wird, sei es absurd, dass Christus der Einzige sei, der „durch die Gegensätzlichkeit der Willen und der Wirksamkeiten und der Kräfte bedrängt und bekämpft wird“.[177]

Timotheos ist sich bewusst, dass einige Bibelverse problematisch erscheinen können, wie z.B. Joh 6, 38 und Lk 22, 42, aber er interpretiert diese Verse nicht so, dass sie sich auf zwei verschiedene Willen, einen des Vaters und einen des Sohnes, beziehen, sondern auf den Willen des Vaters, der derselbe ist wie der des Sohnes, und auf den Willen der allgemeinen menschlichen Natur.[178] Timotheos zitiert stattdessen zwei Verse aus dem Johannesevangelium, um zu beweisen, dass es nur eine Tätigkeit und Wirksamkeit des Vaters und des Sohnes gibt: „Mein Vater wirkt bis jetzt, und auch ich wirke“ (Joh 5, 17) und „Wie der Vater Tote auferweckt und sie, lebendig macht, so macht auch der Sohn diejenigen lebendig, die er will“ (Joh 5, 21). Der Patriarch erklärt, dass es sich nicht um zwei verschiedene Auferstehungen und Wirksamkeiten handelt, sondern um ein und dieselbe.[179] Timotheos kehrt zu den Versen von Joh 6,

173 Timotheos I., Brief 59.19.24.

174 Timotheos I., Brief 36.3.9. Obwohl wir aus den Briefen des Timotheos nicht erfahren, welche Einwände die Muslime seiner Zeit gegen die Lehre von dem einen Willen vorbrachten, haben die muslimischen Polemiker späterer Jahrhunderte diesem Thema viel Raum gewidmet. Vgl. Abū ʿĪsā al-Warrāq, Al-Radd ʿalā al-Ittiḥād 248-273, S. 203-219; ʿAbd al-Jabbār, Al-Kalām ʿalā al-Naṣārā 46-49, S. 306-317.

175 Vgl. Timotheos I., Brief 36.1.45.

176 Vgl. Timotheos I., Brief 36.3.1. Diese Vorstellung kommt auch in seinen anderen Briefen zum Ausdruck. Vgl. Timotheos I., Brief 41.4.6-8.

177 Timotheos I., Brief 36.3.6. Vgl. auch Brief 41.4.11. Darüber hinaus scheint Timotheos in Brief 41 gegen diejenigen, die zwei Willen bekennen, dasselbe logische Argumentationsmuster anzuwenden, das von Muslimen oder anderen Gegnern der Trinität oder der christologischen Vorstellung von zwei Naturen und einer Person vorgebracht wird: „Wenn ferner zwei Willen, Wirksamkeiten und Eigentümlichkeiten in Christus sind und [wenn] Zwei niemals Eins wird, dann kann folglich auch Christus niemals Eins werden“. Timotheos I., Brief 41.4.9.

178 Vgl. Timotheos 36.3.9-11.

179 Vgl. Timotheos 36.3.12-13.

38 und Lk 22 zurück und erklärt sie nach der Methode der Hinzufügung oder „tosefta", wie Berti sie nennt, d.h. indem er dem biblischen (und manchmal patristischen oder philosophischen) Text seine eigenen Worte und Erklärungen hinzufügt:[180]

> „Nicht mein Wille geschehe, denn ich habe auch [gar] keinen Willen, der von deinem abgetrennt ist, sondern dieser eine dir und mir gemeinsame [Wille] geschehe, der Leben und Erlösung aller ist!" (Lk 22, 42) und: „Ich bin vom Himmel herabgestiegen, nicht um meinen Willen separat zu vollbringen – denn ich habe ja auch [gar] keinen partikulären und separaten Willen – sondern um den Willen dessen zu vollbringen, der mich gesandt hat (Joh 6, 38), denn sein und mein Wille sind einer, aufgrund dessen ich es auf mich genommen habe, wegen der Erlösung und des Lebens aller Mensch zu werden, zu leiden und zu sterben".[181]

Bisher hat der Patriarch die problematischen Bibelstellen so kommentiert, dass er die Vorstellung von zwei getrennten Willen, einem Willen des Vaters und einem Willen Christi als Sohn Gottes, zurückweist. Erst am Ende dieses Abschnitts behauptet Timotheos, dass die zwei Willen in Lk 22, 42 und Joh 6, 38 und anderen ähnlichen Bibelstellen so verstanden werden könnten, dass sie sich auch auf zwei Willen in Christus beziehen: einen Willen Gottes und einen anderen, der zur menschlichen Individualität Christi gehört, aber auch diese Deutung muss verworfen werden, da sowohl die Rede als auch sein Fleisch einem einzigen Willen und einer einzigen Wirksamkeit entsprechen.[182]

Während in der Disputation zwischen dem Mönch von Bēt Ḥāle und dem arabischen Emir diesem Thema nur wenig Platz eingeräumt wurde,[183] tauchen im Scholionbuch des Theodor bar Kōnī neue Gedanken auf. So erklärt der christliche Lehrer im Dialog in Memrā X, dass die willentliche Vereinigung die Existenz zweier Naturen nicht leugnet. In diesem Sinne vergleicht er die Annahme eines Menschen durch Gott mit der Annahme eines Steins oder Holzes durch einen Menschen.[184] Er macht aber deutlich, dass der angenommene Mensch auch einen eigenen Willen hatte, da er nicht seelenlos war. Aber dieser Wille war nicht anders als der Wille Gottes: „Deshalb sagen wir, dass er das wollte, was der wollte, der ihn angenommen hatte, so dass nicht mehr sein eigener Wille wirkte, sondern der Wille dessen, der ihn angenommen hatte".[185] Er unterscheidet auch zwischen dem Wohlgefallen des Handelns und der

---

180 Vgl. V. Berti, Vita e Studi, S. 351-357; M. Heimgartner, The Letters of the East Syrian Patriarch Timothy I, S. 52.

181 Timotheos I., Brief 36.3.20.

182 Vgl. Timotheos 36.3.30-32.

183 Der Mönch erwähnt jedoch, dass Göttlichkeit und Menschlichkeit in Christus durch einen einzigen Willen vereint sind. Nur diese Art der Vereinigung ermöglicht es, dass sich die beiden Individualitäten nicht vermischen oder vermengen und dass das Leiden der Göttlichkeit nicht zugeschrieben werden kann. Vgl. Disputation von Bēt Ḥāle 269r, S. 216.

184 Vgl. Theodor bar Kōnī, Scholionbuch, Memrā X.87-110, S. 256-261/190-193.

185 Theodor bar Kōnī, Scholionbuch, Memrā X.111, S. 261/193.

Wirkung und dem Wohlgefallen der Sohnschaft, um den Unterschied zwischen der Beziehung zwischen Gott und den Propheten und zwischen Gott und dem angenommenen Menschen zu verdeutlichen.[186]

Die Antwort auf Frage 26 im Buch der Fragen und Antworten von ʻAmmār al-Baṣrī stimmt mit Babai und Theodor Bar Kōnī überein und unterscheidet sich von der des Timotheos. Auf die Frage, ob es für Christus möglich war, seine Reinheit nach der Inkarnation zu verlieren, antwortet ʻAmmār, dass es möglich gewesen wäre, er es aber nicht getan hat. Er führt weiter aus, dass die Makellosigkeit Christi nicht bedeute, dass Gott ihn daran gehindert habe, die Sünde zu meiden, sondern dass er absolut frei gewesen sei und sein Wille ihn dazu geführt habe, das Gute zu wählen. Für Christus gab es keinen besonderen Schutz vor der Versuchung, sich aufzulehnen und vom Weg abzukommen, aber sein Gehorsam wurde immer wieder auf die Probe gestellt.[187]

Elias von Nisibis beschreibt die Menschwerdung in typisch ostsyrischen Begriffen als Einwohnung des Schöpfers in den von Maria geborenen Menschen. Diese Einwohnung ist jedoch nicht die Einwohnung des Selbst (aḏ-ḏāt) und des Wesens (al-ǧawhar), da sein Selbst und sein Wesen nicht in einem Körper eingeschlossen werden können und an jedem Ort gleich sind, sondern die Einwohnung der Würde (al-waqār), der Zufriedenheit (ar-riḍā) und des Willens (al-mašīʼa), da seine Würde, seine Zufriedenheit und sein Wille an bestimmten Orten oder Personen sein können und an anderen nicht.[188] Wie Theodor bar Kōnī unterscheidet auch Elias von Nisibis zwischen der Einwohnung des Willens Gottes in Jesus und in die Propheten. Er erklärt, dass das Wort „Einwohnung" (al-ḥulūl) ein allgemeines Wort ist, ebenso wie „Wesen" oder „Lebewesen". Obwohl also der Schöpfer und der Mensch Wesen sind, sind sie nicht vergleichbar. Ebenso wenig ist der Mensch mit einem Stier vergleichbar, obwohl beide als „Lebewesen" bezeichnet werden. In gleicher Weise ist die Einwohnung in Jesus nicht mit der Einwohnung in die Propheten vergleichbar, denn die Einwohnung in Jesus war eine Einwohnung der Einheit (ḥulūl al-ittiḥād) und der Fülle der Vollkommenheit (ḥulūl al-kamāl).[189]

Abschließend lässt sich feststellen, dass die Diskussion über eine Wirkung und einen Willen ein besonders intensiv diskutiertes Thema im Dialog zwischen Ostsyrern und Muslimen ist. Timotheos stellt klar, dass es in Christus nur in Bezug auf die Naturen und Individualitäten eine Zweiheit gibt, ansonsten gibt es nur eine Wirkung und einen Willen. Außerdem unterscheidet sich seine Position von der anderer ostsyri-

---

186 Vgl. Theodor bar Kōnī, Scholionbuch, Memrā X.113-114, S. 262/194. Dieser Einwand wird auch von Abū ʻĪsā al-Warrāq vorgebracht, der erklärt, so wie die menschliche Natur keinen Willen habe, der dem Willen Gottes widerspreche, könne dies auch von den Heiligen und Propheten gesagt werden, deren Wille mit dem Willen Gottes übereinstimme. Vgl. Abū ʻĪsā al-Warrāq, Al-Radd ʻalā al-Ittiḥād 259, S. 210-211. Vgl. auch ʻAbd al-Jabbār, Al-Kalām ʻalā al-Naṣārā 47, S. 308-310.

187 Vgl. ʻAmmār al-Baṣrī, Kitāb al-masāʼil wa l-ajwibah, S. 220–221. Vgl. M. Beaumont, Christology in Dialogue with Muslims, S. 81.

188 Vgl. Elias von Nisibis, Kitāb al-majālis 2, S. ٣٩ – ٤.

189 Vgl. Elias von Nisibis, Kitāb al-majālis 2, S. ٤١ – ٤٢.

scher Theologen wie Babai, Theodor bar Kōnī oder ʻAmmār al-Baṣrī, die zwar ebenfalls einen einzigen Willen in der Einheit der Person Christi bejahen, aber auch die Existenz eines freien menschlichen Willens bekräftigen, der jedoch dem göttlichen Willen gehorsam ist. Während also Babai den Vers Lk 22, 42 als Beweis für den freien menschlichen Willen in Christus interpretiert, lehnt Timotheos ein solches Verständnis ab und behauptet, dass es hier um die allgemeine menschliche Natur geht. Der ostsyrische Patriarch erörtert dieses und ähnliche Bibelzitate vor allem im Zusammenhang mit der Beziehung zwischen dem Vater und Christus als Sohn. Es ist möglich, dass für Timotheos die Annahme eines freien menschlichen Willens in Christus eine Schwächung der Einheit in Christus bedeutet hätte und damit eine Schwächung seines Arguments in den Augen der Muslime, dass Jesus Christus der Sohn Gottes ist. Darüber hinaus hätte die Existenz eines freien menschlichen Willens bedeuten können, dass Jesus Christus nur ein Prophet ist, in dem der göttliche Wille wohnt und dem er folgt, wie spätere muslimische Polemiker argumentierten. Wie Mark Beaumont in Bezug auf Frage 26 des Buches der Fragen und Antworten und ʻAmmār al-Baṣrīs Position zum freien menschlichen Willen Christi schreibt, könnte ein muslimischer Leser in dem von ʻAmmār dargestellten Christus eher ein wahres menschliches Wesen sehen.[190]

V.7. Christus als Erneuerer des alten Bundes: die Beschneidung im Gespräch mit dem Islam

Im Alten Testament ist die Beschneidung ein Zeichen des Bundes, den Gott mit Abraham und seinen Nachkommen geschlossen hat. Im Buch Genesis verspricht Gott Abraham, dass er der Vater vieler Völker sein wird und dass seine Nachkommen so zahlreich sein werden wie die Sterne am Himmel. Als Zeichen dieses Bundes befiehlt Gott Abraham, sich selbst und alle männlichen Mitglieder seines Haushalts zu beschneiden (vgl. Gen 17, 1-14). Dieses Gebot wird im gesamten Alten Testament wiederholt, und die Beschneidung wurde zu einem grundlegenden Bestandteil der jüdischen Identität und Praxis (vgl. z.B. Ex 12, 48; Josua 5, 2-8; Jer 4, 4; Ez 44, 9).[191]

Jesus selbst wurde als Jude am achten Tag beschnitten, wie das Lukasevangelium berichtet (vgl. Lc 2, 21). Nach seiner Auferstehung und Himmelfahrt und dem Beginn der Mission der Apostel unter den Heiden kam es jedoch zu heftigen Diskussionen über die Notwendigkeit der Beschneidung von Nichtjuden. Nach dem Apostolischen Konzil in Jerusalem (um. 48-50) wurde beschlossen, dass die Heiden nicht mehr dem Gesetz der Beschneidung unterworfen seien (vgl. Apg 15), ein Gedanke, den der Apostel Paulus in seinen Briefen ausführlich erläutert (vgl. z.B. Röm 2, 25-29; Röm

190 Vgl. M. Beaumont, Christology in Dialogue with Muslims, S. 81.
191 Vgl. Georg Braulik, „Die Beschneidung an Vorhaut und Herz: Zu Gebot und Gnade des Bundeszeichens im Alten Testament“, in Jan-Heiner Tück (hrsg.), Die Beschneidung Jesu: Was sie Juden und Christen heute bedeutet, Freiburg im Breisgau, 2020, S. 63-95.

4, 9-12; 1 Kor 7, 18-19; Gal 5, 2-6).[192] In einigen stark judaisierten Kreisen ging die Diskussion jedoch weiter, und die Praxis wurde sogar beibehalten.[193] Das Aufkommen des Islam forderte die Christen heraus, die die Muslime von Anfang an durch die Praxis der Beschneidung definierten.[194]

V.7.1. Die Beschneidung in der ostsyrischen Tradition

Aphrahat (275-345) behandelt das Thema der Beschneidung im elften Kapitel seines monumentalen Werkes Unterweisungen (Taḥwitā), das zwischen 336 und 345 geschrieben wurde.[195] Er beginnt die Diskussion in einer universalistisch-inklusiven Weise, indem er betont, dass Abraham nicht der Vater eines Volkes, sondern der Vater vieler Völker war:

> „Als Gott Abraham segnete und ihn zum Haupt für alle Gläubigen, Gerechten und Aufrechten einsetzte, war er nicht nur Vater für ein Volk, sondern Gott hat

---

192 Vgl. Bellarmino Bagatti, The Church from the Circumcision, Jerusalem, 1971; Friedrich Wilhelm Horn, „Der Verzicht auf die Beschneidung im Frühen Christentum", New Testament Studies 42 (1996), S. 479-505; Timothy W. Berkley, From a Broken Covenant to Circumcision of the Hearth, Atlanta, 2000; Andrew S. Jacobs, Christ Circumcised: A Study in Early Christian History and Difference, Philadelphia, 2012; Michael Theobald, „Christus – «Diener der Beschnittenen» (Röm 15, 8): Der Streit um die Beschneidung nach dem Neuen Testament", in J.-H. Tück (hrsg.), Die Beschneidung Jesu, S. 96-146.

193 Die Beschneidung wurde weiterhin in Ägypten und Äthiopien praktiziert, wo sie bereits fest etabliert war. Auch Johannes Chrysostomus wendet sich an einige Christen, die sich zu dieser Praxis hingezogen fühlen. Vgl. M. Heimgartner, Timotheos I.: Brief 59, S. 26 Anm. 102.

194 Die miaphysitische Apokalypse des Pseudo-Ephräm, die wahrscheinlich aus der zweiten Hälfte des 7. Jahrhunderts stammt, schildert den Aufstieg der „Söhne Hagars": „Und ein Volk wird aus der Wüste kommen, die Nachkommenschaft der Hagar, der Sklavin der Sara, (die Nachkommenschaft), die am Bündnis des Abraham festhält, des Mannes der Sara und der Hagar. Sie wird sich regen, um zu kommen im Namen des [Widders], des Boten des Sohnes des Verderbens". Apokalypse des Pseudo-Ephräm 61, hrsg. E. Beck, S. 81. Vgl. auch M. P. Penn, When Christians First Met Muslims, S. 42; J. Jakob, Syrisches Christentum, S. 149. Interessant ist, dass bereits im siebten Jahrhundert der „Bund Abrahams", der sich höchstwahrscheinlich auf die Beschneidung bezieht, ein bestimmendes Merkmal der Muslime war. Vgl. M. P. Penn, Envisioning Islam, S. 63. Auch ein anderer miaphysitischer Autor, Jakob von Edessa, definiert die Muslime in Bezug auf die Beschneidung. In einem Text gegen die Armenier aus dem späten 7. oder frühen 8. Jahrhundert behauptet Jakob, dass die Armenier „mit den Arabern darin übereinstimmen, dass sie bei der Darbringung [der Eucharistie] drei Kniebeugen nach Süden machen und sich beschneiden". Vgl, Jakob von Edessa, „Gegen die Armenier", in M. P. Penn, When Christians First Met Muslims, S. 186. In den apologetischen christlichen Texten der folgenden Zeit wird die Beschneidung nicht nur als ein bestimmendes Merkmal erwähnt, sondern auch zum Gegenstand von Debatten, wie die Disputation zwischen einem Mönch aus Bēt Ḥālē und einem arabischen Emir, die Disputation des Timotheos oder das Scholionbuch des Theodor Bar Kōnī zeigen.

195 Die ersten zehn Kapitel, geschrieben zwischen 336 und 337, behandeln grundlegende Aspekte der christlichen Lehre und Praxis, während die letzten dreizehn Kapitel, geschrieben zwischen 343 und 345, sich polemisch mit verschiedenen jüdischen Praktiken auseinandersetzen. Vgl. Kuriakose Valavanolickal (hrsg.), Aphrahat: Demonstrations, Band 1, Mōrān 'Eth'ō, Band 23, Kottayam, 2005, S. 1-4.

> ihn zum Vater für viele Völker gemacht, indem er zu ihm sprach: «Dein Name soll nicht Abram heißen, sondern dein Name sei Abraham, da ich dich zum Vater für eine Vielzahl von Völkern gemacht habe»" (Gen 17, 5).[196]

Er fährt jedoch fort und zeigt auf, dass „die Beschneidung ohne Glauben keinen Nutzen birgt".[197] Die Befolgung der Beschneidung an sich ist nichts, denn Ismael, Lot und Esau waren zwar beschnitten, aber gleichzeitig Götzendiener.[198] Am Ende präsentiert Aphrahat eine klare supersessionistische Sicht. Die Beschneidung des Alten Bundes wurde im Neuen Bund durch zwei neue Beschneidungen ersetzt: die Beschneidung des Herzens[199] (die erste Beschneidung) und die Taufe im Wasser (die zweite Beschneidung).[200] Darüber hinaus ist die Ablösung des Alten Bundes kein einmaliges Ereignis, denn Gott hat ihn mehrmals verändert: zuerst durch Adam, dann durch Noah, dann durch Abraham, Mose und schließlich durch Jesus Christus:

> „Für Adam galt der Bund, nicht vom Baum zu essen (vgl. Gen 2, 16f), für Noach der Bogen in den Wolken. Abraham erwählte er von alters her wegen seines Glaubens, anschließend (kam) die Beschneidung als Siegel und Zeichen für seine Kinder (vgl. Gen 17, 9-14). Der Mose(-bund) ist das Lamm, das für das Volk zu Pessach geschlachtet werden sollte".[201]

---

196 Aphrahat, Taḥwitā, in Jean Parisot (hrsg.), Aphraatis Sapientis Persae Demonstrationes, Band 1, Paris, 1894, S. 467/468; Peter Bruns (hrsg.), Aphrahat: Unterweisungen, Band 2, Fontes Christiani, Band 5/2, Freiburg, 1991, S. 282

197 Aphrahat, Taḥwitā, in J. Parisot (hrsg.), Demonstrationes, Band 1, S. 471/472; P. Bruns (hrsg.), Unterweisungen, Band 2, S. 283. Aphrahat folgt hier der Exegese des Paulus in Röm 4 vom Vorrang des Glaubens vor der Beschneidung. Vgl. Robert Murray, Symbols of Church and Kingdom: A Study in Early Syriac Tradition, London, 2006, S. 44.

198 Vgl. Aphrahat, Taḥwitā, in J. Parisot (hrsg.), Demonstrationes, Band 1, S. 495/496 – 497/498; P. Bruns (hrsg.), Unterweisungen, Band 2, S. 293-294. Vgl. auch Ilya Lizorkin, Aphrahat's 'Demonstrations': A Conversation with the Jews in Mesopotamia, CSCO 642, Subsidia 129, Leuven, 2012, S. 29-30.

199 Obwohl der Begriff „Beschneidung des Herzens" oft mit Paulus in Verbindung gebracht wird, ist er eigentlich viel älter. Er findet sich in Lev 26, 41; Dt 10, 16; 30, 6; Ez 44, 6-9; Jer 4, 4; 9, 24-25. Vgl. Guido Baltes, „'Circumcision of the Heart' in Paul: From a Metaphor of Thora Obedience to a Metaphor of Thora Polemics?", in Antti Laato (hrsg.), The Challenge of the Mosaic Thora in Judaism, Christianity, and Islam, Studies on the Children of Abraham, Band 7, Leiden, 2020, S. 91.

200 Vgl. Aphrahat, Taḥwitā, in J. Parisot (hrsg.), Demonstrationes, Band 1, S. 501/502 – 503/504; P. Bruns (hrsg.), Unterweisungen, Band 2, S. 295. Vgl. auch I. Lizorkin, Aphrahat's 'Demonstrations', S. 28-29; Georgius Harian Lolan, 'Auch wir nennen diesen Christus Sohn Gottes': Das Christusbild und die spirituelle Schriftauslegung Aphrahats, des Persischen Weisen, in der Auseinandersetzung mit den Juden, Doktorarbeit, Wien, 2013, S. 662. Eine Diskussion dieser beiden Konzepte findet sich in Robert Murray, „'The Circumcision of the Heart' and the Origins of the Qyama", in Gerrit J. Reinink und Alexander C. Klugkist (hrsgs.), After Bardasian: Studies on Continuity and Change in Syriac Christianity in Honour of Professor Han J. W. Drijvers, Leuven, 1999, S. 201-211.

201 Aphrahat, Taḥwitā, in J. Parisot (hrsg.), Demonstrationes, Band 1, S. 497/498 – 499/500; P. Bruns (hrsg.), Unterweisungen, Band 2, S. 294.

Ephräm der Syrer (306-373) greift diesen Gedanken in seinem Kommentar zum Diatessaron des Tatian auf, indem er die Generationen des alttestamentlichen Volkes durch verschiedene Bündnisse definiert.[202] Obwohl Ephräm in einigen seiner Schriften die Bedeutung der leiblichen Beschneidung für das Volk Israel anerkennt,[203] plädiert er an anderen Stellen für eine geistliche Beschneidung oder eine „Beschneidung des Herzens“ für die Christen, ein Ausdruck, der auch von Aphrahat verwendet wurde. In den Hymnen über die Jungfräulichkeit zum Beispiel folgt er Paulus, wenn er die Beschneidung des Fleisches der Beschneidung des Herzens gegenüberstellt:[204]

> „Bei wem (nur) der Körper beschnitten ist und nicht (auch) das Herz, der ist äusserlich ein Beschnittener, innerlich ein Unbeschnittener. Und bei wem das Herz beschnitten ist und das Fleisch unbeschnitten, der ist für den Geist ein Beschnittener, für das Auge ein Unbeschnittener. Im Namen seiner Beschneidung hurt der Beschnittene; im Becher seiner Reinheit trinkt er Schmutz. Im beschnittenen Herz ist der Unbeschnittene keusch; - im Brautgemach seines Herzens hat sein Schöpfer Wohnung genommen“.[205]

In einer seiner Homilien über den Glauben schlägt Ephräm außerdem vor, dass die Beschneidung der Vergangenheit angehöre und dass die Christen ihre hasserfüllten Gedanken und Herzen beschneiden sollten.[206] Schließlich zieht Ephräm auf poetische Weise eine Parallele zwischen der Beschneidung und der Salbung und zeigt, dass die Salbung dieselbe Funktion hat wie die Beschneidung, nämlich die Völker vom Volk zu trennen und Grenzen zwischen den Gemeinschaften zu ziehen:[207] „Von den Völkern trennte er das Volk durch das alte Zeichen der Beschneidung, – Durch das Zeichen der Salbung aber trennte er die Völker vom Volk“.[208]

---

202 Vgl. Ephräm der Syrer, Kommentar zum Diatessaron, S. 113.

203 Vgl. Ephräm der Syrer, Kommentar zum Buch Exodus XXI.2, in Raymond M. Tonneau (hrsg.), Sancti Ephraem Syri in Genesim et in Exodum Commentarii, CSCO 152/153, Scriptores Syri 71/72, Leuven, 1955, S. 85/70; Ephräm der Syrer, Sermones de Fide III.237-249, in Edumund Beck (hrsg.), Des Heiligen Ephraem des Syrers Sermones de Fide, CSCO 212/213, Scriptores Syri 88/89, Leuven, 1961, S. 28/40.

204 Vgl. Judith Frishman, „'And Abraham Had Faith': But in What? Ephrem and the Rabbis on Abraham and God's Blessings“, in Emmanouela Grypeou und Helen Spurling (hrsgs.), The Exegetical Encounter between Jews and Christians in Late Antiquity, Leiden, 2009, S. 171.

205 Ephräm der Syrer, Hymnen de Virginitate 44.17-20, in Edmund Beck (hrsg.), Des heiligen Ephraem des Syrers Hymnen de Virginitate, CSCO 223/224, Scriptores Syri 94/95, Leuven, 1962, S. 148-149/129-130.

206 Vgl. Ephräm der Syrer, Sermones de Fide III.259-271, S. 29/41.

207 Gerard Rouwhorst, „A Remarkable Case of Religious Interaction: Water Baptisms in Judaism and Christianity“, in Marcel Poorthuis et al. (hrsgs.), Interactions between Judaism and Christianity in History, Religion, Art and Literature: Jewish and Christian Perspectives, Band 17, Leiden, 2009, S. 120.

208 Ephräm der Syrer, Hymnen de Nativitate [Epiphania] 3.4, in Edmund Beck (hrsg.), Des heiligen Ephraem des Syrers Hymnen de Nativitate [Epiphania], CSCO 186/187, Scriptores Syri 82/83, Leuven, 1959, S. 147/135.

In seiner Homilie über die Geburt Christi zeigt Narsai, dass der Bund Abrahams keinen geschlossenen ethnischen Charakter hatte. Das Endziel dieses Bundes sei der Segen für alle Völker der Erde gewesen. Die Beschneidung Jesu sei Bestätigung und Erfüllung dieser Verheißung. Durch sie werde Christus „der große Bund, auf den die Heiden gewartet haben".[209] Narsai entwickelt eine klare supersessionistische Perspektive des sakramentalen Lebens, indem er wie Ephräm davon ausgeht, dass die Beschneidung durch die Salbung ersetzt worden ist.[210] Die geistliche Beschneidung durch die Salbung mit Öl ist ein Thema, das sich auch in anderen Predigten findet. Narsai drückt dieses Bild in seiner Predigt über die Taufe poetisch aus, indem er sagt, dass der Priester „das Eisen des Öls an der Spitze seines Fingers hält und mit seiner scharfen Schneide den Körper und die Sinne der Seele zeichnet. Der Sohn der Sterblichen wetzt das Öl mit den Worten seines Mundes und schärft es wie ein Eisen, um die Ungerechtigkeit abzuschneiden".[211]

V.7.2. Die Beschneidung in der frühislamischen Tradition

Die Beschneidung war im vorislamischen Arabien eine gängige Praxis.[212] Dennoch fordert der Koran selbst nicht ausdrücklich zur Beschneidung (Khitān) auf,[213] sondern erst die spätere islamische Überlieferung beginnt allmählich, dieses Ritual deutlich zu

209 Narsai, Homilie IV, hrsg. McLeod, S. 60/61.

210 Vgl. Narsai, Homilie XLVI, in Alphonse Mingana (hrsg.), Narsai doctoris syri homiliae et carmina, Band 2, Mosul, 1905, S. 82. Vgl. auch Nathan Witkamp, Tradition and Innovation: Baptismal Rite and Mystagogy in Theodore of Mopsuestia and Narsai of Nisibis, Supplements to Vigiliae Christianae, Band 149, Leiden, 2018, S. 248 Anm. 185; Isaac Arickappallil, „The Pneumatological Vision of Mar Narsai", The Harp 8-9 (1995-1996), S. 200. Zur Diskussion über die Vielfalt der Salbungsriten im 4. und 5. Jahrhundert, vgl. N. Witkamp, Tradition and Innovation, S. 286-287.

211 Narsai, Homilie XXXIX, hrsg. A. Mingana, Band 1, S. 365. Vgl. auch Sebastian Brock, Spirituality in Syriac Tradition, Mōrān 'Eth'ō, Band 2, Kottayam, 2005, S. 68-69; Arickappallil, „The Pneumatological Vision", S. 201; Mateusz Rafał Potoczny, „The Theological Significance of Analogy Language in the Teaching of Syriac Fathers and Its Impact on Theology of Today", Journal for the Study of Religions and Ideologies 19 (2020), S. 203.

212 Vgl. Patricia Crone und Michael Cook, Hagarism: The Making of the Islamic World, Cambridge, 1977, S. 13. In diesem Zusammenhang ist der Kommentar von Josephus bemerkenswert, der schreibt, dass die Araber die Zeremonie auf das dreizehnte Lebensjahr verschieben, „weil ihr Stammvater Ismael, der von dem Kebsweibe Abrams geboren wurde, in diesem Alter beschnitten worden ist". Flavius Josephus, Jüdische Altertümer 1.214, Übers. Heinrich Clementz, Altenmünster, 2022, S. 21. Muḥammad ibn 'Isḥāq erwähnt in der Biografie des Propheten Muḥammad, dass die Angehörigen des Stammes der Quraiš, als sie ihre Söhne beschneiden lassen wollten, diese zu Hubal (dem meistverehrten Götzen der Quraiš in Mekka) „mit hundert Dirham und einem Schlachtkamel" brachten. Vgl. Ibn 'Isḥāq, Sīrat, S. 67.

213 Es ist erstaunlich, dass die Beschneidung im Koran nicht ausdrücklich erwähnt wird, verglichen mit der überwältigenden Bedeutung dieser Praxis im Judentum oder der starken Ablehnung in den Paulusbriefen. Man hätte erwartet, dass die Beschneidung entweder akzeptiert oder, wie im Christentum, abgelehnt wird. Dies ist jedoch nicht der Fall. Vgl. Kathryn Kueny, „Abraham's Test: Islamic Male Circumcision as Anti/Ante-Covenantal Practice", in John C. Reeves (hrsg.), Bible and Qu'rān: Essays in Scriptural Intertextuality, Atlanta, 2003, S. 167.

erwähnen.[214] So haben einige muslimische Gelehrte in Bezug auf Vers 124 der Sure al-Baqara („Und (damals) als Abraham von seinem Herrn mit Worten (kalimāt) auf die Probe gestellt wurde! Und er erfüllte sie.[215] Er sagte: « Ich will dich zu einem Vorbild für die Menschen machen». Abraham sagte: «(Bezieh in deine Verheißung) auch Leute von meiner Nachkommenschaft (ein)!». Gott sagte: «(Aber) auf die Frevler erstreckt sich mein Bund nicht».“[216]) behauptet, die „Worte“, die Abraham erfüllte, seien die Handlungen der rituellen Reinigung gewesen, und eines dieser „Worte“ sei die Beschneidung gewesen, zusammen mit dem „Abschneiden des Schnurrbartes, das Ausspülen des Mundes, das Reinigen der Nasenlöcher mit Wasser, das Benutzen des Zahnstochers, das Scheiteln der Haare (mit den Fingern), das Schneiden der Fingernägel, das Rasieren der Schamhaare, das Zupfen der Achselhöhlen und das Abwaschen der Spuren von Kot und Urin mit Wasser“.[217] Damit ist die Beschneidung nicht mehr wie im Judentum das einzige Zeichen der Zugehörigkeit, sondern nur noch ein Element neben anderen rituellen Reinigungspraktiken.[218]

Es ist auch bemerkenswert, dass Ibn 'Isḥāqs Sīrat die Tatsache nicht erwähnt, dass der Prophet Muḥammad beschnitten war.[219] Dennoch behauptet ein von Anas B. Mālik überlieferter ḥadīth, er sei auf wundersame Weise beschnitten geboren worden. Nach dieser Überlieferung sagte der Prophet: „Um meiner ehrenvollen Stellung bei

---

214 Vgl. A. J. Wensinck, „Khitān“, The Encyclopaedia of Islam, Band 5, Leiden, 1986, S. 20; M. J. Kister, „'... and He Was Born Circumcised...': Some Notes on Circumcision in Ḥadīth“, Oriens 34 (1994), S. 10-11; K. Kueny, „Abraham's Test“, S. 168.

215 Reynolds ist der Ansicht, dass sich die Prüfung in diesem Fragment auf das Gebot Gottes an Abraham bezieht, seinen Sohn zu opfern. Vgl. G. S. Reynolds, The Qur'ān and the Bible, S. 67-78. Yehonatan Carmeli weist jedoch darauf hin, dass es eine Verbindung zwischen diesem Koranvers und einigen tannaitischen Traditionen gibt, da eine ähnliche Erklärung in der Mischnah zu finden ist: „Durch zehn Prüfungen wurde unser Vater Abraham erprobt, und er bestand sie alle; dies bekundet, wie groß die Beliebtheit unseres Vaters Abraham war“. (Mischnah Awot 5: 3, Übers. Lazarus Goldschmidt). Tatsächlich spricht auch das Buch der Jubiläen von mehreren Prüfungen, die Abraham bestanden hat, wenn auch in geringerer Zahl, aber diesmal werden sie genannt: „Und Gott wusste, dass Abraham gläubig sei in allen Anfechtungen, die er über ihn ergehen ließ, denn er hatte ihn versucht mit dem Reichtum der Könige, und wiederum mit seinem Weibe, da sie ihm geraubt wurde, und wiederum mit Ismael und Agar seiner Magd, als er sie fortschickte, und in allem womit er ihn versucht hatte, wurde er treu erfunden, und seine Seele ward nicht ungeduldig, noch zögerte er es zu tun, denn er war treu und hatte Gott lieb“ (Buch der Jubiläen 17: 17, Übers. August Dillmann). Hinzu kommt die Bindung Isaaks, die im Buch der Jubiläen näher erläutert wird. Vgl. Yehonatan Carmeli, „Circumcision in Early Islam“, Der Islam 99 (2022), S. 295-296.

216 Es ist bemerkenswert, dass Gott im Buch Genesis verspricht, alle Nachkommen Abrahams zu segnen, während im Koran Gottes Gunst die Ungerechten nicht erreicht. Vgl. G. S. Reynolds, The Qur'ān and the Bible, S. 68.

217 The History of al-Ṭabarī: Prophets and Patriarchs, Band 2, Übers. William M. Brinner, New York, 1987, S. 99.

218 Vgl. Lena Salaymeh, The Beginnings of Islamic Law: Late Antique Islamicate Legal Traditions, Cambridge, 2016, S. 134; Y. Carmeli, „Circumcision in Early Islam“, S. 301-303.

219 Vgl. Kathryn Kueny, „Circumcision (Khitān)“, in Josef Meri (hrsg.), Medieval Islamic Civilization: An Encyclopedia, Band 1, New York, 2006, S. 157.

Gott willen wurde ich beschnitten geboren und niemand hat mein Pudendum gesehen".[220] Es gab jedoch auch kritische Reaktionen auf diese Überlieferung. Eine solche Reaktion legt nahe, dass Muḥammad zwar beschnitten geboren wurde, dass dieses Ereignis aber nicht so außergewöhnlich war, da er nicht der Einzige war, der so geboren wurde, sondern nur einer aus einer Reihe von Propheten, die dieses Privileg von Gott erhielten. Eine andere kritische Überlieferung besagt, dass der Prophet zwar beschnitten geboren wurde, aber nicht vollständig, und dass sein Großvater, ʿAbd al-Muṭṭalib, diese Operation durchführte.[221]

Alle diese späten Überlegungen sind Versuche, die Lücke im Koran bezüglich der Beschneidung zu füllen, und sie sind vor allem in Gebieten entstanden, in denen die Beschneidung vor dem Aufkommen des Islam nicht üblich war. Es scheint, dass vor allem in iranischen Gebieten oft Ideen gegen die Beschneidung geäußert wurden.[222] Als zum Beispiel vorgeschlagen wurde, dass die neuen Konvertiten zum Islam – die die neue Religion annahmen, um der Kopfsteuer zu entgehen – beschnitten werden sollten, sprach sich der Kalif ʿUmar II (717-720) gegen diese Praxis aus:

> Daraufhin schrieb ʿUmar an al-Jarrāḥ: „Wer mit dir in Richtung der Qiblah betet, soll von der Kopfsteuer befreit werden". Daraufhin beeilten sich viele, den Islam anzunehmen. Jemand sagte zu al-Jarrāḥ: „Die Leute beeilen sich, den Islam anzunehmen, um der Kopfsteuer zu entgehen, also prüfe sie, indem du von ihnen verlangst, sich beschneiden zu lassen. Al-Jarrāḥ gab diesen Vorschlag an ʿUmar weiter, der antwortete: „Gott hat Muḥammad gesandt, um die Menschen zum Islam zu rufen, nicht um sie zu beschneiden".[223]

Noch liberaler war ʿAbdallāh b. Muʿāwiya, einer der Anführer der Rebellion gegen das Umayyaden-Kalifat, die zwischen 744 und 746 einige iranische Provinzen eroberte.[224] Er erlaubte unter anderem den Verzehr von Schweinefleisch und hielt das Schächten für unnötig.[225] Auch die Beschneidung lehnte Muʿāwiya mit dem Argument ab, dass „die Schöpfung Gottes nicht beschädigt werden dürfe". Einige Kritiker führten als Gegenbeispiel an, dass es für den Menschen auch notwendig sei, sich die Haare und Fingernägel zu schneiden, doch Muʿāwiya antwortete, dass dies keine lebenden Teile seien und man sich von allem Toten trennen müsse. Seine Haltung zu

---

220 M. J. Kister, „'... and He Was Born Circumcised...'", S. 12.

221 Vgl. M. J. Kister, „'... and He Was Born Circumcised...'", S. 13-14.

222 Vgl. M. Heimgartner, Timotheos I.: Brief 59, S. 26 Anm. 102.

223 The History of al-Ṭabarī: The Empire in Transition, Band 24, Übers. David Stephan Powers, New York, 1989, S. 83.

224 Vgl. J. van Ess, Theologie und Gesellschaft im 2. und 3. Jahrhundert Hidschra: Eine Geschichte des religiösen Denkens im frühen Islam, Band 2, Berlin/New York, 1992, S. 625; M. Heimgartner, Timotheos I.: Brief 50, S. 26 Anm. 102.

225 Zur Unterstützung seiner Ideen führte er ein Argument aus dem Koran an: „Für diejenigen, die glauben und tun, was recht ist, ist es keine Sünde, (irgend) etwas (an Speise) zu sich zu nehmen, solange sie gottesfürchtig und gläubig sind und tun, was recht ist, und weiter gottesfürchtig und gläubig sind, und weiter gottesfürchtig und rechtschaffen sind. Gott liebt die, die rechtschaffen sind" (Sure 5, 93). Vgl. J. van Ess, Theologie und Gesellschaft, Band 2, S. 625.

diesen Praktiken ist nicht mehr so überraschend, wenn man bedenkt, dass er als Zindīq galt und zu jener Gruppe von „Ketzern" gehörte, die später von al-Mahdī verfolgt wurden.[226] Dies deutet, wie noch zu zeigen sein wird, bereits auf eine unterschiedliche Auffassung zwischen al-Mahdī und Muʿāwiya hin.

V.7.3. Die Beschneidung Jesu im Gespräch mit dem Islam

Das Thema der Beschneidung wird vom Kalifen indirekt angesprochen, indem er Timotheos zunächst fragt, wer das Haupt der Christen sei. Er erwartet, dass der Patriarch antwortet, „Jesus Christus" sei das Oberhaupt der Kirche, um ihm dann vorzuwerfen, dass sie (die Christen) ihm nicht folgen. Dieser Ansatz suggeriert zum einen, dass die Muslime ihrem Führer Muḥammad folgen, und bestätigt zum anderen die islamische Tradition, dass Muḥammad entweder bei seiner Geburt auf wundersame Weise oder später von seinem Großvater beschnitten wurde:

> „Doch danach sagte mir der König: »Wer ist dein Oberhaupt und Meister?« Ich aber antwortete: »Jesus Christus, unser Herr.« Und unser König fragte mich: »War Jesus beschnitten oder nicht? « Ich aber antwortete: »Ja.« Und unser König fragte mich: »Weswegen also befolgst denn du die Beschneidung nicht? Denn wenn dein Oberhaupt und Meister Jesus Christus ist, Jesus Christus aber beschnitten wurde, ist es also auch für dich mit aller Notwendigkeit erforderlich, die Beschneidung zu befolgen.«"[227]

Obwohl Jesus beschnitten war, sagt Timotheos, tat er es im Gehorsam gegenüber dem Gesetz. Christen gehorchen nicht dem Gesetz, sondern dem Evangelium. Sie verlassen die „Vorabbildung" (Typus) und nehmen die „Wirklichkeit" (Antitypus) an. So hat Christus, wie Timotheos andeutet, durch seine Taufe die Beschneidung abgeschafft.[228] Auf die Frage nach der Bedeutung dieser „Vorabbildung" und der Art und Weise, wie Christus die Beschneidung abgeschafft hat, vertritt der ostsyrische Patriarch im Einklang mit seiner Kirche eine supersessionistische, aber diesmal komplexere Auffassung:

> „Die Tora, o König, war als Ganze Vorabbildung des Evangeliums, die Opfer im Gesetz waren Vorabbildung der Opferung des Jesus Christus, die Priester-

226 Vgl. J. van Ess, Theologie und Gesellschaft, Band 2, S. 625-626.

227 Timotheos I., Brief 59.5.1-3.

228 Die gleiche Beziehung zwischen Typus und Antitypus wird von Īšō bar Nūn, Patriarch der Kirche des Ostens zwischen 823 und 828, nach Timotheos I., verwendet, um die Ersetzung der Beschneidung durch die Taufe zu rechtfertigen: „Frage: Warum wurde der Sohn Isaak erst geboren, nachdem Abraham beschnitten worden war? Antwort: Weil Isaak ein Typus der Unsterblichkeit ist und seine Mutter ein Typus des Jerusalems in der Höhe. Und die Beschneidung Abrahams ist ein Typus unserer Beschneidung, die in der heiligen Taufe ist". Īšō bar Nūn, Ausgewählte Fragen zum Pentateuch: Ernest G. Clarke (hrsg.), The Selected Questions of Isho bar Nūn on the Pentateuch: Edited and Translated from Ms Cambridge Add. 2017 with a Study of the Relationship of Isho'dādh of Merv, Theodore bar Konī and Isho bar Nūn on Genesis, Studia Post Biblica, Band 5, Leiden, 1962, S. 31.

> schaft und das Priestertum des Gesetzes Vorabbildung des Priestertums des Christus, die Beschneidung am Fleisch Vorabbildung seiner Beschneidung im Geist. Und wie er durch das Evangelium die Tora auflöste, durch seine Opferung die Opfer, durch sein Priestertum das Priestertum im Gesetz, so löste und hob er auch die Beschneidung, die durch eine Tat von Menschenhänden vollzogen wurde, durch seine Beschneidung auf, die ohne Tat von Menschenhänden durch die Kraft des Geistes bewirkt wurde,[229] die das Geheimnis der Himmelsherrschaft und der Auferstehung aus dem Haus der Toten ist".[230]

Die Diskussion zu diesem Thema endet mit der Antwort des Patriarchen auf den Vorwurf des Kalifen, Jesus habe das Gesetz abgeschafft und müsse daher ein Feind des Gesetzes sein.[231] Timotheos entkräftet diesen Vorwurf mit mehreren rationalen Argumenten, indem er unter anderem zeigt, dass das Licht des Sterns durch das Licht der Sonne und die Funktionen des Kindes durch die des Mannes aufgehoben werden, ohne dass dies bedeutete, dass Letzterer der Gegner des Ersteren sei.[232]

Auch wenn die Diskussion zwischen Timotheos und al-Mahdī über die Beschneidung nicht sehr umfangreich ist und nicht alle spezifischen Elemente dieses Themas abdeckt,[233] fügt sie sich doch in die Koordinaten der ostsyrischen und islamischen

229 Wie M. Heimgartner darauf hindeutet, scheint sich Timotheos hier auf Kolosser 2, 11-13 zu beziehen: „In ihm seid ihr auch beschnitten worden mit einer Beschneidung, die nicht mit Händen geschieht, durch Ablegen des sterblichen Leibes, in der Beschneidung durch Christus. Mit ihm seid ihr begraben worden in der Taufe; mit ihm seid ihr auch auferweckt durch den Glauben aus der Kraft Gottes, der ihn auferweckt hat von den Toten". Vgl. Heimgartner, Timotheos I.: Brief 59, S. 27 Anm. 104.

230 Timotheos I., Brief 59.5.9-10. Timotheos entwickelt diesen Zusammenhang zwischen Taufe und Auferstehung von den Toten auch in seinem ersten Brief, wo er in seiner Antwort an Bischof Salomon von Ḥedattā eine theologische Abhandlung über die Taufe verfasst, in der es um die Unnötigkeit einer neuen Taufe für Chalcedonier und Westsyrer geht, die die Kirche des Ostens annehmen wollen. Vgl. Timotheos I., Brief 1.2.10. Die gleiche Beziehung zwischen der Taufe und der Auferstehung findet sich in der Disputation zwischen einem Mönch von Bēt Ḥālē und einem arabischen Emir, im Scholionbuch von Theodor bar Kōnī und in ʿAmmār al-Baṣrīs Kitāb al-burhān (Buch des Beweises). Interessanterweise zeigt al-Baṣrī auch, dass die Taufe die Funktion der „Vernichtung der Sünde" hat, indem er die Taufe mit dem muslimischen Ritual der Waschung vergleicht und die Überlegenheit der christlichen Praxis aufzeigt. Vgl. Disputation von Bēt Ḥālē 269v, S. 214; Theodore bar Kōnī, Scholionbuch, Memrā X, 160, S. 273/203; ʿAmmār al-Baṣrīs, Kitāb al-burhān 38b-40a.

231 Es ist bemerkenswert, dass im Dialog in Memrā X des Scholionbuches von Theodor bar Kōnī der christliche Lehrer dem muslimischen Studenten vorwirft, er behaupte, Jesus stehe im Widerspruch zum Alten Testament, nachdem dieser gesagt hat, er halte den Sabbat, die Opfer, die Feste und die Unterscheidung der Speisen nicht mehr ein, da sie von Christus abgeschafft worden seien. Vgl. Theodor bar Kōnī, Scholionbuch, Memrā X, 19-23, S. 237-238/176.

232 Vgl. Timotheos I., Brief 59.5.11-15.

233 Die Disputation zwischen einem Mönch von Bēt Ḥālē und einem arabischen Emir betont die Tatsache, dass die Beschneidung ebenso wie die Taufe eine wesentliche Rolle bei der Definition der eigenen Identität spielt: „Und wie damals jeder, der nicht beschnitten war, nicht ein Sohn Abrahams genannt wurde, so wird auch heute jeder, der nicht getauft ist, nicht Christ genannt". Vgl. Disputation von Bēt Ḥālē 269v, S. 214. Auch das Scholionbuch des Theodor

Tradition ein und vertieft an einigen Stellen einige traditionelle Aspekte, wie die Diskussion über Typus und Antitypus, oder verwendet sogar rationale Analogien, um die Abschaffung der Beschneidung zu beweisen.

Die Tatsache, dass dieses Thema auf höchster Ebene, in einer Diskussion zwischen dem Patriarchen und dem Kalifen, sowie in der Disputation zwischen einem Mönch von Bēt Ḥālē und einem arabischen Emir, im Scholionbuch von Theodor bar Kōnī und im Buch des Beweises von ʿAmmār al-Baṣrī behandelt wird, deutet darauf hin, dass die Frage der Beschneidung zu dieser Zeit ein äußerst umstrittenes Thema zwischen Ostsyrern und Muslimen war. Dies wird auch durch die kanonischen Gesetze dieser Zeit belegt. Der Patriarch Timotheos verbietet den Priestern der Kirche des Ostens ausdrücklich, Knaben oder sich selbst zu beschneiden, da dies ein Brauch der Juden („der alten Juden") und der Muslime („der neuen Juden"[234]) sei:

> „Er darf absolut nicht einen Knaben beschneiden, auch nicht sich selbst; denn der Priester soll ein Werkzeug zur Abschaffung der Beschneidung sein. Die Christen dürfen nur eine (Art der) Beschneidung ausüben: diejenige durch die Taufe; denn die Beschneidung am Fleische und der Vorhaut des Herzens ist Sache der alten und neuen Juden".[235]

Auch Īšō bar Nūn, der Nachfolger des Timotheos im Patriarchat, verbot die Beschneidung, erwähnte jedoch, dass einige Christen wie die Leute von Ḥirā (Ḥērthā) sie „auf jüdische Weise" praktizierten. Dieser Kanon weist auch darauf hin, dass diese Menschen auch ihre Frauen beschneiden.[236]

Mit diesem Problem waren natürlich nicht nur die Ostsyrer konfrontiert. Auch die Westsyrer und die Melkiten sahen sich dem Druck der Muslime ausgesetzt. So verbot Dionysius von Tel-Maḥrē, Patriarch von Antiochien zwischen 817 und 845, auf einer von ihm abgehaltenen Synode im Jahre 817 ausdrücklich die Beschneidung, einen

---

bar Kōnī betont in seinem zehnten Memrā, dass die Beschneidung ebenso wie die Taufe ein Erkennungszeichen ist, das einerseits die Funktion hat, „den Eintritt in das Haus des Herrn zu ermöglichen", und andererseits die Gekennzeichneten von den Ungekennzeichneten zu trennen: „Die Beschneidung wurde nur gegeben, um ein Zeichen des Bundes zwischen Gott und denen zu sein, die sie empfangen haben, und um eine Scheidung zwischen den Fremden und den Einheimischen zu sein". Theodor bar Kōnī, Scholionbuch, Memrā X, 40, S. 243/181.

234 Die Bezeichnung der Muslime als „neue Juden" erscheint auch in anderen Zusammenhängen in einigen Briefen des Timotheos (Brief 24.9; Brief 26.30; Brief 40.1.5) sowie in der Apologie des Nestorius, die dem Brief 50 des Timotheos beigefügt ist, des Bischofs von Bēt Nūhadrān, der des Messalianismus beschuldigt wurde. Zu den Muslimen als den „neuen Juden", vgl. Sidney H. Griffith, „Jews and Muslims in Christian Syriac and Arabic Texts of the Ninth Century", Jewish History 3 (1988), S. 84-87; J. Jakob, Syrisches Christentum, S. 258-281; David M. Freidenreich, „'You Still Believe Like a Jew!': Polemical Comparisons and Other Eastern Christian Rhetoric Associating Muslims with Jews from the Seventh to Ninth Centuries", Entangled Religions 9 (2022), S. 1-17.

235 Timotheos I., Gesetzbuch, S. 70-71.

236 Vgl. Īšō bar Nūn, Gesetzbuch: Eduard Sachau (hrsg.), „Gesetzbuch des Patriarchen Jesubarnun", in Rechtsbücher, Band 2, Berlin, 1908, S. 126-127.

Brauch, den er als „ḥanpē"[237] und „jüdisch" bezeichnete.[238] Auch der melkitische Theologe Theodor Abū Qurrah musste vor dem Kalifen al-Maʾmūn erklären, warum die Christen die Beschneidung abschafften.[239] Christus habe die fünf Lehren des Mose durch fünf neue Lehren ersetzt: „das Evangelium anstelle der Thora, den Sonntag anstelle des Samstags, die Taufe anstelle der Beschneidung, die Eucharistie anstelle des Schlachtens [von Tieren] und den Osten anstelle der Qibla".[240]

Zusammenfassend lässt sich sagen, dass Timotheos zwar weniger poetisch ist als Ephräm oder Narsai, es ihm jedoch gelingt, die christliche Lehre im islamischen Kontext sowohl mit biblischen als auch mit rationalen Argumenten zu verteidigen. Sein Supersessionismus steht im Einklang mit der Lehre und Praxis seiner Kirche und betont, dass Christus als Erneuerer des Alten Bundes die Beschneidung abgeschafft und durch seine Taufe ersetzt hat.

---

237 Wie Michael Penn andeutet, bezieht sich Dionysius in diesem Kanon auf die Muslime, auch wenn dieser Begriff in erster Linie „Polytheist" oder „Heide" bedeutet. Vgl. M. Penn, Envisioning Islam, S. 186. Theodor bar Kōnī verwendet den gleichen Begriff zu Beginn des zehnten Memrās in Bezug auf die Muslime: „Obwohl es sich um eine Ermahnung gegen die ḥanpē und eine Bestätigung des Glaubens handelt, haben wir sie als Fragen gestellt, wie es unsere Gewohnheit im ganzen Buch ist: im Namen der ḥanpē ist der Schüler, im Namen der Christen ist der Lehrer". Theodor bar Kōnī, Scholionbuch, Memrā X, S. 232/172. Die gleiche Bedeutung für ḥanpē findet sich auch in den Kanones der Synode, die 676 von Gīwargīs I., dem Katholikos der Kirche des Ostens zwischen 660 und 680, abgehalten wurde: „Weiber, die einmal an Christus glauben und christlich leben wollen, hüten sich mit aller Kraft vor der Verbindung mit Heiden, da diese Verbindung ihnen der Religion fremde Gewohnheiten bringen und ihren Willen lax machen würde. Deshalb halten sich die christlichen Frauen von dem Zusammen wohnen mit Heiden gänzlich fern. Wenn aber eine Solches wagt, so ist sie fern der Kirche und aller Christenehre im Worte des Herrn". J. B. Chabot (hrsg.), Synodicon orientale, S. 224/488; O. Braun (hrsg.), Das Buch der Synhados, S. 522/344. Vgl. auch M. Penn, When Christians First Met Muslims, S. 69-76; Catalin-Stefan Popa, Gīwargīs I. (660-680): ostsyrische Christologie in frühislamischer Zeit, Göttinger Orientforschungen I. Reihe: Syriaca, Band 50, Wiesbaden, 2016, S. 48-52. Sidney Griffith schlägt vor, dass das syrische Wort ḥanpō (pl. ḥanpē) mit dem arabischen Begriff ḥanīf (pl. ḥunafā) verwandt ist. Vgl. Sidney H. Griffith, „The Prophet Muhammad: His Scripture and His Message According to the Christian Apologies in Arabic and Syriac from the First Abbasid Century", in Toufic Fahd (hrsg.), La vie du prophète Mahomet: Colloque de Strasbourg, Octobre 1980, Paris, 1983, S. 118-122. Es scheint jedoch, dass der Begriff ḥanpē in ostsyrischen Texten vor dem Aufkommen des Islam in Bezug auf die Zoroastrier verwendet wurde. Vgl. J. Tannous, The Making of the Medieval Middle East, S. 124-125 Anm. 70.

238 Vgl. Arthur Vööbus (hrsg.), The Synodicon in the West Syrian Tradition: Translation and Text, CSCO 368/375, Script. Syri 162/163, Leuven, 1975/1976, S. 33/30.

239 Zur Diskussion über die Authentizität des Gesprächs zwischen Theodore Abū Qurrah und al-Maʾmūn, vgl. Georg Graf, Die arabischen Schriften des Theodor Abū Qurra, Bischofs von Ḥarrān (ca. 740–820), Paderborn, 1910, S. 77-85; Sidney H. Griffith, „The Monk in the Emir's Majlis", S. 39; David Bertaina, „The Debate of Theodore Abū Qurra", in D. Thomas und B. Roggema (hrsgs.), Christian-Muslim Relations, Band 1, S. 556-564; N. G. Awad, Orthodoxy in Arabic Terms, S. 17-18.

240 Wafik Nasry (hrsg.), The Caliph and the Bishop: A 9th Century Muslim-Christian Debate: al-Maʾmūn and Abū Qurrah, Textes et études sur l'Orient chrétien, Band 5, Beirut, 2008, S. 178-179.

Leider haben wir nicht viele Informationen über al-Mahdīs Argumente für die Beschneidung im Islam, außer der Tatsache, dass sie von Muḥammad praktiziert wurde, und das ist nur eine Andeutung.[241] Selbst dieses Argument war problematisch, denn al-Ma'mūn war später wütend auf Abū Mushir, weil er keinen Beweis dafür liefern konnte, dass der Prophet beschnitten war.[242]

Die Entwicklung der Hadīths sowie der Druck aus dem islamischen Umfeld führten jedoch nach einigen Jahrhunderten zur Einführung der Beschneidung in der Kirche des Ostens.[243] Ironischerweise führte der Metropolit Elias von Nisibis als Argument genau das an, was al-Mahdī Timotheos I. vorwarf, nämlich dass die Christen Jesus bei der Durchführung des Beschneidungsritus nicht folgten. So erklärt er:

> „Wir befolgen die Handlungsweise unseres Herrn und seiner heiligen Jünger im Halten der Beschneidung und gleichen denjenigen nicht, welchen sie erlassen wurde, und ihnen keine Schwierigkeiten in dieser Hinsicht gemacht, damit sie leichter und bequemer vom Götzendienst zur Kenntnis Gottes und zum Glauben an ihn geführt würden".[244]

V.8. Jesus, der Diener Gottes

Jesus wird im Neuen Testament auf verschiedene Weise als Diener bezeichnet und dargestellt. Im Markusevangelium (10, 45) wird Jesus beispielsweise mit den Worten dargestellt, dass er „nicht gekommen ist, um sich bedienen zu lassen, sondern um zu dienen". Außerdem wäscht Jesus im Johannesevangelium 13, 1-17 seinen Jüngern die Füße, eine Handlung, die normalerweise von einem Diener ausgeführt wird. Dieser Titel bezieht sich aber nicht nur auf solche einfachen, menschlichen Taten des Dienens, sondern hat auch eine messianische Konnotation. Der Evangelist Matthäus selbst stellt diese Verbindung her, indem er ausdrücklich erwähnt, dass Jesus die Prophezeiung des Jesaja erfüllt hat (vgl. Mt 12, 17-18). Jesus wird in der Apostelgeschichte mehrmals als Diener Gottes bezeichnet, so auch in der Rede des Petrus im Tempel in Jerusalem (vgl. Apg 3, 13-26; vgl. auch Apg 4, 27-30). Schließlich spricht der Apostel Paulus von der Inkarnation des Gottessohnes als der Annahme der Dienergestalt (Phil 2, 7).

V.8.1. Jesus als Diener in der ostsyrischen Tradition

Obwohl der Titel des Dieners Jesu von der gesamten ostsyrischen Tradition übernommen wurde und der paulinische Ausdruck in Phil 2, 7 sehr populär wurde und von den

241 Vgl. M. Heimgartner (hrsg.), Timotheos I.: Brief 59, S. 26 Anm. 102.

242 Vgl. J. van Ess, Theologie und Gesellschaft, Band 3, S. 452 Anm. 2.

243 Vgl. Cristoph Baumer, The Church of the East: An Illustrated History of Assyrian Christianity, London, 2016, S. 164.

244 Elias von Nisibis, Buch vom Beweis: L. Horst (hrsg.), Des Metropoliten Elias von Nisibis Buch vom Beweis der Wahrheit des Glaubens, Colmar, 1886, S. 88.

meisten ostsyrischen Autoren verwendet wurde, wurde diesem Titel im Allgemeinen nur sehr wenig Raum und Tiefe gegeben. Narsai verwendet die paulinische Formulierung aus Phil 2, 7 in seiner Definition der Einheit von Logos und Dienergestalt. Obwohl dieser Begriff zur Menschheit Christi gehört, kann er aufgrund der Einheit auch dem Logos zugeschrieben werden, allerdings nur metaphorisch.[245] Īšō'jahb I. erklärt in seinem Glaubenssymbol die Inkarnation des Logos aus dem Prolog des Johannesevangeliums nicht als eine Veränderung der göttlichen Natur, sondern als eine Annahme der Dienergestalt.[246]

Die Bischöfe, die sich im Jahr 612 versammelten, sprachen von der Einheit der Person in Christus und benutzten das paulinische Zitat aus Phil 2, 7, um auf die zwei Naturen hinzuweisen: „Wen anders nennt er Bild Gottes als Christum in seiner göttlichen Natur? Und wen Bild des Knechtes als Christum in seiner Menschheit?“.[247] Babai geht auch von Phil 2, 7 aus, um den Begriff „Diener“ für Christus zu erklären. Er verwendet diesen Begriff, um die Christologie der zwei Naturen, der zwei Individualitäten und der einen Person zu erklären. Die Gottesgestalt und die Dienergestalt beziehen sich also auf die zwei Individualitäten Christi. Die Gottesgestalt ist nicht zur Dienergestalt geworden, sondern hat sie angenommen und wohnt in ihr wie in einem Tempel.[248]

V.8.2. Jesus als Diener in der frühislamischen Tradition

Auch Jesus wird im Koran mehrfach als Diener bezeichnet (z. B. Sure 19, 30; 43, 57-61; 4, 170-172). In Sure 19, 30 bezeichnet sich Jesus selbst als Diener Gottes, als er noch in der Wiege lag: „Er sagte: «Ich bin der Diener Gottes. Er hat mir die Schrift gegeben und mich zu einem Propheten gemacht»“. Diese Ausdrücke unterstreichen, dass er nur ein Mensch, ein bloßes Geschöpf, und nicht der Sohn Gottes ist. Während der Titel „Diener Gottes“ im Evangelium einen messianischen Charakter hat, schließt er im Koran jede göttliche Nuance oder jedes göttliche Substrat aus.[249]

Das arabische Wort für Diener ist 'abd (عبد) und stammt aus dem Hebräischen (עֶבֶד) über das Syrische (ܥܒܕܐ). Im Arabischen hat das Wort auch die Bedeutung Mensch oder menschliches Wesen.[250] Sie können aber nicht immer gleichgesetzt werden, denn in Sure 4, 172 werden auch Engel als Diener bezeichnet[251]: „Christus wird es nicht verschmähen, ein (bloßer) Diener Gottes zu sein, auch nicht die (Gott) nahe-

---

245 Vgl. Narsai, Homilie LVI, hrsg. Mar Eshai Shimun XXIII, Band 1, v. 87-90, S. 589.

246 Vgl. Ishoyahb I., Glaubenssymbol, in J. B. Chabot (hrsg.), Synodicon orientale, S. 194/454; O. Braun (hrsg.), Das Buch der Synhados, S. 467/275.

247 J. B. Chabot (hrsg.), Synodicon orientale, S. 565/583; O. Braun, Das Buch der Synhados, S. 494/311.

248 Vgl. Babai, Liber de Unione, S. 257-260/208-211; Tractatus Vaticanus, S. 304/245.

249 Vgl. S. Griffith, „The Syriac Letters“, S. 118; M. Bauschke, Der Sohn Marias, S. 99; M. Heimgartner, Die Briefe 30-39 des ostsyrischen Patriarchen Timotheos I., S. IX.

250 Vgl. T. R. Hurst, „The Epistle-Treatise“, S. 370.

251 Reynolds sieht in diesen Versen eine mögliche Reaktion auf Philipper 2, 3-9. Vgl. G. S. Reynolds, Qur'ān and the Bible, S. 186-187.

stehenden Engel". Wie Parrinder erklärt, bedeutet 'abd im Islam nicht die harte Knechtschaft, die mit der Sklaverei verbunden ist, sondern die völlige Hingabe an Gott und dessen Anbetung. Die Beziehung ist eher religiös als sozial.[252] Dieser Titel ist also nicht ausschließlich Jesus vorbehalten, sondern wird neben den Engeln auch anderen Propheten und sogar Muḥammad zugeschrieben (vgl. Sure 18, 1; 38, 17; 72, 19).[253]

Frühe muslimische Exegeten wie Ibn ʿAbbās (gest. 687) und Ibn Jurayj (gest. 767) übernahmen diese Bezeichnung für Jesus und zeigten seine Unterordnung unter Gott, indem sie ihn als dessen Diener und Gesandten bezeichneten.[254] Auch in der Biografie Muḥammads wird Jesus mehrfach als nichts anderes als ein Diener bezeichnet, dem Gott seine Gunst erwiesen hat.[255]

V.8.3. Jesus als Diener im Gespräch mit dem Islam

In der Disputation des Timotheos mit al-Mahdī weist der Kalif die Behauptung des Patriarchen zurück, die Rede Gottes sei ewig und mit dem Vater vereint, und bezeichnet sie als „Geschöpf" und „Diener".[256] Darüber hinaus weist al-Mahdī darauf hin, dass auch die Propheten des Alten Testaments Christus als „Diener" bezeichneten. Timotheos antwortet, dass der Name, mit dem jemand in einem bestimmten Kontext wahrgenommen und bezeichnet wird, nicht immer dem entspricht, was er wirklich ist. So erklärt er zum Beispiel, dass Hārūn, obwohl er eigentlich der Sohn des Königs war, im Feldzug gegen die Byzantiner nur ein einfacher Soldat und Untertan war, der seinen Auftrag erfüllte. Deshalb wurde er von den Römern, die ihn nicht kannten und nicht wussten, wer er war, als einfacher Soldat und Diener wahrgenommen. Ebenso wurde der Sohn Gottes von den Juden, die ihn nicht kannten und nicht wussten, wer er wirklich war, aufgrund seiner Sendung, dem Willen des Vaters für die Menschheit in der Welt gegen den Teufel und die Sünde zu dienen, als einfacher Diener wahrgenommen. Wenn also die Propheten von Jesus als einem Knecht sprachen, nannten sie ihn nicht so, wie er wirklich war, sondern so, wie er in den Augen der Juden war.[257]

Timotheos behandelt dieses Thema ausführlich in der Briefgruppe 34-36. Um zu beweisen, dass Christus kein Diener ist, nicht einmal „in der Natur seines Menschseins",[258] entwickelt er eine breite Palette von Argumenten. Der Patriarch beginnt seine Argumentation mit der Entwicklung der Adam-Christus-Typologie, indem er zeigt, dass, da Adam als freies Wesen „nach dem Bild und gemäß dem Gleichbild Gottes" geschaffen wurde (Gen 1, 27) und Christus dem Fleisch nach ein Sohn Adams ist, auch Christus ein freies Wesen und kein Diener ist. Darüber hinaus ist Christus seiner

252 Vgl. G. Parrinder, Jesus in the Qu'rān, S. 34-35.
253 Vgl. Ibn 'Isḥāq, Sīrat, S. 194/137; M. Bausche, Der Sohn Marias, S. 99.
254 Vgl. C. Gilliot, „Christians and Christianity in Islamic Exegesis", S. 43-44.
255 Vgl. Ibn 'Isḥāq, Sīrat, S. 224-237/155-164.
256 Vgl. Timotheos I., Brief 59.19.1.
257 Vgl. Timotheos I., Brief 59.19.22-28. Das gleiche Argumentationsmuster wird auch in Brief 34.3.75-80 verwendet.
258 Inscriptio Brief 34.

menschlichen Natur nach „Bild“, und nicht „nach dem Bild“, und „Gleichbild“, und nicht „nach dem Gleichbild“.[259] Und wenn Adam als ein freies Wesen betrachtet wird, obwohl er ein Diener der Sünde und des Satans war, so ist Christus umso mehr ein freies Wesen, da er keine Sünde begangen hat (vgl. 1 Petr 2, 22).[260] Weiter im selben Brief 34, nachdem Timotheos die Begriffe „Natur“ und „Individualität“ definiert und den Unterschied zwischen ihnen erläutert hat, kehrt er zur Beziehung zwischen Adam und Christus zurück und vertieft dieses Thema. Nach dem Sündenfall „drang das Dienersein mit der Sünde ein und liess das Bild korrodieren“.[261] Trotzdem nahm Christus die menschliche Natur mit der „Eigentümlichkeit“ der menschlichen Natur an, aber „außer der Sünde“ (Hebr 4, 15). Im Unterschied zu Adam und den anderen Menschen sprechen wir also bei Christus von „einem makellosen Bild und Gleichbild“. Deswegen ist Christus auch seiner menschlichen Individualität nach kein Diener, sondern Gleichbild eines Dieners.[262]

Timotheos führt weiter aus, dass einerseits nicht alle Bezeichnungen für den Sohn Gottes in der Heiligen Schrift zu finden sind und dass andererseits einige Titel, die sich auf ihn beziehen, nur metaphorisch zu verstehen sind. Es gibt also vier Möglichkeiten, wie das, was der Sohn Gottes ist oder nicht ist, und das, was über ihn in der Heiligen Schrift geschrieben steht oder nicht steht, kombiniert werden können:

> „Denn entweder ist er und wird über ihn ausgesagt, was er prädiziert wird, oder umgekehrt ist er es überhaupt nicht noch wird es über ihn ausgesagt, oder er ist es zwar, es wird aber nicht über ihn ausgesagt, oder umgekehrt wird es zwar über ihn ausgesagt, er ist aber nicht, was über ihn ausgesagt wird“.[263]

Zur ersten Kategorie gehört also das, was er ist und was über ihn gesagt wird, wie z.B. die Namen Sohn, Mensch, Christus (Jes 7, 14; Jes 9, 5; Dan 9, 26; 1 Kor 15, 47 u.a.). Zur zweiten Kategorie, die das umfasst, was er nicht ist und was nicht über ihn gesagt wird, stellt Timotheos eine Reihe von Behauptungen auf, die nicht nur falsch, sondern auch absurd sind,[264] wie zum Beispiel: „Das Quadrat ist ein Kreis“ oder „Zwei und zwei sind vierzehn“.[265] Die dritte Kategorie bezieht sich auf das, was der Sohn Gottes ist, aber nicht ausdrücklich in der Heiligen Schrift ausgesagt wird, wie z.B. „dem Vater naturgleich“ oder einer „[einzigen] Kraft, [eines einzigen] Willens und [einer einzigen] Wirksamkeit“.[266] Die vierte Kategorie umfasst die Titel, mit denen er bezeichnet wird, aber „im stärken Sinne der Individualität nach“ ist nicht, wie „Stein“, „Sonne“, „Stern“, aber auch „Sünde“ (2 Kor 5, 21) und „Fluch“ (Gal 3, 13). In diese

259 Vgl. Timotheos I., Brief 34.2.1-11. Vgl. auch Timotheos I., Brief 35.3.5-10, Brief 35.4.1-3.
260 Vgl. Timotheos I., Brief 34.2.3.
261 Timotheos I., Brief 34.4.18.
262 Timotheos I., Brief 34.4.19-21. Vgl. auch Timotheos I., Brief 35.4.4-12.
263 Timotheos I., Brief 34.3.4.
264 Vgl. M. Heimgartner, Timotheos: Brief 34, S. 30 Anm. 136.
265 Vgl. Timotheos I., Brief 34.3.15-20.
266 Vgl. Timotheos I., Brief 34.3.22-23.

Kategorie fällt auch der Titel „Diener“, und diese Bezeichnungen sind im übertragenen Sinn zu verstehen, und nicht wörtlich, was er der Individualität nach ist.[267]

Timotheos entwickelt diesen letzten Punkt weiter und erklärt, dass es fünf Gründe gibt, warum der Sohn Gottes in der Heiligen Schrift „Diener“ genannt wird. Erstens wird er nach der Natur, die er angenommen hat, „Diener“ genannt. So wird Adam in der Schrift auch als „Staub“ bezeichnet („Staub bist du, und zu Staub wirst du zurückkehren“; Gen 3, 19), und zwar nach seiner Natur und nicht nach seiner Individualität. Der Individualität nach ist er aber „lebendig, sprach-denkbegabt und sterblich“. In gleicher Weise wird auch Christus nach seiner Natur und nicht nach seiner Individualität „Diener“ genannt.[268] Zweitens sprechen die alttestamentlichen Propheten vom Sohn Gottes sowohl als „Diener“ als auch als „König“. Der Name „Diener“ und dergleichen ist so zu verstehen, dass er sich im strengen Sinn auf die Makkabäer oder andere alttestamentliche Persönlichkeiten bezieht und nur im übertragenen Sinn auf Christus. Ebenso beziehen sich der Name „König“ und dergleichen im strengen Sinn auf den Sohn Gottes und nur im übertragenen Sinn auf z. B. Salomo, dessen Königtum Abbild des Königtums des Sohnes Gottes ist.[269] Drittens wird Christus metaphorisch „Diener“ genannt, weil er um unseretwillen „unter dem Gesetz“ geboren wurde (vgl. Gal 4, 4), und wer unter dem Gesetz geboren ist, ist Diener.[270] Der vierte Grund, warum er „Diener“ genannt wird, ist, dass er den Aposteln die Lehre der Demut erteilte, wobei Timotheos hier insbesondere an die Episode der Fußwaschung erinnert (vgl. Joh 13, 5).[271] Der fünfte Grund schließlich, warum der Sohn Gottes in der Heiligen Schrift als „Diener“ bezeichnet wird, ist das Leiden, das Kreuz und der Tod, die er auf sich genommen hat, indem er das „Gleichbild eines Dieners“ annahm:

> „Leiden, Kreuzigung, Tod und Grablegung formen und bilden das »Gleichbild eines Dieners« (vgl. Phil 2, 7). Also hat unser Herr Christus um unseretwillen die Repräsentationen des Dienerseins auf sich genommen; seiner Individualität nach ist er Sohn und freies [Wesen], der Gestalt des Heilsplanes nach wurde er um unseretwillen Diener genannt“.[272]

Der ostsyrische Patriarch erwähnt in Brief 34 auch, dass Theologen wie Theodor und Nestorius über das Dienersein Jesu geschrieben haben, aber sie hatten die allgemeine menschliche Natur im Sinn und nicht die menschliche Individualität Christi. Darüber hinaus erklärt Timotheos, dass er keinen rechtsgläubigen Lehrer kenne, der die Indi-

---

267 Vgl. Timotheos I., Brief 34.3.24-36. Derselbe Gedanke findet sich in Brief 35.5.38 und Brief 59.19.29.

268 Vgl. Timotheos I., Brief 34.3.39-56.

269 Vgl. Timotheos I., Brief 34.3.57-64.

270 Vgl. Timotheos I., Brief 34.3.65-67.

271 Vgl. Timotheos I., Brief 34.3.68-72.

272 Vgl. Timotheos I., Brief 34.3.73-74. Timotheos erklärt weiter, dass „Diener“ sich auf die allgemeine menschliche Natur bezieht und „Gleichbild eines Dieners“ sich auf die Individualität der menschlichen Natur Christi bezieht. Vgl. Timotheos I., Brief 34.4.8.

vidualität Christi als Diener bezeichnet habe.[273] In Brief 35 beruft sich Timotheos erneut auf die Autorität früherer Theologen, um diese Frage zu klären. So bezieht er sich neben Stellen bei Theodor und Nestorius nun auf zwei Zitate von Narsai, die er im gleichen Sinne interpretiert: das Dienersein bezieht sich auf die menschliche Natur, während das Herrsein sich auf seine menschliche Individualität bezieht.[274] Der Patriarch war auch überrascht, dass Naṣr, der Adressat von Brief 35, ihm als Beweistext ein Zitat von Ḥenānā von Adiabene vorgelegt hatte. Er weist darauf hin, dass er auf einer Synode von Mār Sabrīšō'[275] verurteilt und seine Schriften verboten worden seien. Dann zitiert Timotheos einen Auszug aus Ḥenānās Erklärung zum Evangelisten Lukas, um zu zeigen, dass dieser den biblischen Text und die Christologie falsch interpretiert: „Wenn jemand fragt, welcher Grund die Gott-Rede dazu drängte, von Johannes getauft zu werden, so sagen wir: Der Grund, der Gott dazu drängte, von einer Jungfrau geboren zu werden, zu leiden, gekreuzigt und begraben zu werden, der drängte ihn auch dazu, von Johannes getauft zu werden."[276]

Auch bei diesem Thema beruft sich Timotheos wieder auf den Koran und die islamische Lehre von den göttlichen Attributen, um zu beweisen, dass Jesus, der Sohn und die Rede Gottes, der Herr und nicht Diener ist. So erklärt er, dass bei den Menschen die Zeugung mit Leiden einhergeht, was ein Zeichen des Dienerseins ist. Aber obwohl Gott einen Sohn zeugt, zeugt er nicht auf menschliche Weise. Wie Timotheos auch in anderen Zusammenhängen erklärt hat, sieht, hört und erkennt Gott nicht wie ein Mensch, sondern auf göttliche Weise, und so zeugt er auch auf göttliche Weise ohne Leiden. Daher ist der Sohn Gottes nicht Diener, sondern Herr.[277] Dann verweist der ostsyrische Patriarch erneut auf die Tatsache, dass Jesus in Sure 4, 171 als Rede und Geist Gottes bezeichnet wird, um zu zeigen, dass die Rede Gottes, da sie von gleicher Natur wie Gott ist, kein Diener sein kann:

> „Wenn ferner Jesus Gottes Rede und Geist ist und [wenn] jede Rede und [jeder] Geist dem Wesen dessen gleich ist, zu dem sie gehört, dann ist folglich Jesus dem Wesen Gottes gleich. Wie sollte er denn [da] Diener sein, wenn er dem Wesen Gottes gleich ist!"[278]

Schließlich bezieht sich Timotheos auch auf die koranische Version der Kreuzigung und Himmelfahrt Jesu. Er zitiert Sure 3, 55 („Siehe, ich lasse dich sterben und erhebe

273 Vgl. Timotheos I., Brief 34.5.1-4.
274 Timotheos I., Brief 35.8.20.
275 Vgl. Martin Tamcke, Der Katholikos-Patriarch Sabrišo' I. (596–604) und das Mönchtum, Frankfurt am Main/Bern/New York, 1988.
276 Timotheos I., Brief 35.8.8. Wie Vööbus und Heimgartner darauf hinweisen, ist dieses Fragment nur hier bei Timotheos zu finden. Vgl. A. Vööbus, History of the School of Nisibis, S. 240; M. Heimgartner, Timotheos: Brief 35, S. 99-100 Anm. 501. Vgl. auch Gerrit J. Reinink, „Tradition and the Formation of the 'Nestorian' Identity in Sixth- to Seventh-Century Iraq", in Bas ter Haar Romeny (hrsg.), Religious Origins of Nations? The Christian Communities of the Middle East, Leiden/Boston, 2010, S. 224 Anm. 18.
277 Vgl. Timotheos I., Brief 34.6.1-13.
278 Vgl. Timotheos I., Brief 34.6.6-17.

dich zu mir") und erklärt, dass Gott zwar auch viele andere Engel und Menschen, wie z.B. Elia, in den Himmel erhoben habe, dass aber nur Jesus „zu mir" erhoben worden sei. Die anderen wurden in einen niedrigeren Himmel erhoben.[279] Wer also mit Gott im Himmel sitzt und über den anderen Engeln und Menschen steht, kann kein Diener sein.[280]

Dieses Thema sollte von den Muslimen weiter behandelt werden, wie ihre polemischen Schriften in späteren Jahrhunderten zeigen, etwa von al-Tabarī,[281] al-Warrāq[282] oder al-Bāqillānī,[283] die auf dem Jesus zugeschriebenen Namen „Diener" beharrten, um seine Göttlichkeit zu leugnen. Es ist jedoch höchst erstaunlich, dass dieses Thema in keiner der in dieser Studie berücksichtigten ostsyrischen apologetischen Schriften auftaucht, abgesehen von einer kurzen Antwort im Buch der Fragen und Antworten von ʿAmmār al-Baṣrī:[284] weder in der Disputation von Bet Hālē, noch in Memrā X des Scholionbuches von Theodor bar Kōnī, noch in der Apologie von al-Kīndi, noch in der Legende des Sergios Baḥīrā, noch im Traktat des Ḥunayn ibn 'Isḥāq, noch im Buch der Beweise des ʿAmmār al-Baṣrī, noch bei Elias von Nisibis. Diese Situation ist umso interessanter, wenn man die Komplexität der Argumente und den breiten Raum bedenkt, den Timotheos diesem Thema widmet. Es ist klar, dass der Patriarch durch die Betonung dieses Themas und insbesondere des Details, dass Jesus auch in seiner menschlichen Individualität kein Diener ist, jeden Zweifel ausräumen und deutlich machen will, dass Jesus der Sohn Gottes ist. Es ist schwierig, eine eindeutige Antwort auf die Frage zu geben, warum dieses Thema in den meisten anderen ostsyrischen apologetischen Quellen nicht auftaucht. Es ist jedoch klar, dass diese Kontroverse nicht verschwunden ist, sondern weiterhin in den Schriften muslimischer Polemiker auftaucht, wie oben erwähnt. Aus den anderen Briefen des Timotheos wissen wir bereits,[285] dass die Briefe 34-36 abgeschrieben und weitergegeben wurden. Sie waren also schon zu seiner Zeit weit verbreitet. Es ist denkbar, dass

279 Timotheos bezieht sich hier auf die sieben Himmel, eine Vorstellung, die sowohl in den paulinischen Briefen (2 Kor 12, 2 und Eph 4, 10) als auch im Koran (Sure 41, 12; 67, 3; 71, 15; 23, 17 und 78, 12) zu finden ist. Vgl. M. Heimgartner, Timotheos: Brief 34, S. 56 Anm. 268. Elias von Nisibis verwendet das Argument des Timotheos I., wenn er die Himmelfahrt Jesu mit der von ʾIdrīs vergleicht. Zunächst erklärt er, dass weder im Evangelium noch im Koran von der Himmelfahrt des ʾIdrīs die Rede ist. Er erwähnt, dass es einige Berichte gibt, die von ʾIdrīs' Aufstieg sprechen, aber nur zu einem erhöhten Ort und nicht in den Himmel. Zweitens, was Christus betrifft, so berichtet das Evangelium, dass er in den höchsten [Himmel] ('a'lāssamawāt) aufgestiegen ist, und auch der Koran bestätigt dieses Ereignis. Vgl. Elias von Nisibis, Kitāb al-majālis 2, S. ٥١ – ٥٢.

280 Vgl. Timotheos I., Brief 36.6.21-31.

281 Vgl. ʿAlī ibn Sahl Rabban Al-Tabarī, Al-Radd ʿalā l-Naṣārā 8r-8v, 33v-34r, S. 76/77, 132/133.

282 Vgl. Abū ʿĪsā al-Warrāq, Al-Radd 'alā al-Ittiḥād 230-242, S. 180-197.

283 Vgl. Abū Bakr al-Bāqillānī, Al-Radd ʿalā l-Naṣārā 42, 44, S. 194/195, 196/197.

284 'Ammār al-Baṣrī erklärt, dass der Prophet Jesaja diesen Titel nicht verwendet, weil Christus ein Diener ist, sondern wegen der Dienerschaft der Menschen durch die Sünde. Christus nahm also die Dienergestalt an, um die Menschen von der Dienerschaft der Sünde zu befreien. Vgl. 'Ammār al-Baṣrī, Kitāb al-masā'il wa l-ajwibah, S. 259-264.

285 Vgl. Timotheos I., Brief 24.9; Brief 30.2; Brief 31.7 und Brief 37.1.

diese Briefe aufgrund ihres Umfangs und des Ansehens des Timotheos in späteren Jahren von den Ostsyrern benutzt wurden und dass keine Notwendigkeit bestand, das Thema erneut zu behandeln.

V.9. Wunder Jesu als Beweis seiner Göttlichkeit

Die Evangelien sind reich an Berichten über Wunder, die Jesus Christus vollbracht hat, seien es Krankenheilungen,[286] Dämonenaustreibungen,[287] Totenerweckungen[288] oder Naturwunder[289]. Diese Berichte wurden in der christlichen Tradition von Anfang an aufgegriffen und dazu benutzt, die Gottheit Jesu zu beweisen und seine Wunder von denen der alttestamentlichen Propheten einerseits und von denen anderer Heiler oder hellenistischer Götter wie Apollonius von Tyana oder Asklepios andererseits abzugrenzen.[290] Die Schriften von Origenes, Tertullian und Eusebius von Caesarea bezeugen dies.[291]

286 Heilung der Schwiegermutter des Petrus in Kafarnaum durch Handauflegung (Mk 1, 29-3); Heilung des Gichtbrüchigen nach Sündenvergebung (Mk 2, 1-12); Heilung des Mannes mit der verdorrten Hand am Sabbat (Mk 3, 1-6); Heilung der blutflüssigen Frau durch Berührung des Gewandes Jesu und Freispruch (Mk 5, 25-34); Heilung des Taubstummen in der Dekapolis (Mk 7, 31-37); Heilung des Blinden von Bethsaida (Mk 8, 22-26); Heilung des Blinden am Stadttor von Jericho (Mk 10, 46-52); Heilung von zehn Aussätzigen (Lk 17, 11-19); Fernheilung des Dieners eines römischen Offiziers in Kapernaum (Mt 8, 5-13); Heilung des Kranken am Teich Bethesda (Joh 5, 1-9); Heilung des Blindgeborenen am Teich Siloah (Joh 9, 1-7) usw.

287 Der Besessene in der Synagoge von Kafarnaum (Mk 1, 21-28); Heilung des Besessenen von Gerasa (Mk 5, 1-20; Mt 8, 28-34; Lk 8, 26-39); Heilung eines stummen Besessenen (Mt 9, 32-34) usw.

288 Tochter des Synagogenvorstehers Jaïrus (Mk 5, 21ff.35-43); Jüngling aus Naïn (Lk 7, 11-17); Lazarus zu Bethanien (Joh 11, 1-45);

289 Speisung der 5000 (Mk 6, 35-44; Mt 14, 13-21; Lk 9, 10–17; Joh 6, 1-13); Speisung der 4000 (Mk 8, 1-9; Mt 15, 32–38); der wunderbare Fischfang (Lk 5, 1-11); ein weiterer wunderbarer Fischfang (Joh 21, 3-6); die Verwandlung von Wasser in Wein bei der Hochzeit zu Kana (Joh 2, 1-11); die Stillung des Seesturms (Mk 4, 35-41); der Seewandel (Mk 6, 45ff.) usw.

290 Cornelia B. Horn, „Jesus' Healing Miracles as Proof of Divine Agency, and Identity: The Early Syriac Trajectory", in Cornelia B. Horn (hrsg.), The Bible, The Qur'an & Their Interpretation: Syriac Perspectives, Warwick, Rhode Island, 2013, S. 73-74. Zu den Wundern Jesu im Neuen Testament und den ersten Jahrhunderten christlicher Überlieferung, vgl. H. Schlingensiepen, Die Wunder des Neuen Testaments: Wege und Abwege ihrer Deutung in der Alten Kirche bis zur Mitte des fünften Jahrhunderts, Beiträge zur Förderung christlicher Theologie 2. Reihe, Sammlung wissenschaftlicher Monografien, Band 28, Gütersloh, 1933; Bernd Kollmann, Neutestamentliche Wundergeschichten: biblisch-theologische Zugänge und Impulse für die Praxis, Stuttgart/Berlin/Köln, 2002, S. 66; Amanda Porterfield, Healing in the History of Christianity, Oxford, 2005, S. 21-42; Barry L. Blackburn, „The Miracles of Jesus", in Graham H. Twelftree (hrsg.), The Cambridge Companion to Miracles: Cambridge Companion to Religion, Cambridge/New York, 2011, S. 113-130; Eduard Lohse, Die Wundertaten Jesu: die Bedeutung der neutestamentlichen Wunderüberlieferung für Theologie und Kirche, Stuttgart, 2015.

291 Vgl. C. B. Horn, „Jesus' Healing", S. 75-78; Lee M. Jefferson, Christ the Miracle Worker in Early Christian Art, Minneapolis, 2014, S. 59-66.

V.9.1. Wunder Jesu in der ostsyrischen Tradition

Die ostsyrische Tradition folgt derselben Linie und macht im Laufe der Jahrhunderte reichlich Gebrauch von diesem Thema der Wunder Jesu. In Unterweisungen 6 vergleicht Aphrahat Jesus mit Elischa und zeigt die Überlegenheit des Ersteren: „Elischa sättigte mit wenig Brot nur hundert Mann, unser Erlöser sättigte mit ein wenig Brot nur fünftausend Mann, Kinder und Frauen nicht eingerechnet (vgl. 2 Kön 4, 42-44; Mt 14, 21). Elischa reinigte den Aussätzigen Naaman, unser Erlöser reinigte zehn (vgl. 2 Kön 5, 1-14; Lk 17, 12-19)“.[292]

Ephräm der Syrer stellt in seiner Homilie über den Herrn den menschlichen Leib Jesu als Mittler zwischen seiner Göttlichkeit und dem Leib der Kranken dar: „durch die Finger, die zu ertasten sind, nahm er [der Taubstumme] die Gottheit wahr, die nicht zu ertasten ist“.[293] Narsai verwendet die Stelle aus dem Evangelium von der Stillung des Seesturms zur Erklärung der strengen diophysitischen Christologie der Kirche des Ostens: „Er schlief im Schiff und sie weckten ihn; er stand auf und tadelte das Meer und es beruhigte sich. Der Schlaf gehört zu den Sterblichen, aber die Stillung des Sturmes gehört zu dem Schöpfer“.[294]

Babai erwähnt im Liber de Unione einige der vielen Wunder, die Jesus vollbracht hat: die Geburt aus der Jungfrau, den Seewandel, die Verklärung auf dem Berg Tabor, das Durchschreiten verschlossener Türen nach seiner Auferstehung.[295] Er greift Ideen von Narsai auf, wenn er zum Beispiel über den Seewandel spricht: „Petrus, der nur die menschliche Natur hatte, begann zu sinken, als er Christus nachahmte, aber Christus sank nicht, denn er war kein bloßer Mensch. Mit seiner göttlichen Macht streckte er seine Hand aus und rettete Petrus. Als Mensch schlief er im Boot, aber als Gott beruhigte er das Meer“.[296] Auch bei Gīwargīs I. kommen drei Wunder Jesu vor: die Heilung des Blindgeborenen, die Auferweckung des Lazarus und die Verklärung Jesu.[297] Bei der Auferweckung des Lazarus zeigt sich die menschliche Natur in den Lippen und der Zunge aus Fleisch, während die göttliche Natur in dem Befehl und der Macht, Tote aufzuerwecken, zum Ausdruck kommt.[298]

---

292 Aphrahat, Taḥwitā, in J. Parisot (hrsg.), Demonstrationes, Band 1, S. 289/290 – 291/292; Peter Bruns (hrsg.), Unterweisungen, Band 1, Fontes Christiani, Band 5/2, Freiburg, 1991, S. 204.

293 Ephräm der Syrer, Sermon de Domino Nostro 10.2, in Edmund Beck (hrsg.), Des Heiligen Ephraem des Syrers Sermon de Domino Nostro, CSCO 270/271, Scriptores Syri 116/117, Leuven, 1966, S. 8-9/9.

294 L. Abramowski und A. E. Goodman (hrsgs.), A Nestorian Collection of Christological Texts, Band 2, S. 74-75.

295 Vgl. Chediath, The Christology of Mar Babai the Great, S. 180-182.

296 Babai, Liber de Unione, 180/153.

297 Vgl. C.-S. Popa, Gīwargīs I., S. 121. Vgl. auch Catalin-Stefan Popa, „An Old Theme in a New Frame: The Genealogy of Miracles in the Syriac Literature Encountering Early Islam“, Journal of the Canadian Society for Syriac Studies 20 (2020), S. 58.

298 J. B. Chabot (hrsg.), Synodicon orientale, S. 236/502.

V.9.2. Wunder Jesu in der frühislamischen Tradition

Es ist bemerkenswert, dass die Wunder Jesu im Koran und in der späteren islamischen Tradition nicht abgelehnt werden, sondern sogar einen wichtigen Platz einnehmen. Interessant ist auch, dass der Koran zwar einige der in den Evangelien berichteten Wunder erwähnt, wie die Heilung eines Blinden und eines Aussätzigen und die Auferweckung von Toten (vgl. Sure 5, 110), ohne jedoch Einzelheiten zu nennen, dass er aber auch eine Reihe von Wundern erwähnt, die nicht in den Evangelien, sondern in anderen apokryphen christlichen Schriften zu finden sind oder die zum ersten Mal im Koran auftauchen.

So wird im Koran erwähnt, dass Jesus geheime Dinge wusste, wie z.B. was ein Mensch gegessen hat oder was er zu Hause aufbewahrt (vgl. Sure 3, 49). Er betete auch zu Gott auf die Bitte der Apostel hin, einen Tisch mit Speisen vom Himmel herabzusenden (vgl. Sure 5, 111-115).[299] Außerdem sprach Jesus zu den Menschen, als er noch in der Wiege lag (vgl. Sure 19, 30),[300] und später, als er noch ein Kind war, formte er etwas aus Ton, das wie ein Vogel aussah, und blies darauf, woraufhin es lebendig wurde (vgl. Sure 3, 49; Sure 5, 110).[301] Interessant ist, dass diese beiden

299 Wie Reynolds erklärt, wird oft angenommen, dass dieses Fragment mit den Evangelienstellen über die Vermehrung der Brote und Fische oder mit der Stelle in Apostelgeschichte 10, 9-16 in Verbindung steht, wo ein Tuch mit Tieren vom Himmel fällt, die Petrus essen soll. Tatsächlich steht sie in engem Zusammenhang mit der Rede vom Brot des Lebens in Johannes 6. Wie in der Episode mit dem Tisch im Koran verlangen die Jünger Jesu in Joh 6 ein Zeichen und sagen: „Was tust du für ein Zeichen, auf dass wir sehen und dir glauben? Was wirkst du?“ (Joh 6, 30). Dann verweisen sie auf das Manna: „Unsere Väter haben Manna gegessen in der Wüste, wie geschrieben steht: «Brot vom Himmel gab er ihnen zu essen»“ (Joh 6, 31). Johannes 6 steht somit im Zusammenhang mit Psalm 78, der die Forderung der Israeliten nach einem „Festmahl“ in der Wüste während des Exodus im Besonderen beklagt: „sie versuchten Gott in ihrem Herzen, als sie Speise forderten für ihre Seelen, und redeten wider Gott und sprachen: Kann Gott wohl einen Tisch bereiten in der Wüste?“ (Ps 78, 18-19). Vgl. G. Reynolds, The Qurʾān and the Bible, S. 216-217.

300 Dieses Wunder wird in keinem der kanonischen Evangelien erwähnt, findet es sich aber in mehreren apokryphen christlichen Texten wie dem apokryphen arabischen Johannesevangelium oder dem arabischen Kindheitsevangelium. Während jedoch in der koranischen Version das Jesuskind sagt, dass es Gottes Diener und Prophet ist, behauptet es in dem apokryphen arabischen Johannesevangelium und dem arabischen Kindheitsevangelium, die Rede und der Sohn Gottes zu sein, der vom Vater zur Rettung der Welt als Erfüllung der Prophezeiung des Jesaja gesandt wurde. Vgl. Giovanni Galbiati (hrsg.), Iohannis evangelium apocryphum arabice, Milan, 1957, S. 33-34; Mario E. Provera, (hrsg.), Il vangelo arabo dell'infanzia secondo il ms. Laurenziano Orientale (n. 387), Quaderni de „La Terra Santa“, Jerusalem, 1973, S. 112-113; Vgl. auch Cornelia B. Horn, „Apocrypha on Jesus' Life in the Early Islamic Milieu: From Syriac into Arabic“, in Miriam L. Hjälm (hrsg.), Senses of Scripture, Treasures of Tradition: The Bible in Arabic among Jews, Christians and Muslims, Biblia Arabica, Band 5, Leiden/Boston, 2017, S. 58-78; Cornelia B. Horn, „Jesus, the Wondrous Infant, at the Exegetical Crossroads of Christian Late Antiquity and Early Islam“, in Georges Tamer, Regina Grundmann, Assaad Elia Kattan und Karl Pinggéra (hrsgs.), Exegetical Crossroads: Understanding Scripture in Judaism, Christianity and Islam in the Pre-Modern Orient, Judaism, Christianity, and Islam – Tension, Transmission, Transformation, Band 8, Berlin/Boston, 2018, S. 32-45.

301 Dieses letzte Wunder nimmt in der späteren islamischen Tradition einen besonderen Platz ein

letzten Wunder, von denen der Koran berichtet und die auf zwei apokryphen christlichen Texten beruhen, von Jesus als Kind vollbracht wurden, während die kanonischen Evangelien berichten, dass Jesus erst als Erwachsener Wunder zu vollbringen begann, wobei das erste Wunder, von dem berichtet wird, die Verwandlung von Wasser in Wein bei der Hochzeit zu Kana ist. In Joh 2, 11 heißt es, dass dieses Wunder der Anfang seiner Zeichen war.[302]

Obwohl sowohl die Evangelien als auch der Koran mehrere Wunder erwähnen, die Jesus gewirkt haben soll, gibt es einen entscheidenden Unterschied in der Art und Weise, wie die Wunder Jesu in den beiden Fällen dargestellt werden. So vollbringt Jesus im Koran die Wunder nicht mehr wie in der Bibel mit eigener Macht und Autorität, sondern mit Gottes Gunst und Erlaubnis (vgl. Sure 5, 110). Mit anderen Worten: Er schafft und wirkt nicht mehr als Gott, sondern ist wie die anderen Propheten nur noch ein Werkzeug, durch das Gott wirkt. Alle Wunder, die diese vollbringen, geschehen mit Gottes Macht und Erlaubnis, wie es auch in Sure 13 des Korans heißt: „Und kein Gesandter darf (als Beweis für seine Wahrhaftigkeit) ein Zeichen bringen, außer mit Gottes Erlaubnis“ (vgl. Sure 13, 38).

Auch Ibn 'Isḥāq bezieht sich in der Biografie Muḥammads auf die Wunder Jesu im Zusammenhang mit der Begegnung der christlichen Botschaft in Nağrān mit dem Propheten Muḥammad. Er erklärt, dass die Christen die Wunder Jesu als Beweis für seine Göttlichkeit interpretieren. Muḥammad weist eine solche Interpretation jedoch zurück und erklärt, dass die Wunder Jesu durch die Macht Gottes gewirkt wurden und

---

und wird von mehreren muslimischen Kommentatoren oder Polemikern erwähnt. Auch dieses Wunder erscheint in keinem kanonischen Evangelium, findet sich aber sowohl im Kindheitsevangelium des Thomas als auch im arabischen Kindheitsevangelium. Während der Koran sowohl in Sure 3, 49 als auch in Sure 5, 110 von einem einzigen Vogel spricht, ist in den beiden apokryphen christlichen Texten von zwölf Spatzen oder Sperlingen die Rede. Vgl. Die Kindheitserzählung des Thomas, Übers. Ursula Ulrike Kaiser und Josef Tropper, in Christoph Markschies und Jens Schröter (hrsgs.), Antike christliche Apokryphen in deutscher Übersetzung: Evangelien und Verwandtes, Band 1, Tübingen, 2012, S. 945-946; Das arabische Kindheitsevangelium, Übers. Maria Josua und Friedmann Eißler, in C. Markschies und J. Schröter (hrsgs.), Antike christliche Apokryphen, S. 970-980. Nach al-Tabarī gibt es sowohl in dem Bericht von Ibn 'Isḥāq (gest. 768) als auch in dem von Ibn Jurayj (gest. 767) nur einen Vogel, wobei Ibn Jurayj sogar erwähnt, dass Jesus gefragt habe, welcher Vogel am schwierigsten zu erschaffen sei. Auf die Antwort, dass die Fledermaus am schwierigsten zu erschaffen sei, weil sie nur aus Fleisch und nicht aus Knochen bestehe, erschuf Jesus eine Fledermaus. Vgl. Neal Robinson, „Creating Birds from Clay: A Miracle of Jesus in the Qur'ān and in Classical Muslim Exegesis“, The Muslim World 79 (1989), S. 4-5.

302 Vgl. C. Horn, „Jesus, the Wondrous Infant“, S. 30. Interessant ist, dass as-Suddī (gest. 745), obwohl der Koran dieses Wunder der Verwandlung von Wasser in Wein nicht erwähnt, davon berichtet, es aber in einen anderen Zusammenhang stellt. Dem Koranexegeten zufolge vollbrachte Jesus dieses Wunder also nicht als Erwachsener, sondern als Kind im Alter von bis zu 12 Jahren, und nicht bei der Hochzeit zu Kana, sondern als er sich mit Maria noch in Ägypten befand und im Haus einer dortigen Familie untergebracht war. Vgl. William M. Brinner (Übers.), 'Arā'is al-majālis fī qiṣaṣ al-anbiyā' or „Lives of the Prophets“ as Recounted by Abū Isḥāq Aḥmad ibn Muḥammad ibn Ibrāhīm al-Tha'labī, Studies in Arabic Literature, Supplements to the Journal of Arabic Literature, Band 24, Leiden, 2002, S. 650-651.

nur ein Zeichen für seinen Status als Prophet und nicht für seine Göttlichkeit sind. Außerdem wurden einige der Taten, die der Macht Gottes zugeschrieben werden, nicht von Jesus vollbracht, wie z.B. die Einsetzung von Königen oder die Verwandlung des Tages in die Nacht und der Nacht in den Tag.[303]

V.9.3. Wunder Jesu im Gespräch mit dem Islam

Patriarch Timotheos I. greift in seinem Brief 34 an die christlichen Gemeinden in Basra und Huballat das Argumentationsmuster seiner Kirche zu den Wundern Jesu auf, um sie zu stärken und theologisch auf die muslimischen Herausforderungen vorzubereiten, insbesondere im Hinblick auf den christologischen Titel „Diener Gottes". Er erklärt, dass Jesus die Wunder mit der gleichen Macht und Autorität und auf die gleiche Weise wie Gott und nicht wie die Propheten und Apostel wirkte.[304] So sagte Jesus zu dem toten Sohn der Witwe von Nain: „Jüngling, ich sage dir: Steh auf!" (Lk 7, 14); zur Tochter des Synagogenvorstehers Jairus sagte er: „Mädchen, ich sage dir: Steh auf!" (Mk 5, 41); und zu Lazarus, dem Bruder von Maria und Martha, sagte er mit lauter Stimme: „Komm heraus!" (Mk 11, 43); ebenso tadelte er den Wind und befahl dem Meer: „Schweige und verstumme!" (Mk 4, 39); und schließlich sagte er zu dem schwachen Mann im Scheol Vitezda: „Steh auf, hebe dein Bett auf und geh umher!" (In 5, 8).[305]

Für Timotheos sind all diese Beispiele Beweise für die Göttlichkeit Jesu, denn die Wunder wurden mit göttlicher Macht und Autorität gewirkt. Er befahl und es geschah. Der Patriarch vergleicht die Art und Weise, wie diese Wunder gewirkt wurden, mit der im Buch Genesis, als Gott die Welt erschuf. So wie Jesus gebot und Tote auferweckte, Kranke heilte und das Meer stillte, so gebot Gott am Anfang: „Es werde Licht!" (Gen 1, 3); „Es entstehe ein Firmament inmitten des Wassers!" (Gen 1, 6); „Es versammle sich das Wasser, das unter dem Himmel [ist], an einem [einzigen] Ort, und es werde trockenes Land sichtbar" (Gen 1, 9); usw.[306]

Die auf diese Weise vollbrachten Wunder oder Werke unterscheiden sich deutlich von denen, die Mose, Elija, Elischa und die anderen Propheten vollbracht haben. Sie befahlen und vollbrachten die Wunder nicht aus eigener Kraft, sondern baten Gott, ihre Gebete zu erhören. So war es zum Beispiel nicht Mose, der aus eigener Kraft die Juden in der Wüste mit Manna und Wachteln speiste, sondern Gott: „Derjenige, der das Manna aus dem Himmel gegeben hat (vgl. Ex 16, 15) und Wachteln vom Meer her (vgl. Num 11, 31), der kann euch auch Wasser geben".[307] Auch die Wunder der Apostel geschahen nicht aus eigener Kraft, sondern im Namen Jesu, wie die Apostelgeschichte zeigt.[308]

---

303 Vgl. Ibn 'Isḥāq, Sīrat, S. 407/274.
304 Timotheos I., Brief 34.2.49.
305 Timotheos I., Brief 34.2.50-55.
306 Timotheos I., Brief 34.2.58.
307 Timotheos I., Brief 34.2.63.
308 Timotheos I., Brief 34.2.69.

Weiter im selben Brief 34 bezieht sich der Patriarch Timotheos auf das Vogelwunder, um die Göttlichkeit Jesu zu beweisen:

> „Wenn ferner Jesus aus Lehm einen Vogel erschuf und in ihn Geist einhauchte, und [wenn] das, war er aus Lehm erschafft und dem er Geist des Lebens einhaucht, von Gott stammt, dann besitzt folglich Jesus Gottes Eigentümlichkeit. Das aber, was die Eigentümlichkeit einer [bestimmten] Art besitzt, das besitzt notwendigerweise auch die <Natur der> [betreffenden] Art. Jesus besitzt Gottes Eigentümlichkeit. Wer aber Gottes Eigentümlichkeit besitzt, [besitzt] auch [dessen] Natur. Dann besitzt Jesus folglich Gottes Natur“.[309]

Wie Timotheos weiter ausführen sollte, ist dieses Wunder eine Parallele zu dem Vers in Gen 2, 7. Derjenige, der den Menschen aus Staub erschaffen und in sein Antlitz den Lebensatem eingehaucht hat, ist derselbe, der einen Vogel aus Lehm erschaffen und in ihn den Lebensgeist eingehaucht hat.[310] Bemerkenswert ist auch, dass der Patriarch Timotheos nur von einem Vogel spricht, während in apokryphen christlichen Texten von zwölf Vögeln (Spatzen/Sperlingen) die Rede ist. Dies ist wahrscheinlich eine Reaktion auf die koranische Version dieser Episode, wie Heimgartner bereits bemerkt hat.[311]

In der direkten Auseinandersetzung mit muslimischen Gesprächspartnern änderte Patriarch Timotheos jedoch seine Haltung. Während Timotheos im Brief 34 an die Christen in Basra und Huballat die Wunder Jesu als Beweis für seine Göttlichkeit anführt, taucht dieses Argument in den direkten Dialogen mit den muslimischen Gegnern nicht mehr auf. Dies mag in der Disputation mit dem muslimischen Aristoteliker, der auf der Grundlage der aristotelischen Philosophie debattierte, weniger verwunderlich sein, kann aber nicht für den Dialog gelten, den Timotheos I. mit dem Kalifen al-Mahdī führte. Dieser Dialog dauerte zwei Tage, in denen sie eine Vielzahl von Themen diskutierten. Einige dieser Themen, wie z.B. der Status Muḥammads als Prophet, wurden ausführlich und sogar mehrmals während der zwei Tage diskutiert. Die Tatsache, dass Timotheos in diesem Dialog die Wunder Jesu nicht als Beweis für seine Göttlichkeit anführt, ist ungewöhnlich angesichts der Bedeutung dieses Arguments in der gesamten christlichen Tradition. Als jemand, der den Koran sehr gut kannte, war sich Timotheos wahrscheinlich der muslimischen Haltung gegenüber den Wundern Jesu bewusst und wusste, dass ein solches Argument nicht sehr wirksam gewesen wäre.[312] Diese im Koran zum Ausdruck gebrachte Auffassung wurde in der islamischen Tradition weiterentwickelt.

Der ehemalige Ostsyrer ʿAlī ibn Sahl Rabban Al-Tabarī zeigt eine gute Kenntnis der Bibel. In seinem Werk Al-Radd ʿalā l-Naṣārā stellt er fest, dass alle Wunder, die von den Christen als Beweis für die Göttlichkeit Jesu angeführt werden, auch auf an-

309 Timotheos I., Brief 34.6.42-44.
310 Timotheos I., Brief 34.6.46.
311 M. Heimgartner (hrsg.), Timotheos I.: Die Briefe 30-39, S. 59 Anm. 279.
312 Vgl. J. Jakob, Syrisches Christentum, S. 459.

dere biblische Gestalten zutreffen. Wenn Christen die Auferstehung Jesu erwähnen, sollten sie auch die Totenerweckungen durch die Propheten Elija und Elischa nicht vergessen. Wenn Christen das Wunder der Speisung der 5000 mit Brot und Fischen erwähnen, dann hat Mose die Israeliten 40 Jahre lang in der Wüste gespeist. Während Jesus auf dem Meer wandelte, teilte Mose das Meer in zwei Teile. Während Jesus in den Himmel auffuhr, taten Henoch und Elija dasselbe.[313]

In die gleiche Richtung argumentiert auch Abū Mansūr al-Māturīdī. Er schreibt, dass, wenn die Christen Jesus aufgrund der von ihm vollbrachten Wunder zum Sohn Gottes erklären, auch andere alttestamentliche Propheten als Söhne Gottes betrachtet werden sollten. Wenn Jesus einige Verstorbene, die leblos waren, wieder zum Leben erweckte, dann verwandelte Moses den Stab, der ebenfalls leblos war, vor dem Pharao in eine Schlange. Wenn Jesus auf dem Meer wandelte, dann überquerte Josua mit dem ganzen Volk Israel den Jordan. Wenn Jesus Wasser in Wein verwandelte, füllte Elischa viele Gefäße mit Öl.[314]

So wie die christliche Tradition im Laufe der Jahrhunderte ein Argumentationsmuster entwickelt hat, indem sie die Wunder Jesu mit denen der Propheten vergleicht, um seine Göttlichkeit zu beweisen, so vergleicht auch die islamische Tradition die Wunder Jesu mit denen der Propheten, aber um zu beweisen, dass seine Wunder denen der Propheten in keiner Weise überlegen sind. In den anderen apologetischen ostsyrischen Texten, die in dieser Arbeit untersucht werden, ist die Haltung nicht einheitlich. In der Disputation zwischen einem Mönch von Bēt Ḥāle und einem muslimischen Emir, im Scholionbuch von Theodor bar Kōnī und im Traktat von Ḥunayn ibn ’Isḥāq wird dieses Argument überhaupt nicht verwendet. In der ostsyrischen Version der Legende des Sergios Baḥīrā werden die Wunder Jesu in einem einzigen Satz erwähnt.[315] Einen viel größeren Raum nehmen sie jedoch im Buch des Beweiss[316] von ‘Ammār al-Baṣrī, in der Apologie[317] von al-Kindī und vor allem in den Sitzungen (majālis) des ostsyrischen Metropoliten Elias von Nisibis mit dem muslimischen Wesir Abū l-Qāsim al-Ḥusayn ibn ʿAlī al-Maġribī ein.[318]

313 Vgl. ʿAlī ibn Sahl Rabban Al-Tabarī, Al-Radd ʿalā l-Naṣārā 38r-41v, S. 142-151.

314 Vgl. Abū Mansūr al-Māturīdī, Al-Radd ʿalā al-Naṣārā min Kitāb al-Tawḥīd 4-5, S. 100-105. Diese Vorstellungen finden sich auch bei späteren muslimischen Autoren. So behauptete Al-Ḥasan ibn Ayyūb, ein anderer muslimischer Theologe des 10. Jahrhunderts, das Wunder Jesu, Wasser in Wein zu verwandeln, sei nicht größer als das Füllen der Gefäße mit Öl durch den Propheten Elisa. Vgl. David Thomas, „The Miracles of Jesus in Early Islamic Polemic“, Journal of Semitic Studies 39 (1994), S. 227-228.

315 Vgl. Barbara Roggema (hrsg.), The Legend of Sergius Baḥīrā: Eastern Christian Apologetics and Apocalyptic in Response to Islam, History of Christian-Muslim Relations, Band 9, Leiden, 2008, S. 276-277; J. Jakob, Syrisches Christentum, S. 457, 466.

316 Vgl ʿAmmār al-Baṣrī, Kitāb al-Burhān 33a.

317 Vgl. Die Apologie von al-Kindī, in N. A. Newman (hrsg.), The Early Christian-Muslim Dialogue a Collection of Documents from the First Three Islamic Centuries, 632-900 A.D.: Translations with Commentary, Hatfield, 1993, S. 508-510.

318 Elias von Nisibis scheint die Argumentation von Timotheos I. in Brief 34 aufzugreifen. In seinem zweiten Dialog mit dem muslimischen Wesir vergleicht der ostsyrische Metropolit die

V.9.4. Wunder und die wahre Religion

Obwohl in der Auseinandersetzung zwischen Timotheos und al-Mahdī die Wunder Jesu nicht als direkter Beweis für seine Göttlichkeit erscheinen, benutzt der Patriarch Wunder im Allgemeinen, ob sie nun von den Propheten, Jesus, den Aposteln oder späteren Christen gewirkt wurden, um die Überlegenheit des Christentums zu beweisen. Dies geschah zu einer Zeit, als die Christen mehr als ein Jahrhundert nach den ersten arabischen Eroberungen, die sie eher als Strafe Gottes für die Sünden der Gläubigen und in apokalyptischen Begriffen gesehen hatten, zu erkennen begannen, dass das Ende der Welt nicht so nahe war und dass die neuen Eroberer nicht nur eine militärische, sondern auch eine religiöse Bedrohung darstellten.[319] So taucht in fast jedem Dialog und theologischen Streit zwischen Ostsyrern und Muslimen die Frage auf: „Was ist die wahre Religion?", gefolgt von der Frage: „Wie kann man das beweisen?". Dabei spielen die Wunder als Unterscheidungskriterium für den wahren Glauben eine zentrale Rolle.

In der Disputation zwischen einem Mönch von Bet Hālē und einem arabischen Emir werden die Wunder kurz erwähnt, die Christen durch den Glauben an die Kraft des Heiligen Kreuzes vollbringen und wie sie dadurch vor allen Gefahren geschützt werden.[320] Theodor bar Kōnī erklärt im zehnten Memrā seines Scholionbuches, dass die Verbreitung des Christentums sowohl auf die Wirksamkeit der gesprochenen Worte als auch auf die Macht der Christen zurückzuführen sei, im Namen der Heiligen Dreifaltigkeit Wunder zu vollbringen.[321] Seit dem 9. Jahrhundert gewinnt die Frage

---

Wundertaten der alttestamentlichen Propheten mit denen Jesu, um die Überlegenheit des Wirkens des Gottessohnes aufzuzeigen. Dabei betont er die Macht Jesu, Wunder aus eigener Kraft zu vollbringen, im Gegensatz etwa zu Mose, der vor einem Wunder zu Gott betet. Darüber hinaus erklärt Elias von Nisibis, dass die meisten Propheten sich durch eine einzige Art von Wunder auszeichneten, sei es Heilung, Vermehrung der Nahrung oder Aufstieg in den Himmel, während Jesus alle diese Wunder vollbrachte. Auch darin liegt die Überlegenheit Jesu. Vgl. Elias von Nisibis, Kitāb al-majālis 2, S. ٤٨ – ٤٩. Das Vogelwunder, das auch Timotheos erwähnt, taucht ebenfalls auf, mit dem Unterschied, dass Elias von Nisibis von mehreren Vögeln spricht und nicht nur von einem. Vgl. Elias von Nisibis, Kitāb al-majālis 2, S. ٥٠. Es ist interessant, dass Elias in seinem Dialog mit dem muslimischen Wesir von mehr als einem Vogel spricht, da im Koran nur von einem Vogel die Rede ist, und wie wir gesehen haben, erwähnt auch Timotheos als Reaktion auf die koranische Version nur einen Vogel. Es könnte sich um eine Anspielung auf apokryphe christliche Texte handeln, aber diese Theorie erscheint in diesem Zusammenhang unwahrscheinlich. Vielmehr könnte es sich um eine Reaktion auf die Entstehung einer neuen Interpretationsrichtung der Koranverse über dieses Wunder in der islamischen Tradition handeln. So schreibt al Tabarī in seinem Tafsīr zu Sure 3, 49 und Sure 5, 110, dass ein Leser aus der Ḥiǧāz den Singular ṭā'ir las, während die anderen Leser den Plural ṭayr lasen. Tabarī bevorzugt die letztere Lesart, weil sie ein größeres Wunder impliziert, weil sie mit dem konsonantisch geschriebenen Text des Korans übereinstimmt und weil sie die am häufigsten bezeugte Lesart ist. Vgl. Abū Jaʿfar Muḥammad ibn Jarīr ibn Yazīd al-Ṭabarī, Jāmi' al-bayān fī tafsīr al-Qur'ān, S. 190f. und S. 83. Vgl. auch N. Robinson, „Creating Birds from Clay", S. 4.

319 Mehr dazu im Unterkapitel II.3.1.

320 Vgl. Disputation von Bet Hālē 272v-273r, S. 230-231.

321 Vgl. Theodor bar Kōnī, Scholionbuch, Memrā X, 171, S. 206.

nach der wahren Religion an Bedeutung. So argumentiert ʿAmmār al-Baṣrī, dass die Überlegenheit einer Religion durch Wunder und Vernunft bewiesen werden könne.[322] Er ist jedoch der Ansicht, dass der Erfolg der christlichen Mission eher auf Wunder als auf rationale Argumente zurückzuführen ist.[323] Gleichzeitig muss er zugeben, dass es zu seiner Zeit weniger Wunder gab als zu Beginn des Christentums. Er erklärt dies damit, dass Gott am Anfang Wunder wirkte, um die Kirche zu stärken und das Christentum zu verbreiten, aber nachdem dies geschehen war, waren Wunder nicht mehr so notwendig.[324] Schließlich behauptet Elias von Nisibis, dass die Menschen durch Vernunft und göttliche Wunder von der Richtigkeit des Glaubens überzeugt werden. Die Christen, so Elias, seien von beidem überzeugt.[325]

Auch Timotheos geht, wie bereits erwähnt, in seiner Disputation mit al-Mahdī auf dieses Thema ein. So spricht er am Ende des Dialogs von der Perle des wahren Glaubens. Der Patriarch erklärt, dass die Besitzer der Perle in dieser Welt an ihrem Lebenswandel, an ihren guten Werken und an den Zeichen und Wundern, die Gott durch sie wirkt, teilweise zu erkennen sind.[326] Dann zählt Timotheos die Wunder auf, die Gott durch die Propheten gewirkt hat, um den Glauben an ihn zu stärken. Der Patriarch erwähnt danach auch, dass Jesus Wunder gewirkt hat, ohne weitere Beispiele oder Erklärungen zu geben. Diese Erwähnung erscheint wie eine Fortsetzung der anderen Wunder der Propheten, ohne Unterscheidung oder Vergleich mit ihnen. Er erwähnt auch, dass die Apostel größere Wunder gewirkt haben als Jesus (vgl. Joh 14, 12), obwohl er später sagt, dass sie im Namen Jesu gewirkt wurden.[327] Der Kalif weist

---

322 Vgl. ʿAmmār al-Baṣrī, Kitāb al-burhān 4b-5a.

323 Vgl. ʿAmmār al-Baṣrī, Kitāb al-burhān 6a-7a. Auch Ḥunayn ibn ʾIsḥāq betont in seinem Traktat über das Erkennen der wahren Religion die Bedeutung von Wundern für die erfolgreiche Verbreitung des Christentums. Vgl. Ḥunayn ibn ʾIsḥāq, Kayfiyyat idrāk ḥaqīqat al-diyāna, Übers. Diego R. Sarrió Cucarella, „«On how to Discern the Truth of Religion», by Ḥunayn b. Isḥāq“, Islamochristiana 45 (2019), S. 162.

324 Vgl. ʿAmmār al-Baṣrī, Kitāb al-burhān 7b.

325 Vgl. Elias von Nisibis, Kitāb al-majālis 2, S. ٨٦.

326 Vgl. Timotheos I., Brief 59.21.6-7. Interessant ist, dass auch Harun al-Rashīd laut ʿAmr ibn Mattā Timotheos gefragt haben soll, was die wahre Religion sei: „Antworte mir kurz, o Vater der Christen, über das, was ich dich frage: Welche der Religionen ist es, die Gott gutheißt?“. Der ostsyrische Patriarch bezieht sich in seiner Antwort nicht auf Wunder, sondern antwortet: „Die wahre Religion ist diejenige, deren Gesetze und Gebote mit Gottes Werk in der Natur übereinstimmen“. Daraufhin sagte der Kalif: „O erlauchter Mann, hätte er geantwortet: «Der christliche Glaube», hätte ich ihm sicherlich widersprochen, und hätte er geantwortet: «Der Islam», hätte ich ihn aufgefordert, sich zu bekehren, aber er hat eine vollkommene Antwort gegeben, gegen die ich nichts einzuwenden habe. Er verbarg seine Religion in seinem Herzen, indem er auf das Evangelium anspielte, der gebietet: «Liebt eure Feinde und segnet, die euch fluchen, und tut wohl denen, die euch verfolgen, damit ihr seid wie euer Vater im Himmel, der regnen lässt über Gerechte und Ungerechte, der seine Sonne aufgehen lässt über Gute und Böse»“. ʿAmr, S. 65/38. Samir wies darauf hin, dass in der Passage aus dem Matthäusevangelium der für Muslime anstößige Satz „damit ihr Kinder eures Vaters seid“ durch „damit ihr seid wie euer Vater“ ersetzt worden sei. Vgl. Samir Khalil Samir, „The Prophet Muḥammad as Seen by Timothy I and Some Other Arab Christian Authors“, S. 104, Anm. 130.

327 Vgl. Timotheos I., Brief 59.21.10-11.

darauf hin, dass auch die Ungläubigen viele Wunder vollbracht haben. Timotheos erklärt, dass die sogenannten Wunder der Ungläubigen in Wirklichkeit teuflische Täuschungen und keine wahren Zeichen sind. Wahre Zeichen müssen daher von einem guten Lebenswandel begleitet sein. Dies ist der Beweis dafür, dass die Wunder von Gott kommen und keine Täuschung des Teufels sind. Als Beispiele nennt er Mose und die Zauberer Jannes und Jambres sowie Petrus und Simon Magus.[328]

Timotheos hatte dieses Thema schon etwas früher in seinem Dialog mit al-Mahdī angesprochen und erklärt, dass der Alte Bund durch zahllose Wunder bestätigt wurde und dass das von Jesus überbrachte und von den Aposteln verbreitete Evangelium von großen Zeichen und Wundern begleitet war. Dem Koran hingegen fehle eine solche Bestätigung, und Muḥammad habe keine Wunder gewirkt.[329] Die spätere islamische Tradition hat versucht, eine angemessene Antwort auf diese Herausforderung zu formulieren. So wurde später argumentiert, dass der Koran eigentlich keines äußeren Wunders bedürfe. Der Koran selbst sei aufgrund seiner außergewöhnlichen Sprache ein Wunder, zumal Muḥammad nach einigen islamischen Interpretationen Analphabet (ummī) gewesen sei.[330] Dem Koran zufolge soll Muḥammad sich geweigert haben, auf Bitten der Ungläubigen Wunder zu vollbringen, indem er sagte, es sei für Allah nicht schwer, Zeichen durch ihn herabzusenden, aber wegen ihres Unglaubens würden sie sie nicht erkennen, selbst wenn er große Wunder vollbringe (Sure 6, 37).

Spätere Ḥadīthe versuchten, diese Lücke zu füllen und entwickelten eine Überlieferung von Wundern, die Muḥammad vollbracht haben soll. In seinem Werk Kitāb al-dīn wa-l-dawla [Das Buch der Religion und des Reiches] stellt al-Tabarī eine Reihe von Zeichen und Wundern vor, die Muḥammad vollbracht haben soll.[331] Neben den Wundern, die er vollbracht haben soll, spielte auch die Interpretation einiger Prophezeiungen, die sich auf ihn bezogen haben sollen, eine wichtige Rolle.[332] Dieses Argument der von Muḥammad vollbrachten Wunder wurde jedoch in der islamischen Tradition nicht so breit rezipiert, und die muslimischen Theologen konzentrierten sich in ihren polemischen Schriften gegen die Christen weiterhin auf das „Wunder des Korans".[333]

328 Vgl. Timotheos I., Brief 59.21.14-16.

329 Timotheos I., Brief 59.8.16-22 und Anm. 137, S. 38-39. Als beispielsweise ʻAbd al-Malik b. Marwān den Katholikos Ḥnānīšōʻ I. (685-700) traf und ihn fragte, was er vom Islam halte, antwortete dieser: „Es ist ein Reich, das durch das Schwert errichtet wurde, und nicht, wie der christliche Glaube und der alte Glaube des Moses, ein Glaube, der durch göttliche Wunder bestätigt wird". Bar Hebraeus, Chronicon Ecclesiasticum, Band 2, Sp. 136.

330 Vgl. J. van Ess, Theologie und Gesellschaft, Band 4, S. 611-612; J. Jakob, Syrisches Christentum, S. 458 Anm. 1149. Dieses Argument wurde auch von al-Tabarī verwendet. Vgl. ʿAlī ibn Sahl Rabban Al-Tabarī, Kitāb al-dīn wa-l-dawla 24v, in Rifaat Ebied und David Thomas (hrsgs.), The Polemical Works of ʿAlī al-Ṭabarī, History of Christian-Muslim Relations, Band 27, Leiden, 2016, S. 288-289.

331 Vgl. ʿAlī ibn Sahl Rabban Al-Tabarī, Kitāb al-dīn wa-l-dawla 15r-18v, S. 248-265.

332 Mehr dazu im Unterkapitel V.10.3.

333 Vgl. J. Jakob, Syrisches Christentum, S. 458 Anm. 1150.

Zusammenfassend lässt sich sagen, dass die Wunder Jesu im gesamten Christentum eine zentrale Stellung einnehmen. Die Evangelien sind ohne die Berichte über die Wundertaten und Zeichen Jesu nicht denkbar, und die ostsyrische Tradition hat sie von Anfang an als Beweis für seine Göttlichkeit herangezogen. Auch der Koran erwähnt einige von ihnen. Doch während die Evangelien und die christlichen Schriftsteller behaupten, Jesus habe die Wunder aus eigener Kraft vollbracht, besteht der Koran darauf, dass Jesus, der nur ein Prophet war, alle Wunder durch den Willen und die Macht Gottes vollbracht hat. Der ostsyrische Patriarch Timotheos I. steht dieser Argumentation ambivalent gegenüber. Einerseits widmet er in Brief 34 den Wundern Jesu als Beweis seiner Göttlichkeit breiten Raum, um die Gläubigen in Basra und Huballat zu stärken. Andererseits vermeidet er dieses Argument in der religiösen Auseinandersetzung mit al-Mahdī. Da er das koranische Zeugnis über die Wunder Jesu sehr gut kannte, entschied er sich wahrscheinlich, dieses Argument in seinem Dialog nicht zu verwenden, da er sich seiner Wirkungslosigkeit bewusst war. Dennoch verzichtete er im Dialog mit dem ʿabbāsidischen Kalifen nicht gänzlich auf Wunder, sondern benutzte sie, wie die meisten ostsyrischen Apologeten dieser Zeit, um die Überlegenheit des Christentums gegenüber dem Islam zu beweisen.

V.10. Erfüllung der alttestamentlichen Prophezeiungen durch Jesus

Die messianischen Prophezeiungen aus dem Alten Testament stellen eine der Grundsäulen der christlichen Botschaft dar. Die Autoren der Evangelien erwähnen oft, wie bestimmte Ereignisse des Lebens Jesu die alttestamentlichen Prophezeiungen über den Messias erfüllen. Die Geburt Jesu, der Beginn seines Wirkens in der Welt, die Heilung der Kranken, seine Kreuzigung und Auferstehung – all dies wurde im Alten Testament von den Propheten gemäß den Verfassern der Evangelien vorhergesagt.[334] Darüber hinaus wird Jesus so dargestellt, als ob er selbst sage, dass er erfüllte, was in den Schriften über ihn vorhergesagt wurde.[335] Zudem wurde im Christentum,

334 Zum Zitieren alttestamentlicher Prophezeiungen im Neuen Testament vgl. Roger Nicole, „New Testament Use of the Old Testament“, in Carl F. H. Henry (hrsg.), Revelation and the Bible: Contemporary Evangelical Thought, Grand Rapids, 1958 / London, 1959, S. 137-151; D. A. Carson und H. G. M. Williamson (hrsgs.), It is Written: Scripture Citing Scripture. Essays in Honour of Barnabas Lindars, Cambridge, 1988; Richard B. Hays und Joel B. Green, „The Use of the Old Testament by the New Testament Writers“, in Joel B. Green (hrsgs.), Hearing the New Testament: Strategies for Interpretation, Grand Rapids, 1995, S. 222-238; Stanley E. Porter, „The Use of the Old Testament in the New Testament: A Brief Comment on Method and Terminology“, in Craig A. Evans und James A. Sanders (hrsgs.), Early Christian Interpretation of the Scriptures of Israel: Investigations and Proposals, Journal for the Study of the New Testament, Supplement Series, Band 148, Sheffield, 1997, S. 79-97; Theresa Yu Chui Siang Lau, „The Gospels and the Old Testament“, in Mark Harding und Alanna Nobbs (hrsgs.), The Content and the Setting of the Gospel Tradition, Grand Rapids, 2010, S. 155-180.

335 Vgl. Mt 4, 7-10; Mt 11, 10; Mt 26, 24-31; Mk 9, 12-13; Mk 14, 21-27; Mk 14, 49; Lk 4, 8-10; Lk 4, 21; Lk 7, 27; Lk 18, 31; Lk 22, 37; Lk 24, 44-46; Joh 5, 46-47; Joh 7, 8; Joh 13, 18; Joh 17, 12.

anders als im Judentum, der Begriff des Messias mit dem Begriff „Sohn Gottes" in Verbindung gebracht.[336] Diese Elemente wurden also von den frühchristlichen Autoren in ihrem Bemühen, Jesus als den Messias, den Sohn Gottes, zu erweisen, von Anfang an aufgegriffen und weiterentwickelt.[337]

V.10.1. Die alttestamentlichen Prophezeiungen über den Messias in der ostsyrischen Tradition

Angesichts des Kontextes der Unterweisungen Aphrahats ist es nicht verwunderlich, dass die messianischen Prophezeiungen des Alten Testaments in seinem polemischen Ansatz eine wesentliche Rolle spielen. So besteht er darauf, dass die Juden Jesus nicht als Messias anerkannt haben, obwohl das Alte Testament zahlreiche Hinweise darauf enthält. Einen besonderen Platz im ersten Teil seiner Unterweisungen nehmen die Titel „Stein"[338] und „Licht"[339] ein, die Aphrahat in Bezug auf Jesus erläutert. Außerdem sind die Juden an seinem Tod schuld, wobei Aphrahat darauf hinweist, dass die blutbefleckten Hände im Buch Jesaja (Jes 1, 15) sich auf die Hände derer beziehen, die Jesus getötet haben.[340] Schließlich widmet sich Memrā 17 ganz diesem Thema und bringt insbesondere aus den Psalmen und dem Buch Jesaja Belege dafür, dass der gekreuzigte Jesus kein gewöhnlicher Mensch war, sondern der Sohn Gottes, der erwartete Messias.[341]

Ephräm der Syrer entwickelt das Thema der Prophezeiungen in poetischer Weise in der 2. Hymne über die ungesäuerten Brote. Er zeigt, dass das Volk Christus nicht

336 Vgl. James H. Charlesworth (hrsg.), The First Princeton Symposium on Judaism and Christian Origin: The Messiah. Developments in Earliest Judaism and Christianity, Minneapolis, 1987; Stanley E. Porter (hrsg.), The Messiah in the Old and New Testaments, Grand Rapids/Cambridge, 2007.

337 Vgl. Brief des heiligen Polykarp, Bischofs von Smirna und heiligen Martyrers, an die Philipper II, 6.3, in Joseph A. Fischer (hrsg.), Die apostolischen Väter, Schriften des Urchristentums 1, Darmstadt, 1964, S. 256/257; Ignatius an die Philadelphier 5.2, in J. A. Fischer (Hrsg.), Die apostolischen Väter, S. 196/197. Barnabasbrief VI, Übers. Horacio E. Lona, Fontes Christiani: Zweisprachige Neuausgabe christlicher Quellentexte aus Altertum und Mittelalter, Band 72, Freiburg im Breisgau, 2018, S. 88-95; Justin, Erste Apologie 32-35, Übers. Jörg Ulirch, Fontes Christiani: Zweisprachige Neuausgabe christlicher Quellentexte aus Altertum und Mittelalter, Band 91, Freiburg im Breisgau, 2021, S. 122-131; Des Philosophen und Märtyrers Justinus Dialog mit dem Juden Tryphon LXXXIII-LXXXVII, Übers. Philipp Haeuser, Bibliothek der Kirchenväter, Wiesbaden, 2005, S. 175-183; Irenäus von Lyon, Darlegung der apostolischen Verkündigung 30-100, Übers. Norbert Brox, Fontes Christiani: Zweisprachige Neuausgabe christlicher Quellentexte aus Altertum und Mittelalter, Band 8/1, Freiburg im Breisgau, 1993, S. 54-97.

338 Vgl. Aphrahat, Taḥwitā, in J. Parisot (hrsg.), Demonstrationes, Band 1, S. 15/16 – 21/22; Peter Bruns (hrsg.), Unterweisungen, Band 1, S. 84-87.

339 Vgl. Aphrahat, Taḥwitā, in J. Parisot (hrsg.), Demonstrationes, Band 1, S. 21/22 – 27/28; P. Bruns (hrsg.), Unterweisungen, Band 1, S. 87-90.

340 Vgl. Aphrahat, Taḥwitā, in J. Parisot (hrsg.), Demonstrationes, Band 1, S. 175/176 – 181/182; P. Bruns (hrsg.), Unterweisungen, Band 1, S. 152-154.

341 Vgl. Aphrahat, Taḥwitā, in J. Parisot (hrsg.), Demonstrationes, Band 1, S. 785/786 – 815/816; P. Bruns (hrsg.), Unterweisungen, Band 2, S. 417-429.

kannte und ihn nur einen Propheten nannte (Mk 8, 28), denjenigen, der der Herr der Propheten ist. Jesus verkörpert die Erwartung aller Propheten, die noch leben wollten, um ihn zu sehen. Er ist also nicht nur ein Prophet, sondern mehr als das.[342] Für Ephräm den Syrer ist Jesus der Sohn Gottes, der nicht nur von den Aposteln, sondern auch von den Propheten als solcher erkannt und bezeichnet wurde. Die Unfähigkeit des jüdischen Volkes, den Messias anzuerkennen, ist ein zentrales Thema bei Ephräm. Obwohl die Juden täglich in ihren Schriften von den Zeichen seines Kommens lasen, waren sie blind und taub, als Jesus sie alle erfüllte, und töteten ihn sogar.[343]

Babai der Große stellt im Liber de Unione dar, dass Christus der Sohn und die Rede Gottes ist und dass sowohl die Geburt als auch die Kreuzigung und die Auferstehung Jesu vorhergesagt wurden.[344] Ein weiteres wichtiges Thema, das für Babai spezifisch ist, ist die korrekte Verwendung der Namen in Bezug auf Christus gemäß der ostsyrischen Christologie. Damit zeigt er, dass die Namen Sohn, Wort, Gott, Herr, Eingeborener, Licht usw. die Namen der Gottheit vor der Vereinigung mit unserer Menschheit sind. Die anderen Namen wie Jesus, Christus, Kind, Emmanuel, Menschensohn, Sohn Davids, Prophet, Adam, Bild des unsichtbaren Gottes, Stein, Brot, Leben, Weg, Hirte, Weinstock usw. sind Namen des Sohnes nach der Vereinigung.[345] In diesem Zusammenhang sind die Prophezeiungen des Alten Testaments ein wichtiges Instrument in seinem Ansatz.

Auch für den Katholikos Gīwargīs I. spielen die messianischen Prophezeiungen eine überwältigende Rolle. In seinem Brief an Mīnā präsentiert er die Heilsgeschichte der Menschheit. Der ewige Gott schuf die Welt dank „seines gnädigen Willens", sich zu offenbaren,[346] aber wegen des Sündenfalls braucht die Menschheit einen Erlöser, damit „er die Erneuerung der ganzen Welt vollbringe".[347] So ist das ganze Alte Testament die Geschichte der Vorbereitung und der Erwartung des Messias, die mit der Geburt Jesu aus der Jungfrau Maria, wie von Jesaja vorhergesagt, ihren Abschluss findet.[348] Christus ist kein einfacher Mensch, auch wenn er als solcher gesehen und

342 Vgl. Ephräm der Syrer, Hymnen de azymis II.11-13, in Edmund Beck (hrsg.), Des Heiligen Ephraem des Syrers Paschahymnen (De azymis, De Crucifixione, De Resurrectione), CSCO 248/249, Scriptores Syri 108/109, Leuven, 1964, S. 6/5.

343 Vgl. Ephräm der Syrer, Hymnen de Ecclesia XLI, in Edmund Beck (hrsg.), Des Heiligen Ephraem des Syrers Hymnen de Ecclesia, CSCO 198/199, Scriptores Syri 84/85, Leuven, 1960, S. 102/101; Ephräm der Syrer, Hymnen de Virginitate VIII, hrsg. E. Beck, S. 29/29-32/32 (Der Refrain für diese Hymne lautet „Gepriesen sei, den die Propheten vor(gebildet) haben!"); Ephräm der Syrer, De Crucifixione II, in E. Beck (hrsg.), Des Heiligen Ephraem des Syrers Paschahymnen (De azymis, De Crucifixione, De Resurrectione), S. 47/37-49/39 (Diese Hymne endet mit den Wörtern: „Gepriesen sei, den seine Propheten verkündet haben!".

344 Vgl. Babai, Liber de Unione, S. 49-51/39-41.

345 Vgl. Babai, Liber de Unione, S. 201-227/161-184.

346 Vgl. Gīwargīs I., Brief an Mīnā, in J. B. Chabot (hrsg.), Synodicon orientale, S. 229-230/493-494; O. Braun (hrsg.), Buch des Synhados, S. 529/351.

347 Vgl. Gīwargīs I., Brief an Mīnā, in J. B. Chabot (hrsg.), Synodicon orientale, S. 231-232/496; O. Braun (hrsg.), Buch des Synhados, S. 531-532/354.

348 Vgl. Gīwargīs I., Brief an Mīnā, in J. B. Chabot (hrsg.), Synodicon orientale, S. 232-234/496-499; O. Braun (hrsg.), Buch des Synhados, S. 532-535/354-357; Vgl. auch D. Winkler, Christologie, S. 124-125; C.-S. Popa, Gīwargīs, S. 109-113.

wahrgenommen wird. Gerade weil im Menschen Jesus der ewige Logos wohnt, kann er die Menschheit retten.[349]

V.10.2. Die Bedeutung des Messias (al-Masīḥ) und der Prophezeiungen in der frühislamischen Tradition

Im Gegensatz zum Judentum, das Jesus nicht als Messias anerkennt, kommt der Begriff Messias im Koran mehrfach vor und bezieht sich auf Jesus.[350] Der Koran selbst erklärt diesen Begriff jedoch nicht. Er scheint nicht den gleichen Inhalt zu haben wie im Judentum und ist nicht identisch mit der christlichen Vorstellung vom Messias als Sohn Gottes,[351] da der Koran diese Behauptung ausdrücklich zurückweist: „Ungläubig sind diejenigen, die sagen: «Gott ist Christus [al-Masīḥ], der Sohn der Maria». Christus [al-Masīḥ] hat (ja selber) gesagt: «Ihr Kinder Israels! Dienet Gott, meinem und eurem Herrn!»“ (Sure 5, 72). Die spätere Überlieferung versuchte, diesem Titel mehrere Bedeutungen zu geben, wie z.B. der rastlose Wanderer (der reisende Prophet), der salbende Jesus (als Arzt und Heiler), der von allen Sünden Gereinigte, der Gesegnete.[352]

Wie gezeigt, haben die Verfasser der Evangelien und die frühchristlichen Schriftsteller die messianischen Prophezeiungen des Alten Testaments mit der Person Jesu verbunden. Dies ist im Koran nicht der Fall, da der Koran keine Struktur oder kein Schema der Art „Weissagungen und Erfüllungen“ entwickelt hat, wie es im Neuen Testament zu finden ist, was auch ein Problem für die Bedeutung Muḥammads in der Auseinandersetzung der Muslime mit den Christen sein wird.[353] Erst der Engel Gabriel kündigt Maria die wunderbaren Zeichen an, die Jesus tun wird, wie z.B. in der Wiege zu den Menschen sprechen, Kranke heilen und Tote auferwecken (Sure 3, 46-49). Diese Botschaft Gabriels hat jedoch nicht den messianischen Charakter des Christentums. Wie das Kapitel über die Wunder Jesu gezeigt hat, geschahen alle diese Zeichen mit der Kraft Gottes.

So ist der koranische Jesus, obwohl er der Messias genannt wird, nicht derselbe wie der Christus der Evangelien, der die messianischen Prophezeiungen des Alten Testaments erfüllt. Er ist nicht der Erlöser und schon gar nicht der Sohn Gottes. Er ist nicht mehr der „Herr der Propheten“, wie Ephräm ihn nannte, sondern ein einfacher Prophet und Gesandter, der sich in die Reihe derer einreiht, die von Gott gesandt wur-

349 Vgl. Gīwargīs I., Brief an Mīnā, in J. B. Chabot (hrsg.), Synodicon orientale, S. 234/499; O. Braun (hrsg.), Buch des Synhados, S. 535/357-358.

350 Vgl. Sure 3, 45; 4, 157; 4, 171; 4, 172; 5, 17; 5, 72; 5, 75; 9, 30; 9, 31.

351 Vgl. M. Bauschke, Der Sohn Marias, S. 22-23.

352 Vgl. Riffat Hassan, „Messianism and Islam“, in Journal of Ecumenical Studies, 22 (1985), S. 263-264; A. J. Wensinck, C. E. Bosworth, „al-Masīḥ“, in The Encyclopedia of Islam, Band 6, Leiden, 1991, S. 726; M. Bauschke, Der Sohn Marias, S. 20-22; Asma Afsaruddin, „The Messiah ‘Isa, Son of Mary: Jesus in the Islamic Tradition“, in Ian Christopher Levy, Rita George-Tvrtković, Donald F. Duclow (hrsgs.), Nicholas of Cusa and Islam: Polemic and Dialogue in the late Middle Ages, Studies in Medieval and Reformation Traditions, Band 183, Leiden, 2014, S. 185-187.

353 Vgl. M. Heimgartner, „Die Disputatio des ostsyrischen Patriarchen Timotheos“, S. 44-48.

den, um die wahre Religion zu offenbaren.[354] Im Koran wird Jesus als „Gesandter (Gottes) an die Kinder Israels" (Sure 3, 49) dargestellt, um die Offenbarung der Thora zu bestätigen (Sure 3, 50). So wie die christlichen Autoren den Juden vorwarfen, die Botschaft Jesu, dass er der Messias, der Sohn Gottes sei, nicht angenommen zu haben, so wirft der Koran den Juden Unglauben und Ablehnung der von Jesus überbrachten Offenbarung vor, nur dass diese Offenbarung die Göttlichkeit Jesu ausschließt (Sure 3, 52-56).

Neben der Bestätigung der Tora enthält die Botschaft Jesu auch ein sehr wichtiges Element, die Ankündigung des Kommens eines neuen Gesandten: „Und (damals) als Jesus, der Sohn der Maria, sagte: «Ihr Kinder Israels! Ich bin von Gott zu euch gesandt, um zu bestätigen, was von der Thora vor mir da war, und einen Gesandten mit einem hochlöblichen Namen [oder dessen Name Ahmad ist] zu verkünden, der nach mir kommen wird»" (Sure 61, 6). Dieser und andere Verse (Sure 7, 157) wurden schon früh als Hinweis auf das Kommen des Propheten Muḥammad gedeutet. Darüber hinaus ist Muḥammad ibn 'Isḥāq, der Autor der Biografie des Propheten Muḥammad, der erste, der die Verbindung zwischen „Ahmad" und „Parakletos" aus dem Johannesevangelium herstellt. Ibn 'Isḥāq interpretiert Ahmad nicht als Eigennamen, sondern verbindet die Übersetzung von „Parakletos" in der syrischen Sprache („Munaḥḥemana") mit dem Namen „Muḥammad".[355] Diese Interpretation wurde von al-Mahdī in seinem Dialog mit Timotheos sowie von anderen späteren muslimischen Autoren übernommen und verwendet.[356]

V.10.3. Die alttestamentlichen Prophezeiungen im Gespräch mit dem Islam

Timotheos I. verwendet die messianischen Prophezeiungen in seinen Briefen in der Auseinandersetzung mit dem Islam in unterschiedlicher Weise, je nach dem Charakter des jeweiligen Briefes. So verwendet er beispielsweise in Brief 40 überhaupt keine messianischen Prophezeiungen sensu stricto. Das ist nicht verwunderlich, wenn man bedenkt, dass er mit dem muslimischen Aristoteliker auf der Grundlage der aristotelischen Philosophie diskutiert. Der einzige indirekte Hinweis auf dieses Thema ist die typologische Episode in Gen 22, in der Timotheos die Kreuzigung Christi mit der Opferung Isaaks auf dem Berg Morija vergleicht.[357]

---

354 Vgl. Sidney H. Griffith, The Bible in Arabic: The Scriptures of the 'People of the Book' in the Language of Islam, Princeton, 2013, S. 54.

355 Vgl. Ibn 'Isḥāq, Sīrat, S. 150/104. O. Leirvik, Images of Jesus Christ in Islam, S. 48-49; M. Bauschke, Der Sohn Marias, S. 71-72. Wie Suleiman A. Mourad feststellt, ersetzt Ibn Isḥāq den von Jesus in Joh 15, 23 - 16, 1 verwendeten Ausdruck „mein Vater" durch „der Herr". Vgl. Suleiman A. Mourad, „Christians and Christianity in the Sīra of Muḥammad", in D. Thomas und B. Roggema (hrsgs.), Christian-Muslim Relations. A Bibliographical History, Band 1, S. 63.

356 Vgl. das Unterkapitel V.10.3.

357 Die Schriften wurden von Timotheos in diesem Brief nur benutzt, als der muslimische Aristoteliker ihn überraschenderweise aufforderte, Beweise aus der Schrift dafür zu liefern, dass die Personen der Trinität die gleiche Natur haben. Vgl. Timotheos I., Ep. 40.9.15.

In der Briefgruppe 34-36 dienen die messianischen Prophezeiungen Timotheos dazu zu zeigen, dass Christus kein Diener ist. Der Patriarch ist sich jedoch bewusst, dass es im Alten Testament zahlreiche Stellen gibt, die von „Diener" sprechen und die als auf Christus bezogen gedeutet worden sind. Mit verschiedenen Mitteln, z.B. dem Verhältnis von Urbild und Abbild, legt er dar, dass die messianischen Prophezeiungen, die von „Diener" und ähnlichen Titeln sprechen, sich im engeren Sinn auf die alttestamentlichen Gestalten und nur im übertragenen Sinn auf Christus beziehen.[358]

Auch der Kalif al-Mahdī weist Timotheos darauf hin, dass Christus von den Propheten „Diener" genannt worden sei. In der Auseinandersetzung zwischen den beiden erklärt Timotheos, dass sich der Titel „Diener", den die Propheten verwenden, nicht auf das bezieht, was Christus ist, sondern darauf, wie er von den Juden wahrgenommen wurde. Der Patriarch vergleicht diese Situation mit der des Sohnes al-Mahdī, Hārūn al-Rashīd, der, obwohl er König und Königssohn ist, auf dem Schlachtfeld von den „unverständigen Rhomäern" als einfacher Soldat wahrgenommen werden kann.[359]

Die messianischen Prophezeiungen beschränken sich jedoch nicht auf diesen christologischen Aspekt in der Disputation zwischen Timotheos und al-Mahdī, sondern werden in ihrer am weitesten entwickelten Form verwendet, um zu zeigen, dass die Tatsache, dass Christus der Sohn Gottes ist, sowohl im Evangelium als auch in der Tora und bei den Propheten zu finden ist.[360] Spezifisch für den christlich-islamischen Dialog ist auch, dass die alttestamentlichen Prophezeiungen nicht mehr wie früher einfach aufgezählt oder dargestellt werden, um zu zeigen, wie sie sich auf Christus beziehen, sondern dass sie nun in einen Wettstreit zwischen Christen und Muslimen treten und auch von muslimischer Seite als sich auf Muḥammad beziehend beansprucht werden.[361] Die Ablehnung der christlichen Interpretation der Prophezeiungen hat daher für Muslime eine doppelte Bedeutung. Es geht nicht nur um die implizite Ablehnung der Göttlichkeit Jesu, sondern auch um die Authentifizierung des Status Muḥammads als Prophet. Timotheos erklärt, dass die messianischen Prophezeiungen ein Bild von Jesus Christus entwerfen, von seiner ewigen Geburt als Sohn Gottes und seiner Geburt als Mensch aus der Jungfrau Maria bis zu seinen Wundern, seinem Tod am Kreuz und seiner Auferstehung.[362] Was Muḥammad betrifft, so ist Timotheos nicht in der Lage, auch nur eine einzige Eigenschaft oder Handlung von ihm als prophezeit zu identifizieren.[363] Das Problem ist, wie schon erwähnt, dass der Koran keine

358 Vgl. Timotheos I., Brief 34.3.64. Mehr dazu im Unterkapitel V.8.3.

359 Vgl. Timotheos I., Brief 59.19.27-28.

360 Vgl. Timotheos I., Brief 59.7.3-14. Vgl. auch M. Tamcke, „Die Verwendung des Jesajabuches", S. 319-324. Auch Theodor bar Kōnī präsentiert eine Liste alttestamentlicher Prophezeiungen, die Jesus erfüllt haben soll: von seiner Geburt über seinen Einzug in Jerusalem bis hin zu seinem Leiden und seiner Kreuzigung. Vgl. Theodor bar Kōnī, Scholionbuch, Memrā X, 32, S. 239-240/178-179. ʿAmmār al-Baṣrī zitiert ebenso mehrere Prophezeiungen aus Jesaja, Daniel und den Psalmen, um zu beweisen, dass Jesus der von den Propheten des Alten Testaments angekündigte Sohn Gottes ist. Vgl. ʿAmmār al-Baṣrī, Kitāb al-burhān 35b-36a.

361 Vgl. Timotheos I., Brief 59.7.2.

362 Vgl. Timotheos I., Brief 59.7.4-14.

363 Vgl. Timotheos I., Brief 59.7.4-15.

Struktur oder kein Schema der Art „Weissagungen und Erfüllungen" entwickelt hat, wie es im Neuen Testament zu finden ist. Abgesehen von der Ankündigung eines neuen Propheten in Sure 61, 6 verwendet der Koran selbst diese Taktik nicht. Sie taucht erst nach der Abfassung des Korans auf.[364]

Anschließend stellt al-Mahdī mehrere Bibelstellen vor, die seiner Meinung nach von Muḥammad sprechen. Zunächst übernimmt er die Interpretation von Ibn 'Isḥāq, der als erster die Ankündigung Jesu als „Paraklet" im Johannesevangelium mit der Ankündigung Ahmads in Sure 61, 6 in Verbindung brachte.[365] Timotheos lehnt diese Identifizierung ab, da der von Jesus verkündete „Parakletos" ein unbegrenzter, körperloser und unsichtbarer Geist ist, was von Muḥammad nicht gesagt werden kann. Außerdem habe er die gleiche göttliche Natur wie der Vater und der Sohn, und er kam 10 Tage nach der Himmelfahrt Jesu und nicht nach 600 Jahren wie Muḥammad.[366] Weiter betrachtet al-Mahdī den Vers aus dem Buch Jesaja 21, 7 („Er sah eine Karawane mit zwei Reitern: mit einem Eselsreiter und einem Kamelreiter") als eine Prophezeiung, in der der Eselsreiter mit Jesus und der Kamelreiter mit Muḥammad identifiziert werden kann.[367] Timotheos weist auch diese Prophezeiung zurück und erklärt: „Der Eselsreiter ist Dareios der Meder, der Sohn des Ahasveros [...] der Kamelreiter ist Kyros der Perser, der aus Elam ist".[368] Darüber hinaus zeigt der Patriarch, dass nach den Prophezeiungen des Alten Testaments (Gen 49, 10; Dan 9, 24-26), aber auch nach den Worten Jesu (Mt. 11, 13), nach dem Kommen Christi kein weiterer Prophet kommen wird. Damit ist ausgeschlossen, dass es sich um Muḥammad handelt.[369]

Die letzte von al-Mahdī erwähnte Prophezeiung, die sich auf Muḥammad beziehen soll, wurde bereits vom Apostel Petrus in Apostelgeschichte 3, 22-23 als auf Jesus bezogen interpretiert: „Der Herr wird euch einen Propheten wie mich aus euren Brüdern erstehen lassen" (Dt 18, 18).[370] Timotheos lehnt diese Interpretation ab. Muḥammad könne nicht mit Moses verglichen werden, da er keine Wunder gewirkt habe, während Moses unzählige vollbracht habe.[371] Der Patriarch behauptet jedoch

364 Vgl. M. Heimgartner, „Die Disputatio des ostsyrischen Patriarchen Timotheos", S. 44-48; M. Heimgartner, Brief 59, S. 33 Anm. 122.

365 Sicherlich kannte al-Mahdī diese Interpretation, da Ibn 'Isḥāq die Biografie des Propheten vor 20 Jahren schrieb, als er am Hof von al-Manṣūr, al-Mahdīs Vater, war. Diese Verbindung erscheint auch in al-Rashīds Brief an Konstantin IV. Vgl. M. Heimgartner, Brief 59, S. 35 Anm. 126. Auch al-Tabarī verwendet dieses Argument in seinem Kitāb al-dīn wa-l-dawla. Vgl. ʿAlī ibn Sahl Rabban al-Tabarī, Kitāb al-dīn wa-l-dawla 60v, S. 424-425.

366 Vgl. Timotheos I., Brief 59.7.25-49.

367 Vgl. Timotheos I., Brief 59.8.23-39. Er übernimmt diese Deutung von Muqātil b. Sulaimān und sie findet sich auch in Harun al-Rashīds Brief an Konstantin IV. Vgl. M. Heimgartner, Timotheos: Brief 59, S. 40-41 Anm. 145.

368 Timotheos I., Brief 59.8.26.

369 Vgl. Timotheos I., Brief 59.8.51-57.

370 Vgl. Timotheos I., Brief 59.10.44-45.

371 Vgl. Timotheos I., Brief 59.10.55-61. Es scheint, dass die Haltung des Patriarchen Timotheos der Beschreibung al-Tabarīs entspricht: „Aber wenn wir die Christen fragen, warum sie den Propheten (Friede sei mit ihm) verleugnen, sagen sie: Es gibt drei Gründe: Der erste ist, dass wir keinen Propheten gefunden haben, der vor seinem Kommen von ihm prophezeit hat; der

nicht, dass diese Prophezeiung messianisch ist, sondern erklärt, dass sie sich auf Josua, David, Samuel und die anderen Propheten bezieht, die in jeder Generation erschienen sind.[372] Die Antwort des Timotheos ist überraschend, da diese Prophezeiung im Allgemeinen als messianisch angesehen wurde. Auch die großen ostsyrischen Theologen interpretierten den Vers in diesem Sinne. So schrieb Babai der Große: „Er wurde «Prophet» genannt, wie Mose sagte: «Einen Propheten wie mich wird dir der Herr, dein Gott, erwecken aus dir und aus deinen Brüdern; dem sollt ihr gehorchen» (Dt 18, 15). Das hat er selbst erfüllt, indem er uns das Ende dieser Welt und die Geheimnisse der zukünftigen Welt und die Güter der Heiligen und die Strafe der Gottlosen offenbart hat...“.[373] Auch Theodor bar Kōnī interpretiert im 10. Memrā seines Scholionbuches den Vers aus Dt 18, 15 als auf Jesus bezogen. Er bringt ihn auch mit Joh 5, 46 in Verbindung, wo Jesus sagt: „Denn wenn ihr Mose glaubtet, so würdet ihr mir glauben, denn er hat von mir geschrieben“.[374] Diese Prophezeiung aus Deuteronomium kommt in den anderen Briefen des Timotheos nicht vor. Wahrscheinlich handelt es sich hier um eine Reformulierung des Diskurses des Patriarchen in den islamischen Kontext, ohne jedoch seine Überzeugungen aufzugeben. Obwohl dieser Vers in der ostsyrischen Tradition als messianisch interpretiert wurde, vermeidet es Timotheos, das Gleiche zu tun und Jesus als Propheten zu bezeichnen, da dieser Titel nicht notwendigerweise auf die Göttlichkeit Jesu hinweist, sondern vom Koran und der islamischen Tradition verwendet wird, um zu zeigen, dass Jesus nicht der Sohn Gottes ist, sondern nur ein Prophet wie viele andere. Diese Haltung könnte als Akzeptanz der muslimischen Position aufgefasst worden sein und könnte von al-Mahdī gegen Timotheos verwendet worden sein.

Obwohl Timotheos alle Interpretationen, die al-Mahdī als Beweis für den Prophetenstatus Muḥammads vorbringt, kategorisch zurückweist, ändert sich die Haltung des Patriarchen am nächsten Tag. Er stellt fest, dass Muḥammad zwar immer noch kein Prophet im eigentlichen Sinne sei, dass er aber aufgrund seines Eifers für den Glauben an den einen Gott „auf dem Weg der Propheten ging“.[375] Da er „auch mit dem Schwert seinen Eifer für Gott gezeigt hat“, kann er jetzt mit Mose verglichen werden, der das Schwert gegen den „Verehrer des Kalbes“ erhob (Ex 32, 27f),[376] obwohl er diesen Vergleich zwischen Mose und Muḥammad im ersten Teil des Dialogs abgelehnt hatte.[377]

---

zweite ist, dass wir im Koran keine Erwähnung eines Wunders oder einer Prophezeiung von dem finden, der ihn überbracht hat; und der dritte ist, dass Christus uns gesagt hat, dass es nach ihm keine Propheten mehr geben wird“. ʿAlī ibn Sahl Rabban al-Tabarī, Kitāb al-dīn wa-l-dawla 9r, S. 224-225.

372 Vgl. Timotheos I., Brief 59.10.62.

373 Babai, Liber de Unione, S. 218/177.

374 Vgl. Theodor bar Kōnī, Scholionbuch, Memrā X, 32, S. 240/178.

375 Timotheos I., Brief 59.15.3. Zu den Ansichten einiger christlicher Autoren in Bezug auf Muḥammad, vgl. S. K. Samir, „The Prophet Muḥammad as Seen by Timothy I and Other Arab Christian Authors“, S. 75-106; C. Tieszen, The Christian Encounter with Muhammad, S. 9-68.

376 Timotheos I., Brief 59.15.9.

377 Timotheos sagt auch diesmal nicht, dass es eine vollständige Identität zwischen Moses und

V.10.4. Der muslimische Vorwurf der Verfälschung (taḥrīf) gegen die Christen

Timotheos' beharrliche Ablehnung der angeblichen Beweise des Evangeliums über Muḥammad provoziert eine Reaktion von al-Mahdī, die ihre Wurzeln im Koran hat und in den Schriften muslimischer Theologen und in ihren Auseinandersetzungen mit Juden und Christen entwickelt wird: „Zeugnisse gab es in der Tat viele, aber die Schriften wurden von euch verfälscht, und [dabei] habt ihr [die Zeugnisse] entfernt".[378] Dieser Vorwurf der Verfälschung wird im Arabischen taḥrīf genannt. Spätere Forscher haben mehrere Aspekte innerhalb dieses Begriffs identifiziert, von denen zwei Hauptmerkmale wichtig sind: Schriftverfälschung (taḥrīf al-naṣṣ) und Bedeutungsverfälschung (taḥrīf al-maʿnā).[379] Beide Aspekte des taḥrīf lassen sich also im Dialog zwischen Timotheos und al-Mahdī finden, da der Kalif auch eine andere Interpretation der Prophezeiungen vorschlug.

Dieser gegen Juden und Christen gerichtete Vorwurf der Bedeutung- und Schriftverfälschung findet sich bei den meisten Koranexegeten und muslimischen Polemikern der ersten Jahrhunderte nach der Hidschra. Muqātil b. Sulaimān, einer der frühesten Korankommentatoren, ist der Ansicht, dass die Koranverse zum taḥrīf mit Ausnahme von Sure 2, 79 nicht von einer Verfälschung des Textes sprechen, sondern davon ausgehen, dass die Schriften in den Händen der Juden und Christen intakt sind, nur falsch interpretiert werden.[380] Ibn al-Layth hält ebenso die christlichen Schriften für intakt. Das Problem sei, dass sie falsch interpretiert würden, denn die Bibel habe das Kommen Muḥammads prophezeit. Außerdem stehe nirgendwo, dass Jesus der Sohn Gottes sei.[381] Auch ʿAlī ibn Sahl Rabban Al-Tabarī betont die Fehlinterpretation der Schriften durch die Christen in seinem Werk Kitāb al-dīn wa-l-dawla, in dem er eine Liste von Prophezeiungen aus dem Alten und Neuen Testament zusammenstellt, die sich auf Muḥammad bezogen haben sollen.[382] Er erwähnt z.B. auch, dass die Verse aus Dt 18, 15-18 das Kommen Muḥammads ankündigen und nicht von Jesus oder Joshua bar Nun die Rede ist. Er argumentiert, dass Moses das Kommen des Propheten aus den Brüdern der Israeliten ankündigte und dass Jesus ein Israelit ist und nicht aus den Brüdern der Israeliten. Auch Joshua bar Nun kann nicht akzeptiert werden, da er kein Prophet war und nichts im Namen Gottes für das Volk Israel getan hat.[383] Al-Tabarī interpretiert auch die Prophezeiung unter anderem in Jesaja 40, 3-5 so, dass sie

---

Muḥammad gibt, wie al-Mahdī behauptet, aber der Patriarch stellt jetzt die Ähnlichkeiten zwischen den beiden Propheten dar, während er vorher die Unterschiede zwischen ihnen betonte.

378 Timotheos I., Brief 59.8.4.

379 Vgl. Gordon Nickel, Narratives of Tampering in the Earliest Commentaries on the Qurʾān, History of Christian-Muslim Relations, Band 13, Leiden, 2011, S. 22.

380 Vgl. G. Nickel, Narratives of Tampering, S. 67-116.

381 Vgl. Ryan Schaffner, The Bible through a Qur'ānic Filter: Scripture Falsification (Taḥrīf) in 8th- and 9th-Century Muslim Disputational Literature, Doktorarbeit, Ohio, 2016, S. 302-304.

382 Vgl. ʿAlī ibn Sahl Rabban Al-Tabarī, Kitāb al-dīn wa-l-dawla, S. 340-473.

383 Vgl. ʿAlī ibn Sahl Rabban Al-Tabarī, Kitāb al-dīn wa-l-dawla, S. 342-343.

sich nicht auf die Ankündigung Jesu durch Johannes den Täufer bezieht, sondern auf das arabische Volk.[384]

Darüber hinaus ist Al-Tabarī der Ansicht, dass die Christen nicht nur die Prophezeiungen falsch interpretieren, sondern auch den Text des Evangeliums verfälscht haben. So gibt er zum Beispiel ein Fragment aus dem Evangelium nach Johannes 17, 1-3 wieder: „Im 16. Kapitel seines Evangeliums sagt Johannes: «Christus erhob seine Augen zum Himmel und flehte zu Gott und sprach: 'Das ist das ewige Leben, dass die Menschen erkennen, dass du Gott bist, der Einzige, der Wahrhaftige, und dass du Jesus Christus gesandt hast'»".[385] Es handelt sich nicht um eine Paraphrase oder ein auswendig gelerntes Zitat, aber es wird deutlich, dass al-Tabarīs Version die für den Islam problematische Vater-Sohn-Beziehung zwischen Jesus und Gott bewusst ausblendet. Die Änderungen, die er an einigen der von ihm zitierten Verse vornimmt, zeugen davon, dass seine Sicht der Bibel nicht einfach darin besteht, dass sie falsch interpretiert wurde, sondern dass der Koran die letzte Quelle biblischer Genauigkeit ist und dass die Bibel nur dann als authentisch gelten kann, wenn sie mit ihm übereinstimmt.[386]

Wie reagiert Timotheos auf diesen Vorwurf al-Mahdīs, die Schrift gefälscht zu haben? Der Patriarch antwortet zunächst recht einfach und fordert ihn auf, dies zu beweisen und das authentische Evangelium zu bringen, das nicht verändert worden sei. Und zweitens, wenn es ein solches Evangelium gäbe, das den Namen Muḥammads erwähne, wäre es für die Christen viel einfacher gewesen, einfach zu leugnen, dass Muḥammad erschienen sei (wie es die Juden mit Christus taten), als das Evangelium zu verändern.[387]

Nachdem sie andere Themen besprochen haben, kehrt der Kalif mit demselben Vorwurf zurück: „Wenn ihr nicht die Tora und das Evangelium verändert hättet, würdet ihr [dort] auch Mohammed mit den anderen Propheten zusammen finden".[388] Diesmal gibt der Patriarch komplexere Antworten und zeigt, dass es unmöglich ist, das Alte Testament zu verändern, da die Juden auch dieses Buch haben. Dazu hätten die Christen mit den Juden zusammenarbeiten müssen, und beide Gruppen hätten das Alte Testament an den gleichen Stellen ändern müssen, was nicht akzeptabel sei, da sie Feinde seien.[389] Das Evangelium wird auch nicht verändert, weil es von den Schwächen Jesu spricht. Hätte man das Evangelium geändert, hätte man alle Stellen, die von der Angst, der Kreuzigung und dem Tod Jesu sprechen, weggelassen und ein Bild ohne diese Elemente gezeichnet, die für manche ein Stein des Anstoßes sind.[390]

Theodor bar Kōnī scheint eine der Ideen des Timotheos aufzugreifen, um die Authentizität der Heiligen Schrift zu verteidigen. Der christliche Lehrer erklärt in 10. Memrā,

384 Vgl. ʿAlī ibn Sahl Rabban Al-Tabarī, Kitāb al-dīn wa-l-dawla, S. 362-363.
385 ʿAlī ibn Sahl Rabban Al-Tabarī, Al-Radd ʿalā l-Naṣārā 5r-5v, S. 70-71.
386 Vgl. R. Schaffner, The Bible through a Qur'ānic Filter, S. 318-319.
387 Vgl. Timotheos I., Brief 59.8.5-13.
388 Timotheos I., Brief 59.13.1.
389 Vgl. Timotheos I., Brief 59.13.39-46.
390 Vgl. Timotheos I., Brief 59.13.55-63.

dass der Text des Alten Testaments authentisch ist, und wenn Zweifel daran bestehen, erklärt er sich bereit, einen Juden mitzubringen, um zu bestätigen, dass die messianischen Prophezeiungen, die er präsentieren wird, auch in seiner Schrift zu finden sind.[391]

Auch ʿAmmār al-Baṣrī behandelt dieses Thema im Kitāb al-burhān, bezieht sich aber nur auf das Evangelium. Er behauptet, das Evangelium sei authentisch, weil es durch Wunder bestätigt worden sei. Jede Veränderung des Evangeliums müsse notwendigerweise von weiteren Wundern begleitet sein, was aber unmöglich sei, da dies bedeuten würde, dass Wunder gegen die Botschaft Gottes wirken würden. Außerdem werden „Wunder nicht von den Händen derer getan, die die Bücher Gottes verderben".[392] Das zweite Argument von ʿAmmār al-Baṣrī ähnelt dem von Timotheos, nur dass er die Juden durch die anderen christlichen Konfessionen ersetzt. Timotheos erklärte, dass Christen und Juden zusammengearbeitet haben müssen, um den Text des Alten Testaments zu verfälschen. ʿAmmār al-Baṣrī sagt, dass die drei christlichen Traditionen hätten zusammenarbeiten müssen, um den Text des Evangeliums zu ändern, aber aufgrund der Feindschaft und der unterschiedlichen Lehrmeinungen zwischen ihnen wäre es unmöglich gewesen, sich zu einigen.[393]

Zusammenfassend lässt sich sagen, dass die Prophezeiungen des Alten Testaments in den Auseinandersetzungen zwischen Christen und Muslimen eine sehr wichtige Rolle spielen. Nach Jahrhunderten, in denen diese Prophezeiungen von ostsyrischen Theologen benutzt wurden, um zu beweisen, dass Jesus der Messias, der Sohn Gottes ist, werden sie nun in einem neuen Kontext abgelehnt und von Muslimen als auf Muḥammad bezogen behauptet. Das interessanteste Beispiel findet sich in Dt 18, 15-18, wo Moses das Kommen eines neuen Propheten voraussagt. Es ist jedoch sehr überraschend, dass Timotheos eine solche Interpretation ablehnt, obwohl die ostsyrische Tradition diese Verse als Hinweis auf Jesus verstanden hat. Seine Haltung lässt sich wohl am besten damit erklären, dass dieser Prophetentitel im Islam auch für Jesus verwendet wird und zeigt, dass er ein einfacher Mensch und nicht der Sohn Gottes war. Die traditionelle Deutung der Verse von Dt 18, 15-18 zu akzeptieren, hätte also bedeuten können, die islamische Sicht von Jesus zu akzeptieren, und könnte von al-Mahdī gegen Timotheos verwendet worden sein.

V.11. Die Frage des Theopaschitismus

Die Frage, ob Gott leiden kann, ist alt. Sie beschäftigte lange Zeit die antiken griechischen Philosophen, die den Begriff der apátheia entwickelten.[394] Einerseits wurde die

391 Vgl. Theodor bar Kōnī, Scholionbuch, Memrā X, 31, S. 240/177-178.

392 Vgl. ʿAmmār al-Baṣrī, Kitāb al-burhān 14a-14b.

393 Vgl. ʿAmmār al-Baṣrī, Kitāb al-burhān 14b-15b.

394 Vgl. S. Lilla, „Apatheia", in Angelo di Berardino (hrsg.), Encyclopedia of Ancient Christianity, Band 1, Illinois, 2014, S. 164-165; Herbert Frohnhofen, Apatheia tou theou: über die Affektlosigkeit Gottes in der griechischen Antike und bei den griechischsprachigen Kirchenvätern bis zu Gregorios Thaumaturgos, Frankfurt am Main/Bern/New York/Paris, 1987.

Idee von einigen christlichen Theologen wie Origenes[395] oder Gregor von Nyssa[396] aufgegriffen und auf den christlichen Gottesbegriff übertragen. Andererseits verwendeten mehrere Kirchenväter wie Ignatius von Antiochien[397] oder Gregor von Nazianz[398] eine Sprache, die ohne weiteres als theopaschitisch bezeichnet werden kann. Die Diskussionen über das Leiden Gottes erreichten im 5. und 6. Jahrhundert während der christologischen Kontroversen ihren Höhepunkt.[399] Die Kirche des Ostens hat den Theopaschitismus traditionell abgelehnt, und mit dem Aufkommen des Islam im 7. Jahrhundert musste sie dies erneut tun, allerdings unter anderen Umständen.

V.11.1. Theopaschitismus in der ostsyrischen Tradition

Die Ablehnung der Vorstellung einer leidensfähigen göttlichen Natur ist das Hauptanliegen der antiochenischen Tradition und der Kirche des Ostens. Bereits die von Mār Akak im Jahre 486 in Seleukeia-Cthesiphon abgehaltene Synode verurteilte in ihrem ersten Kanon den Theopaschismus: „Wenn aber jemand denkt oder lehrt, dass Leiden und Veränderung der Gottheit unseres Herrn anhaftet [...], der sei Anathema“.[400] Diese Erklärung wird in dem zweiten Synodalbrief von Mār Aba aus dem Jahr 544 mit dem Titel „Über die Rechtgläubigkeit“ bestätigt: „Wer nicht bekennt das Leiden und den Tod der Menschheit Christi und die Leidensunfähigkeit seiner Gottheit, sei Anathema“.[401] Diese Lehre findet sich nicht nur in den Erklärungen der folgenden Synoden, sondern auch in den Schriften der Theologen der Kirche des Ostens.

Indem Narsai die Vereinigung der beiden Naturen in Christus erklärt, zeigt er, dass diese unauflösbar ist, im Gegensatz zur Vereinigung von Leib und Seele, die beim Tod Christi zerbrach, als die Seele den Leib verließ. Auch am Kreuz blieb die Rede mit dem Leib vereint, ohne dem Leiden unterworfen zu sein: „Niemals verließ er ihn, nicht in den Leiden und nicht am Kreuz, und niemals litt er in seiner Natur in den Leiden, die der Leibliche ertrug“.[402] Narsai hält die Kreuzigung und den Tod Christi

---

395 Vgl. Origenes, Contra Celsusm IV.72, in Contra Celsum – Gegen Celsus, eingeleitet und kommentiert von Michael Fiedrowicz, Übers. Claudia Barthold, Fontes Christiani, Band 50, Freiburg im Breisgau, 2011.

396 Vgl. Gregor von Nyssa, Brief III.22, in Gregor von Nyssa: Briefe, eingeleitet, übersetzt und erledigt von Dörte Teske, Bibliothek der griechischen Literatur, Band 43, Stuttgart 1997.

397 Er spricht von der „Leidenschaft meines Gottes“. Vgl. Ignatius von Antiochia, Brief an die Römer VI, in Joseph A. Fischer (Hrsg.), Die apostolischen Väter, Schriften des Urchristentums, Band 1, Darmstadt, 1964.

398 Er verwendet Ausdrücke wie „Blut Gottes“ und „gekreuzigter Gott“. Vgl. Gregor von Nazianz, Orationes XLV.19; 29 (PG 36, 649C. 653A. 661D), in G. Chediath, Christology of Mar Babai the Great, S. 72-73.

399 Vgl. Dana Iuliana Viezure, Verbum Crucis, Virtus Dei: A Study of Theopaschism from the Council of Chalcedon (451) to the Age of Justinian, Doktorarbeit, Toronto, 2009.

400 J. B. Chabot (hrsg.), Synodicon orientale, S. 55/302; O. Braun (hrsg.), Das Buch der Synhados, S. 285/67.

401 J. B. Chabot (hrsg.), Synodicon orientale, S. 543/553; O. Braun (hrsg.), Das Buch der Synhados, S. 63/137.

402 Narsai, Hom. XXXVI, hrsg. McLeod, v. 578-581, Übers. L. Abramowski, Jesus der Christus, Band 2/5, S. 158.

für notwendig, um die Sünde Adams zu bezahlen. Da die Menschen diese Schuld nicht bezahlt haben, bezahlt die Rede sie nicht durch sich selbst, sondern durch einen Sohn Adams: „Nicht der Schöpfer litt in den Todesleiden des Kreuzes, es war ein Adamssohn, der bezahlte durch sein Leiden die (unbeglichene) Rechnung des Hauses Adams“.[403]

Diese Gedanken finden sich auch im Liber de Unione des Babai. So erklärt der große ostsyrische Theologe bei der Analyse des Verlassenheitsschreis Jesu am Kreuz (vgl. Mt 27, 46; Mk 15, 34), dass dieser nicht im Sinne einer Verlassenheit durch Trennung oder Auflösung der Einheit zu verstehen sei, sondern in dem Sinne, dass Gott ihn leiden ließ, um die Schuld zu bezahlen, die Adam, der Vater des Menschengeschlechts, durch seinen Ungehorsam auf sich geladen hatte.[404] Babai besteht darauf, dass, obwohl die Einheit von Rede und Leib auch am Kreuz nicht aufgelöst wurde, Leiden und Tod die Gottheit nicht beeinträchtigten. Sein Tempel wurde dem Tod preisgegeben, nicht aber die Rede, denn diese ist Geist und kann nicht leiden.[405] Blut und Wasser sind nicht aus der Rede Gottes geflossen, weil er selbst nicht ein Leib ist, der aus zerrissenen und durchbohrten und verdorbenen Gliedern besteht, denn er ist Licht und Leben und Geist und einfach in seinem Wesen und unsichtbar und unvergänglich.[406]

V.11.2. Theopaschitismus in der frühislamischen Tradition

Die Vorstellung des Theopaschitismus, der behauptet, dass Gott leiden oder vom Leiden seiner Schöpfung betroffen sein kann, wird im Koran nicht direkt angesprochen. Der Koran bekräftigt jedoch die vollständige Transzendenz Gottes und betont, dass er jenseits der Grenzen seiner Schöpfung steht: „Die Blicke (der Menschen) erreichen ihn nicht, werden aber von ihm erreicht. Und er findet (bei jeder Schwierigkeit) Mittel und Wege und ist (über alles) wohl unterrichtet“ (Sure 6, 103). Gott ist einzigartig in seinem Wesen und seinen Eigenschaften und liegt jenseits des menschlichen Verstehens und Begreifens. Er ist völlig getrennt, selbständig, unabhängig und höher als das ganze Universum. Er umgibt alles und steht über allem, und was er erschaffen hat, kann ihn nicht umgeben. Da die christliche Vorstellung, dass Gott durch die Inkarnation seines Sohnes so konkret in die Welt eingreift, so skandalös ist und mit solcher Empörung abgelehnt wird, kann die Idee, dass er leiden könnte, als spezifisches Merkmal des Menschen, keinesfalls akzeptiert werden. Eine solche Vorstellung findet sich in der Muḥammad-Biografie von Ibn ’Isḥāq: „«Der Lebendige», «der Ewige» kann nicht sterben, während Jesus nach ihrer Lehre starb und gekreuzigt wurde“.[407]

V.11.3. Leiden des Sohnes Gottes im Gespräch mit dem Islam

Der muslimische Gesprächspartner von Timotheos in Brief 40 bringt dieses Thema am Ende der Diskussion zur Sprache, indem er fragt: „Wer ist, der ans Kreuz geheftet

403 Narsai, Hom. XXXVI, hrsg. McLeod, v. 678-681, Übers. L. Abramowski, Jesus der Christus, Band 2/5, S. 159.

404 Vgl. Babai, Liber de Unione, S. 173-174/140.

405 Vgl. Babai, Liber de Unione, S. 175/141.

406 Vgl. Babai, Liber de Unione, S. 179/144.

407 Vgl. Ibn ’Isḥāq, Sīrat, S. 403-404/272.

wurde?"[408]. Natürlich erwartete er eine solche Antwort des Patriarchen, um ihn des Theopaschitismus bezichtigen zu können. Dennoch kann Timotheos auf der Grundlage der ostsyrischen Christologie der zwei Naturen und der zwei Individualitäten, die keine Kommunikation der Eigenschaften zulässt, die notwendige Spezifizierung vornehmen und erklären, dass es die menschliche Natur Christi war, die gelitten hat und gestorben ist, während die göttliche Natur leidensunfähig blieb:[409] „Insofern er als Rede dem Vater naturgleich ist, litt und starb er überhaupt nicht. Denn Gottes Natur ist leidensunfähig und unsterblich. Insofern er aber Fleisch ist, litt und starb und auferstand er auch. Denn die menschliche Natur ist leidensfähig."[410] Mit dieser Erklärung folgt Timotheos der Linie der ostsyrischen Theologen vor ihm und bekennt sich zur Lehre seiner Kirche unter ausdrücklicher Ablehnung des Theopaschitismus.

Dies ist jedoch nicht die Antwort, die der muslimische Aristoteliker erwartet hat, und so besteht er darauf, nun die Anschuldigung zu erheben, die er von Anfang an im Sinn hatte: „Wenn das Fleisch litt und starb und Gott, wie du sagst, im Fleisch war, dann litt und starb folglich Gott."[411] Timotheos greift auf die Kategorien[412] des Aristoteles zurück, um zu erklären, dass „das Fleisch" nicht dasselbe ist wie „im Fleisch": „»Fleisch« ist etwas anderes als »im Fleisch«. Jenes bezeichnet nämlich die Individualität, dieses den Ort oder die Stelle dort. Wie kannst du nur in sophistischer und verführerischer Weise »Individualität« und »Wesen« auf die Kategorie des Ortes oder Platzes übertragen und vermengen!"[413] Für Aristoteles gab es zehn Kategorien von Dingen: Substanz, Quantität, Qualität, Relativum, Ort, Zeit, Lage, Haben, Tun und Erleiden.[414] In diesem Sinne wirft Timotheos seinem Gegner vor, die Kategorien zu verwechseln, denn nur das Fleisch hat gelitten, nicht auch der, der im Fleisch ist.

Der Patriarch setzt seine Argumentation mit einer Reihe von Analogien fort, um zu beweisen, dass Leiden und Tod nicht der göttlichen Natur zugeschrieben werden können. Im ersten Teil vergleicht er die göttliche Natur mit dem Wasser oder der Salbe und dem Licht der Sonne, während er im zweiten Teil zeigt, dass die Gegenwart der Gottheit im menschlichen Körper nicht anders ist als in anderen Elementen der Natur:

> „Wenn Wasser oder Salbe in einem Gefäss ist und es geschieht, dass das Gefäss zerbricht, müssen dann etwa notwendigerweise auch das Wasser und die Salbe zerbrechlich sein? Oder wenn das Licht der Sonne im Spiegel ist und es geschieht, dass der Spiegel zerbricht, ist dann etwa, weil der Spiegel zerbrochen

---

408 Timotheos I., Brief 40.9.1.

409 Vgl. T. R. Hurst, The Syriac Letters, S. 191.

410 Timotheos I., Brief 40.9.3.

411 Timotheos I., Brief 40.9.4.

412 Zur Verwendung der Kategorien des Aristoteles durch Timotheos an anderen Stellen dieses Briefes, vgl. M. Heimgartner, „Griechisches Wissen und Philosophie", S. 99-117.

413 Timotheos I., Brief 40.9.5. Die gleiche Beziehung zwischen Natur und Ort wird von Timotheos auch in Brief 1 verwendet, wenn er von der „Schönheit der Perle" spricht: „Denn wie die Perle ein und dieselbe Schönheit besitzt, egal, ob sie in der königlichen Krone oder in der Muschel ist – ihre Schönheit besteht nämlich der Natur und nicht dem Ort nach". Timotheos I., Brief 1.3.34.

414 Vgl. Aristoteles, Kategorien 1b25.

ist, auch das Licht der Sonne zerbrechlich? Wie somit Gott in den Meeren ist und nicht ertrinkt und wie seine Natur im Feuerofen und in der Sonne ist und nicht verbrennt noch sich entzündet noch sich erhitzt und [wie] er in der Erde ist und nicht durch die Pflugschar zerrissen wird oder leidet, so war er auch im Leib, aber seine Natur litt und starb nicht, während [nur] sein Leib litt und starb".[415]

Am Ende der Diskussion zeigt Patriarch Timotheos, dass, obwohl die göttliche Natur Jesu am Kreuz durch das Leiden nicht berührt wurde, sondern den Körper als Vermittler benutzte,[416] dennoch aufgrund der „Vereinigung und Verbindung" zwischen den beiden Individualitäten das Leiden so betrachtet werden kann, als gehöre es auch zu ihr.[417] Um diesen Gedanken weiter zu erläutern, verwendet er ein typologisches Beispiel, das auf der Episode in Gen 22 über das Opfer basiert, das Abraham auf dem Berg Morija darbringt. In diesem Sinne vergleicht er den Widder mit der menschlichen Natur Jesu und Isaak mit seiner göttlichen Natur.[418] Obwohl also letztlich der

415 Timotheos I., Brief 40.9.6-7. Der Verfasser der Disputation zwischen einem Mönch von Bēt Ḥālē und einem arabischen Emir verwendet ähnliche Analogien, um zu beweisen, dass die göttliche Natur vom Leiden nicht berührt wurde. Vgl. Disputation von Bēt Ḥālē 269v-270r, S. 216.

416 Timotheos drückt in seinem Brief 41 den gleichen Gedanken aus und vergleicht die Absicht der Kreuzigung mit der der Inkarnation: „Wie Gott, als er sichtbar werden wollte, sich mit einem sichtbaren Leib vereinigte, seine Natur [dabei] aber niemals sichtbar wurde, obwohl er sich mit diesem Sichtbaren vereinigte, genauso vereinigte sich Gott, als er leiden wollte, mit einem beseelten Leib, der willentlich zu leiden imstande war, aber er selbst litt niemals seiner Natur nach, obwohl er sich mit diesem Leidensfähigem vereinigt hatte". Timotheos I., Brief 41.7.50.

417 Vgl Timotheos I., Brief. 40.9.14. Auch in anderen Briefen entwickelt der Patriarch Timotheos diese Argumentationsweise. Vgl. M. Heimgartner, Timotheos I.: Brief 1, S. 14 Anm. 74. M. Heimgartner erläuterte dieses wirksame „hermeneutische Schema", indem er zeigte, dass die Hoheitsaussagen, die „der Natur nach" zum Logos gehören, „der Vereinigung nach" auch auf die Menschheit Jesu Christi angewendet werden können. Umgekehrt können die Niedrigkeitsaussagen, die „der Natur nach" zur Menschheit Jesu Christi gehören, „der Vereinigung nach" auch auf den Logos angewendet werden. Vgl. Martin Heimgartner, „The Letters of the East-Syrian Patriarch Timothy I", S. 58-59.

418 Die Szene der Opferung Isaaks in Gen 22 hat von Anfang an die Aufmerksamkeit der christlichen Theologen erregt und wurde als Typus für die Leiden Christi verwendet. Auch der Verfasser der Disputation zwischen einem Mönch von Bēt Ḥālē und einem arabischen Emir verwendet diese Szene, bringt aber weitere Elemente in die Diskussion ein. So sind die beiden Knaben ein Typus der beiden Räuber, das Holz auf Isaaks Schulter ein Typus des Kreuzes Jesu, und das Lamm ein Typus der menschlichen Natur Jesu, während Isaak ein Typus seiner göttlichen Natur ist. Vgl. Disputation von Bēt Ḥālē 269r-269v, S. 214-215. Interessanterweise hat der Verfasser der Disputation die biblische Szene verändert, um den typologischen Zusammenhang deutlicher zu machen. So spricht der Text der Disputation statt von „dem Widder", der „im Zweig gefangen war", wie es in der Peschiṭta heißt, von „dem Lamm", das „am Baum hing". Diese Textänderung ist nicht originell, sondern findet sich bei Autoren wie Ephräm oder Narsai und in der gesamten syrischen exegetischen Tradition. Vgl. Gerrit J. Reinink, „The Lamb on the Tree: Syriac Exegesis and Anti-Islamic Apologetics", in Ed Noort und Eibert Tigchelaar (hrsgs.), The Sacrifice of Isaac: The Aqedah (Genesis 22) and Its Interpretations, Themes in Biblical Narrative, Band 4, Leiden, 2002, S. 121-122 [nachgedruckt in Gerrit J. Reinink, Syriac Christianity under Late Sasanian and Early Islamic Rule, Variorum Collected Studies Series, Hampshire, 2005]. Überraschend für einen ostsyrischen Theologen scheint je-

Widder und nicht Isaak geopfert wurde, nahm Gott das Opfer „aufgrund der Absicht von Abrahams Willen“ an, als ob Isaak geopfert worden wäre. In gleicher Weise kann man davon ausgehen, obwohl der „Tempel Gottes“, nämlich der Körper Jesu, starb, dass das Leiden aufgrund der Vereinigung auch zur göttlichen Natur Jesu gehörte.[419]

Die Frage nach dem Leiden Gottes taucht auch in der Disputation mit dem Kalifen al-Mahdī auf. Timotheos lehnt zu Beginn der Diskussion über dieses Thema die Möglichkeit, dass Gott leiden könnte, entschieden ab. Es ist der Sohn Gottes, der gestorben ist, und zwar nur in „unserer Natur“. Zudem sei selbst der Tod seines Leibes eine „Schande“, die der Patriarch mit dem Zerreißen des Purpurkleides des Kalifen vergleicht.[420] Der Gedanke, dass Christus nicht in seiner göttlichen Natur gelitten habe, wird später im Dialog mit al-Mahdī wiederholt, nun aber mit der zusätzlichen Aussage, dass Jesus in der menschlichen Natur gelitten habe, „die die Rede Gottes von uns angenommen hat“.[421] So ist leicht zu erkennen, dass Timotheos in seinen Disputationen spezifisch antiochenische christologische Begriffe wie „Tempel“, „Annahme“ oder „Gewand“ in Bezug auf den Leib Jesu verwendet. Solche Ausdrücke wurden von Diodor von Tarsus[422], Theodor von Mopsuestia[423] und Nestorius[424] ausgiebig verwendet und wurden auch von der ostsyrischen Tradition übernommen.[425]

---

doch Theodor bar Kōnī im dritten Memrā seines Scholionbuches dieser typologischen Deutung von Widder und Isaak als Darstellung der beiden Naturen Jesu nicht zuzustimmen: „Ich halte diese [Deutung] nicht für wahrscheinlich, [nämlich] dass Isaak der Typus der Gottheit und der Widder der Typus der Menschheit sei, und [dass] der erste nicht starb wie die Gottheit, die nicht stirbt, während der letzte starb wegen der Menschheit, die starb: «Siehe, das ist Gottes Lamm, das der Welt Sünde trägt!» (Joh 1, 29), und weiter: «Wie ein Lamm wurde er zur Schlachtbank geführt» (Jes 53, 7; Apg 8, 32). Wir aber haben [diese Deutung] aufgeschrieben, damit jeder, wie er will, annehmen kann, was er liest“. Theodor bar Kōnī, Scholionbuch, Memrā III: Robert Hespel und René Draguet (hrsgs.), Théodore bar Koni: Livre des Scolies (recension de Séert), Band 1, CSCO 431, Scriptores Syri 187, Leuven, 1981, S. 141.

419 Vgl. Timotheos I., Brief 40.9.15.

420 Vgl. Timotheos I., Brief 59.9.14-16.

421 Vgl. Timotheos I., Brief 59.20.1.

422 Vgl. Severus von Antiochia, Liber Contra Impium Grammaticum III.15, in Iosephus Lebon (hrsg.), Severi Antiocheni liber contra impium grammaticum, CSCO 102, Scriptores Syri 51, Durbecq, 1952, S. 254/178.

423 Vgl. Theodor von Mopsuestia, Katechetische Homilien VII.1, in Raymond-M. Tonneau and Robert Devresse (hrsgs.), Les homélies catéchétiques de Théodore de Mopsueste: reproduction phototypique du Ms. Mingana Syr. 561, Studi e Testi, Band 145, Vatican, 1949, S. 161.

424 Vgl. Friedrich Loofs (hrsg.), Nestoriana: Die Fragmente des Nestorius, Halle, 1905, S. 358.

425 Vgl. Sebastian Brock, „Clothing Metaphors as a Means of Theological Expression in Syriac Tradition“, in Margot Schmidt (hrsg.), Typus, Symbol, Allegorie bei den östlichen Vätern und ihren Parallelen im Mittelalter, Eichstätter Beiträge, Band 3, Regensburg, 1982, S. 11-38 [nachgedruckt in Sebastian Brock, Studies in Syriac Christianity: History, Literature and Theology, Variorum Collected Studies Series, Hampshire, 1992]; G. Chediath, The Christology of Mar Babai the Great, S. 91-93; S. Brock, „The Christology of the Church of the East“, S. 165-170; Hannah Hunt, „‘Clothed in the Body’: the Garment of Flesh and the Garment of Glory in Syrian Religious Anthropology“, in Markus Vinzent (hsrg.), Studia Patristica: Papers presented at the Sixteenth International Conference on Patristic Studies held in Oxford 2011, Band 64, Leuven, 2013, S. 167-176.

Diese Terminologie wurde verwendet, um die Unterscheidbarkeit der verschiedenen Naturen mit ihren Eigenschaften genau anzugeben.[426]

Timotheos setzt die Klarstellungen fort und besteht auf einer subtilen, aber entscheidenden Definition. Wie seine Vorgänger beruft er sich auf die Bibel, um zu zeigen, dass es nicht Gott war, der im Fleisch gelitten hat und gestorben ist, sondern der Sohn oder Christus und nur in seiner menschlichen Natur: „Und dass Gott [selbst] im Fleisch litt und starb, finden wir in keinem [einzigen] Buch, weder in den Propheten noch im Evangelium; dass der Sohn, Jesus Christus, im Fleisch litt und starb, das finden wir in ihnen allen. Also ist die [Aussage], dass Gott im Fleisch litt und starb, nicht angemessen im Vergleich zu der, dass Gottes Sohn im Fleisch litt und starb“.[427]

Auch Nestorius stellt in einer Antwort auf Kyrill von Alexandria klar, dass Christus oder der Sohn oder der Herr gelitten hat und gestorben ist, nicht aber Gott: „Und selbst wenn man das ganze Neue Testament durchsieht, wird man nirgends finden, dass der Tod Gott zugeschrieben wird, sondern entweder Christus oder dem Sohn oder dem Herrn, denn der Name Christus, Sohn oder Herr, der in den heiligen Büchern für den eingeborenen Sohn gebraucht wird, bezeichnet beide Naturen“.[428] Theodoret von Kyrrhos drückt denselben Gedanken aus und zeigt, dass „Christus“ die angemessene Bezeichnung ist, da er den Logos nach der Inkarnation bezeichnet. Dennoch: „Wenn der Name «Gott, die Rede» auf diese Weise ausgesprochen wird, bedeutet er die einfache Natur, die vor der Welt und jenseits der Zeit existiert und keinen Körper hat. Deshalb hat die Heilige Schrift, die durch die heiligen Apostel gesprochen hat, dieser Bezeichnung niemals Leiden oder Tod zugeschrieben“.[429] Auch für Babai den Großen ist die Aussage „Gott, die Rede, ist gestorben“ inakzeptabel, selbst wenn man den Zusatz „im Fleisch“ hinzufügt. Er zeigt, dass die Heilige Schrift, wenn es um das irdische Wirken geht, immer den Namen „Christus“ verwendet.[430] Elias von Nisibis stellt in diesem Zusammenhang eine nützliche Analogie vor, indem er behauptet, der Name „Christus“ beziehe sich sowohl auf die Rede als auch auf den von Maria empfangenen Menschen, so wie sich der Name einer Stadt sowohl auf ihre Bewohner als auch auf ihre Gebäude bezieht, wobei sich die Bewohner von den Gebäuden in ihrem Wesen und ihren Eigenschaften unterscheiden.[431]

V.11.4. Konfessionelle Rivalitäten im Gespräch mit dem Islam

Am Ende dieses Abschnitts der Disputation mit dem Kalifen al-Mahdī wird das Gespräch spannend. Nachdem Timotheos die Vorwürfe des Theopaschismus immer wie-

---

426 Vgl. Till Engelmann, Annahme Christi und Gottesschau: Die Theologie Babais des Großen, Göttinger Orientforschungen, I. Reihe: Syriaca, Band 42, Wiesbaden, 2013, S. 129-130.

427 Timotheos I., Brief 59.20.2. Vgl. auch Timotheos I., Brief 1.6.4-5.

428 F. Loofs (hrsg.), Nestoriana, S. 269.

429 Theodoret von Kyrrhos, Eranistes: Gerard H. Ettlinger (hrsg.), Theodoret of Cyrus: Eranistes. Critical Text and Prolegomena, Oxford, 1975, S. 216.

430 Babai, Liber de Unione, S. 174/141, 178/144. Vgl. auch G. Chediath, The Christology of Mar Babai the Great, S. 168-171.

431 Vgl. Elias von Nisibis, Kitāb al-majālis 2, S. ٦٢ – ٦٣.

der zurückgewiesen hat, fragt der Kalif, wer diejenigen seien, die behaupten, Gott habe gelitten und sei im Fleisch gestorben. An dieser Stelle hat der Patriarch die Gelegenheit, die Überlegenheit der Lehre seiner Kirche zu demonstrieren und die anderen christlichen Traditionen zu diskreditieren. So antwortet er: „Die Jakobiten und die Melkiten sagen: »Gott litt und starb im Fleisch«“.[432] Der Kalif erkannte im Weiteren dann die Überlegenheit der Ostsyrer gegenüber den Jakobiten und Melkiten in der Frage des Theopaschismus an, aber was die Lehre von der Göttlichkeit Jesu betraf, waren alle christlichen Traditionen falsch:[433]

> „In diesem Punkt habt ihr im Unterschied zu jenen die richtige Meinung. Denn wer sollte es wagen zu sagen, dass Gott starb? Ich meine nämlich, dass nicht einmal die Dämonen dies sagen.[434] In dem [Punkt] aber, dass ihr von einer Rede und [einem] Sohn Gottes redet, habt ihr alle nicht die richtige Meinung“.[435]

Es ist nichts Neues, dass die Vertreter der christlichen Traditionen ihre Rivalitäten in die Auseinandersetzungen mit den Muslimen einbrachten und ihre Lehren in Bezug auf den Islam bewerteten. Zur Zeit Īšō‘jahbs III. brach ein neuer Konflikt zwischen den Westsyrern und den Ostsyrern aus. Letztere beschwerten sich bei Īšō‘jahb III. darüber, dass die Muslime ihren Rivalen geholfen hätten. Īšō‘jahb III. wies diese Entschuldigung energisch zurück und antwortete, dass die Muslime nicht diejenigen begünstigen würden, die behaupteten, Gott habe gelitten und sei gestorben. Für den Fall, dass die Muslime den Westsyrern dennoch geholfen haben sollten, fordert Īšō‘jahb III. die Gläubigen seiner Kirche auf, sich an die muslimischen Führer zu wenden und

432 Timotheos I., Brief 59.20.3.

433 Vgl. Karl Pinggéra, „Konfessionelle Rivalitäten in der Auseinandersetzung mit dem Islam: Beispiele aus der ostsyrischen Literatur“, Der Islam 88 (2011), S. 58; J. Jakob, Syrisches Christentum, S. 438.

434 Die Erwähnung von Dämonen soll zeigen, wie ungeheuerlich die Vorstellung ist, Gott könne leiden und sterben. Johannes bar Penkāyē verwendet denselben Ausdruck in seiner Weltgeschichte, wenn er zu erklären versucht, dass Gott den militärischen Erfolg der Muslime wegen „der Einmischung der christlichen Könige“ zuließ, „die wollten, dass wir das Leiden jener Natur zuschreiben, die über dem Leiden steht – etwas, was vielleicht nicht einmal die Dämonen jemals gewagt hätten“. Johannes bar Penkāyē, Weltgeschichte, hrsg. A. Mingana, S. 144. Vgl. auch S. Brock, „North Mesopotamia in the Late Seventh Century“, S. 59-60. Diese Erklärung des militärischen Erfolgs der Muslime als Strafe Gottes greift auch der ostsyrische Patriarch in seinem Dialog mit al-Mahdī auf, als es um Muḥammads Eifer für den monotheistischen Glauben geht. So antwortet Timotheos I., Gott habe das persische und das byzantinische Reich in die Hände der Muslime gegeben, weil die Perser das Geschöpf statt des Schöpfers verehrten und die Byzantiner behaupteten, Gott habe gelitten und sei gestorben. Vgl. Timotheos I., Brief 59.15.13-15. Babai der Große vertrat eine ähnliche Auffassung und sah im Theopaschitismus den Hauptgrund für die Eroberung Antiochias durch die Perser im Jahre 611, die er als Höhepunkt einer Reihe von Drangsalen betrachtete, die die Stadt heimgesucht hatten, seit Anastasius den Text „der für uns gekreuzigt wurde“ in das Trishagion aufgenommen hatte. Vgl. Babai, Liber de Unione, S. 276/223. Zur Ablehnung des Zusatzes „der für uns gekreuzigt wurde“ in Trishagion durch Timotheos I., vgl. Timotheos I., Brief 41.8.1-38.

435 Timotheos I., Brief 59.20.9.

ihnen ihre theologische Position zum Theopaschismus im Vergleich zu den Westsyrern zu erläutern.[436] Auch in der Disputation zwischen einem Mönch von Bēt Ḥālē und einem arabischen Emir spielt das Problem des Theopaschismus eine wichtige Rolle. Der muslimische Gegner fragt den Mönch, wie es möglich sei, dass die Gottheit, die mit Jesus am Kreuz und im Grab war, nicht gelitten habe und nicht verletzt worden sei. In seiner Antwort erläutert der Mönch die Lehre seiner Kirche im Vergleich zu den anderen christlichen Traditionen. Nur die Häretiker würden sich die Göttlichkeit und die Menschlichkeit Christi als eine Mischung und Verwechslung vorstellen. Demgegenüber betont der Mönch von Bēt Ḥālē gemäß der ostsyrischen Tradition, dass die Art und Weise der Vereinigung der beiden Naturen nicht zulasse, dass die göttliche Natur leide.[437] Im zehnten Kapitel des Scholionbuches äußert sich Theodor äußerst kritisch gegenüber den anderen christlichen Traditionen, die er wegen der Vermischung der beiden Naturen, die zum Theopaschismus führt, als vom Satan inspirierte Gotteslästerung darstellt. Die ostsyrische Christologie ist die Einzige, die Leiden und Tod nicht der Gottheit zuschreibt. Letztlich wird der muslimische Schüler aufgefordert, sich für eine dieser Lehren zu entscheiden, die wahr ist. In diesem Fall kann die Antwort natürlich nur die ostsyrische Christologie sein.[438]

Der ostsyrische Theologe ʿAmmār al-Baṣrī zeigt in der Antwort auf Frage 12 seines Werkes Kitāb al-masā'il wa l-ajwibah, dass nur die Christologie seiner Kirche die volle Transzendenz Gottes bewahrt. In Übereinstimmung mit der Lehre der ostsyrischen Theologen vor ihm erklärt er, dass der Name „Christus" die zwei Naturen bezeichne, und wirft den Miaphysiten vor, von einer Natur und einer Individualität zu sprechen, was zu der Vorstellung führe, dass der Leib Christi der Leib Gottes selbst sei. Auch das Beharren der Melkiten auf dem Titel „Gottesgebärerin" für Maria führe zu der Schlussfolgerung, dass Maria Gott selbst geboren habe.[439] In der zweiten Sitzung mit dem muslimischen Wesir Abū l-Qāsim al-Ḥusayn ibn ʿAlī al-Maġribī erläutert der ostsyrische Metropolit Elias von Nisibis das Konzept der Einwohnung (ḥulūl) der

436 Vgl. Īšōʿjahb III., Brief 48E, hrsg. R. Duval, S. 96-97/73. Vgl auch R. G. Hoyland, Seeing Islam as Others Saw it, S. 179; O. Ioan, Muslime und Araber bei Īšōʿjahb III., S. 114-122; K. Pinggéra, „Konfessionelle Rivalitäten", S. 53-54; M. Metselaar-Jongens, Defining Christ, S. 258-264; Martin Tamcke, „The Exercise of Theological Knowledge in the Church of the East, Provoked by Coexistence with the Muslims (Seventh Century CE)", in Sebastian Günther (hrsg.), Knowledge and Education in Classical Islam Religious Learning between Continuity and Change, Band 1, Islamic History and Civilization: Studies and Texts, Band 172, Leiden, 2020, S. 114-115.

437 Vgl. Disputation von Bēt Ḥāle 269v, S. 216.

438 Vgl. Theodor bar Kōnī, Memrā X, 85, S. 189-190. Vgl. auch Sidney H. Griffith, „Chapter Ten of the Scholion: Theodore Bar Koni's Apology for Christianity", Orientalia Christiana Periodica 47 (1981), S. 158-188; K. Pinggéra, „Konfessionelle Rivalitäten", S. 59; J. Jakob, Syrisches Christentum, S. 438-441.

439 Vgl. ʿAmmār al-Baṣrī, Kitāb al-masā'il wa l-ajwibah, S. 196-200. Vgl. auch Mark Beaumont, „ʿAmmār al-Baṣrī on the Incarnation", in David Thomas (hrsg.), Christians at the Heart of Islamic Rule: Church, Life and Scholarship in Abbasid Iraq, History of Christian-Muslim Relations, Band 1, Leiden, 2003, S. 58; Mark Beaumont, Christology in Dialogue with Muslims, S. 78; K. Pinggéra, „Konfessionelle Rivalitäten", S. 61.

Gottheit in die Menschheit. In diesem Zusammenhang stellt er auch kurz die christologischen Definitionen der drei wichtigsten christlichen Traditionen vor. Während die Melkiten die Existenz von zwei ǧawāhir und einem uqnūm in Christus bekennen und die Miaphysiten die Existenz von einem ǧawhar und einem uqnūm, sprechen die Ostsyrer von zwei ǧawāhir und zwei aqānīm. Außerdem kann weder von einer naturgemäßen Vereinigung (ittiḥād al-ṭabīʾī), wie die Miaphysiten verkünden, noch von einer zusammengesetzten (al-tarkīb), wie die Melkiten bekennen, sondern nur von einer Willensvereinigung (al-mashīʾa) gesprochen werden. Da sich die Ostsyrer im Gegensatz zu den Miaphysiten und Melkiten weigern, Maria „Gottesgebärerin" zu nennen, bestätigt der Wesir schließlich: „Die Wahrheit eurer göttlichen Einheit (tawḥīd) steht fest".[440]

Die intensiven Begegnungen zwischen Muslimen und Christen blieben nicht ohne Widerhall. So stellten die muslimischen Theologen der ʿAbbāsidenzeit in ihren Werken häufig die Unterschiede zu den christlichen Traditionen dar und versuchten, diese zu widerlegen. So erwähnt der muslimische Theologe Abū ʿĪsā al-Warrāq aus dem 9. Jahrhundert in seinem Werk Al-Radd ʿalā l-thalāth firaq min al-Naṣārā unter anderem den Unterschied zwischen den Ansichten der drei wichtigsten christlichen Traditionen über die Kreuzigung und den Tod Christi: „Die drei Sekten behaupten, dass der Messias gekreuzigt und getötet wurde, aber dann unterscheiden sie sich über die Kreuzigung und den Tod, darüber, wen diese Dinge in Wirklichkeit betrafen und wer der Gekreuzigte in Wirklichkeit war".[441]

Zusammenfassend lässt sich sagen, dass der ostsyrische Patriarch Timotheos in seinen Disputationen gegen den Islam eine breite Palette philosophischer und theologischer Argumente anführt, um den Theopaschitismus zurückzuweisen. Sein Ansatz basiert auf der ostsyrischen Christologie, die sich durch die in der Person Christi vereinten zwei Naturen und zwei Invididualitäten definiert und die göttliche Natur vor Leiden und Tod schützt. Dennoch kann er dank seines „hermeneutischen Schemas" die Niedrigkeitsaussagen, die „der Natur nach" zur Menschheit Jesu Christi gehören, auch auf den Logos anwenden, aber nur „der Vereinigung nach" und im übertragenen Sinn. Die göttliche Natur bleibt in Wirklichkeit durch Leiden und Tod unversehrt. Timotheos beruft sich in Brief 40 nicht nur auf die Heilige Schrift, sondern auch auf die Philosophie des Aristoteles sowie auf natürliche und rationale Beispiele, um seinen Standpunkt zu untermauern, eine Tendenz, die sich in den muslimisch-christli-

440 Vgl. Elias von Nisibis, Kitāb al-majālis 2, S. ٥٨ - ٦٣. Vgl. auch Michael F. Kuhn, Defending Divine Unity in the Muslim Milieu: The Trinitarian and Christological Formulations of Abū al-Faraj ʿAbd Allāh Ibn al and Iliyyā of Nisibis, Doktorarbeit, London, 2016, S. 191-208; Nikolai N. Seleznyov, „Seven Sessions or Just a Letter? Observations on the Structure of the Disputations between Elias, Metropolitan of Nisibis, and the Vizier Abū l-Qāsim al-Maghribī", Scrinium 14 (2018), S. 439-440.

441 In seinem Werk führt er weiter aus, dass die Ostsyrer behaupten, Christus sei nur in seiner menschlichen Natur gekreuzigt worden, während die Melkiten glauben, die Kreuzigung habe Christus „in seiner Ganzheit" getroffen, und die Miaphysiten bekennen, dass „die Gottheit gekreuzigt wurde", da Christus „eine Substanz aus zweien" gewesen sei. Vgl. Abū ʿĪsā al-Warrāq, Al-Radd ʿalā al-Ittiḥād, S. 92/93-94/95.

chen Disputationen jener Zeit immer mehr durchsetzte.[442] Er nutzte auch die Gelegenheit, vor dem Kalifen die Überlegenheit seiner Lehre gegenüber anderen konkurrierenden christlichen Traditionen zu demonstrieren, wie es andere ostsyrische Theologen jener Zeit vor muslimischen Führern oder Intellektuellen taten.

V.12. Kreuzigung und Tod Jesu

Die Kreuzigung als Todesstrafe war im Römischen Reich weit verbreitet und wurde auch von anderen Völkern wie den Persern und Karthagern praktiziert.[443] Die Kreuzigung Jesu ist zweifellos eines der zentralen Ereignisse, die in den Evangelien beschrieben werden, und die Verfasser der Evangelien sehen in der Kreuzigung und den Ereignissen, die ihr vorausgingen, die Erfüllung einiger Prophezeiungen des Alten Testaments (vgl. Mt 27, 9; 27, 35; Mk 15, 28; Joh 19, 24; 19, 28; 19, 36; 19, 37). Auch Jesus selbst soll seinen Tod vorausgesagt haben (vgl. z.B. Mk 8, 31-33; 9, 30-32; 10, 32-34). Paulus entwickelt dieses Thema in seinen Briefen, indem er die Weisheit der Welt der Weisheit Gottes gegenüberstellt (1 Kor 1, 18-21). Die Kreuzigung Jesu wird auch schon früh von einigen nichtchristlichen Autoren wie Josephus Flavius[444] und Tacitus[445] erwähnt und wurde im Allgemeinen von der gesamten christlichen Tradition akzeptiert, mit Ausnahme von Gruppen wie den Doketisten, die die Materialität des Körpers Jesu und damit die Realität seines Leidens und Sterbens am Kreuz bestritten.[446] Einige Autoren, wie z.B. Ignatius von Antiochien[447] oder Tertullian[448], haben gegen sie geschrieben und ihre Lehre bekämpft.

---

442 Vgl. H. Suermann, „Die Bedeutung der Ratio", S. 169-178.

443 Vgl. Martin Hengel, „Mors turpissima crucis: Die Kreuzigung in der antiken Welt und die Torheit des Wortes vom Kreuz", in Johannes Friedrich, Wolfgang Pöhlmann, Peter Stuhlmacher (hrsgs.), Rechtfertigung: Festschrift für Ernst Käsemann zum 70. Geburtstag, Göttingen, 1976, S. 125-184; Daniel Lynwood Smith, Into the World of the New Testament: Greco-Roman and Jewish Texts and Contexts, London, 2015, S. 160.

444 Vgl. Josephus Flavius, Jüdische Altertümer 18, 63f.

445 Vgl. Tacitus, Annales 15.44, in Walther Sontheimer (hrsg.), Tacitus, Annalen XI-XVI, Stuttgart, 1967.

446 Vgl. Wichard von Heyden, Doketismus und Inkarnation: Die Entstehung zweier gegensätzlicher Modelle von Christologie, Tübingen, 2014; Joseph Verheyden, Reimund Bieringer, Jens Schröter und Ines Jäger (hrsgs.), Docetism in the Early Church: The Quest for an Elusive Phenomenon, Wissenschaftliche Untersuchungen zum Neuen Testament, Band 402, Tübingen, 2018. Zu einer Diskussion über den Doketismus und die koranische Perspektive auf die Kreuzigung Jesu, vgl. G. Parrinder, Jesus in the Qur'ān, S. 109-112; N. Robinson, Christ in Islam and Christianity, S. 110-111.

447 Vgl. Ignatius, Brief an die Smyrnäer II, in Joseph A. Fischer (Hrsg.), Die apostolischen Väter, Schriften des Urchristentums, Band 1, Darmstadt, 1964.

448 Vgl. Tertullian, Über das Fleisch Christi (De Carne Christi) 9, in Adversus Valentinianos: Gegen die Valentinianer: Über das Fleisch Christi, Übers. Volker Lukas, Freiburg im Breisgau, 2019.

V.12.1. Kreuzigung Jesu in der ostsyrischen Tradition

Narsai greift die Gedanken des Apostels Paulus in seinem ersten Brief an die Korinther auf und zeigt, dass die Welt die Weisheit Gottes nicht begreifen und seinen Plan zur Rettung der Menschen durch die Kreuzigung Jesu nicht verstehen konnte:

> „Weil aber durch die Weisheit des Gottes des Alls die Welt nicht die ganze Kraft seiner Weisheit begriff, wollte der Schöpfer durch die Verächtlichkeit der Verkündigung lebendig machen und erlösen die Menschen durch einen gekreuzigten Mann“.[449]

Wie Abramowski bereits angedeutet hat,[450] scheint die Bezeichnung Jesu als Mensch in diesem Zusammenhang von Narsai aus der Petrusede in Apg 2, 23 übernommen worden zu sein: „diesen Mann, der durch Gottes Ratschluss und Vorsehung dahingegeben war, habt ihr durch die Hand der Ungerechten ans Kreuz geschlagen und umgebracht“. Während das Leiden und Sterben Jesu am Kreuz auf der menschlichen Ebene „verächtlich“ und „schändlich“ ist, wird die Auferstehung auf der Ebene des göttlichen Heils mit dem Aufgang der Sonne verglichen: „Wie die Sonne ließ er ihn aufgehen (und) brachte ihn oben am Holz an, und sie erleuchtet den ganzen Erdkreis, der in Finsternis war“.[451]

Indem Babai über die Auferstehung Christi spricht, verweist er auf die physische Wirklichkeit seiner Kreuzigung. Babai erklärt, dass der Leib, der am Kreuz hing, begraben wurde und dass derselbe Leib wieder auferstanden ist. Dieser Leib war uns vollkommen ähnlich. Er hatte alle seine Organe intakt, wie jeder von uns. Er war vollkommen in seiner Gestalt. Die Juden kreuzigten Jesus von Nazareth und seine Seele wurde beim Tod am Kreuz von seinem Leib getrennt und der Leib wurde begraben. Am dritten Tag wurde der Leib auferweckt und wieder mit der Seele vereint. Sein auferstandener Leib hatte alle seine Glieder vollkommen.[452]

V.12.2. Kreuzigung Jesu in der frühislamischen Tradition

Während die Verfasser der Evangelien die Ereignisse um Kreuzigung und Tod Jesu ausführlich schildern, bietet der Koran eine andere, wenn auch zweideutigere Version dieser Episode. Die erste Erwähnung des Todes Jesu findet sich in Sure 19, 33: „Heil sei über mir am Tag, da ich geboren wurde, am Tag, da ich sterbe, und am Tag, da ich

---

449 Narsai, Hom. LIV, in Alphonse Mingana (hrsg.), Narsai doctoris syri homiliae et carmina, Band 2, Mosul, 1905, v. 12-13, S. 15, Übers. Luise Abramovski, „Narsai (ca. 415? – 502): Hom. LIV (30) Mingana II, 114-130: «Unser König Jesus», der «gekreuzigte Mann»“, in Peter Gemeinhardt und Uwe Kühneweg (hrsgs.), Patristica et Oecumenica: Festschrift für Wolfgang A. Bienert zum 65. Geburtstag, Marburg, 2004, Marburger Theologische Studien, Band 85, S. 159-160 [nachgedruckt „mit minimalen Differenzen“ in L. Abramowski, Jesus der Christus, Band 2/5, S. 74].

450 Vgl. L. Abramowski, „Narsai“, S. 160-161 [L. Abramowski, Jesus der Christus, Band 2/5, S. 75].

451 Narsai, Hom. LIV, hrsg. A. Mingana, v. 2, S. 114, Übers. L. Abramowski, „Narsai“, S. 160 [L. Abramowski, Jesus der Christus, Band 2/5, S. 75].

452 Vgl. Babai, Liber de Unione, S. 181/146.

(wieder) zum Leben auferweckt werde!". Aus christlicher Sicht scheint sich dieser Vers auf Jesu Tod am Kreuz und seine Auferstehung zu beziehen. Dieser Vers muss jedoch im Zusammenhang mit Sure 19 interpretiert werden, wo Gott in Vers 15 mit denselben Worten zu Zacharias über Johannes den Täufer spricht: „Heil sei über ihm am Tag, da er geboren wurde, am Tag, da er stirbt, und am Tag, da er (wieder) zum Leben auferweckt wird!". Es scheint sich also um die allgemeine Auferstehung am Ende der Welt zu handeln, wenn man beide Verse zusammen betrachtet.[453]

Eine weitere Erwähnung des Todes Jesu findet sich beispielsweise in Sure 3, 55 und 5, 116-118, wo Jesus davon spricht, dass Gott, der Herr über Leben und Tod, ihn sterben ließ:

> „(Damals) als Gott sagte: «Jesus! Ich werde dich (nunmehr) abberufen und zu mir (in den Himmel) erheben und rein machen, so daß du den Ungläubigen entrückt bist. Und ich werde bewirken, daß diejenigen, die dir folgen, den Ungläubigen bis zum Tag der Auferstehung überlegen sind. Dann (aber) werdet ihr (alle) zu mir zurückkehren. Und ich werde zwischen euch entscheiden über das, worüber ihr (im Erdenleben) uneins waret»" (Sure 3, 55).

Wie Reynolds erläutert, lautet der in diesem Zusammenhang verwendete Begriff „tawaffā", der im Koran 25-mal vorkommt, davon zweimal in Bezug auf Jesus. Obwohl dieses Wort von muslimischen Kommentatoren im Allgemeinen als „sterben" verstanden wird, wird es in den beiden Fällen, in denen es in Bezug auf Jesus vorkommt, immer in einem sekundären Sinn verwendet, wie „Du hast mich abberufen" oder „Du hast mich zu Dir genommen".[454]

Vermutlich hängt diese Zurückhaltung der muslimischen Ausleger mit Sure 4, 157 zusammen, in dem die Kreuzigung und der Tod Jesu durch die Juden geleugnet wird:

> „[die Juden] sagten: «Wir haben Christus Jesus, den Sohn der Maria und Gesandten Gottes, getötet». – Aber sie haben ihn (in Wirklichkeit) nicht getötet und (auch) nicht gekreuzigt. Vielmehr erschien ihnen (ein anderer) ähnlich (so daß sie ihn mit Jesus verwechselten und töteten). Und diejenigen, die über ihn (oder: darüber) uneins sind, sind im Zweifel über ihn (oder: darüber). Sie haben kein Wissen über ihn (oder: darüber), gehen vielmehr Vermutungen nach. Und sie haben ihn nicht mit Gewißheit getötet (d. h. sie können nicht mit Gewißheit sagen, daß sie ihn getötet haben)".

Es ist wichtig zu bemerken, dass dieser Vers nicht den Tod Jesu im Allgemeinen leugnet, sondern nur, dass er von den Juden durch Kreuzigung getötet wurde. In der späteren islamischen Tradition wurden jedoch mehrere Interpretationen dieses Verses

453 Vgl. G. Parrinder, Jesus in the Qur'ān, S. 106.

454 Vgl. Gabriel Said Reynolds, „The Muslim Jesus: Dead or Alive?", School of Oriental and African Studies 72 (2009), S. 239-240. Vgl. auch H. Räisänen, Das koranische Jesusbild, S. 65-76; G. Parrinder, Jesus in the Qur'ān, S. 106; N. Robinson, Christ in Islam and Christianity, S. 117-126.

entwickelt, insbesondere die Theorie, dass Jesus durch eine andere Person ersetzt wurde. Schon Wahb ibn Munabbih spricht davon, dass ein Jünger in das Bild Jesu verwandelt wurde, als er die Juden gegen eine Geldsumme zu Jesus führte, um ihn gefangen zu nehmen. Nach einer anderen Version ließ sich einer der Apostel freiwillig von den Juden gefangen nehmen, nachdem Gott zuvor alle anwesenden Apostel in die Gestalt Jesu verwandelt hatte.[455]

Auch Muqātil b. Sulaimān bezieht sich auf diese Ersatztheorie in seinem Tafsīr. So erklärt er, dass sich die Formulierung „wa-lakin shubbiha la-hum" darauf bezieht, dass das Bild (sūra) Jesu auf einen Mann namens Judas (Yahūdhā) geworfen wurde. Es ist wichtig zu betonen, dass damit nicht der Apostel Judas gemeint ist, auch wenn andere Ausleger behaupten, er sei anstelle von Jesus gekreuzigt worden. Muqātil spricht von dem Wächter, den die Juden über ihn gestellt hatten und der Jesus schlug.[456]

So ist es paradox, dass der Koran behauptet, Jesus sei nur ein Prophet gewesen, aber die Kreuzigung Jesu leugnet, während die Christen behaupten, Jesus sei der Sohn Gottes, aber behaupten, er sei gekreuzigt worden.

V.12.3. Kreuzigung Jesu im Gespräch mit dem Islam

Im Rahmen der Diskussion über den Theopaschitismus lehnt al-Mahdī nicht nur die Möglichkeit ab, dass Gott gelitten hat, sondern nach der koranischen Tradition auch die Wirklichkeit der Kreuzigung Jesu.[457] Er zitiert aus Sure 4, 157, wonach Christus nicht gekreuzigt wurde, sondern nur den Anschein erweckt hat: „Sie haben ihn nicht getötet noch gekreuzigt, sondern er erweckte ihnen so den Anschein".[458] Timotheos antwortet dem Kalifen ebenfalls mit dem Koran, indem er Sure 19, 33[459] und 3, 55 zitiert, die der Patriarch als Hinweis auf seinen Tod am Kreuz, seine Auferstehung und seine Himmelfahrt interpretiert.[460] Al-Mahdī lehnt die Interpretation des

---

455 Vgl. Al-Ṭabarī, IX: 368-370, in B. T. Lawson, The Crucifixion and the Qur'ān: A Study in the History of Muslim Thought, Oxford, 2009, S. 75-79.

456 Vgl. Muqātil b. Sulaimān, Tafsīr, hrsg. ʿAbdallāh Muhammad al-Shahāta, Kairo, 1:420, zu Q 4.157, in G. S. Reynolds, Reynolds, „The Muslim Jesus: Dead or Alive?", S. 241. Der Autor fügt hinzu, dass Jesus lebendig in den Himmel aufgenommen wurde, „im Monat Ramaḍān, in der Nacht der Macht, und er war dreiunddreißig Jahre alt, als er vom Berg Jerusalem aufgenommen wurde". B. T. Lawson, The Crucifixion and the Qur'ān, S. 92-93.

457 Auch der muslimische Gesprächspartner im Scholionbuch von Theodor bar Kōnī lehnt die Kreuzigung Jesu ebenfalls ab, ohne seine Antwort näher zu erläutern. Er sagt nur, dass es eine Beleidigung für ihn wäre, gekreuzigt zu werden und für uns, einen gekreuzigten Menschen zu bekennen. Vgl. Theodore bar Kōnī, Scholionbuch, Memrā X, 157, S. 272/202.

458 Vgl. Timotheos I., Brief 59.9.17.

459 Timotheos nennt Sure 19 „'Isā-Sure", obwohl sie in der islamischen Tradition „Maryam" oder im Volksmund „Zakariyā" genannt wird. Vgl. M. Heimgartner, Timotheos: Brief 59, S. 44 Anm. 153.

460 Vgl. Timotheos I., Brief 59.9.18-20.

Timotheos ab und weist darauf hin, dass Jesus nach diesen Versen noch nicht gestorben ist, sondern erst später sterben wird.[461]

Da der Patriarch beim Koran keinen Erfolg hat, greift er auf christliche Quellen zurück und weist darauf hin, dass der Tod von den alttestamentlichen Propheten vor dem Kommen Jesu vorausgesagt wurde. In diesem Zusammenhang zitiert er Verse wie Ps 22, 17-19;[462] Jes 53, 5; 50, 6; Dan 9, 26; Sach 13, 7.[463] Darüber hinaus argumentiert Timotheos, dass eine solche Handlungsweise nicht charakteristisch für Gott sei:

> „Und wer ist es, der ihnen so den Anschein erweckte, o unser König? Etwa Gott?! Wie sollte denn Gott ihnen aus Arglist etwas gezeigt haben, was nicht wahr war? Dies passt überhaupt nicht zu Gott, dass er aus Arglist handelt und etwas anstelle von etwas anderem zeigt. Und wenn Gott ihnen arglistig den Anschein erweckte, die Apostel aber aufschrieben, was Gott ihnen zeigte, dann wäre Gott also Ursache dieser Arglist und nicht die Apostel".[464]

Timotheos schließt auch die Möglichkeit aus, dass der Teufel die Apostel getäuscht hat, da sie mit der Kraft Gottes viele Dämonen und Geister ausgetrieben und verjagt haben.[465] Und schließlich: Wenn Jesus nicht gekreuzigt wurde und nicht gestorben ist und alles nur Schein war, dann hat auch die ganze Kette der nachfolgenden Ereignisse wie Auferstehung und Himmelfahrt nicht wirklich stattgefunden, was im Widerspruch zu den Evangelien stünde.[466]

Auch ʿAmmār al-Baṣrī stellt in Kitāb al-burhān die koranische Sicht der Kreuzigung Jesu in Frage. Wenn die Muslime sagen, dass Jesus nicht gekreuzigt wurde, weil dies eines Propheten Gottes nicht würdig ist, dann ist die Enthauptung von Johannes dem Täufer und das Anbieten seines Kopfes an eine Tänzerin ebenso unwürdig, und doch wurde sie von Gott erlaubt.[467]

V.12.4. Haben die Juden Gottes Willen erfüllt?

In der weiteren Diskussion mit al-Mahdī über die Kreuzigung betont Timotheos, dass Jesus seine Kreuzigung und seinen Tod freiwillig auf sich genommen habe und dass sein Leiden weder auf die Macht der Juden noch auf seine Schwäche zurückzuführen sei.[468] Der Patriarch zählt die außergewöhnlichen Zeichen auf, die Jesu Tod am Kreuz begleiteten, um zu beweisen, dass er seine Seele retten konnte:

---

461 Vgl. Timotheos I., Brief 59.9.21-23. Vgl. auch M. N. Swanson, „Folly to the Ḥunafā'", S. 252-253; N. G. Awad, „'If His Crucifixion was Figurative as you Claim, then so be it'", S. 60-61.

462 Es ist bemerkenswert, dass Timotheos erwähnt, dass die Evangelisten ausdrücklich erklärt haben, dass diese Prophezeiungen in Erfüllung gegangen sind. Vgl. Timotheos I., Brief 59.9.28.

463 Vgl. Timotheos I., Brief 59.9.27-34.

464 Timotheos I., Brief 59.9.36-40.

465 Vgl. Timotheos I., Brief 59.9.41-42.

466 Vgl. Timotheos I., Brief 59.9.43-48.

467 Vgl. ʿAmmār al-Baṣrī, Kitāb al-burhān 37b.

468 In der Einleitung zu Brief 40 beschreibt Timotheos die Kreuzigung Jesu als scheinbare Nie-

> „Denn derjenige, der, während er am Holz des Kreuzes hing, den Himmel erzittern und die Erde erbeben liess, den Glanz der Sonne in Finsternis verwandelte und dem Leuchten des Mondes [die Farbe von] Blut verlieh, die Felsen und die Gräber aufriss, die Toten auferweckte und auferstehen liess (vgl. Mt 27, 51-53, Lk 23, 44f): War der zu schwach, seine Seele vor den Juden zu retten?“[469]

Der Kalif antwortet, dass in diesem Fall die Juden keine Schuld am Tod Jesu trügen, da sie nur seinen Willen ausgeführt hätten, was eine logische Schlussfolgerung zu sein scheint.[470] Timotheos beweist jedoch seine intellektuellen Fähigkeiten, indem er zwischen dem Ergebnis einer Handlung und der Absicht, mit der sie ausgeführt wurde, unterscheidet. So erklärt er, dass nicht das Ergebnis, sondern die Absicht einer Handlung zu beurteilen ist. Konkret: Hätten die Juden Jesus in der Absicht getötet, dass er auferstehen und in den Himmel auffahren würde, wären sie nicht schuldig. Aber das war nicht ihre Absicht, sondern sie wollten ihn loswerden. Deshalb sind sie schuldig.[471]

Timotheos führt weiterhin eine Reihe von Beispielen aus der Bibel, aber auch aus dem Koran an, um seine Argumentation zu untermauern: die Verwandlung eines Engels in Satan,[472] die Vertreibung Adams aus dem Paradies,[473] der Tod der muslimischen „Kriegsfreiwilligen auf dem Pfad Gottes“, denen eine eschatologische Belohnung versprochen wurde,[474] und der Verkauf Josefs durch seine Brüder.[475]

---

derlage für ihn und als scheinbaren Sieg für die Juden und Satan. Aber durch seine Auferstehung ist er in Wirklichkeit der Sieger, und die Juden und der Satan sind besiegt. Vgl. Timotheos I., Brief 40.1.1-8.

469 Timotheos I., Brief 59.9.54. Auch in Brief 34 erwähnt Timotheos die Zeichen, die die Kreuzigung Jesu begleiteten, als Beweis dafür, dass er Herr und nicht Diener ist. Vgl. Timotheos I., Brief 34.2.85.

470 Die gleiche Idee wurde von al-Tabarī geäußert: „Wenn die Kreuzigung Christi nach dem Willen Gottes und Christi als etwas Notwendiges geschah, um die Welt von Sünde und Tod zu befreien, dann hatten Satan und die Juden ihren Anteil an dieser edlen Tat. Wurde Christus aber dazu gezwungen und genötigt, so ist er zu verurteilen und nicht zu loben“. Die Behandlung dieses Themas befindet sich in dem Teil des Werkes, der verloren gegangen ist, findet sich aber in der Antwort, die al-Ṣafī ibn al-ʿAssāl im 13. Jahrhundert im Kitāb al-ṣaḥāʾiḥ fī jawāb al-naṣāʾiḥ schrieb. Vgl. al-Ṣafī ibn al-ʿAssāl, Kitāb al-ṣaḥāʾiḥ fī jawāb al-naṣāʾiḥ, hrsg. Murqus Jirjis, Kairo, 1926, S. 119. Vgl. auch D. Thomas (hrsg.), The Polemical Works of ʿAlī al-Ṭabarī, S. 168-169. Vgl. auch Samir K. Samir, „La réponse d'al-Ṣafī ibn al-ʿAssāl à la refutation des chrétiens de ʿAlī al-Ṭabarī“, Parole de l'Orient 11 (1983), S. 284-285.

471 Vgl. Timotheos I., Brief 59.9.57-60.

472 Vgl. Timotheos I., Brief 59.9.64-67.

473 Vgl. Timotheos I., Brief 59.9.68-80.

474 Vgl. Timotheos I., Brief 59.9.81-88.

475 Vgl. Timotheos I., Brief 59.9.107-113. Dieses Beispiel des Verkaufs Josefs durch seine Brüder taucht auch in Brief 2 an Bukhtīshūʿ auf, zusammen mit anderen biblischen Beispielen, wie dem Mord von Pineas und Herodes oder der Unzucht von David und Hosea. Vgl. Timotheos I., Brief 2.11.9-31. Einige dieser Analogien tauchen auch bei späteren christlichen Apologeten auf. Vgl. M. N. Swanson, „Folly to the Ḥunafāʾ“, S. 252-253.

Zusammenfassend lässt sich feststellen, dass die Kreuzigung Jesu ein zentrales Thema der muslimisch-christlichen Auseinandersetzung ist, und zwar nicht nur aus der Perspektive des Theopaschitismus, dessen Ausgangspunkt die christliche Auffassung von Jesus als dem Sohn Gottes ist, sondern auch aus der Perspektive des Korans, d.h. der historischen Realität der Kreuzigung Jesu. Der Kalif al-Mahdī gehört zu einer Interpretationslinie, die diese Episode nur als Schein betrachtet. Er führt seine Antwort nicht weiter aus, um zu sehen, ob er die Substitutionstheorie akzeptiert. Obwohl Patriarch Timotheos zunächst versucht, mit Koranversen zu antworten, die er als Hinweis auf den Tod und die Auferstehung Jesu deutet, muss er schließlich doch wieder auf die alttestamentlichen Prophezeiungen und insbesondere auf die Vernunft zurückgreifen. So kontert er mit der Behauptung, die Kreuzigung Jesu könne nicht bloßer Anschein gewesen sein, denn es sei nicht Gottes Art zu täuschen. Außerdem sei die Kreuzigung Jesu eine freie Tat gewesen, die nicht auf jüdische Macht oder Schwäche zurückzuführen sei.

VI. Schluss

Die Zeit der ʿAbbāsiden war eine Zeit der Erneuerung und Entwicklung in allen Lebensbereichen und wird als das goldene Zeitalter des Islam bezeichnet. Gesellschaftlich zeichnete sich das ʿabbāsidische Kalifat durch die Öffnung und Integration nichtarabischer Elemente, insbesondere der Perser, aus. Das Verhältnis zwischen Muslimen und Christen wurde im sogenannten Schutzvertrag von Umar geregelt. Einige diskriminierende Maßnahmen blieben in Kraft, die meisten bestanden jedoch nur auf dem Papier. Es scheint, dass sich die ostsyrischen Christen zumindest in der ersten Zeit der ʿAbbāsidenherrschaft einer privilegierteren Situation erfreuten, was vor allem auf die Ärzte und Beamten des ʿAbbāsidenhofes, aber auch auf ihre Christologie und ihre geographische Lage zurückzuführen ist. Verfolgungswellen und Kirchenzerstörungen waren eher sporadisch und wurden durch bestimmte politisch-militärische Kontexte, insbesondere die Kriege mit den Byzantinern, ausgelöst und fanden vor allem in diesen Grenzregionen statt.

Der besondere Charakter dieser Blütezeit lässt sich am besten anhand der ʿabbāsidischen Übersetzungsbewegung nachvollziehen, in deren Verlauf die meisten persischen und griechischen wissenschaftlichen Werke ins Arabische übersetzt wurden. Eine entscheidende Rolle spielten dabei die Christen, insbesondere die Ostsyrer um Ḥunayn ibn ʾIsḥāq. Auch der Name des Patriarchen Timotheos ist mit dieser Bewegung verbunden, denn der Kalif al-Mahdī beauftragte ihn, die Topik des Aristoteles ins Arabische zu übersetzen. Dieser Prozess trug durch die in den übersetzten Werken enthaltenen Informationen zweifellos zur Entwicklung der islamischen Theologie und zu den religiösen Auseinandersetzungen mit anderen Gruppen, insbesondere den Christen, bei. So ist die ʿAbbāsidenzeit auch in religiöser Hinsicht durch eine Blüte christlicher und muslimischer apologetischer und polemischer Literatur gekennzeichnet. Obwohl sich diese religiösen Auseinandersetzungen um viele Themen drehten, war die Christologie das bei weitem wichtigste und am heftigsten diskutierte Thema.

In diesem sozialen, kulturellen und religiösen Klima wirkte Timotheos als Patriarch der Kirche des Ostens. Er zeichnet sich durch seine Sorge um die theologische Ausbildung des Klerus und der Gläubigen, durch seine intensive Missionstätigkeit, vor allem aber durch seine außergewöhnlichen Beziehungen zu den ʿabbāsidischen Kalifen aus, mit denen er religiöse Gespräche führte und deren Wertschätzung und Respekt er genoss. Von den 59 erhaltenen Briefen zeichnen sich 5 durch ihre spezifischen Themen des christlich-islamischen Dialogs aus. Wie in anderen apologetischen Schriften der Zeit spielt auch in diesen Briefen des ostsyrischen Patriarchen die Christologie eine wichtige Rolle. Die christologischen Aspekte, die in diesen Texten angesprochen werden, sind äußerst vielfältig, was die Komplexität des Themas in diesem Kontext verdeutlicht.

Patriarch Timotheos erweist sich in seiner Argumentation nicht nur als profunder Kenner der Bibel und der Tradition seiner Kirche, sondern auch des Korans und der aristotelischen Philosophie. Darüber hinaus zeichnet er sich durch die Ausrichtung seiner Argumentation auf den islamischen Kontext aus. Diese Neuausrichtung zeigt sich in vielen Aspekten, in unterschiedlichem Ausmaß und mit unterschiedlichen Auswirkungen. So ist zunächst festzustellen, dass er eine Logos-Christologie einer Sohn-Christologie vorzieht, da Jesus im Koran als „die Rede Gottes" bezeichnet wird. Er verwendet auch die koranische Lehre von den göttlichen Eigenschaften, um die Gottheit und Ewigkeit des Sohnes und der Rede Gottes zu beweisen. Diese Neuausrichtungen sind jedoch nicht als Abkehr von der Tradition und der Position der ostsyrischen Kirche zu verstehen, da sie sich auch bei anderen späteren ostsyrischen Apologeten finden und im Einklang mit der Lehre seiner Kirche stehen. Neu ist die Betonung, dass Jesus Christus auch in seiner Menschlichkeit nicht der Diener Gottes ist. So kann er auf der Grundlage der ostsyrischen Christologie behaupten, dass der Diener die allgemeine menschliche Natur ist, während die menschliche Individualität Christi nur die Gestalt des Dieners ist. Obwohl er auch in diesem Punkt nicht von der Lehre seiner Kirche abweicht, ist der große Raum, den er diesem Thema widmet, bemerkenswert, vor allem wenn man bedenkt, dass es in späteren christlichen Apologetikschriften fast völlig fehlt.

Überraschenderweise verwendet Patriarch Timotheos in seinem Dialog mit al-Mahdī die Wunder Jesu jedoch nicht als Argument für seine Göttlichkeit, obwohl er dies in seinen anderen Briefen tut und obwohl es in anderen Schriften ostsyrischer Theologen im islamischen Kontext vorkommt, wie etwa bei ʿAmmār al-Baṣrī oder Elias von Nisibis. Eine weitere abweichende Position des Timotheos betrifft die Prophezeiung des Mose in Dt 18, 15-18. Während bedeutende ostsyrische Theologen wie Babai der Große oder Theodor bar Kōnī diese Verse als auf Jesus bezogen verstanden haben, lehnt Timotheos eine solche Interpretation ab und behauptet, sie bezögen sich auf andere alttestamentliche Propheten. Vermutlich wollte Timotheos vermeiden, Jesus als Propheten zu bezeichnen, da dieser Titel auch von Muslimen für Jesus verwendet wird und als Beweis für die Leugnung der Göttlichkeit Jesu verstanden werden könnte. Schließlich setzt sich der ostsyrische Patriarch von der Traditionslinie seiner Kirche ab und distanziert sich von der Art und Weise, wie die Lehre von dem einen Willen und dem einen Wirken in Christus verstanden werden kann. Obwohl die Lehre von dem einen Willen in der Einheit der Person Christi in der ostsyrischen Kirche Tradition hat, bekennen Theologen wie Babai oder ʿAmmār al-Baṣrī auch die Existenz eines freien menschlichen Willens in Christus. Timotheos deutet jedoch nirgends die Existenz eines freien menschlichen Willens in Christus an, sondern besteht darauf, dass es in seiner Person nur eine Dualität von Naturen und Individualitäten gibt. Für Timotheos hätte die Existenz zweier Willen einen Kampf und einen Widerspruch in Christus bedeutet. Außerdem hätte die Existenz eines freien menschlichen Willens eine Schwächung des Arguments bedeuten können, dass Jesus Christus der Sohn Gottes ist. Darüber hinaus hätte er als Prophet verstanden werden können, in dem der göttliche Wille wohnt und dem er folgt, wie spätere muslimische Polemiker argumentierten.

So setzt der ostsyrische Patriarch Timotheos alle seine Fähigkeiten ein und greift sogar zu allen notwendigen Reformulierungen seines Diskurses – ohne jedoch seine Überzeugungen aufzugeben, um zu zeigen, dass Jesus Christus, geboren von der Jungfrau Maria, der Sohn und die göttliche Rede Gottes ist, wahrer Mensch und wahrer Gott, in zwei Naturen und zwei Individualitäten, vereint in einer Person und einem Willen. Er ist der erwartete Messias, der von den Propheten angekündigt wurde und der zahllose Wunder vollbracht hat, die noch größer waren als die vorhergehenden, der Erneuerer des alten Bundes, und kein bloßer Diener oder bloßer Prophet. Er ließ sich bereitwillig um der Menschen willen kreuzigen und nicht aus Schwäche oder der Macht der Juden, obwohl er nur in seiner menschlichen Natur litt, nicht in der göttlichen, aber aufgrund der Vereinigung kann das Leiden als zu ihr gehörig betrachtet werden.

Schließlich darf nicht vergessen werden, dass die Briefe des Timotheos, wie auch die anderen in dieser Arbeit analysierten ostsyrischen apologetischen Schriften, einen defensiven Zweck verfolgen. Abgesehen von der Nähe des Patriarchen zu den Kalifen und seiner außergewöhnlichen Beziehung zu ihnen, war die politische Beziehung immer noch eine von der Unterwerfung gekennzeichnet. Timotheos war sich bewusst, dass der Kalif die weltliche Macht innehatte und dass es zwar eine gewisse Freiheit gab, sich zu seinem Glauben zu bekennen, aber auch gewisse Grenzen, die sich vor allem in der Diskussion über Muḥammad zeigten. Daher zielten die Äußerungen des Patriarchen Timotheos nicht darauf ab, den Kalifen oder andere Muslime zu bekehren, was gänzlich verboten war, sondern vielmehr darauf, die Gläubigen seiner Kirche zu stärken und zu bilden und ihnen Argumente für Antworten auf die Herausforderungen und Fragen der Muslime zu geben.

Literaturverzeichnis

Quellen

'Abd al-Jabbār ibn Aḥmad al-Hamadhānī, Al-Kalām ʿalā al-Naṣārā [Das Argument gegen die Christen], in Thomas, David (hrsg.), Christian Doctrines in Islamic Theology, History of Christian-Muslim Relations, Band 10, Leiden, 2008.

ʿAbdishoʿ bar Brikhā, Catalogus librorum: Assemani, Giuseppe Simone (hrsg.), Bibliotheca Orientalis Clementino-Vaticana: De Syris Nestorianis, Band 3, Rom, 1719-1728, S. 158-163.

_______, Collectio canonum synodicorum: Mai, Angelo (hrsg.), Scriptorum veterum nova collectio e vaticanis codicibus, 10 Bände, Rom, 1825-1838, X, S. 62, 65-66, 69, 78, 140-141, 143-145, 159-60, 163-167.

_______, Ordo iudiciorum ecclesiasticorum: collectus, dispositus, ordinatus et compositus a Mar ʿAbdišo', latine interpretatus est, notis illustravit, Iacobus M. Vosté, Vatikanstadt, 1940 [Ebedjesus von Nisibis, „Ordo iudiciorum ecclesiasticorum": Eine Zusammenstellung der kirchlichen Rechtsbestimmungen der ostsyrischen Kirche im 14. Jahrhundert, Eichstätter Beiträge zum Christlichen Orient, Band 7, Wiesbaden, 2019].

Abrāhām bar Dāšandād, Custodisci te stesso: Lettera a Giovanni. Ammonizioni, Introduzione, traduzione dal siriaco e note a cura di Vittorio Berti, Testi dei Padri della Chiesa, Band 84, Magnano, 2006.

Abramowski, Luise und Goodman, Alan E. (hrsgs.), A Nestorian Collection of Christological Texts: Cambridge University Library Ms. Oriental 1319, Band 1: Syriac Text, Band 2: Introduction, Translation, Indexes, Cambridge, 1972.

'Ammār al-Baṣrī, Kitāb al-burhān [Buch des Beweises]: Hayek, Michel (hrsgs.), ʿAmmār al-Baṣrī: Apologie et controverses, „Recherches publiées sous la direction de l'Institut de Lettres Orientales de Beyrouth, Nouvelle série, B. Orient Chrétien", Band 5, Beirut, 1977, S. 21-90 [deutsche Übersetzung: Maróth, Miklós (hrsg.), Ammār al-Baṣrī: Das Buch des Beweises, Orientalia Christiana, Band 1, Piliscsaba, 2015].

_______, Kitāb al-masā'il wa l-ajwibah [Buch der Fragen und Antworten]: Hayek, Michael (hrsg.), Apologie et controverses, Beirut, 1977, S. 93-265.

ʿAmr: Maris, Amri et Slibae de Patriarchis Nestorianorum Commentaria ex codicibus Vaticanis edidit ac latine reddit Henricus Gismondi, Pars Altera, Rom, 1897.

Arabisches Kindheitsevangelium, Übers. Maria Josua und Friedmann Eißler, in Markschies, Christoph und Schröter, Jens (hrsgs.), Antike christliche Apokryphen in deutscher Übersetzung: Evangelien und Verwandtes, Band 1, Tübingen, 2012, S. 963-982.

Aphrahat, Taḥwitā, in Parisot, Jean (hrsg.), Aphraatis Sapientis Persae Demonstrationes, 2 Bände, Paris, 1894/1907 [Bruns, Peter (hrsg.), Aphrahat: Unterweisungen, 2 Bände, Fontes Christiani, Band 5/1 und 5/2, Freiburg, 1991; Valavanolickal, Kuriakose (hrsg.), Aphrahat: Demonstrations, 2 Bände, Mōrān 'Eth'ō, Band 23 und 24, Kottayam, 2005].

Aristoteles, Kategorien: Aristotle, The Categories. On Interpretation. Prior Analytics, Übers. H. P. Cook, London/Cambridge, 1962.

Babai der Große, Liber de Unione: Vaschalde, Arthur Adolphe (hrsg.), Babai Magni: Liber de Unione, CSCO 79/80, Scriptores Syri 34/35, Paris, 1915.

Al-Bāqillānī, Abū Bakr, Al-Radd ʿalā l-Naṣārā [„Widerlegung der Christen"], in Thomas, David (hrsg.), Christian Doctrines in Islamic Theology, History of Christian-Muslim Relations, Band 10, Leiden, 2008.

Bar Hebraeus, Chronicon Ecclesiasticum: Abbeloos, Jean Baptiste und Lamy, Thomas Joseph (hrsgs.), Gregorii Barhebraei Chronicon Ecclesiasticum, 3 Bände, Leuven, 1872-1877.

________, Chronicon Syriacum: The Chronography of Gregory Abû'l Faraj, the Son of Aaron, the Hebrew Physician, Commonly Known as Bar Hebraeus, Being the First Part of His Political History of the World, Übers. Ernest A. Wallis Budge, Amsterdam, 1976.

Barnabasbrief, Übers. Horacio E. Lona, Fontes Christiani: Zweisprachige Neuausgabe christlicher Quellentexte aus Altertum und Mittelalter, Band 72, Freiburg im Breisgau, 2018.

Die Bibel nach Martin Luthers Übersetzung: Lutherbibel, revidiert 2017, mit Apokryphen.

Brinner, William M. (Übers.), „Arā'is al-majālis fī qiṣaṣ al-anbiyā" or „Lives of the Prophets" as Recounted by Abū Isḥāq Aḥmad ibn Muḥammad ibn Ibrāhīm al-Tha'labī, Studies in Arabic Literature, Supplements to the Journal of Arabic Literature, Band 24, Leiden, 2002.

Chabot, Jean Baptiste (hrsg.), Synodicon orientale ou recueil de synodes nestoriens, Paris, 1902 [Braun, Oskar (hrsg.), Das Buch der Synhados oder Synodicon orientale: die Sammlung der Nestorianischen Konzilien, zusammengestellt im neunten Jahrhundert nach der syrischen Handschrift, Museo Borgiano 82, der Vatikanischen Bibliothek, Amsterdam, 1975].

Chronik von Ḫūzistān, in Guidi, Ignazio (hrsg.), Chronica Minora I, CSCO 1-2, Paris, 1903; nachgedruckt Leuven, 1960/1955.

Chronik von Zuqnīn: The Chronicle of Zuqnīn. Parts III and IV. A.D. 488-775, Übers. Amir Harrak, Toronto, 1999.

Concilium Nicaenum, in Alberigo, Giuseppe, Dossetti, Giuseppe A., Joannou, Péricles-Pierre, Leonardi, Claudio und Prodi, Paulo (hrsgs.), Conciliorum Oecumenicorum Decreta, 3. Auflage, Bologna 1973, S. 5-20 [Erstes Konzil von Nizäa – 325, in Wohlmuth, Josef (Hrsg.), Konzilien des ersten Jahrtausends: Vom Konzil von Nizäa (325) bis zum Vierten Konzil von Konstantinopel (869/70), Dekrete der ökumenischen Konzilien, Band 1, 3. Auflage, Paderborn/München/Wien/Zürich, 2002, S. 5-19].

Concilium Ephesinum, in Alberigo, Giuseppe, Dossetti, Giuseppe A., Joannou, Péricles-Pierre, Leonardi, Claudio und Prodi, Paulo (hrsgs.), Conciliorum Oecumenicorum Decreta, 3. Auflage, Bologna, 1973, S. 37-74 [Konzil von Ephesos – 431, in Wohlmuth, Josef (hrsg.), Konzilien des ersten Jahrtausends: Vom Konzil von Nizäa (325) bis zum Vierten Konzil von Konstantinopel (869/870), Dekrete der ökumenischen Konzilien, Band 1, 3. Auflage, Paderborn/München/Wien/Zürich, 2002, S. 40-74].

Concilium Chalcedonense, in Alberigo, Giuseppe, Dossetti, Giuseppe A., Joannou, Péricles-Pierre, Leonardi, Claudio und Prodi, Paulo (hrsgs.), Conciliorum Oecumenicorum Decreta, 3. Auflage, Bologna, 1973, S. 75-104 [Konzil von Chalcedon – 451, in Wohlmuth, Josef (hrsg.): Konzilien des ersten Jahrtausends: Vom Konzil von Nizäa (325) bis zum Vierten Konzil von Konstantinopel (869/70), Dekrete der ökumenischen Konzilien, Band 1, 3. Auflage, Paderborn/München/Wien/Zürich 2002, S. 83-103].

Disputation von Bēt Ḥāle: Taylor, David G. K., „The Disputation between a Muslim and a Monk of Bēt Ḥālē: Syriac Text and Annotated English Translation", in Griffith, Sidney H. und Grebenstein, Sven (hrsgs.), Christsein in der islamischen Welt: Festschrift für Martin Tamcke zum 60. Geburtstag, Wiesbaden, 2015, S. 187-242.

Edessanische Apokalypse: Brock, Sebastian, „The Edessene Apocalyptic Fragment“, in Palmer, Andrew, The Seventh Century in the West-Syrian Chronicles, Translated Texts for Historians, Band 15, Liverpool, 1993, S. 243-250.

Elias von Nisibis, Buch vom Beweis: Horst, L. (hrsg.), Des Metropoliten Elias von Nisibis Buch vom Beweis der Wahrheit des Glaubens, Colmar, 1886.

______, Chronik: Brooks, E. W. (hrsg.), Eliae Metropolitae opus chronologicum, 2 Bände, CSCO 62-63, Paris, 1909-1910, S. 32, 87 / 58, 184.

______, Kitāb al-majālis [Buch der Sitzungen]: Селезнёв, Николáй Николáевич (hrsg.), Книга собеседований Илии, митрополита Нисивина, с везиром Абӯ-л-Ḳāсимом ал-Ḫусайном ибн ʿАлӣ ал-Маḡрибӣ и Послание митрополита Илии везиру Абӯ-л-Ḳāсиму, Национальный Исследовательский Университет Высшая Школа Экономики, Институт Классического Востока и Античности, Грифон, Москва, 2018.

Ephräm der Syrer, Hymnen de Fide: Beck, Edmund (hrsg.), Des Heiligen Ephraem des Syrers Hymnen de Fide, CSCO 154/155, Script. Syr. 73/74, Leuven, 1955.

______, Kommentar zum Buch Exodus, in Tonneau, Raymond M. (hrsg.), Sancti Ephraem Syri in Genesim et in Exodum Commentarii, CSCO 152/153, Scriptores Syri 71/72, Leuven, 1955.

______, Hymnen de Nativitate [Epiphania]: Beck, Edmund (hrsg.), Des heiligen Ephraem des Syrers Hymnen de Nativitate [Epiphania], CSCO 186/187, Scriptores Syri 82/83, Leuven, 1959.

______, Hymnen de Ecclesia: Beck, Edmund (hrsg.), Des Heiligen Ephraem des Syrers Hymnen de Ecclesia, CSCO 198/199, Scriptores Syri 84/85, Leuven, 1960.

______, Sermones de Fide: Beck, Edmund (hrsg.), Des Heiligen Ephraem des Syrers Sermones de Fide, CSCO 212/213, Scriptores Syri 88/89, Leuven, 1961.

______, Hymnen de Virginitate: Beck, Edmund (hrsg.), Des heiligen Ephraem des Syrers Hymnen de Virginitate, CSCO 223/224, Scriptores Syri 94/95, Leuven, 1962.

______, Paschahymnen: Beck, Edmund (hrsg.), Des Heiligen Ephraem des Syrers Paschahymnen (De azymis, De Crucifixione, De Resurrectione), CSCO 248/249, Scriptores Syri 108/109, Leuven, 1964.

______, Sermon de Domino Nostro: Beck, Edmund (hrsg.), Des Heiligen Ephraem des Syrers Sermon de Domino Nostro, CSCO 270/271, Scriptores Syri 116/117, Leuven, 1966.

______, Kommentar zum Diatessaron: Leloir, Louis (hrsg.), Éphrem de Nisibe: Commentaire de l'Évangile Concordant ou Diatessaron, Sources Chrétiennes, Band 121, Paris, 1966.

Evangelium der zwölf Apostel: Harris, James Rendel (hrsg.), The Gospel of the Twelve Apostles together with the Apocalypses of each one of them, Cambridge, 1900.

Galbiati, Giovanni (hrsg.), Iohannis evangelium apocryphum arabice, Milan, 1957.

Al-Ghazālī, Kitāb Sharh 'Ajā'ib al-Qalb, in Iḥyā' 'ulūm al-dīn, Kairo, 1939.

Georg, Bischof der Araber: Connolly, Robert H., und Codrington, Humphrey W. (hrsgs.), Two Commentaries on the Jacobite Liturgy by George Bishop of the Arab Tribes and Moses Bār Kēphā, together with the Syriac Anaphora of St. James and a Document Entitled „The Book of Life“, London, 1913, S. ܐ– ܦ.

Gregor von Nyssa, Briefe, eingeleitet, übersetzt und erledigt von Dörte Teske, Bibliothek der griechischen Literatur, Band 43, Stuttgart 1997.

Hassan, Riffat, „Messianism and Islam“, Journal of Ecumenical Studies, 22 (1985), S. 261-291.

Ḥunayn ibn 'Isḥāq, Wie man die Wahrheit einer Religion erkennt: Samir, Samir Khalil und Nwyia, Paul, „Une correspondance islamo-chrétienne entre Ibn al-Munağğim, Ḥunayn ibn Isḥāq et Qusṭā ibn Lūqā“, Patrologia Orientalis 40 (1981), S. 524-723.

______, Über die syrischen und arabischen Galen-Übersetzungen: Bergsträsser, Gotthelf (hrsg.), Ḥunain Ibn Isḥāq über die syrischen und arabischen Galen-Übersetzungen: Zum ersten Mal herausgegeben und übersetzt von G. Bergsträsser, Abhandlungen für die Kunde des Morgenlandes, Band 17, Leipzig, 1925 [Lamoreaux, John C. (hrsg.), Ḥunayn ibn Isḥāq on His Galen Translations: A Parallel English-Arabic Text, Eastern Christian Texts, Band 3, Utah, 2016].

______, Kayfiyyat idrāk ḥaqīqat al-diyāna, in Sarrió Cucarella, Diego R., „«On how to Discern the Truth of Religion», by Ḥunayn b. Isḥāq", Islamochristiana 45 (2019), S. 155-163.

Ignatius, Briefe, in Fischer, Joseph A. (hrsg.), Die apostolischen Väter, Schriften des Urchristentums 1, Wissenschaftliche Buchgesellschaft, Darmstadt, 1964.

Ioannis Cassiani, De incarnatione Domini contra Nestorium; Übers. Sieben Bücher über die Menschwerdung Christi, in Sämtliche Schriften des ehrwürdigen Johannes Cassianus: zweiter Band / aus d. Urtexte übers. von Karl Kohlhund, Bibliothek der Kirchenväter, 1. Serie, Band 68, Kempten, 1879.

Irenäus von Lyon, Darlegung der apostolischen Verkündigung, Übers. Norbert Brox, Fontes Christiani: Zweisprachige Neuausgabe christlicher Quellentexte aus Altertum und Mittelalter, Band 8/1, Freiburg im Breisgau, 1993.

Īšō bar Nūn, Gesetzbuch: Sachau, Eduard (hrsg.), „Gesetzbuch des Patriarchen Jesubarnun", in Rechtsbücher, Band 2, Berlin, 1908.

______, Ausgewählte Fragen zum Pentateuch: Clarke, Ernest G. (hrsg.), The Selected Questions of Isho bar Nūn on the Pentateuch: Edited and Translated from Ms Cambridge Add. 2017 with a Study of the Relationship of Isho'dādh of Merv, Theodore bar Konī and Isho bar Nūn on Genesis, Studia Post Biblica, Band 5, Leiden, 1962.

Īšōʿdnaḥ von Baṣra, Liber Castitatis, in Bedjan, Paul (hrsg.), Liber Superiorum, seu Historia Monastica, auctore Thoma, episcopo Margensi, Paris, 1901, S. 437-517.

Īšō'jahb II., Christologischer Brief: Sako, Louis Raphaël (hrsg.), Lettre christologique du patriarche syro-oriental Īšō'jahb II de Gdālā (628-646), Rom, 1983.

Īšō'jahb III., Briefe: Duval, Rubens (hrsg.), Īšō'jahb Patriarchae III: Liber epistularum, CSCO 11/12, Leipzig, 1904/1905.

Al-Jāḥiẓ, Al-Radd alā al-Naṣārā [Widerlegung der Christen], in Finkel, Joshua (hrsg.), Thalāth rasā'il li-Abī ʿUthman Al-Jāḥiẓ, Kairo, 1926 [Finkel, Joshua, „A Risāla of Al-Jāḥiẓ", Journal of the American Oriental Society, 47 (1927), S. 311-334].

Johannes bar Penkāyē, Weltgeschichte, in Mingana, Alphonse (hrsg.), Sources syriaques, Band 1 Leipzig, 1908.

Josephus, Flavius, Jüdische Altertümer, Übers. Heinrich Clementz, Altenmünster, 2022.

Justin der Märtyrer, Dialog mit dem Juden Tryphon: Bobichon, Philippe (hrsg.), Justin Martyr: Dialogue avec Tryphon, édition critique, Band 1: Introduction, Texte grec, Traduction, Band II: Notes de la traduction, Appendices, Indices, Paradosis: Études de littérature et de théologie anciennes, Band 47/1-2, Département de Patristique et d'Histoire de l'Eglise de l'Université de Fribourg, Fribourg, 2003 [Des Philosophen und Märtyrers Justinus Dialog mit dem Juden Tryphon, Übers. Philipp Haeuser, Bibliothek der Kirchenväter, Wiesbaden, 2005].

______, Erste Apologie, Übers. Jörg Ulirch, Fontes Christiani: Zweisprachige Neuausgabe christlicher Quellentexte aus Altertum und Mittelalter, Band 91, Freiburg im Breisgau, 2021.

Die Kindheitserzählung des Thomas, Übers. Ursula Ulrike Kaise und Josef Tropper, in Markschies, Christoph und Schröter, Jens (hrsgs.), Antike christliche Apokryphen in deutscher Übersetzung: Evangelien und Verwandtes, Band 1, Tübingen, 2012, S. 930-959.

Al-Kindī, Apologie: Tartar, Georges (hrsg.), Dialogue islamo-chrétien sous le calife al-Ma'mūn (813-834): Les épîtres d'Al-Hāshimī et Al-Kindī, Paris, 1985 [Newman, N. A. (hrsg.), The Early Christian-Muslim Dialogue a Collection of Documents from the First Three Islamic Centuries, 632-900 A.D.: Translations with Commentary, Hatfield, 1993].

Der Koran, Übersetzung von Rudi Paret, 12. Auflage, Stuttgart, 2015.

Loofs, Friedrich (hrsg.), Nestoriana: Die Fragmente des Nestorius, Halle, 1905.

Mārī: Maris, Amri et Slibae de Patriarchis Nestorianorum Commentaria ex codicibus Vaticanis edidit ac latine reddit Henricus Gismondi, Pars Prior, Excudebat C. de Luigi, Rom, 1899.

Al-Māturīdī, Abū Mansūr, Al-Radd ʿalā al-Naṣārā [Widerlegung der Christen], in Thomas, David (hrsg.), Christian Doctrines in Islamic Theology, History of Christian-Muslim Relations, Band 10, Leiden, 2008.

Muḥammad ibn 'Isḥāq, Sīrat Rasūl Allāh, in Guillaume, Alfred (hrsg.), The Life of Muhammad: A Translation of Isḥāq's Sīrat Rasūl-Allāh, Oxford, 1955.

Michael der Syrer, Weltchronik: Chronique de Michel le Syrien Patriarche Jacobite d'Antioche (1166-1199): Éditée pour la première fois et traduite en français par J. B. Chabot, Band 3, Paris, 1905.

Mose ben Maimon, Führer der Unschlüssigen, Band 1, Übers. und Kommentar von Adolf Weiss, Der Philosophischen Bibliothek Band 184a, Leipzig, 1923.

Al-Muḥāsibī, Kitāb al-Ri'āyah Liḥuquq Allāh, hrsg. Smith, Margaret, London, 1940.

Narsai, Homilien: Mingana, Alphonse (hrsg.), Narsai doctoris syri homiliae et carmina, 2 Bände, Mosul, 1905.

______, Mar Eshai Shimun XXIII (hrsg.), Homilies of Mar Narsai, 2 Bände, San Francisco, 1970.

______, McLeod, Frederick G. (hrsg.), Narsai's Metrical Homilies on the Nativity, Epiphany, Passion, Resurrection and Ascension: Critical Edition of Syriac Text, English Translation, Patrologia Orientalis 40, Turnhout, 1979.

Nau, François, „Le traité sur les «Constellations» écrit, en 661, par Sévère Sébokt, évêque de Qennesrin", Revue de l'Orient chrétien, 7 (1929), S. 327-410.

Origenes, Contra Celsum – Gegen Celsus, eingeleitet und kommentiert von Michael Fiedrowicz, Übers. Claudia Barthold, Fontes Christiani, Band 50, Freiburg im Breisgau, 2011.

Philoxenus von Mabbug, Tractatus tres de Trinitate et Incarnatione, hrsg. Vaschalde, Arthur Adolphe, CSCO 9/10, Leuven, 1955/1961.

Polykarp, Brief des heiligen Polykarp, Bischofs von Smirna und heiligen Martyrers, an die Philipper II, in Fischer, Joseph A. (hrsg.), Die apostolischen Väter, Schriften des Urchristentums, Band 1, Darmstadt, 1964.

Porphyrios, Isagoge: Busse, Adolfus (hrsg.), Porphyrii Isagoge et in Aristotelis Categorias Commentarium, Commentaria in Aristotelem Graeca, Band 4.1, Berlin, 1887.

Protevangelium des Jakobus: Pellegrini, Silvia, „Das Protevangelium des Jakobus", in Markschies, Christoph und Schröter, Jens (hrsgs.), Antike christliche Apokryphen in deutscher Übersetzung, 7. Auflage, Band 1: Evangelien und Verwandtes, Teilband 2, Tübingen, 2012, S. 903-929.

Provera, Mario E., (hrsg.), Il vangelo arabo dell'infanzia secondo il ms. Laurenziano Orientale (n. 387), Quaderni de „La Terra Santa", Jerusalem, 1973.

Pseudo-Ephräm, Apokalypse: Beck, Edmund (hrsg.), Des heiligen Ephraem des Syrers Sermones III, CSCO 138/139, Leuven, 1972.
Pseudo-Methodius, Die syrische Apokalypse: Reinink, Gerrit J. (hrsg.), Die syrische Apokalypse Pseudo-Methodius, CSCO 540/541, Scriptores Syri 220/221, Leuven, 1993.
Roggema, Barbara (hrsg.), The Legend of Sergius Baḥīrā: Eastern Christian Apologetics and Apocalyptic in Response to Islam, History of Christian-Muslim Relations, Band 9, Leiden, 2008.
Sabokt, Severus, Description of the Astrolabe, Übers. Jessie Payne Smith Margoliouth, in Gunther, Robert T., The Astrolabes of the World, Band 1, Oxford, 1932, S. 82-103.
Severus von Antiochia, Liber Contra Impium Grammaticum, in Lebon, Iosephus (hrsg.), Severi Antiocheni liber contra impium grammaticum, CSCO 102, Scriptores Syri 51, Durbecq, 1952.
al-Suyūṭī, Jalāluddīn, History of the Caliphs, Übers. Jarrett, Major H. S., J. W. Thomas, Calcutta, 1881.
Al-Tabarī, ʿAlī ibn Sahl Rabban, Al-Radd ʿalā l-Naṣārā, in Ebied, Rifaat und Thomas, David (hrsgs.), The Polemical Works of ʿAlī al-Ṭabarī, History of Christian-Muslim Relations, Band 27, Leiden, 2016.
_____, Kitāb al-dīn wa-l-dawla, in Ebied, Rifaat und Thomas, David (hrsgs.), The Polemical Works of ʿAlī al-Ṭabarī, History of Christian-Muslim Relations, Band 27, Leiden, 2016.
The History of al-Ṭabarī: Prophets and Patriarchs, Band 2, Übers. Brinner, William M., New York, 1987.
The History of al-Ṭabarī: The Empire in Transition, Band 24, Übers. Powers, David Stephan, New York, 1989.
The History of al-Ṭabarī: The ʻAbbasid Caliphate in Equilibrium. The Caliphates of Musa al-Hadi and Harun al-Rashid A.D. 785-809/A.H. 169-193, Band 30, SUNY series in Near Eastern Studies, New York, 1989.
The History of al-Ṭabarī: The Reunification of the Abbasid Caliphate, Band 32, Übers. Boswort, C. E., New York, 1987.
Tacitus, Annales: Sontheimer, Walther (hrsg.), Tacitus, Annalen XI-XVI, Stuttgart, 1967.
Ibn aṭ-Ṭayyib, Fiqh al-naṣrānīya [Das Recht der Christenheit], Band 2, hrsgs. Hoenerbach, W. und Spies, O., CSCO 167/168, Scriptores Arabici 18/19, 1957.
Tertullian, Über das Fleisch Christi (De Carne Christi) 9, Adversus Valentinianos: Gegen die Valentinianer: Über das Fleisch Christi, Übers. Volker Lukas, Freiburg im Breisgau, 2019.
Theodor bar Kōnī, Scholionbuch: Scher, Addai (hrsg.), Theodorus bar Kōnī: Liber scholiorum, 2 Bände, CSCO, Scriptores Syri 65/66, Leuven, 1910/1912; Hespel, Robert und Draguet, René (hrsgs.), Théodore bar Koni: Livre des Scolies (recension de Séert), 2 Bände, CSCO 431/432, Scriptores Syri 187/188, Leuven, 1981/1982.
Theodor Abū Qurra: Graf, Georg (hrsg.), Die arabischen Schriften des Theodor Abū Qurra, Bischofs von Ḥarrān (ca. 740–820), Paderborn, 1910.
______, Nasry, Wafik (hrsg.), The Caliph and the Bishop: A 9th Century Muslim-Christian Debate: al-Maʾmūn and Abū Qurrah, Textes et études sur l'Orient chrétien, Band 5, Beirut, 2008.
Theodor von Mopsuestia, Katechetische Homilien, in Tonneau, Raymond-M. und Devresse, Robert (hrsgs.), Les homélies catéchétiques de Théodore de Mopsueste: reproduction phototypique du Ms. Mingana Syr. 561, Studi e Testi, Band 145, Vatican, 1949.
Theodoret von Kyrrhos, Eranistes: Ettlinger, Gerard H. (hrsg.), Theodoret of Cyrus: Eranistes. Critical Text and Prolegomena, Oxford, 1975.

Theophanis Chronographia: The Chronicle of Theophanes Confessor: Byzantine and Near Eastern History. AD 284-813, Übers. Cyril Mango und Roger Scott, Oxford, 1997.

Thomas von Margā, Buch der Statthalter: Bedjan, Paul (hrsg.), Liber superiorum seu historia monastica auctore Thoma, episcopo Margensi, Paris/Leipzig, 1901, S. 198-202; Budge, E. A. W. (hrsg.), The Book of Governors: The Historia Monastica of Thomas, Bishop of Margâ A.D. 840, Edited from Syriac Manuscripts in the British Museum and Other Libraries [Textus und Versio], 2 Bände, London, 1893, S. 195-198/380-383.

Timotheos I., Briefe:

Mingana, Alphonse, Woodbroke Studies: Christian Documents in Syriac, Arabic, and Garshūni, Edited and Translated with a Critical Apparatus by A. Mingana with Two Introductions by Rendel Harris: 1. Timothy's Apology for Christianity, 2. The Lament of the Virgin, 3. The Martyrdom of Pilate, Band 2, Cambridge, 1928 [nachgedruckt von „Bulletin of the John Rylands Library", 12 (1928)].

Bidawid, Raphaël J., Les lettres du patriarche nestorien Timothée I: Étude critique avec, en appendice, la lettre de Timothée I aux moines du couvent de Mār Mārōn (traduction latine et texte chaldéed), Studi e Testi, Band 187, Vatican, 1956.

Heimgartner, Martin (hrsg.), Timotheos I., ostsyrischer Patriarch: Disputation mit dem Kalifen al-Mahdī. Textedition und Übersetzung, CSCO 632/633, Scriptores Syri 244/245, Leuven, 2011.

______, Die Briefe 42-58 des ostsyrischen Patriarchen Timotheos I.: Textedition und Übersetzung, CSCO 644/645, Scriptores Syri 248/249, Leuven, 2012.

______, Die Briefe 30-39 des ostsyrischen Patriarchen Timotheos I.: Textedition und Übersetzung, CSCO 661/662, Scryptores Syri 256/257, Leuven, 2016.

______, Die Briefe 40 und 41 des ostsyrischen Patriarchen Timotheos I.: Textedition und Übersetzung, CSCO 673/674, Scriptores Syri 261/262, Leuven, 2019.

______, Die Briefe 1 und 2 des ostsyrischen Patriarchen Timotheos I.: Textedition und Übersetzung, CSCO 702/703, Scriptores Syri 271/272, Leuven, 2022.

Timotheos I., Gesetzbuch: Sachau, Eduard (hrsg.), „Gesetzbuch des Patriarchen Timotheos", in Syrische Rechtsbücher, 3 Bände, Berlin, 1908, II, S. 54-117.

Vööbus, Arthur (hrsg.), The Synodicon in the West Syrian Tradition: Translation and Text, CSCO 368/375, Script. Syri 162/163, Leuven, 1975/1976.

al-Warrāq, Abū ʿĪsā, Al-Radd 'alā al-Ittiḥād, in Thomas, David (hrsg.), Early Muslim Polemic against Christianity: Abū ʿĪsā al-Warrāq's „Against the Incarnation", University of Cambridge Oriental Publications, Band 59, Cambridge, 2002.

Ya'koub, Abou Yousof, Le Livre de l'impôt foncier (Kitâb el-Kharâdj), Übers. Edmond Fagnan, Paris, 1921.

Sekundärliteratur

Abdel Haleem, M. A. S., „Early Kalām", in Nasr, Seyyed Hossein und Leaman, Oliver (hrsgs.), History of Islamic Philsophy, Routledge History of World Philosophies, Band 1, London/New York, 1996, S. 149-179.

______, „Qur'an and Hadith", in Winter, Tim (hrsg.), The Cambridge Companion to Classical Islamic Theology, Cambridge, 2008, S. 19-32.

Abdulla, Adnan K., Translation in the Arab World: The Abbasid Golden Age, London/New York, 2021.

Abramowski, Luise, „Die Christologie Babais des Grossen", Symposium Syriacum: Orientalia Christiana Analecta 197 (1974), Rom, S. 239-244 [nachgedruckt in Abramowski, Luise,

Neue Christologische Untersuchungen: Texte und Untersuchungen zur Geschichte der altchristlichen Literatur, Band 187, Berlin, 2020, 89-110].

______, „Trinitarische und christologische Hypostasenformeln", Theologie und Philosophie 54 (1979), S. 38-49.

______, „Narsai (ca. 415? – 502). Hom. LIV (30) Mingana II, 114-130: «Unser König Jesus», der «gekreuzigte Mann»", in Gemeinhardt, Peter und Kühneweg, Uwe (hrsgs.), Patristica et Oecumenica: Festschrift für Wolfgang A. Bienert zum 65. Geburtstag, Marburg, 2004, Marburger Theologische Studien, Band 85, S. 157-166.

______, Jesus der Christus im Glauben der Kirche: Die Kirche in Persien, Band 2/5, Freiburg/Basel/Wien, 2022.

Accad, Martin, „The Ultimate Proof-Text: The Interpretation of John 20. 17 in Muslim-Christian Dialogue (Second/Eighth Eighth/Fourteenth Centuries)", in Thomas, David (hrsg.), Christians at the Heart of Islamic Rule: Church Life and Scholarship in Abbasid Iraq, Leiden, 2003, S. 199-214.

______, „The Gospels in Muslim Discourse of the Ninth to the Fourteenth Centuries: An Exegetical Inventorial Table (Part IV)", Islam and Christian-Muslim Relations 14 (2003), S. 459-479.

Adamson, Peter, Philosophy in the Islamic World: A History of Philosophy without any Gaps, Band 3, Oxford, 2016.

Afsaruddin, Asma, „The Messiah 'Isa, Son of Mary: Jesus in the Islamic Tradition", in Levy, Ian Christopher, George-Tvrtković, Rita, Duclow, Donald F. (hrsgs.), Nicholas of Cusa and Islam: Polemic and Dialogue in the Late Middle Ages, Studies in Medieval and Reformation Traditions, Band 183, Leiden, 2014, S. 179-201.

Agha, Saled Said, The Revolution which Toppled the Umayyads: Neither Arab nor 'Abbāsid, Islamic History and Civilisation: Studies and Texts, Band 50, Leiden/Boston, 2003.

Al-Andalusi, ibn Sa'id, Science in the Medieval World: Book of the Categories of Nations, History of Science Series, Band 5, Austin, 1991.

Aradi, Naomi, „The origins of the Kalām Model of Discussion on the Concept of Tawḥīd", Arabic Sciences and Philosophy 23 (2013), S. 135-166.

Arickappallil, Isaac, „The Pneumatological Vision of Mar Narsai", The Harp 8-9 (1995-1996), S. 195-208.

Awad, Najib George, „Creatio ex Philosophia: Kalām as Cultural Evolution and Identity-Formation Means in the Early Abbasid Era", The Muslim World Journal 4 (109), S. 510-534.

______, Orthodoxy in Arabic Terms: A Study of Theodore Abu Qurrah's Theology in Its Islamic Context, Judaism, Christianity, and Islam – Tension, Transmission, Transformation, Band 3, Berlin, 2015.

______, „'If His Crucifixion was Figurative as you Claim, then so be it': How Two Christian Mutakallims from the Abbasid Era Used An-Nisa 4:157-158 in Dialogues with Muslims", The Journal of Eastern Christian Studies 68 (2016), S. 53-80.

Baddar, Maha, „Texts that Travel: Translation Genres and Knowledge-Making in the Medieval Arabic Translation Movement", in Classen, Albrecht (hrsg.), Travel, Time, and Space in the Middle Ages and Early Modern Time: Explorations of World Perceptions and Processes of Identity Formation, Boston/Berlin, 2018, S. 95-119.

Bagatti, Bellarmino, The Church from the Circumcision, Jerusalem, 1971.

Baltes, Guido, „'Circumcision of the Heart' in Paul: From a Metaphor of Thora Obedience to a Metaphor of Thora Polemics?", in Laato, Antti (hrsg.), The Challenge of the Mosaic

Thora in Judaism, Christianity, and Islam, Studies on the Children of Abraham, Band 7, Leiden, 2020, S. 88-112.

Barsoum, Ignatius Aphram I, The Scattered Pearls: A History of Syriac Literature and Sciences, Übers. Matti Moosa, New Jersey, 2003.

Baumer, Christoph, The Church of the East: An Illustrated History of Assyrian Christianity, London, 2016.

Bauschke, Martin, Der Sohn Marias: Jesus im Koran, Darmstadt, 2013.

Beaumont, Mark, „ʿAmmār al-Baṣrī on the Incarnation“, in Thomas, David (hrsg.), Christians at the Heart of Islamic Rule: Church, Life and Scholarship in Abbasid Iraq, History of Christian-Muslim Relations, Band 1, Leiden, 2003, S. 55-62.

______, „ʿAmmār al-Basṛī – Kitāb al-masāʾil wa-l-ajwiba, 'Questions and answers'“, in Thomas, David und Roggema, Barbara (hrsgs.), Christian-Muslim Relations: A Bibliographical History (600-900), Band 1, The History of Christian-Muslim Relations, Band 11, Leiden, 2009, S. 604-607.

______, „ʿAmmār al-Basṛī – Kitāb al-burhān ʿalā siyāqat al-tadbīr al-ilāhī. 'The Proof concerning the course of the divine economy'“, in Thomas, David und Roggema, Barbara (hrsgs.), Christian-Muslim Relations: A Bibliographical History (600-900), Band 1, The History of Christian-Muslim Relations, Band 11, Leiden, 2009, S. 607-610.

Becker, Adam H., Fear of God and the Beginning of Wisdom: The School of Nisibis and the Development of Scholastic Culture in Late Antique Mesopotamia, Philadelphia, 2006.

______, Sources for the Study of the School of Nisibis, Translated Texts for Historians, Band 50, Liverpool, 2008.

Becker, C. H., „Christliche und islamische Dogmenbildung“, Zeitschrift für Assyriologie und verwandte Gebiete 36 (1912), S. 175-195.

Benevich, Fedor, „'Wenn sie sagen..., dann sagen wir...': Die Ursprünge des dialektischen Verfahrens des Kalām“, Le muséon 128 (2015), S. 181-201.

Bennett, David, „The Muʿtazilite Movement (II): The Early Muʿtazilites“, in Schmidtke, Sabine (hrsg.), The Oxford Handbook of Islamic Theology, Oxford, 2016, S. 142-158.

Bennison, Amira K., The Great Caliphs: The Golden Age of the Abbasid Empire, Haven/London, 2009.

Berger, Lutz, Die Entstehung des Islam: Die ersten hundert Jahre. Von Mohammed bis zum Weltreich der Kalifen, München, 2016.

Berkley, Timothy W., From a Broken Covenant to Circumcision of the Hearth, Atlanta, 2000.

Berkey, Jonathan Porter, The Formation of Islam: Religion and Society in the Near East, 600-1800, Themes in Islamic History, Band 2, Cambridge, 2011.

Bertaina, David, „The Debate of Theodore Abū Qurra“, in Thomas, David und Roggema, Barbara (hrsgs.), Christian-Muslim Relations: A Bibliographical History (600-900), Band 1, The History of Christian-Muslim Relations, Band 11, Leiden, 2009.

______, Christian and Muslim Dialogues: The Religious Uses of a Literary Form in the Early Islamic Middle East, Piscataway, 2011.

Berti, Vittorio, „Libri E Biblioteche Cristiane Nell'Iraq Dell'VIII Secolo: Una Testimonianza Dell'Epistolario Del Patriarca Siro-Orientale Timoteo I (727-823)“, in D'Ancona Costa, Cristina (hrsg.), The Libraries of the Neoplatonists: Proceedings of the meeting of the European Science Foundation Network Late Antiquity and Arabic Thought. Patterns in the Constitution of European Culture held in Strasbourg, March 12 – 14, 2004, Philosophia antiqua: A Series of Studies on Ancient Philosophy, Band 107, Leiden, 2004, S. 307-318.

______, Vita e studi di Timoteo I (†823): Patriarca cristiano di Baghdad. Ricerche sull'epistolario e sulle fonti contique, Chrétiens en terre d'Iran III. Cahiers de Studia Iranica, Band 41, Association pur l'Avancement des Études Iraniennes, Paris, 2009.

______, „Cristiani sulle vie dell'Asia tra VIII e IX secolo: Ideologia e politica missionaria di Timoteo I, patriarca siro-orientale (780-823)", Quaderni di storia religiosa 13 (2006), S. 117-156 [Berti, Vittorio, „Idéologie et politique missionnaire de Timothée Ier, patriarche syro-oriental (780-823)", in Jullien, Christelle (hrsg.), Chrétiens en terre d'Iran IV: Itinéraires missionnaires: échanges et identités, Association pour l'Avancement des Études Iraniennes, Paris, 2011, S. 71-110].

______, „Le Débat sur la vision de Dieu et la condamnation des mystiques par Timothée I: La perspective du patriarche", in Desreumaux, A. (hrsg.), Les mystiques syriaques, Études Syriaques, Band 8, Paris, 2011, S. 151-176.

______, L'au-delà de l'âme et l'en-deçà du corps: approches d'anthropologie chrétienne de la mort dans l'Église syro-orientale, Fribourg, 2015.

Bitton-Ashkelony, Brouria, „'Neither Beginning nor End': The Messalian Imaginaire and the Formation of Syriac Asceticism", Adamantius 19 (2013), S. 222-239.

Bizhen, Xie, „The History of Quanzhou Nestorianism", in Malek, Roman und Hofrichter, Peter (hrsgs.), Jingjiao: The Church of the East in China and Central Asia, New York, 2006, S. 257-276.

Blackburn, Barry L., „The Miracles of Jesus", in Twelftree, Graham H. (hrsg.), The Cambridge Companion to Miracles, Cambridge/New York, 2011, S. 113-130.

Blankinship, Khalid, „The Early Creed", in Winter, Tim (hrsg.), The Cambridge Companion to Classical Islamic Theology, Cambridge, 2008, S. 33-54.

Bloc, Corrie, The Qur'an in Christian-Muslim Dialogue: Historical and Modern Interpretations, New York, 2014.

Borbone, Pier Giorgio, „Les « provinces de l'extérieur » vues par l'Église-mère", in Borbone, P. G. und Marsone, P. (hrsgs.), Le christianisme syriaque en Asie centrale et en Chine, Études syriaques, Band 12, Paris, 2015, S. 121-159.

Bottini, Laura, „The Apology of al-Kindī", in Thomas, David und Roggema, Barbara (hrsgs.), Christian-Muslim Relations: A Bibliographical History (600-900), Band 1, The History of Christian-Muslim Relations, Band 11, Leiden, 2009, S. 587-594.

Braulik, Georg, „Die Beschneidung an Vorhaut und Herz: Zu Gebot und Gnade des Bundeszeichens im Alten Testament", in Tück, Jan-Heiner (hrsg.), Die Beschneidung Jesu: Was sie Juden und Christen heute bedeutet, Freiburg im Breisgau, 2020, S. 63-95.

Braun, Oskar, „Ein Brief des Katholikos Timotheos über biblische Studien des 9. Jahrhunderts", Oriens Christianus 1 (1901), S. 299-313.

Brock, Sebastian, „Aspects of Translation Technique in Antiquity", Greek, Roman and Byzantine studies 20 (1979), S. 69-87.

______, „From Antagonism to Assimilation: Syriac Attitudes to Greek Learning", in Garsoian, S., Mathews T. und Thompson, R. (hrsgs.), East of Byzantium: Syria and Armenia in the Formative Period, Dumbarton Oaks, Washington, D.C., 1982, S. 17-34.

______, „Clothing Metaphors as a Means of Theological Expression in Syriac Tradition", in Schmidt, Margot (hrsg.), Typus, Symbol, Allegorie bei den östlichen Vätern und ihren Parallelen im Mittelalter, Eichstätter Beiträge, Band 3, Regensburg, 1982, S. 11-38 [nachgedruckt in Brock, Sebastian, Studies in Syriac Christianity: History, Literature and Theology, Variorum Collected Studies Series, Hampshire, 1992].

______, „Syriac Views on Emergent Islam", in Juynboll, G. H. A. (hrsg.), Studies on the First Century on Islamic History, Papers on Islamic History, Band 5, Carbondale/Edwardsville, 1982, S. 9-21 [nachgedruckt in Brock, Sebastian, Syriac Perspectives on Late Antiquity, Variorum Collected Studies Series, Aldershot, 1984].

______, „North Mesopotamia in the Late Seventh Century: Book XV of John Bar Penkaye's Riš Melle", Jerusalem Studies in Arabic and Islam 9 (1987), S. 51-75 [nachgedruckt in Brock, Sebastian, Studies in Syriac Christianity: History, Literature, and Theology, Variorum Collected Studies Series, Brookfield, 1992].

______, „The Syriac Background to Ḥunayn's Translation Techniques", ARAM 3 (1991), S. 139-162.

______, „The Christology of the Church of the East", in Afinogenov, Dmitry und Muraviev, Alexey (hrsgs.), Traditions and Heritage of the Christian East, Moskau, 1996, S. 170-171 [nachgedruckt in Brock, Sebastian, Fire from Heaven: Studies in Syriac Theology and Liturgy, Variorum Collected Studies Series, Hampshire, 2006].

______, „The 'Nestorian' Church: A Lamentable Misnomer", in Parry, K. und Coakley, J. F. (hrsgs.), The Church of the East: Life and Thought (= Bulletin of the John Rylands University Library of Manchester 78/3), Manchester, 1996, S. 23-35 [nachgedruckt in Brock, Sebastian, Fire from Heaven: Studies in Syriac Theology and Liturgy, Variorum Collected Studies Series, Hampshire, 2006].

______, „Two Letters of the Patriarch Timothy from the Late Eighth Century on Translations from Greek", Arabic Sciences and Philosophy 9 (1999), S. 233-246.

______, Spirituality in Syriac Tradition, Mōrān ʾEthʾō, Band 2, Kottayam, 2005.

______, „George, Bishop of the Arab Tribes: Mimro on the Myron (British Library, Add. 12,165)", Syriac Orthodox Patriarchal Journal 56 (2018), S. 1-28.

Bsoul, Labeeb Ahmed, Translation Movement and Acculturation in the Medieval Islamic World, Cham, 2019.

Bumazhnov, Dmitry Fedorovich, Rezension zu „The Book of Sessions by Elias, the Metropolitan of Nisibis <which he had> with the vizier Abū l-Qāsim al-Ḥusayn ibn ʿAlī al-Maġribī and the Letter of the Metropolitan Elias to the vizier Abū l-Qāsim, edited by N. N. Seleznyov, 2017/2018", Scrinium 14 (2018), S. 512-516.

Carmeli, Yehonatan, „Circumcision in Early Islam", Der Islam 99 (2022), S. 289-311.

Carson, D. A. und Williamson, H. G. M. (hrsgs.), It is Written: Scripture Citing Scripture. Essays in Honour of Barnabas Lindars, Cambridge, 1988.

Casanova, Paul, „Idris et 'Ouzair", Journal of Asiatique 205 (1924), S. 356-360.

Chaillot, Christine, The Assyrian Church of the East: History and Geography, Oxford, 2021.

Charlesworth, James H. (hrsg.), The First Princeton Symposium on Judaism and Christian Origin: The Messiah. Developments in Earliest Judaism and Christianity, Minneapolis, 1987.

Chediath, Geevarghese, The Christology of Mar Babai the Great, Oriental Institute of Religious Studies, Kottayam, 1982.

Cobb, Paul M., „The empire in Syria, 705-763", in Robinson, Chase F. (hrsg.), The New Cambridge History of Islam: The Formation of the Islamic World Sixth to Eleventh Century, Band 1, Cambridge, 2011.

Cohen, Mark Robert, „What was the Pact of Umar? A Literary-Historical Study", Jerusalem Studies in Arabic and Islam 23 (1999), S. 100-157.

Cochrane, Steve, „'Many Monks Cross the Sea to India and China': An Examination of Patriarch Timothy's Letter 13 Reference to India", The Harp 32 (2017), S. 97-116.

Colless, Brian E., „The Biographies of John Saba“, Parole de l’Orient 3 (1972), S. 45-63.
Cook, Michael, „The Origins of Kalam“, Bulletin of the School of Oriental and African Languages 43 (1980), S. 32-43.
Corbin, Henry, History of Islamic Philosophy, Übers. L. Sherrard, London/New York, 2014.
Le Coz, Raymond, Histoire de l’Église d’Orient: Chrétiens d’Irak, d’Iran et de Turquie, Paris, 1995.
______, Les médecins nestoriens au Moyen Âge: Les maîtres des Arabes, Comprendre le Moyen-Orient, Paris, 2004.
Crone, Patricia und Cook, Michael, Hagarism: The Making of the Islamic World, Cambridge, 1977.
______, „On the Meaning of the ‘Abbāsid Call to al-Riḍā“, in Bosworth, C. E., Issawi, Charles, Savory, Roger, Udovitch, A. L. (hrsgs.), Essays in Honor of Bernard Lewis: The Islamic World, from Classical to Modern Times, Princeton/New Jersey, 1989.
______, Medieval Islamic Political Thought, The New Edinburgh Islamic Surveys, Edinburgh, 2005.
______, The Nativist Prophets of Early Islamic Iran Rural Revolt and Local Zoroastrianism, Cambridge, 2012.
Daiber, Hans, „The Syriac Tradition in the Early Islamic Era“, in Rudolph, Urlich, Hansberge, Rotraud und Adamson, Peter (hrsgs.), Philosophy in the Islamic World: 8th-10th centuries, Band 1, Handbook of Oriental Studies: The Near and Middle East, Band 115/1, Leiden/Boston, 2017.
Dauvillier, Jean, „Les provinces chaldéennes de l’extérieur au Moyen Âge“, Mélanges offerts au R. P. Ferdinand Cavallera, Bibliothèque de l’Institut Catholique, Toulouse 1948, S. 261-319.
Deeg, Max, „An Anachronism in the Stele of Xi’an – Why Henanisho?“, in Tang, Li und Winkler, Dietmar W. (hrsgs.), Winds of Jingjiao: Studies on Syriac Christianity in China and Central Asia, Orientalia – Patristica – Oecumenica, Band 9, Wien, 2016, S. 243-252.
_____, Die strahlende Lehre: die Stele von Xi’an, Orientalia – Patristica – Oecumenica, Band 12, Wien, 2018.
Demichelis, Marco, „The Miḥna: Deconstruction and reconsideration of the Mu‘tazilite role in the ‘Inquisition’“, in Annali di Scienze Religiose 5 (2012), Turnhout, S. 237-266.
Dennett, Daniel Clement, Conversion, and the Poll Tax in Early Islam, Delhi, 2000.
Dickens, Mark, „Patriarch Timothy I and the Metropolitan of the Turks“, The Royal Asiatic Society 20 (2010), S. 117-139.
_____, „Syriac Christianity in Central Asia“, in King, Daniel (hrsg.), The Syriac World, London/New York, 2019, S. 583-624.
Duri, Abd al-Aziz, Early Islamic Institutions: Administration and Taxation from the Caliphate to the Umayyads and ‘Abbāsids, Contemporary Arab Scholarship in the Social Sciences, Band 4, London, 2011.
Engelmann, Till, Annahme Christi und Gottesschau: Die Theologie Babais des Großen, Göttinger Orientforschungen, I. Reihe: Syriaca, Band 42, Wiesbaden, 2013.
van Ess, Josef, „The Beginnings of Islamic Theology“, in Murdoch, J. E. und Sylla, E. D. (hrsgs.), The Cultural Context of Medieval Learning, Reidel, Dordrecht und Boston, 1975, S. 87-111.
_____, „Early Development of the Kalam“, in Juynboll, G. H. A., Studies on the First Century of Islamic Society, Papers on Islamic History, Band 5, Carbondale und Edwardsville, 1982, S. 109-123.

_____, Theologie und Gesellschaft im 2. und 3. Jahrhundert Hidschra: Eine Geschichte des religiösen Denkens im frühen Islam, 6 Bände, Berlin/New York, 1991-1995.
Fattal, Antoine, Le statut légal des non-musulmans en pays d'Islam, Beirut, 1958.
Fiey, Jean Maurice, „Isho'denah, métropolite de Basra et son œuvre", L'Orient Syrien 11 (1966), S. 431-450.
_____, Chrétiens syriaques sous les Abbassides surtout à Bagdad (749-1258), CSCO 420, Subsidia 59, Leuven, 1980.
Fitschen, Klaus, Messalianismus und Antimessalianismus: Ein Beispiel ostkirchlicher Ketzergeschichte, Göttingen, 1998.
Frank, Richard M., „The Science of Kalām", Arabic Sciences and Philosophy 2 (1992), S. 7-37.
Freidenreich, David M., „'You Still Believe Like a Jew!': Polemical Comparisons and Other Eastern Christian Rhetoric Associating Muslims with Jews from the Seventh to Ninth Centuries", Entangled Religions 9 (2022), S. 1-17.
Frishman, Judith, „Narsai's Christology According to His Homily On the Word Became Flesh", The Harp, 8-9 (1995-1996), S. 289-303.
_____, „'And Abraham Had Faith': But in What? Ephrem and the Rabbis on Abraham and God's Blessings", in Grypeou, Emmanouela und Spurling, Helen (hrsgs.), The Exegetical Encounter between Jews and Christians in Late Antiquity, Leiden, 2009, S. 163-179.
Frohnhofen, Herbert, Apatheia tou theou: über die Affektlosigkeit Gottes in der griechischen Antike und bei den griechischsprachigen Kirchenvätern bis zu Gregorios Thaumaturgos, Frankfurt am Main/Bern/New York/Paris, 1987.
Gibson, Nathan P., Closest in Friendship? Al-Jāḥiẓ' Profile of Christians in Abbasid Society in „The Refutation of Christians (Al-Radd 'alā al-Naṣārā)", Doktorarbeit, Washington, 2015.
Gilliot, Claude, „Christians and Christianity in Islamic Exegesis", in Thomas, David und Roggema, Barbara (hrsgs.), Christian-Muslim Relations: A Bibliographical History (600-900), Band 1, The History of Christian-Muslim Relations, Band 11, Leiden, 2009, S. 31-56.
Goodman, L. E., „The Translation of Greek materials into Arabic", in Young, M. J. L., Latham, J. D. und Serjeant, R. B. (hrsgs.), Religion, Learning, and Science in the Abbasid Period, Cambridge, 1990, S. 477-497.
Griffith, Sidney H., „The Prophet Muhammad: His Scripture and His Message According to the Christian Apologies in Arabic and Syriac from the First Abbasid Century", in Fahd, Toufic (hrsg.), La vie du prophète Mahomet: Colloque de Strasbourg, Octobre 1980, Paris, 1983, S. 99-146.
_____, „Chapter Ten of the Scholion: Theodore Bar Koni's Apology for Christianity", Orientalia Christiana Periodica 47 (1981), S. 158-188.
_____, „Jews and Muslims in Christian Syriac and Arabic Texts of the Ninth Century", Jewish History 3 (1988), S. 65-94.
_____, „Disputes with Muslims in Syriac Christian Texts: from Patriarch John (d. 648) to Bar Hebraeus (d. 1286)", in Lewis, Bernard und Niewohner, Friedrich (hrsgs.), Religionsgespräche im Mittelalter, Wolfenbütteler Mittelalter-Studien, Band 4, Wiesbaden, 1992, S. 251–273 [nachgedruckt in Griffith, Sidney H., The Beginnings of Christian Theology in Arabic: Muslim-Christian Encounters in the Early Islamic Period, Variorum Collected Studies Series, Band 746, Ashgate, Aldershot, 2002].
_____, „Faith and Reason in Christian Kalām: Theodore Abū Qurrah on Discerning the True Religion", in Samir, Samir K. und Nielsen, Jørgen S. (hrsgs.), Christian Arabic Apologetics during the Abbasid Period (750-1258), Leiden, 1994, S. 1-43.

_____, Syriac Writers on Muslims and the Religious Challenge of Islam, Mōrān 'Eth'ō, Band 7, Kottayam, 1995.

_____, „The Monk in the Emir's Majlis: Reflections on a Popular Genre of Christian Literary Apologetics in Arabic in the Early Islamic Period", in Yafeh, Hava Lazarus et al. (hrsgs.), The Majlis: Interreligious Encounters in Medieval Islam, Studies in Arabic Language and Literature, Band 4, Wiesbaden, 1999, S. 14-65.

_____, „Answering the Call of the Minaret: Christian Apologetics in the World of Islam", in van Ginkel, Jan Jacob, Murre-van den Berg, Heleen H. L. und van Lint, Theo Maarten (hrsgs.), Redefining Christian Identity: Cultural Interaction in the Middle East since the Rise of Islam, Orientalia Lovaniensia Analecta, Band 134, Leuven, 2005, S. 96-112.

_____, „Disputing with Islam in Syriac: The Case of the Monk of Bêt Ḥālê and a Muslim Emir", Hugoye: Journal of Syriac Studies 3 (2000), S. 29–54.

_____, „'Melkites,' 'Jacobites' and the Christological Controversies in Arabic in Third/Ninth-Century Syria", in Thomas, David (hrsg.), Syrian Christians under Islam: The First Thousand Years, Leiden/Boston/Köln, 2001, S. 9-55.

_____, „The Syriac Letters of Patriarch Timothy I and the Birth of Christian Kalām in the Mu'tazilite Milieu of Baghdad and Baṣrah in Early Islamic Times", in van Bekkum, Wout Jac, Drijvers, Jan Willem und Klugkist, Alexander Cornelis (hrsgs.), Syriac Polemics: Studies in Honour of Gerrit Jan Reinink, Orientalia Lovaniensia Analecta, Band 170, Leuven, 2007, S. 130.

_____, The Church in the Shadow of the Mosque: Christians and Muslims in the World of Islam, Jews, Christians, and Muslims from the Ancient to the Modern World, Band 45, New Jersey, 2008.

_____, „Ḥunayn ibn Isḥāq and the Kitāb Ādāb al-Falāsifah: The Pursuit of Wisdom and a Humane Polity in Early Abbasid Baghdad", in Kiraz, George (hrsg.), Malphono w-Rabo d-Malphone: Studies in Honor of Sebastian P. Brock, Piscataway, 2008, S. 135-160.

_____, Patriarch Timothy and an Aristotelian at the Caliph's Court", in Hunter, Erica C. D. (hrsg.), The Christian Heritage of Iraq: Collected Papers from the Christianity of Iraq I-V Seminar Days, Gorgias Eastern Christian Studies, Band 13, Piscataway, 2009, S. 38-53.

_____, „The Syriac-speaking Churches and the Muslims", in Winkler, Dietmar (hrsg.), Syriac Churches Encountering Islam: Past Experiences and Future Perspectives, Pro Oriente Studies in Syriac Tradition, Band 1, Piscataway, 2010, S. 14-46.

_____, „What Does Mecca Have to Do with Urhōy? Syriac Christianity, Islamic Origins, and the Qurān", in Doerfler, Maria, Fiano, Emanuel, und Smith, Kyle (hrsgs.), Syriac Encounters: Papers from the Sixth North American Syriac Symposium, Duke University, 26-29 June 2011, Leuven, 2015, S. 369-399.

_____, The Bible in Arabic: The Scriptures of the 'People of the Book' in the Language of Islam, Princeton, 2013.

_____, „The Unity and the Trinity of God: Christian Doctrinal Development in Response to the Challenge of Islam – An Historical Perspective", in Root, Michael und Buckley, James (hrsgs.), Christian Theology and Islam, Eugene, 2014, S. 1-30.

Grillmeier, Allois, Jesus der Christus im Glauben der Kirche: Von der Apostolischen Zeit bis zum Konzil von Chalcedon (451), Band 1, Freiburg im Breisgau, 1979.

_____, Jesus der Christus im Glauben der Kirche: Das Konzil von Chalcedon (451) – Rezeption und Widerspruch (451-518), Band 2.1, Freiburg im Breisgau, 1986.

Grypeou, Emmanouela, „A People Will Emerge from the Desert: Apocalyptic Perceptions of the Early Muslim Conquests in Contemporary Eastern Christian Literature", in Hagit,

Amirav, Grypeou, Emmanouela, Stroumsa, Guy G., Hall, Margaret (hrsgs.), Apocalypticism and Eschatology in Late Antiquity: Encounters in the Abrahamic Religions, 6th–8th centuries, Late Antique History and Religion, Band 17, Leuven, 2017, S. 291-309.

Guillaumont, Antoine, „Justinien et l'Eglise de Perse“, Dumbarton Oaks Papers 23-24 (1969-1970), S. 39-66.

Gutas, Dimitri, „Paul the Persian on the Classification of the Parts of Aristotle's Philosophy: A Milestone between Alexandria and Bagdad“, Der Islam 60 (1983), S. 231-267.

_____, Greek Thought, Arabic Culture: The Graeco-Arabic Translation Movement in Baghdad and Early 'Abbasaid Society, London, 1998.

_____, „The Rebirth of Philosophy and the translation into Arabic“, in Rudolph, Urlich, Hansberge, Rotraud und Adamson, Peter (hrsgs.), Philosophy in the Islamic World: 8th-10th centuries, Band 1, Handbook of Oriental Studies: The Near and Middle East, Band 115/1, Leiden/Boston, 2017, S. 95-142.

Hage, Wolfgang, „Kalifenthron und Patriarchenstuhl: Zum Verhältnis von Staat und Kirche im Mittelalter“, in Breul-Kunkel, W. und Vogel, L. (hrsgs.), Rezeption und Reform: Festschrift für Hans Schneider zu seinem 60. Geburtstag, Quellen und Studien zur hessischen Kirchengeschichte, Band 5, Darmstadt, 2001, S. 3-17.

Hagman, Patrick, „Isaac of Niniveh and the Messalians“, in Tamcke, Martin (hrsg.), Mystik – Metapher – Bild: Beiträge des VII. Makarios-Symposiums, Göttingen 2007, Göttingen, 2008, S. 55-66.

Hainthaler, Theresia, „Christus im Fleisch, der Gott über alles ist (Röm 9, 5) – Katholikos Timotheus I. (780-823) und sein Brief an die Mönche von Mar Maron“, in Bruns, Peter und Luthe, Heinz Otto (hrsgs.), Orientalia Christiana: Festschrift für Hubert Kaufhold zum 70. Geburtstag, Eichstätter Beiträge zum Christlichen Orient, Band 3, Wiesbaden, 2013, S. 195-206.

Halczuk, Piotr, „Jesus im Koran“, Poznańskie Studia Teologiczne 40 (2021), S. 99-110.

Halm, Heinz, Die Araber: Von der vorislamischen Zeit bis zur Gegenwart, München, 2006.

Hayati, Said, „Knowledge and Belief in the Letter of Paul the Persian“, in Winkler, Dietmar W. (hrsg.), Syrische Studien: Beiträge zum 8. Deutschen Syrologie-Symposium in Salzburg 2014, Orientalia – Patristica – Oecumenica, Band 10, Münster, 2016, S. 63.

Hays, Richard B., und Green, Joel B., „The Use of the Old Testament by the New Testament Writers“, in Green, Joel B. (hrsg.), Hearing the New Testament: Strategies for Interpretation, Grand Rapids, 1995, S. 222-238.

Hämeen-Anttila, Jaakko, „Christians and Christianity in the Qur'ān“, in Thomas, David und Roggema, Barbara (hrsgs.), Christian-Muslim Relations: A Bibliographical History (600-900), Band 1, The History of Christian-Muslim Relations, Band 11, Leiden, 2009, S. 21-30.

Heimgartner, Martin, „Die Disputatio des ostsyrischen Patriarchen Timotheos (780-823) mit dem Kalifen al-Mahdī“, in Tamcke, Martin (hrsg.), Christians and Muslims in Dialogue in the Islamic Orient of the Middle Ages: Christlich-muslimische Gespräche im Mittelalter, Beiruter Texte und Studien, Band 17, Beirut, 2007, S. 41-56.

_____, „Trinitätslehre beim ostsyrischen Patriarchen Timotheos (780-823) in der Auseinandersetzung mit dem Islam“, in Tamcke, Martin (hrsg.), Christliche Gotteslehre im Orient seit dem Aufkommen des Islams bis zur Gegenwart, Beiruter Texte und Studien, Band 126, Würzburg, 2008, S. 69-82.

_____, „Der ostsyrische Patriarch Timotheos in der Auseinandersetzung mit Nestorius von Bet Nuhadran und den Mystikern in seinem Umfeld“, in Tamcke, Martin (hrsg.), Gotteserlebnis und Gotteslehre: Christliche und islamische Mystik im Orient, Göttinger Orientforschungen, I. Reihe: Syriaca, Band 38, Wiesbaden 2010, S. 71-82.

_____, „Der ostsyrische Patriarch Timotheos I. (780–823) und der Aristotelismus: Die aristotelische Logik und Dialektik als Verständigungsbasis zwischen den Religionen“, in Tamcke, Martin (hrsg.), Orientalische Christen und Europa: Kulturbegegnung zwischen Interferenz, Partizipation und Antizipation, Göttinger Orientforschungen. I. Reihe: Syriaca, Band 41, Wiesbaden, 2012, S. 11-21.

_____, „Contexts of Christian Education in Baghdad: The Letters of the East-Syrian Patriarch Timothy I“, in Griffith, Sidney und Grebenstein, Sven (hrsgs.), Christsein in der islamischen Welt. Festschrift für Martin Tamcke zum 60. Geburtstag, Wiesbaden, 2015, S. 173-186.

_____, „The Letters of the East Syrian Patriarch Timothy I: Scriptural Exegesis between Judaism, Christianity and Islam“, in Kattan, Assaad Elias, Tamer, Georges, Pinggéra, Karl und Grundmann, Regina (hrsgs.), Exegetical Crossroads: Understanding Scripture in Judaism, Christianity and Islam in the Pre-Modern Orient, Judaism, Christianity, and Islam: Tension, Transmission, Transformation, Band 8, Berlin, 2017, S. 47-60.

_____, „Griechisches Wissen und Philosophie beim ostsyrischen Patriarchen Timotheos (780–823)“, in Perkams, Matthias und Schilling, Alexander M. (hrsgs.), Griechische Philosophie und Wissenschaft bei den Ostsyrern Zum Gedenken an Mār Addai Scher (1867–1915), Transmissions, Band 3, Berlin, 2019, S. 99-117.

Hengel, Martin, „Mors turpissima crucis: Die Kreuzigung in der antiken Welt und die Torheit des Wortes vom Kreuz“, in Friedrich, Johannes, Pöhlmann, Wolfgang, Stuhlmacher, Peter (hrsgs.), Rechtfertigung: Festschrift für Ernst Käsemann zum 70. Geburtstag, Göttingen, 1976, S. 125-184.

von Heyden, Wichard, Doketismus und Inkarnation: Die Entstehung zweier gegensätzlicher Modelle von Christologie, Tübingen, 2014.

Al-Hibri, Tayeb, Reinterpreting Islamic Historiography: Hārūn al-Rashīd and the Narrative of the ʻAbbāsid Caliphate, Cambridge Studies in Islamic Civilization, Cambridge, 1999.

_____, „The Empire in Iraq 763-861“, in Robinson, Chase F. (hrsg.), The New Cambridge History of Islam: The Formation of the Islamic World Sixth to Eleventh Century, Band 1, Cambridge, 2011.

_____, The Abbasid Caliphate: A History, Cambridge, 2021.

Hillar, Marian, From Logos to Trinity: The Evolution of Religious Beliefs from Pythagoras to Tertullian, Cambridge, 2012.

Horn, Friedrich Wilhelm, „Der Verzicht auf die Beschneidung im Frühen Christentum“, New Testament Studies 42 (1996), S. 479-505.

Horn, Cornelia B., „Jesus' Healing Miracles as Proof of Divine Agency, and Identity: The Early Syriac Trajectory“, in Horn, Cornelia B. (hrsg.), The Bible, The Qur'an & Their Interpretation: Syriac Perspectives, Warwick, Rhode Island, 2013, S. 58-78.

_____, „Apocrypha on Jesus' Life in the Early Islamic Milieu: From Syriac into Arabic“, in Hjälm, Miriam L. (hrsg.), Senses of Scripture, Treasures of Tradition: The Bible in Arabic among Jews, Christians and Muslims, Biblia Arabica, Band 5, Leiden/Boston, 2017, S. 58-78.

_____, „Jesus, the Wondrous Infant, at the Exegetical Crossroads of Christian Late Antiquity and Early Islam“, in Tamer, Georges, Grundmann, Regina, Kattan, Assaad Elia und Pinggéra, Karl (hrsgs.), Exegetical Crossroads: Understanding Scripture in Judaism, Christianity and Islam in the Pre-Modern Orient, Judaism, Christianity, and Islam – Tension, Transmission, Transformation, Band 8, Berlin/Boston, 2018, S. 27-46.

Houston, G. W., „An Overview of Nestorians in Inner Asia“, Central Asiatic Journal 24 (1980), S. 60-68.
Hovorun, Cyril, Will, Action and Freedom: Christological Controversies in the Seventh Century, The Medieval Mediterranean: Peoples, Economies and Cultures, 400-1500, Band 77, Leiden/Boston, 2008.
Hoyland, Robert G., Seeing Islam as Others Saw It: A Survey and Evaluation of Christian, Jewish and Zoroastrian Writings on Early Islam, Studies in Late Antiquity and Early Islam 13, Princeton, New Jersey, 1997.
_____, „The Rise of Islam“, in Mango, Cyril (hrsg.), The Oxford History of Byzantium, New York, 2002, S. 121-129.
_____, „Early Islam as a Late Antique Religion“, in Fitzgerald Johnson, Scott (hrsg.), The Oxford Handbook of Late Antiquity, New York, 2012, S. 1053-1077.
_____, In God's Path: The Arab Conquests and the Creation of an Islamic Empire, Oxford, 2015.
Hugonnard-Roche, Henri, „Aux origines de l'exégèse orientale de la logique d'Aristote: Sergius de Reš'aina (d. 536), médecin et philosophe“, Journal Asiatique 277 (1989), S. 1-17.
_____, „Note sur Sergius de Resh'aina, traducteur du grec en syriaque et commentateur d'Aristote“, in Endress, Gerhard und Kruk, Remke (hrsgs.), The Ancient Tradition in Christian and Islamic Hellenism: Studies on the Transmission of Greek Philosophy and Sciences: dedicated to J. J. Drossart Lulofs on His Ninetieth Birthday, Research School CNWS, School of Asian, African, and Amerindian Studies, Leiden, 1997, S. 121-143.
_____, „Comme la cigogne au désert. Un prologue de Sergius de Res'aynâ à l'étude de la philosophie aristotélicienne en syriaque“, in de Libera, A., Elamrani-Jamal, A. und Galonier, A. (hrsgs.), Langages et philosophie: Hommage à Jean Jolivet, Etudes de philosophie médiévale, Band 74, Paris, 1997, S. 79-97.
_____, „Les Catégories d'Aristote comme introduction à la philosophie, dans un commentaire syriaque de Sergius de Res'ayna (+ 536)“, Documenti e studi sulla tradizione filosofica medievale 8 (1997), S. 339-363.
_____, „Sergius de Rešayna: Commentaire sur les Catégories (à Théodore). Livre premier“, in Oriens, Occidens: Sciences, mathématiques et philosophie de l'antiquité à l'âge classique 1 (1997), S. 123-135.
_____, „Sévère Sebokht“, in Goulet, Richard (hrsg.), Dictionnaire des philosophes antiques, Band 6, Paris, 2016, S. 230-235.
Hunt, Hannah, „'Clothed in the Body': the Garment of Flesh and the Garment of Glory in Syrian Religious Anthropology“, in Vinzent, Markus (hsrg.), Studia Patristica: Papers presented at the Sixteenth International Conference on Patristic Studies held in Oxford 2011, Band 64, Leuven, 2013, S. 167-176.
Hunter, Erica C. D., „The Conversion of the Kerait to Christianity in A.D. 1007“, Zentralasiatische Studien 22 (1989/1991), S. 142–163.
_____, „The Church of the East in Central Asia“, Bulletin of the John Rylands University Library 78 (1996), S. 129-142.
_____, „Interfaith Dialogues: The Church of the East and the Abbassids“, in Vashalomidze, Sophia G. und Greisiger, Lutz (hrsgs.), Der Christliche Orient und seine Umwelt: Gesammelte Studien zu ehren Jurgen Tubach, Studies in Oriental Religions, Band 56, Wiesbaden, 2007, S. 289-302.
Hurst, Thomas Richard, The Syriac Letters of Timothy I (727–823): A Study in Christian-Muslim Controversy, Doktorarbeit, Washington, 1986.

_____, „The Epistle-Treatise: An Apologetic Vehicle. Letter 34 of Timothy I", in Drijvers, H. J. W., Lavenant S. J., R., Molenberg, C., und Reinink, G. J. (hrsgs.), IV Symposium Syriacum 1983: Literary Genres in Syriac Literature, Orientalia Christiana Analecta, Band 229, S. 367-382.

Hurvitz, Nimrod, „Al-Maʾmūn (r. 198/813–218/833) and the Miḥna", in Schmidtke, Sabine (hrsg.), The Oxford Handbook of Islamic Theology, Oxford, 2016, S. 649-659.

Husseini, Sara Leili, Early Christian-Muslim Debate on the Unity of God: Three Christian Scholars and Their Engagement with Islamic Thought (9th Century C.E.), History of Christian-Muslim Relations, Band 21, Leiden/Boston, 2014.

Huston Edgar, James, „Nestorianism in Tibet", Journal of the West China Border Research Society 6 (1933/1934), S. 245.

Ioan, Ovidiu, Muslime und Araber bei Īšōʿjahb III. (649-659), Göttinger Orientforschungen. I. Reihe: Syriaca, Band 37, Wiesbaden, 2009.

Jacobs, Andrew S., Christ Circumcised: A Study in Early Christian History and Difference, Philadelphia, 2012.

Jakob, Joachim, Syrisches Christentum und früher Islam: Theologische Reaktionen in syrischsprachigen Texten vom 7. bis 9. Jahrhundert, Insbrucker theologische Studien, Band 95, Innsbruck-Wien, 2021.

_____, „On Attributes and Hypostases: Muslim Theology in the Interreligious Writings of Patriarch Timothy I (d. 823)", in Gibson, Nathan P. (hrsg.), Knowledge Collaboration among Jews, Christians, Zoroastrians, and Muslims in the Abbasid Near East, Medieval Worlds: Comparative & Interdisciplinary Studies, Band 17, Wien, 2022, S. 120-144.

Jefferson, Lee M., Christ the Miracle Worker in Early Christian Art, Minneapolis, 2014.

Kallfelz, Wolfgang, Nichtmuslimische Untertanen im Islam: Grundlage, Ideologie und Praxis der Politik frühislamischer Herrscher gegenüber ihren nichtmuslimischen Untertanen mit besonderem Blick auf die Dynastie der Abbasiden, 749-1248, Studies in Oriental Religions, Band 34, Wiesbaden, 1995.

Kavvadas, Nestor, Isaak von Ninive und seine Kephalaia Gnostika: Die Pneumatologie und ihr Kontext, Supplements to Vigiliae Christianae, Band 128, Leiden, 2015.

Kennedy, Hugh, The Early Abbasid Caliphate: A Political History, London, 2015.

Kerr, David, „'He Walked in the Path of the Prophets,' toward Christian Theological Recognition of the Prophethood of Muhammad", in Haddad, Yvonne und Haddad, W. (hrsgs.), Christian-Muslim Encounters, Gainesville, 1995, S. 426-446.

Kessel, Grigory, „Syriac Medicine", in King, Daniel (hrsg.), The Syriac World, London/New York, 2019, S. 438-459.

King, Daniel, „Why Were the Syrians Interested in Greek Philosophy?", in Wood, Philip (hrsg.), History and Identity in the Late Antique Near East, Oxford Studies in Late Antiquity, Oxford, 2013, S. 61-82.

_____, „Why the Syrians Translated Greek Philosophy and Science", in Gutas, Dimitri et al. (hrsgs.), Why Translate Science? Documents from Antiquity to the 16th Century in the Historical West (Bactria to the Atlantic), Handbook of Oriental Studies: The Near and Middle East, Band 160, Leiden/Boston, 2022, S. 170-253.

Kister, M. J., „'... and He Was Born Circumcised...': Some Notes on Circumcision in Ḥadīth", Oriens 34 (1994), S. 10-30.

Kollmann, Bernd, Neutestamentliche Wundergeschichten: biblisch-theologische Zugänge und Impulse für die Praxis, Stuttgart/Berlin/Köln, 2002.

Kraus, Paul, „Zu Ibn al-Muqaffaʿ", Rivista degli Studi Orientali 14 (1934), S. 1-20.

Kueny, Kathryn, „Abraham's Test: Islamic Male Circumcision as Anti/Ante-Covenantal Practice", in Reeves, John C. (hrsg.), Bible and Qu'rān: Essays in Scriptural Intertextuality, Atlanta, 2003, S. 161-182.

Kuhn, Michael F., Defending Divine Unity in the Muslim Milieu: The Trinitarian and Christological Formulations of Abū al-Faraj 'Abd Allāh Ibn al and Iliyyā of Nisibis, Doktorarbeit, London, 2016.

Landron, Bénédicte, „Les chrétiens arabes et les disciplines philosophiques", Proche-Orient Chrétien, 36 (1986), S. 23-45.

Lange, Christian, Mia Energeia: Untersuchungen zur Einigungspolitik des Kaisers Heraclius und des Patriarchen Sergius von Constantinopel, Studien und Texte zu Antike und Christentum, Band 66, Tübingen, 2012.

Lassner, Jacob, The Topography of Baghdad in the Early Middle Ages: Text and Studies, Michigan, 1970.

_____, Jews, Christians, and the Abode of Islam: Modern Scholarship, Medieval Realities, Chicago, 2012.

Leirvik, Oddbjørn, Images of Jesus Christ in Islam, London, 2010.

Levy-Rubin, Milka, Non-Muslims in the Early Islamic Empire: From Surrender to Coexistence, Cambridge Studies in Islamic Civilization, Cambridge, 2011.

Lizorkin, Ilya, Aphrahat's 'Demonstrations': A Conversation with the Jews in Mesopotamia, CSCO 642, Subsidia 129, Leuven, 2012.

Lohse, Eduard, Die Wundertaten Jesu: die Bedeutung der neutestamentlichen Wunderüberlieferung für Theologie und Kirche, Stuttgart, 2015.

Lolan, Georgius Harian, 'Auch wir nennen diesen Christus Sohn Gottes': Das Christusbild und die spirituelle Schriftauslegung Aphrahats, des Persischen Weisen, in der Auseinandersetzung mit den Juden, Doktorarbeit, Wien, 2013.

Lombard, Maurice, The Golden Age of Islam, Übers. Joan Spencer, Princeton, 2004.

Longfei, Xu, Die nestorianische Stele in Xi'an: Begegnung von Christentum und chinesischer Kultur, Bonn, 2004.

Lynwood Smith, Daniel, Into the World of the New Testament: Greco-Roman and Jewish Texts and Contexts, London, 2015.

Martikainen, Jouko, „Timotheos I. und der Messalianismus", in Martikainen, Jouko und Kvist, Hans-Olof (hrsgs.), Makarios-Symposium über das Gebet: Vorträge der dritten Finnisch-deutschen Theologentagung in Amelungsborn, Åbo, 1989, S. 47-60.

Maspero, Giulio, „Remarks on the Exegesis of Psalm 33:6 in the Syriac World", in Horn, Cornelia B. und Griffith, Sidney H. (hrsgs.), Biblical & Qur'ānic Traditions in the Middle East, Eastern Mediterranean Texts and Contexts, Band 2, Warwick, 2016, S. 109-127.

Matthiesen, Toby, The Caliph and the Imam: The Making of Sunnism and Shiism, Oxford, 2023.

McVey, Kathleen E. (hrsg.), George, Bishop of the Arabs: A Homily on the Blessed Mar Severus, CSCO 530/531, Scriptores Syri 216/217, Leuven, 1993.

Metselaar-Jongens, Marijke, Defining Christ: The Church of the East and Nascent Islam, Doktorarbeit, Amsterdam, 2016.

Meyendorff, John, Imperial Unity and Christian Divisions: The Church, 450-680 AD, Crestwood, 1989.

Miller, Dana, „George, Bishop of the Arab Tribes, on True Philosophy", ARAM 5 (1993), S. 303-320.

Mingana, Alphonse, „The Early Spread of Christianity in India“, Bulletin of John Rylands Library 10 (1926), S. 435-514.

Monferrer Sala, Juan Pedro, „Elias of Nisibis – Kitāb al-majālis, ‘The sessions’“, in Thomas, David und Mallett, Alex (hrsgs.), Christian-Muslim Relations: A Bibliographical History (600-900), Band 2, History of Christian-Muslim Relations, Band 14, Leiden/Boston, 2010, S. 730-732.

Montgomery, James E., „Al-Ǧāḥiẓ and Hellenizing Philosophy“, in d’Ancona, Cristina (hrsg.), The Libraries of the Neoplatonists, S. 443-456.

Montgomery, Scott L., Science in Translation: Movements of Knowledge through Cultures and Time, Chicago/London, 2000.

_____, „Mobilities of Science: The Era of Translation into Arabic“, Isis 109 (2018), S. 313-319.

Montgomery Watt, William, Free Will and Predestination in Early Islam with Special Reference to the Mu‘tazila and Al-Ash‘arī, London, 1948.

Morony, Michael G., Iraq after the Muslim Conquest, Princeton Studies on the Near East, Band 11, Princeton, 1984.

Mourad, Suleiman A., „Christians and Christianity in the Sīra of Muḥammad“, in Thomas, David und Roggema, Barbara (hrsgs.), Christian-Muslim Relations: A Bibliographical History (600-900), Band 1, The History of Christian-Muslim Relations, Band 11, Leiden, 2009, S. 57-72.

Murray, Robert, „‘The Circumcision of the Heart’ and the Origins of the Qyama“, in Reinink, Gerrit J. und Klugkist, Alexander C. (hrsgs.), After Bardasian: Studies on Continuity and Change in Syriac Christianity in Honour of Professor Han J. W. Drijvers, Leuven, 1999, S. 201-211.

_____, Symbols of Church and Kingdom: A Study in Early Syriac Tradition, London, 2006.

Nau, François, „Review of Woodbrooke Studies. – Vol. II. – I. Timothy’s Apology for Christianity. – 2. The Lament of the Virgin. – 3. The Martyrdom of Pilate, by A. Mingana & R. Harris“, in Revue de l’histoire des religions 100 (1929).

Nawas, John A., „A Reexamination of Three Current Explanations for al-Ma’mun’s Introduction of the Mihna“, in International Journal of Middle East Studies 36 (1994), S. 615-629.

Nickel, Gordon, Narratives of Tampering in the Earliest Commentaries on the Qurʾān, History of Christian-Muslim Relations, Band 13, Leiden, 2011.

Nicole, Roger, „New Testament Use of the Old Testament“, in Henry, Carl F. H. (hrsg.), Revelation and the Bible: Contemporary Evangelical Thought, Grand Rapids, 1958 / London, 1959, S. 137-151.

Nicolini-Zani, Matteo, The Luminous Way to the East: Texts and History of the First Encounter of Christianity with China, Oxford, 2022.

Noth, Albrecht, „Abgrenzungsprobleme zwischen Muslimen und Nicht-Muslimen: Die Bedingungen Umars (aš-šurūt al-umariyya) untereinem anderen Aspekt gelesen“, Jerusalem Studies in Arabic and Islam 9 (1987), S. 290-315.

_____, „Früher Islam“, in Haarmann, Ulrich (hrsg.), Geschichte der arabischen Welt, Band 3, München, 1994, S. 11-100.

El-Omari, Racha, „The Muʿtazilite Movement (I): The Origins of the Muʿtazila“, in Schmidtke, Sabine (hrsg.), The Oxford Handbook of Islamic Theology, Oxford, 2016, S. 130-141.

Palmer, Andrew, Monk and Mason on the Tigris Frontier: The Early History of Tur ‘Abdin, University of Cambridge Oriental Publications, Band 39, Cambridge, 1990.

Palmer, Andrew, et al., The Seventh Century in the West-Syrian Chronicles: Including Two Seventh-Century Syriac Apocalyptic Texts, Translated Texts for Historians, Band 15, Liverpool, 1993.
Parrinder, Geoffrey, Jesus in the Qu'rān, Oneworld Publications, Oxford, 1996.
Penn, Michael Philip, Envisioning Islam: Syriac Christians and the Early Muslim World, Divinations: Rereading Late Ancient Religion, Philadelphia, 2015.
_____, When Christians First Met Muslims: A Sourcebook of the Earliest Syriac Writings on Islam, Oakland, 2015.
_____, „Early Syriac Reactions to the Rise of Islam", in King, Daniel (hrsg.), The Syriac World, London/New York, 2019, S. 175-188.
Percy Badger, George, „Abdisho' bar Brika (Ebed-Jesu), Metrical Catalogue of Syriac Writers", in The Nestorians and their Rituals, Band 2, London, 1852, S. 361-379.
Pietruschka, Ute, „Streitgespräche zwischen Christen und Muslimen und ihre Widerspiegelung in arabischen und syrischen Quellen", Wiener Zeitschrift für die Kunde des Morgenlandes 89 (1999), S. 135-162.
Pines, Shlomo, „'Israel, my Firstborn' and the Sonship of Jesus", in Urbach, E. E., Zwi Werblowsky R. J. und Wirzubski, C. (hrsgs.), Studies in Mysticism and Religion presented to Gershom G. Scholem on his Seventieth Birthday by Pupils, Colleagues and Friends, Jerusalem, 1967, S. 177-190.
_____, „Ahmad Miskawayh and Paul the Persian", Našriye-ye Irān-šenāsi 2 (1971), S. 121-129.
_____, „Some Traits of Christian Theological Writing in Relation to Moslem Kalām and to Jewish Thought", Proceedings of the Israel Academy of Sciences and Humanities 5 (1976), S. 105-125 [nachgedruckt in Stroumsa, Sarah (hrsg.), The Collected Works of Shlomo Pines: Studies in the History of Arabic Philosophy, Band 3, Jerusalem, 1996, S. 79-99].
Pinggéra, Karl, „Nestorianische Weltchronistik Johannes Bar Penkāyē und Elias von Nisibis", in Wallraff, Martin (hrsg.), Julius Africanus und die christliche Weltchronistik, Texte und Untersuchungen zur Geschichte der altchristlichen Literatur, Band 157, Berlin, 2006, S. 263-283.
_____, „Syrische Christen als Vermittler antiker Bildung an den Islam", Ostkirchliche Studien 58 (2009), S. 36-57.
_____, „Konfessionelle Rivalitäten in der Auseinandersetzung mit dem Islam: Beispiele aus der ostsyrischen Literatur", Der Islam 88 (2011), S. 51-72.
Platt, Andrew, „Changing Mission at Home and Abroad: Catholicos Timothy I and the Church of the East in the Early Abbasid Period", in Tang, Li und Winkler, Dietmar W. (hrsgs.), Winds of Jingjiao: Studies on Syriac Christianity in China and Central Asia, Orientalia – Patristica – Oecumenica, Band 9, Wien, 2016, S. 161-182.
Platt, Andrew und Gibson, Nathan P., „Inquiring of 'Beelzebub': Timothy and al-Jāḥiẓ on Christians in the 'Abbāsid Legal System", in Bertaina, David et al. (hrsgs.), Heirs of the Apostles: Studies on Arabic Christianity in Honor of Sidney H. Griffith, Arabic Christianity: Texts and Studies, Band 1, Leiden, 2018, S. 256-283.
Popa, Catalin-Stefan, Gīwargīs I. (660-680): ostsyrische Christologie in frühislamischer Zeit, Göttinger Orientforschungen I. Reihe: Syriaca, Band 50, Wiesbaden, 2016.
_____, „An Old Theme in a New Frame: The Genealogy of Miracles in the Syriac Literature Encountering Early Islam", Journal of the Canadian Society for Syriac Studies 20 (2020), S. 58-70.
Porter, Stanley E., „The Use of the Old Testament in the New Testament: A Brief Comment on Method and Terminology", in Evans, Craig A. und Sanders, James A. (hrsgs.), Early Chris-

tian Interpretation of the Scriptures of Israel: Investigations and Proposals, Journal for the Study of the New Testament, Supplement Series, Band 148, Sheffield, 1997, S. 79-97.

_____, The Messiah in the Old and New Testaments, Grand Rapids/Cambridge, 2007.

Porterfield, Amanda, Healing in the History of Christianity, Oxford, 2005.

Potoczny, Mateusz Rafał, „The Theological Significance of Analogy Language in the Teaching of Syriac Fathers and Its Impact on Theology of Today", Journal for the Study of Religions and Ideologies 19 (2020), S. 200-209.

Price, Richard, „The Virgin as Theotokos at Ephesus (ad 431) and Earlier", in Maunder, Chris (hrsg.), The Oxford Handbookd of Mary, Oxford, 2019, S. 67-77.

Putman, Hans, L'Église et l'islam sous Timothée I (780–823): étude sur l'église nestorienne au temps des premiers ʿAbbasides avec nouvelle édition et traduction du dialogue entre Timothée et al-Mahdi, Beirut, 1975.

Qa'im, Mahdi Muntazir, Jesus Through the Qur'an and Shi'ite Narrations, Tahrike Tarsile Qur'an, New York, 2007.

Räisänen, Heikki, Das Koranische Jesusbild: Ein Beitrag zur Theologie des Korans, Schriften der finnischen Gesellschaft für Missiologie und Ökumenik, Helsinki, 1971.

Reinink, Gerrit J., „The Beginnings of Syriac Apologetic Literature in Response to Islam", Oriens Christianus 77 (1993), S. 165-187 [nachgedruckt in Reinink, Gerrit J., Syriac Christianity under Late Sassanian and Early Islamic Rule, Variorum Collected Studies Series, Ashgate, 2005].

_____, „'Edessa grew dim and Nisibis shone forth': the School of Nisibis at the Transition of the Sixth-Seventh Century", in Drijvers, J. W. und MacDonald, A. A. (hrsgs.), Centers of Learning: Learning and Location in Premodern Europe and the Near East, Studies in Intellectual History, Band 61, Leiden, 1995, S. 77-89.

_____, „An Early Syriac Reaction to Qur'ān 112?", in Vanstiphout, H. L. J., van Bekkum, W. J., van Gelder, G. J. und Reinink, G. J. (hrsgs.), All those Nations… Cultural Encounters within and with the Near East, Comers/ICOG Communications, Band 2, Groningen, 1999, S. 123-130 [nachgedruckt in Reinink, Gerrit J., Syriac Christianity under Late Sassanian and Early Islamic Rule].

_____, „Paideia: God's Design in World History according to the East Syrian Monk John bar Penkaye", in Kooper, Erik (hrsg.), The Medieval Chronicle II: Proceedings of the 2nd International Conference on the Medieval Chronicle. Driebergen/Utrecht 16-21 July 1999, Amsterdam/New York, 2002, S. 190-198 [nachgedruckt in Reinink, Gerrit J., Syriac Christianity under Late Sassanian and Early Islamic Rule, Variorum Collected Studies Series, Ashgate, 2005].

_____, „Early Christian Reactions to the Building of the Dome of the Rock in Jerusalem", Xristianskij Vostok 2 (2001), S. 227-241 [nachgedruckt in Reinink, Gerrit J., Syriac Christianity under Late Sassanian and Early Islamic Rule, Variorum Collected Studies Series, Ashgate, 2005].

_____, „The Lamb on the Tree: Syriac Exegesis and Anti-Islamic Apologetics", in Noort, Ed und Tigchelaar, Eibert (hrsgs.), The Sacrifice of Isaac: The Aqedah (Genesis 22) and Its Interpretations, Themes in Biblical Narrative, Band 4, Leiden, 2002, S. 109-124 [nachgedruckt in Reinink, Gerrit J., Syriac Christianity under Late Sasanian and Early Islamic Rule, Variorum Collected Studies Series, Ashgate, Hampshire, 2005].

_____, „Theology and Medicine in Jundishapur: Cultural Change in the Nestorian School Tradition", in MacDonald, Alasdair, Twomey, Michael W. und Reinink, Gerrit J. (hrsgs.), Learned Antiquity: Scholarship and Society in the Near East, the Greco-Roman World, and the Early Medieval West, Groningen Studies in Cultural Change, Band 5, Peeters, Leuven, 2003, S. 163-174.

_____, „East Syrian Historiography in Response to the Rise of Islam: the Case of John bar Penkaye's 'Ktaba d-reš melle'", in van Ginkel, Jan Jacob, Murre-van den Berg, Heleen H. L., van Lint, Theo Maarten (hrsgs.), Redefining Christian Identity: Cultural Interaction in the Middle East since the Rise of Islam, Orientalia Lovaniensia Analecta, Band 134, Leuven, 2005, S. 77-89.

_____, „Political Power and Right Religion in the East Syrian Disputation Between a Monk of Bēt Ḥālē and an Arab Notable", in Grypeou, Emmanouela et al. (hrsgs.), The Encounter of Eastern Christianity with Early Islam, The History of Christian-Muslim Relations, Band 5, Leiden, 2006, S. 153-170.

_____, „From Apocalyptics to Apologetics: Early Syriac Reactions to Islam", in Brandes, Wolfram und Schmieder, Felicitas (hrsgs.), Endzeiten: Eschatologie in den monotheistischen Weltreligionen, Millennium-Studien/Millennium Studies, Band 16, Berlin, 2008, S. 75-87.

_____, „Tradition and the Formation of the 'Nestorian' Identity in Sixth- to Seventh-Century Iraq", in Haar Romeny, Bas ter (hrsg.), Religious Origins of Nations? The Christian Communities of the Middle East, Leiden/Boston, 2010, S. 217-250.

_____, „The Veneration of Icons, the Cross, and the Bones of the Martyrs in an Early East-Syrian Apology against Islam", in Bumazhnov, D., Grypeou, E., Sailors, T. B. und Toepel, A. (hrsgs.), Bibel, Byzanz und Christlicher Orient: Festschrift für Stephen Gerö zum 65. Geburtstag, Leuven, 2011, S. 329-342.

Reynolds, Gabriel Said, A Muslim Theologian in the Sectarian Milieu: ʿAbd al-Jabbār and the Critique of Christian Origins, Islamic History and Civilization, Band 56, Leiden/Boston, 2004.

_____, „The Muslim Jesus: Dead or Alive?", School of Oriental and African Studies 72 (2009), S. 237-258.

_____, The Qurʾān and the Bible: Text and Commentary, New Haven, 2018.

Richter-Bernburg, Lutz, „Potemkin in Baghdad: The Abbasid 'House of Wisdom' as Constructed by '1001 Inventions'", in Brentjes, Sonja, Edis, Taner, Richter-Bernburg, Lutz (hrsgs.), 1001 Distortions: How (Not) to Narrate History of Science, Medicine, and Technology in Non-Western Cultures, Bibliotheca Academica, Reihe Orientalistik, Band 25, Würzburg, 2016, S. 121-133.

Robinson, Neal, „Creating Birds from Clay: A Miracle of Jesus in the Qur'ān and in Classical Muslim Exegesis", The Muslim World 79 (1989), S. 1-13.

_____, Christ in Islam and Christianity, Albany, 1991.

Roggema, Barbara, „The Disputation between a monk of Bēt Ḥālē and an Arab Notable", in Thomas, David und Roggema, Barbara (hrsgs.), Christian-Muslim Relations: A Bibliographical History (600-900), Band 1, The History of Christian-Muslim Relations, Band 11, Leiden, 2009, S. 268-273.

_____, „Timothy I – To Sergius, Letter 59", in Thomas, David und Roggema, Barbara (hrsgs.), Christian-Muslim Relations: A Bibliographical History (600-900), Band 1, History of Christian-Muslim Relations, Band 11, Leiden/Boston, 2009, S. 522-526.

_____, „Timothy I – To Sergius, Letter 40", in Thomas, David und Roggema, Barbara (hrsgs.), Christian-Muslim Relations: A Bibliographical History (600-900), Band 1, History of Christian-Muslim Relations, Band 11, Leiden/Boston, 2009, S. 519-522.

_____, „Timothy I – To Sergius, Letter 34, 35, 36", in Thomas, David und Roggema, Barbara (hrsgs.), Christian-Muslim Relations: A Bibliographical History (600-900), Band 1, History of Christian-Muslim Relations, Band 11, Leiden/Boston, 2009, S. 527-531.

_____, „Ḥunayn ibn Isḥāq – Kayfiyyat idrāk ḥaqīqat al-diyāna, 'How to Discern the Truth of a Religion'", in Thomas, David und Roggema, Barbara (hrsgs.), Christian-Muslim Relations: A Bibliographical History (600-900), Band 1, History of Christian-Muslim Relations, Band 11, Leiden/Boston, 2009, S. 775-779.

Romeny, R. B. Ter Haar, „Biblical Studies in the Church of the East: The Case of Catholicos Timothy I", in M. F. Wiles und E. J. Yarnold (hrsgs.), Studia Patristica: Historica, Biblica, Theologica et Philosophica, Band 34, Leuven, 2001, S. 503-510.

Rosenthal, Franz, The Classical Heritage in Islam, London, 1965.

Rouwhorst, Gerard, „A Remarkable Case of Religious Interaction: Water Baptisms in Judaism and Christianity", in Poorthuis, Marcel et al. (hrsgs.), Interactions between Judaism and Christianity in History, Religion, Art and Literature: Jewish and Christian Perspectives, Band 17, Leiden, 2009, S. 103-126.

Sahner, Christian C., Christian Martyrs under Islam: Religious Violence and the Making of the Muslim World, Princeton/Oxford, 2018.

Sako, Louis R. M., Le rôle de la hiérarchie syriaque orientale dans les rapports diplomatiques entre la Perse et Byzance aux Ve-VIIe siècles, Paris, 1986.

Salama-Carr, Myriam, La traduction à l'époque abbasside: L'école de Ḥunayn Ibn Isḥāq et son importance pour la traduction, Paris, 1990.

Salaymeh, Lena, The Beginnings of Islamic Law: Late Antique Islamicate Legal Traditions, Cambridge, 2016.

Saleh, Walid A., „The Psalms in the Qur'an and in the Islamic Religious Imagination", in Brown, William P. (hrsg.), The Oxford Handbook of the Psalms, New York, 2014, S. 281-296.

Saliba, George, „Revisiting the Syriac Role in the Transmission of Greek Sciences into Arabic", Journal of the Canadian Society for Syriac Studies, 4 (2004), S. 27-32.

_____, Islamic Science and the Making of the European Renaissance, Cambridge, 2007.

Salvesen, Alison, „Hexaplaric Readings in Iso'dad of Merv's Commentary on Genesis", in Frishman, J. und van Rompay, L. (hrsgs.), The Book of Genesis in Jewish and Oriental Christian Interpretation: A Collection of Essays, Traditio exegetica Graeca, Band 5, Leuven, 1997, S. 229-252.

Samir, Samir K., „La réponse d'al-Ṣafī ibn al-ʿAssāl à la refutation des chrétiens de ʿAlī al-Ṭabarī", Parole de l'Orient 11 (1983), S. 281-328.

_____, „Un traité du cheikh Abū 'Alī Naẓīf ibn Yumn sur l'accord des chrétiens entre eux malgré leur désaccord dans l'expression", Mélanges de l'Université Saint-Joseph 51 (1990), S. 329-343.

_____, „Christian Arabic Literature in the 'Abbasid Period", in Young, M. J. L., Latham, J. D. und Serjeant, R. B. (hrsgs.), Religion, Learning, and Science in the Abbasid Period, Cambridge, 1990, S. 446-460.

_____, „The Prophet Muḥammad as Seen by Timothy I and Some Other Arab Christian Authors", in Thomas, David (hrsg.), Syrian Christians under Islam: The First Thousand Years, Leiden/Boston/Köln, 2001, S. 75-106.

Dal Santo, Matthew, Debating the Saints' Cult in the Age of Gregory the Great, Oxford, 2012.

Saritoprak, Zeki, „Mary in the Qu'ran", in Maunder, Chris (hrsg.), The Oxford Handbook of Mary, Oxford, 2019, S. 93-105.

Schaffner, Ryan, The Bible through a Qur'ānic Filter: Scripture Falsification (Taḥrīf) in 8th- and 9th-Century Muslim Disputational Literature, Doktorarbeit, Ohio, 2016.
Scheiner, Jens und Toral, Isabel (hrsgs.), Baghdād: From Its Beginnings to the 14th Century, Handbook of Oriental Studies: Section 1. The Near and Middle East, Band 166, Leiden/Boston, 2022.
Scher, Addai, „Cause de la fondation des écoles", Patrologia Orientalis 4 (1908), S. 315-405.
Schlingensiepen, H., Die Wunder des Neuen Testaments: Wege und Abwege ihrer Deutung in der Alten Kirche bis zur Mitte des fünften Jahrhunderts, Beiträge zur Förderung christlicher Theologie 2. Reihe, Sammlung wissenschaftlicher Monografien, Band 28, Gütersloh, 1933.
Schmidtke, Sabine, „Neuere Forschungen zur Mu'tazila", Arabica: Journal of Arabic and Islamic studies (45) 1998, S. 379-408.
_____, „The Muʿtazilite Movement (III): The Scholastic Phase", in Schmidtke, Sabine (hrsg.), The Oxford Handbook of Islamic Theology, Oxford, 2016, S. 159-180.
Schöffler, Heinz Herbert, Die Akademie von Gondischapur: Aristoteles auf dem Wege in den Orient, 2. Aufl., Stuttgart, 1980.
_____, „Zur Frühneuzeit von Gondischapur", in Keil, Gundolf (hrsg.), „Gelêrter der arzeniê, ouch apotêker": Beiträge zur Wissenschaftsgeschichte. Festschrift zum 70. Geburtstag von Willem F. Daems, Würzburger medizinhistorische Forschungen, Band 24, Pattensen/Hannover, 1982, S. 35-50.
Seleznyov, Nikolai N., „Seven Sessions or Just a Letter? Observations on the Structure of the Disputations between Elias, Metropolitan of Nisibis, and the Vizier Abū l-Qāsim al-Maghribī", Scrinium 14 (2018), S. 434-445.
Shaban, Muhammad Abdulhayy, The Abbasid Revolution, Cambridge, 1970.
Siang Lau, Theresa Yu Chui, „The Gospels and the Old Testament", in Harding, Mark und Nobbs, Alanna (hrsgs.), The Content and the Setting of the Gospel Tradition, Grand Rapids, 2010, S. 155-180.
Simonsohn, Uriel, A Common Justice: The Legal Allegiances of Christians and Jews under Early Islam, Philadelphia, 2011.
Sirry, Mun'im, „The Public Role of Dhimmīs during ʿAbbāsid Times", Bulletin of School of Oriental and African Studies 74 (2011), S. 187-204.
_____, Scriptural Polemics: The Qur'an and Other Religions, Oxford, 2014.
Le Strange, Guy, Baghdad during the Abbasid Caliphate from Contemporary Arabic and Persian Sources, Oxford, 1900
Stroumsa, Sarah, „The Beginnings of the Muʿtazila Reconsidered", Jerusalem Studies in Arabic and Islam 13 (1990), S. 265-293.
_____, „Philosophy as Wisdom: On the Christians' Role in the Translation of Philosophical Material into Arabic", in Ben-Shammai, Haggai et al. (hrsg.), Exchange and Transmission across Cultural Boundaries, Israeli Academy of Science, Jerusalem, 2013, 276-293.
_____, „Early Muslim and Jewish Kalām: The Enterprise of Reasoned Discourse", in Friedmann, Yohanan und Markschies, Christoph (hrsgs.), Rationalization in Religions Judaism, Christianity and Islam, Berlin/Boston, 2019, S. 202-223.
Sourdel, Dominique, La politique religieuse du calife 'Abbaside Al-Ma'mun, Paris, 1963.
Suermann, Harald, „Timothy and his Dialogue with Muslims", in Harp 8-9 (1995-1996), S. 263-275.
_____, „Timothy and his Concern for the School of Basos", The Harp 10 (1997), S. 51-58.
_____, „Der nestorianische Patriarch Timotheos I. und seine theologischen Briefe im Kontext des Islam", in Tamcke, Martin und Heinz, Andreas (hrsgs.), Zu Geschichte, Theologie, Li-

turgie und Gegenwartslage der syrischen Kirche: Ausgewählte Vorträge des deutschen Syrologen-Symposiums vom 2.-4. Oktober 1998 in Hermannsburg, Studien zur Orientalischen Kirchengeschichte, Band 9, Hamburg, 2000, S. 217- 230.

_____, „Timotheos I, † 823", in Klein, Wassilios (hrsg.), Syrische Kirchenväter, Stuttgart, 2004, S. 152-167.

_____, „Timotheos I. und die Asienmission", in Tamcke, Martin (hrsg.), Syriaca II: Beiträge zum 3. Deutschen Syrologen Symposium in Vierzehnheiligen 2002, Münster, 2004, S. 193-202.

_____, „Die Bedeutung der Ratio im christlich-islamischen Dialog zu Beginn der Abbasiden-Zeit (750-900)", in Hasselhoff, Görge K. und Meyer-Blanck, Michael (hrsgs.), Religion und Rationalität, Studien des Bonner Zentrums für Religion und Gesellschaft, Band 4, Würzburg, 2008.

Swanson, Mark Nathanael, Folly to the Ḥunafā': The Cross of Christ in Arabic Christian-Muslim Controversy in the Eighth and Ninth centuries A.D., Doktorarbeit, The Pontifical Institute for Arabic and Islamic Studies (1992, überarbeitet 1995).

_____, „Folly to the Ḥunafā': The Cross of Christ in Arabic Christian-Muslim Controversy in the Eighth and Ninth Centuries A.D.", in Grypeou, E., Swanson, M. und Thomas, D. (hrsgs.), The Encounter of Eastern Christianity with Early Islam, The History of Christian-Muslim Relations, Band 5, Leiden, 2006, S. 237-256.

_____, „The Christian Al-Maʾmūn Tradition", in Thomas, David (hrsg.), Christians at the Heart of Islamic Rule: Church Life and Scholarship in ʿAbbasid Iraq, The History of Christian-Muslim Relations, Band 1, Leiden, 2003, S. 63-92.

Tamcke, Martin, Der Katholikos-Patriarch Sabrišoʿ I. (596–604) und das Mönchtum, Frankfurt am Main/Bern/New York, 1988

_____, Christen in der islamischen Welt, München, 2008.

_____, „Die Verwendung des Jesajabuches im Dialog des Katholikos Timotheos mit dem Kalifen al-Mahdi", in Wilk, Florian und Gemeinhardt, Peter (hrsgs.), Transmission and Interpretation of the Book of Isaiah in the Context of Intra- and Interreligious Debates, Bibliotheca Ephemeridum Theologicarum Lovaniensium CCLXXX, Leuven-Paris-Bristol, 2016, S. 315-328.

_____, „The Exercise of Theological Knowledge in the Church of the East, Provoked by Coexistence with the Muslims (Seventh Century CE)", in Günther, Sebastian (hrsg.), Knowledge and Education in Classical Islam Religious Learning between Continuity and Change, Band 1, Islamic History and Civilization: Studies and Texts, Band 172, Leiden, 2020, S. 112-120.

Tang, Li, „Turkic Christians in Central Asia and China (5th-14th Centuries)", in Dingjing, Zhang und Yakup, Abdurishid (hrsgs.), Studies in Turkic Philology: Festschrift in Honour of the 80th Birthday of Professor Geng Shimin, Beijing, 2009, S. 435-448.

_____, „Traces of Christianity in the Land of the Tangut from the 8th to the 14th Century", in Mikkelsen, Gunner B. und Parry, Ken (hrsgs.), Byzantium to China: Religion, History and Culture on the Silk Roads. Studies in Honour of Samuel N. C. Lieu, Texts and Studies in Eastern Christianity, Band 25, Leiden, 2022, S. 498-518.

Tannous, Jack, „Between Christology and Kalām? The Life and Letters of George, Bishop of the Arab Tribes", in Kiraz, George (hrsg.), Malphono w-Rabo d-Malphone: Studies in Honor of Sebastian P. Brock, Gorgias Eastern Christianity Studies, Band 3, Piscataway, 2008, S. 671-716.

_____, „You Are What You Read: Qenneshre and the Miaphysite Church in the Seventh Century“, in Wood, P. (hrsg.), History and Identity in the Late Antique Near East, Oxford Studies in Late Antiquity, Oxford, 2013, S. 83-102.

_____, „George, Bishop of the Arab Tribes“, in Nicholson, Oliver (hrsg.), The Oxford Dictionary of Late Antiquity, Band 1, Oxford, 2018, S. 653-654.

_____, The Making of the Medieval Middle East: Religion, Society, and Simple Believers, Princeton & Oxford, 2018.

Teixidor, Javier, „L'introduction au De interpretatione chez Proba et Paul le Perse“, in Lavenant, R. (hrsg.), Symposium Syriacum, Band VII, Orientalia Christiana Analecta, Band 256, Rom, 1998, S. 293-301.

Teule, Herman, „Ghiwarghis I“, in Thomas, David und Roggema, Barbara (hrsgs.), Christian-Muslim Relations: A Bibliographical History (600-900), Band 1, The History of Christian-Muslim Relations, Band 11, Leiden, 2009, S. 151-153.

_____, „Theodore bar Koni – (Ktābā d-) Eskolyon, 'Book of Scholia', Translated as Liber Scholiorum by the Editor“, in Thomas, David und Roggema, Barbara (hrsgs.), Christian-Muslim Relations: A Bibliographical History (600-900), Band 1, The History of Christian-Muslim Relations, Band 11, Leiden, 2009, S. 344-346.

Theobald, Michael, „Christus – «Diener der Beschnittenen» (Röm 15, 8): Der Streit um die Beschneidung nach dem Neuen Testament“, in Tück, Jan-Heiner (hrsg.), Die Beschneidung Jesu: Was sie Juden und Christen heute bedeutet, Freiburg im Breisgau, 2020, 96-146.

Thomas, David, „The Miracles of Jesus in Early Islamic Polemic“, Journal of Semitic Studies 39 (1994), S. 221-242.

_____, „Changing Attitudes of Arab Christians towards Islam“, Transformation 22 (2005), S. 10-19.

Thümmel, Hans Georg, „Zur frühen Logoslehre der Christen“, in Gemeinhardt, Peter und Kühneweg, Uwe (hrsgs.), Patristica et Oecumenica: Festschrift für Wolfgang A. Bienert zum 65. Geburtstag, Marburg, 2004, Marburger Theologische Studien, Band 85, S. 31-44.

Tieszen, Charles, The Christian Encounter with Muhammad: How Theologians Have Interpreted the Prophet, London, 2020.

Todd Godwin, R., Persian Christians at the Chinese Court: The Xi'an Stele and the Early Medieval Church of the East, London/New York, 2018.

Tolan, John V., Saracens: Islam in the Medieval European Imagination, New York, 2002.

Treiger, Alexander, „Could Christ's Humanity See His Divinity? An Eighth-Century Controversy between John of Dalyatha and Timothy I, Catholicos of the Church of the East“, Journal of the Canadian Society for Syriac Studies 9 (2009), S. 3-21.

_____, „Origins of Kalām“, in Schmidtke, Sabine (hrsg.), Oxford Handbook of Islamic Theology, Oxford, 2014, S. 27-43.

_____, „The Beginnings of the Graeco-Syro-Arabic Melkite Translation Movement in Antioch“, Scrinium: Journal of Patrology and Critical Hagiography 16 (2020), S. 306-332.

_____, „From al-Biṭrīq to Ḥunayn: Melkite and Nestorian Translators in Early ʿAbbāsid Baghdad“, Mediterranea: International Journal on the Transfer of Knowledge 7 (2022), S. 143-181.

Tritton, Arthur Stanley, The Caliphs and their non-Muslim subjects: A Critical Study of the Covenant of 'Umar, London, 1930.

Ullman, Manfred, Die Medizin im Islam, Leiden, 1970.

Vagelpohl, Uwe, Aristotle's „Rhetoric“ in the East: The Syriac and Arabic Translation and Commentary Tradition, Leiden, 2008.

Vagelpohl, Uwe und Sánchez, Ignacio, „Why Do We Translate? Arabic Sources on Translation“, in Gutas, Dimitri et al. (hrsgs.), Why Translate Science? Documents from Antiquity to the 16th Century in the Historical West (Bactria to the Atlantic), Handbook of Oriental Studies: The Near and Middle East, Band 160, Leiden/Boston, 2022, S. 254-375.

Vajda, Georges, „Les Zindiqs en pays d'Islam au début de la période abbaside“, Rivista degli Studi Orientali 17 (1938), S. 173-229 [deutsche Übersetzung: „Die zindiqs im Gebiet des Islam zur Abbasidenzeit“, in Widengren, Geo (hrsg.), Der Manichäismus, Darmstadt, 1977, S. 418-463].

Varghese, Baby, „George, Bishop of the Arabs (†724): Homily on the Consecration of Myron“, Harp 19 (2006), S. 255-280.

Verheyden, Joseph, Bieringer, Reimund, Schröter, Jens und Jäger, Ines (hrsgs.), Docetism in the Early Church: The Quest for an Elusive Phenomenon, Wissenschaftliche Untersuchungen zum Neuen Testament, Band 402, Tübingen, 2018.

Viezure, Dana Iuliana, Verbum Crucis, Virtus Dei: A Study of Theopaschism from the Council of Chalcedon (451) to the Age of Justinian, Doktorarbeit, Toronto, 2009.

Vööbus, Arthur, History of the School of Nisibis, Leuven, 1965.

Waardenburg, Jacques, „Koranisches Religionsgespräch: Eine Skizze“, in Liber Amicorum: Studies in Honour of Professor Dr. C. J. Bleeker, Leiden, 1969, S. 208-253.

Walker, Joe, „From Nisibis to Xi'an: The Church of the East in Late Antique Eurasia“, in Fitzgerald Johnson, Scott (hrsg.), The Oxford Handbook of Late Antiquity, New York, 2012, S. 994-1052.

Wansbrough, John, The Sectarian Milieu: Content and Composition of Islamic Salvation History, London Oriental Series, Band 34, Oxford, 1978.

Wasserstrom, Steven, Between Muslim and Jew, Princeton, 1995.

Watt, John W., „Sergius of Reshaina on the Prolegomena to Aristotle's Logic: The Commentary on the Categories, Chapter Two“, in Coda, Elisa und Bonadeo, Cecilia Martini (hrsgs.), De l'Antiquité tardive au Moyen Âge: Études de logique aristotélicienne et de philosophie grecque, syriaque, arabe et latine offertes à Henri Hugonnard-Roche, Études Musulmanes, Band 44, Paris, 2014, S. 31-57.

_____, „The Prolegomena to Aristotelian Philosophy of George, Bishop of the Arabs“, in Griffith, Sidney H. und Grebenstein, Sven (hrsgs.), Christsein in der islamischen Welt: Festschrift für Martin Tamcke zum 60. Geburtstag, Wiesbaden, 2015, S. 141-163.

_____, „The Strategy of the Baghdad Philosophers: the Aristotelian Tradition as a Common Motif in Christian and Islamic Thought“, in van Ginkel, Jan Jacob, Murre-van den Berg, Heleen H. L. und van Lint, Theo Maarten (hrsgs.), Redefining Christian Identity: Cultural Interaction in the Middle East since the Rise of Islam, Orientalia Lovaniensia Analecta, Band 134, Leuven, 2005, S. 151-167.

_____, „The Syriac Aristotelian Tradition, and the Syro-Arabic Baghdad Philosophers“, in Janos, Damien (hrsg.), Ideas in Motion in Baghdad and Beyond: Philosophical and Theological Exchanges between Christians and Muslims in the Third/Ninth and Fourth/Tenth Centuries, Islamic History and Civilization: Studies and Texts, Band 124, Leiden/Boston, 2016, S. 7-43.

_____, „Greek Thought and Syriac Controversies“, in The Aristotelian Tradition in Syriac, Variorum Collected Studies Series, London, 2019, S. 163-186.

Weitz, Lev E., „Shaping East Syrian Law in ʿAbbāsid Iraq: The Law Books of Patriarchs Timothy I and Išōʿ Bar Nūn“, Le Muséon 129 (2016), S. 71-116.

_____, Between Christ and Caliph: Law, Marriage, and Christian Community in Early Islam, Philadelphia, 2018.
Wilmshurst, David, „The Church of the East in the 'Abbasid Era", in King, Daniel (hrsg.), The Syriac World, London/New York, 2019, S. 189-201.
Winkler, Dietmar W., „Die Christologie des ostsyrischen Katholikos Ishoyahb III. von Adiabene (580-659)", Studia Patristica 35 (2001), S. 516-526.
_____, Ostsyrisches Christentum: Untersuchungen zu Christologie, Ekklesiologie und zu den ökumenischen Beziehungen der Assyrischen Kirche des Ostens, Studien zur Orientalischen Kirchengeschichte, Band 26, Münster, 2003.
_____, „Zur christologischen Terminologie des Katholikos-Patriarchen Îshô'yahb II. von Gdâlâ (628-646)", in Mustafa, Arafa, Tubach, Jürgen und Vashalomidze, Guliko Sophia (hrsgs.), Inkulturation des Christentums im Sasanidenreich, Wiesbaden, 2000, S. 215-223.
_____, „Christian Responses to Islam", in Winkler, Dietmar (hrsg.), Syriac Churches Encountering Islam: Past Experiences and Future Perspectives, Pro Oriente Studies in Syriac Tradition, Band 1, Piscataway, 2010, S. 66-84.
Witkamp, Nathan, Tradition and Innovation: Baptismal Rite and Mystagogy in Theodore of Mopsuestia and Narsai of Nisibis, Supplements to Vigiliae Christianae, Band 149, Leiden, 2018.
Wolfson, Harry Austryn, The Philosophy of the Kalam, Cambridge/London, 1976.
Wood, Philip, The Imam of the Christians: The World of Dionysius of Tel-Mahre, c. 750–850, 2021, Princeton/Oxford, S. 161-185.
Ye'or, Bat, The Dhimmi: Jews and Christians Under Islam, New Jersey, 1985.
_____, The Decline of Eastern Christianity under Islam: From Jihad to Dhimmitude. Seventh-Twentieth Century, Madison, 1996.
_____, Islam and Dhimmitude: Where Civilizations Collide, Madison, 2002.
Zakeri, Mohsen, „Translations from Greek into Middle Persian as Repatriated Knowledge", in Gutas, Dimitri et al. (hrsgs.), Why Translate Science? Documents from Antiquity to the 16th Century in the Historical West (Bactria to the Atlantic), Handbook of Oriental Studies: The Near and Middle East, Band 160, Leiden/Boston, 2022, S. 52-169.
Zaman, Muhammad Qasim, Religion and Politics under the Early 'Abbāsids: The Emergence of the Proto-Sunnī Elite, Islamic History and Civilization: Studies and Texts, Band 16, Leiden/New York/Köln, 1997.

Enzyklopädien und Wörterbücher

Barthold, W., und Sourdel, D., „al-Barāmika", in Gibb, H. A. R. et al. (hrsgs.), The Encyclopaedia of Islam: A–B, 2. Auflage, Band 1, Leiden, 1960, S. 1033-1036.
van Ess, Josef, „Muʿtazilah", in Eliade, Mircea, (hrsg.), Encyclopedia of Religion, Band 10, New York, 1987, S. 220-229.
Gardet, Louis, „ʿIlm al-Kalām", in Lewis, B., Ménage, V. L., Pellat, C. H., und Schacht, J. (hrsgs.), Encyclopaedia of Islam, Neue Auflage, Leiden/London, 1986, S. 1141-1150.
Herrmann, W., „Baal Zebub", in van der Toom, Karel, Becking Pieter, Bob, und van der Horst, W. (hrsgs.), Dictionary of Deities and Demons in the Bible, 2. Auflage, Leiden, 1999, S. 154-156.
Kueny, Kathryn, „Circumcision (Khitān)", in Meri, Josef (hrsg.), Medieval Islamic Civilization: An Encyclopedia, Band 1, New York, 2006, S. 156-157.
Lilla, S., „Apatheia", in di Berardino, Angelo (hrsg.), Encyclopedia of Ancient Christianity, Band 1, Illinois, 2014, S. 164-165.

Nagel, Tilman, „Theology and the Qur'ān", in McAuliffe, Jane Dammen (hrsg.), Encyclopaedia of the Qur'ān: Si-Z, Band 5, Leiden/Boston, 2006, S. 256-275.

Teule, Herman, „Abraham bar Dashandad", in Brock, Sebastian P., Butts, Aaron M., Kiraz, George A., und van Rompay, Lucas (hrsgs.), The Gorgias Encyclopedic Dictionary of the Syriac Heritage, Piscataway, 2011, S. 7.

Tisserant, E., „Timothee I", in Vacant, Alfred, Mangenot, Eugene, Amann, Emile (hrsgs.), Dictionnaire de théologie catholique, Band 15, Paris, 1946, Sp. 1121-1122.

Wensinck, A. J., „K̲h̲itān", in Bearman, P., Bianquis, Th., Bosworth, C. E., van Donzel, E., Heinrichs, W. P., The Encyclopaedia of Islam, 2. Auflage, Band 5, Leiden, 1986, S. 20-22.